普通高等学校应用型教材

会 计

U0852967

Excel在会计与财务中的应用

第2版

主 编 齐明霞 周 游

副主编 周敬俊 罗 芃 常彬彬

中国人民大学出版社

·北京·

前　言

为响应数智化转型需求，助力学生及从业者提升实务技能，我们依托中国大学 MOOC 在线课程“Excel 在财务中的应用”的教学实践与资源积累，编写了《Excel 在会计与财务中的应用》教材。本次修订删除上一版第 3、4、5 章关于 Excel 在会计凭证、会计账簿、财务报表中的应用内容，增加了 Excel 的财务数据管理以及 Excel 与 AI 的融合应用等内容。第 2 版以“产教融合技术赋能实务”为核心理念，结合 Excel 2021 版本的全新功能，系统构建从数据操作到战略分析的完整能力链条，为读者打造一本“即学即用、业技融合”的实战指南。

1. 教材定位与特色

本书由中国大学 MOOC 在线课程核心团队倾力打造，既可作为高校财会类专业的配套教材，又可供企业财务人员自学参考，本书具有以下鲜明特色：

（1）紧跟技术前沿。基于 Excel 2021 版本，深度融合其动态数组函数（如 XLOOK-UP、FILTER)、全新界面设计及数据可视化工具，显著提升数据处理效率。

（2）强化实务导向。全书新增大量企业案例，涵盖应收账款账龄分析、固定资产智能折旧等场景，破解“学用脱节”痛点。

（3）适配混合教学。章节设计与 MOOC 课程视频同步，配套在线题库、操作微课，实现“线上＋线下”一体化学习。

（4）应用能力培养。从基础操作（如数据清洗）到高阶模型（如模拟投资决策），循序渐进构建财务数字化能力矩阵。

2. 内容体系与结构

本书以“基础夯实—技能进阶—场景实战—决策跃升”为逻辑主线，分为四大部分、12 个章节。

第一部分：初识 Excel（第 1～2 章）

本部分指导读者迅速了解 Excel 的基本操作和界面。涵盖界面布局、操作方法和图表操作等内容，使读者能熟练操作 Excel。同时，介绍 Excel 2021 版本的新特性以提高读者的工作效率。

第二部分：Excel 的数据处理（第 3～4 章）

本部分深入讲解数据管理与分析技术，包括公式和函数的使用、排序与筛选、分类汇总以及数据透视表的创建和使用。详细说明了公式的使用方法和场景，如逻辑函数、查找引用函数、文本函数、日期时间函数等，帮助读者高效处理复杂数据。同时对如何使用动态数据透视表开展多维数据分析进行介绍，以增强读者的数据处理能力。

第三部分：Excel 在会计中的应用（第 5～8 章）

本部分将理论应用于会计实务，包括现金、应收账款、存货和固定资产管理。内容涵盖现金预算、最佳现金持有量模型、应收账款统计与逾期分析、ABC 存货管理模型和固定资产折旧计算。这些案例有助于读者理解并解决财务问题，进而提升工作效率。

第四部分：Excel 在财务管理中的应用（第 9～12 章）

本部分扩展了战略财务视角，介绍如何构建筹资成本对比模型、投资项目敏感性分析框架和滚动预算编制系统，以增强读者的管理决策能力。涵盖资金需要量预测、资本成本计算、投资决策指标应用、销售及成本费用预测、利润预测和财务预算管理等。学习本部分内容后，读者能利用 Excel 进行复杂的财务分析，助力企业的战略规划和运营管理，并且通过 Excel 与 AI 的融合应用进一步提升综合技能。

本书由中国大学 MOOC 在线课程“Excel 在财务中的应用”郑州经贸学院课程团队与行业专家联合编写，兼顾学术严谨性与实践创新性；本书得到了郑州经贸学院教材建设项目资助；本书由齐明霞、周游担任主编，由周敬俊、罗芃、常彬彬担任副主编。具体编写分工如下：

齐明霞教授统筹全书框架与内容，并编写第 12 章；河南能源集团财务管理高级经理周敬俊全程参与教材案例指导，并编写第 1 章、第 10 章；周游编写第 2 章、第 3 章、第 4 章；罗芃编写第 5 章、第 6 章、第 7 章、第 8 章；常彬彬编写第 9 章、第 11 章。特别感谢郑州经贸学院会计事务行业学院学生参与测试并反馈优化本书案例。

本书的每一幅操作截图、每一个案例模板均经过企业财务场景的反复验证。我们期待读者不仅能“学会 Excel”，更能“用活 Excel”，在数据录入中追求效率，在模型搭建中锤炼逻辑，在决策模拟中培养战略思维。若您在学习和实践中发现疏漏或有创新建议，欢迎通过中国人民大学出版社或者中国大学 MOOC 在线课程平台与我们联系，您的反馈将助力教材内容进一步更新与完善。让我们以 Excel 为舟，在财务数字化的海洋中破浪前行！

目　录

第一部分　初识 Excel

第 1 章　Excel 的基础知识 …… 3
1.1　Excel 概述 …… 4
1.2　Excel 2021 鼠标指针的含义 …… 18
1.3　Excel 的专家设置 …… 21
第 2 章　Excel 的基本操作 …… 24
2.1　工作表的基本操作 …… 24
2.2　单元格的基本操作 …… 38
2.3　图表的基本操作 …… 53
2.4　Excel 的专家设置 …… 64

第二部分　Excel 的数据处理

第 3 章　Excel 的公式与函数 …… 71
3.1　公式的使用 …… 71
3.2　函数的使用 …… 81
3.3　常用函数 …… 88
3.4　小　结 …… 120
第 4 章　Excel 的财务数据管理 …… 125
4.1　排序与筛选 …… 125
4.2　分类汇总 …… 133
4.3　数据透视表 …… 136
4.4　专家设置 …… 155

第三部分　Excel 在会计中的应用

第 5 章　Excel 在现金管理中的应用 …… 161
5.1　现金预算表的编制模型 …… 162
5.2　最佳现金持有量的确定模型 …… 164

第 6 章 Excel 在应收账款管理中的应用 …… 172
6.1 应收账款统计 …… 173
6.2 逾期应收账款分析 …… 179
6.3 应收账款账龄分析 …… 183
6.4 信用政策下的应收账款管理 …… 187
第 7 章 Excel 在存货管理中的应用 …… 192
7.1 存货的概念与持有成本 …… 193
7.2 基本经济订货批量模型 …… 194
7.3 保险储备模型 …… 200
7.4 实行数量折扣的经济订货批量模型 …… 203
7.5 ABC 存货管理模型 …… 205
第 8 章 Excel 在固定资产管理中的应用 …… 209
8.1 固定资产概述 …… 210
8.2 固定资产数据管理 …… 211
8.3 计提固定资产折旧 …… 218
8.4 固定资产数据的查询与汇总 …… 224

第四部分 Excel 在财务管理中的应用

第 9 章 Excel 在筹资管理中的应用 …… 231
9.1 Excel 在资金需要量预测中的应用 …… 231
9.2 Excel 在资本成本计算中的应用 …… 242
第 10 章 Excel 在投资决策中的应用 …… 258
10.1 投资决策指标 …… 258
10.2 投资决策指标相关函数 …… 259
10.3 投资决策指标和函数的简单应用 …… 260
10.4 投资决策实际应用 …… 262
第 11 章 Excel 在财务预测与预算中的应用 …… 271
11.1 Excel 在销售预测中的应用 …… 271
11.2 Excel 在成本费用预测中的应用 …… 277
11.3 Excel 在利润预测中的应用 …… 284
11.4 Excel 在财务预算管理中的应用 …… 294
第 12 章 Excel 与 AI 的融合应用 …… 314
12.1 DeepSeek 简介 …… 314
12.2 Excel 配置 DeekSeek …… 315
12.3 DeepSeek 与 Excel 融合使用情景 …… 320
12.4 使用展望 …… 320

参考文献 …… 322

第一部分

初识 Excel

第1章 Excel的基础知识

Chapter 1

内容简介

本章介绍了 Excel 2021 的操作界面，启动、退出、新建、保存、打开的方法，Excel 2021 鼠标指针的意义。

学习目标

掌握 Excel 2021 的基本操作，具体包括启动和退出 Excel，新建、保存和打开工作簿。熟悉 Excel 2021 鼠标指针的含义并熟练操作。

引 例

党的二十大报告指出，推动经济社会发展绿色化、低碳化是实现高质量发展的关键环节。加快推动产业结构、能源结构、交通运输结构等调整优化。实施全面节约战略，推进各类资源节约集约利用，加快构建废弃物循环利用体系。完善支持绿色发展的财税、金融、投资、价格政策和标准体系，发展绿色低碳产业，健全资源环境要素市场化配置体系，加快节能降碳先进技术研发和推广应用，倡导绿色消费，推动形成绿色低碳的生产方式和生活方式。

A 制药集团响应党和国家的号召，推行绿色、低碳办公。应届毕业生小刘毕业后成为 A 制药集团公司的财务人员，每天她除了要完成基本的财务会计工作，还要提供集团内部所需的各种数据报表，季度、年度总结等，即使每天加班，有时也不能按时上交。小刘越来越发现 Excel 操作的重要性，零基础的她决定从 Excel 的基础知识学起。

1.1 Excel 概述

20 世纪 80 年代，Excel 在电子表格软件领域奠定了霸主地位，至今仍被广泛应用，因为其简单易学，操作灵活、功能强大。如今，Excel 已经成为电子表格行业的标准。在对 Excel 基本操作的认知过程中，我们要运用科学的世界观和方法论解决问题，而不是生搬硬套。我们必须着眼于实际环境和实际问题，作出符合应用实际和时代要求的正确回答，得出符合客观规律的科学认识，以更好地指导工作实践，高效率完成财务工作。

Excel 是一款功能强大的电子表格制作软件，可以完成数据输入、计算、分析等多项工作；也可以创建图表，直观地展现数据之间的关系。对于财务人员来说，每天都要处理大量的财务数据，Excel 作为强大的数据管理软件，成了快速处理数据的有效工具。

1.1.1 启动 Excel

要使用 Excel，首先应该学会启动 Excel。常用的启动方法有如下两种。

1. 使用“开始”菜单启动

在键盘上按“Win”键或者单击显示屏下方的“开始”按钮，打开“开始”菜单（或者在“所有应用”中）找到 Excel 程序图标，单击即可启动，如图 1-1 所示。

图 1-1 使用“开始”菜单启动

2. 使用任务栏启动

如果平时频繁使用 Excel，可以将 Excel 固定到任务栏中。设置方法：在 Windows 开始界面找到 Excel 图标，右键选择“固定到任务栏”即可，如图 1-2 所示。

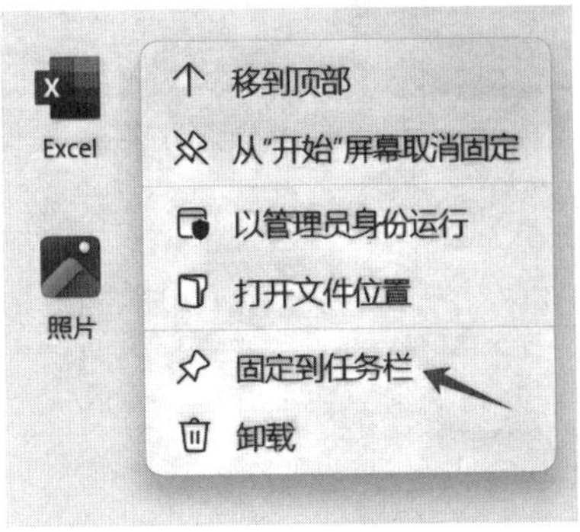

图 1-2 将 Excel 固定到任务栏

设置好以后，每次只需要单击任务栏中的 Excel 图标，即可启动 Excel，如图 1-3 所示。

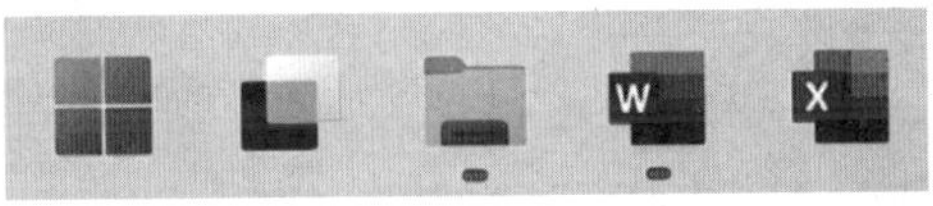

图 1-3 使用任务栏启动

1.1.2 Excel 2021 的工作界面

Excel 中的操作是在工作簿文件中执行的，根据需要可以创建很多工作簿，每个工作簿显示在自己的窗口中。默认情况下，Excel 2021 工作簿使用“. xlsx”作为文件扩展名。每个工作簿包含一个或多个工作表，每个工作表由一些单元格组成。每个单元格可包含值、公式或文本。图 1-4 为 Excel 2021 的工作界面，该界面显示了 Excel 中比较重要的元素和部分，包括标题栏、快速访问工具栏、功能区、编辑栏、工作表编辑区、状态栏和滚动条等。

1. 标题栏

标题栏位于 Excel 窗口的最上方，用于显示当前工作簿和窗口名称，由控制菜单图标、快速访问工具栏、工作簿名称和控制按钮等组成，如图 1-5 所示。标题栏的最左端是快速访问工具栏，最右端是对 Excel 窗口进行操作的三个按钮，从右到左分别为“关闭”按钮、“最大化”/“还原”按钮和“最小化”按钮，单击相应按钮即可对窗口进行相应的操作。

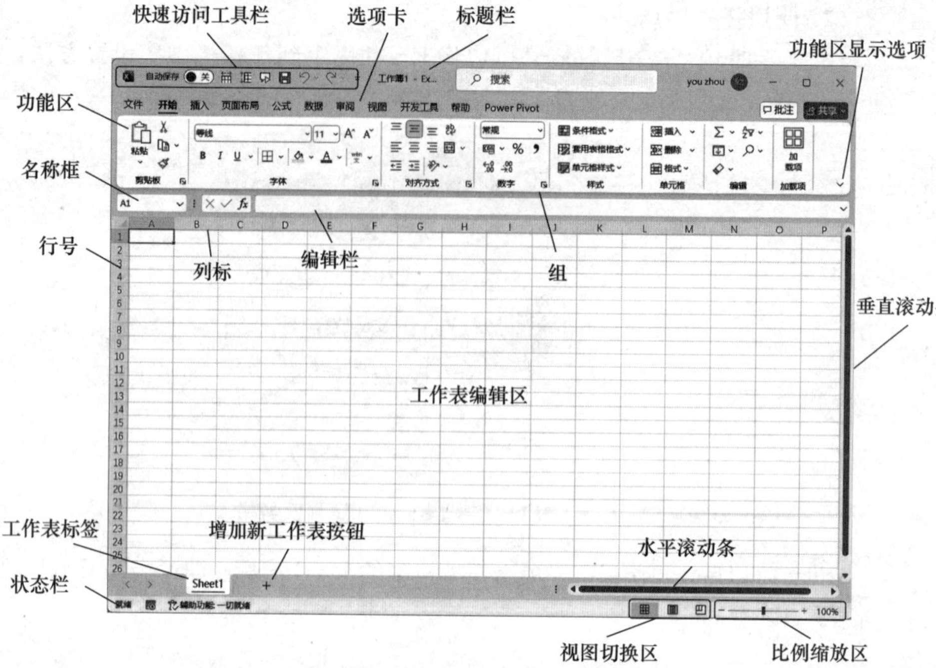

图 1－4　Excel 2021 的工作界面

图 1－5　标题栏

2. 快速访问工具栏

快速访问工具栏是 Excel 左上角的一个工具栏，Excel 2021 默认的快速访问工具栏由“自动保存”开关、“保存”按钮、“撤消”按钮和“恢复”按钮等组成，如图 1－6 所示。

图 1－6　快速访问工具栏

快速访问工具栏可以放置在功能区的下方。右键单击功能区，在弹出的快捷菜单中选择“在功能区下方显示”命令，如图 1－7 所示；单击后，快速访问工具栏将移动到功能区的下方，效果如图 1－8 所示。

图 1－7　“在功能区下方显示”命令

快速访问工具栏的内容可以根据需要进行调整。单击快速访问工具栏右侧的“自定义快速访问工具栏”按钮 ，在弹出的“自定义快速访问工具栏”菜单中选择需要使用的命令即可。例如，添加“打印预览和打印”命令，则使用鼠标左键单击该命令，“打印预览和打印”命令就会显示到快速访问工具栏中，如图 1－9 所示。

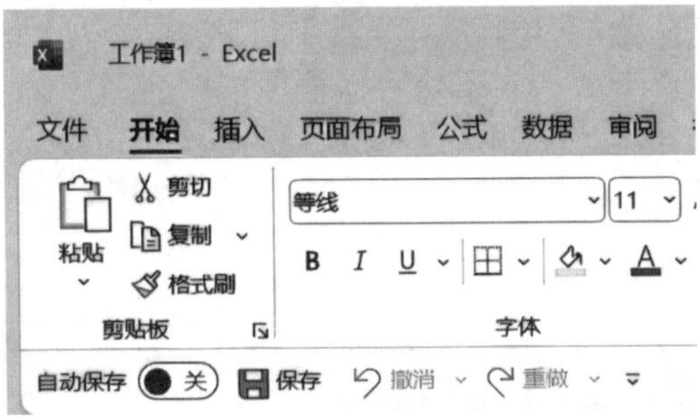

图 1－8　快速访问工具栏在功能区下方显示

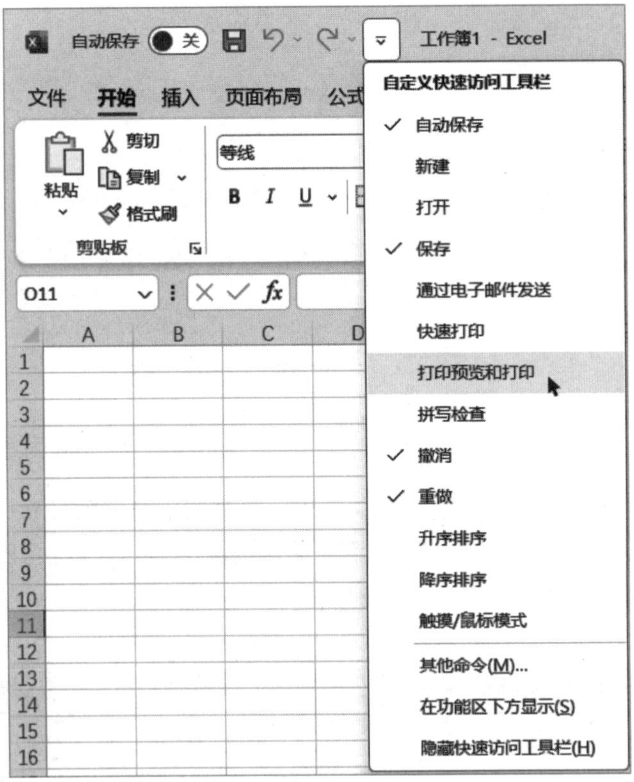

图 1－9　自定义快速访问工具栏

3. “文件”按钮

单击 Excel 窗口界面左上角的“文件”按钮，会显示出“文件”菜单。“文件”菜单中包含多个命令按钮，包括开始、新建、打开、共享、获取加载项、信息、保存、另存为、打印、导出、发布、关闭、账户、反馈、选项等。用户只需单击这些按钮，即可执行与工作簿相关的各项操作，如图 1－10 所示。要退出“文件”菜单，则单击左上角的“返回箭头”按钮⊖。

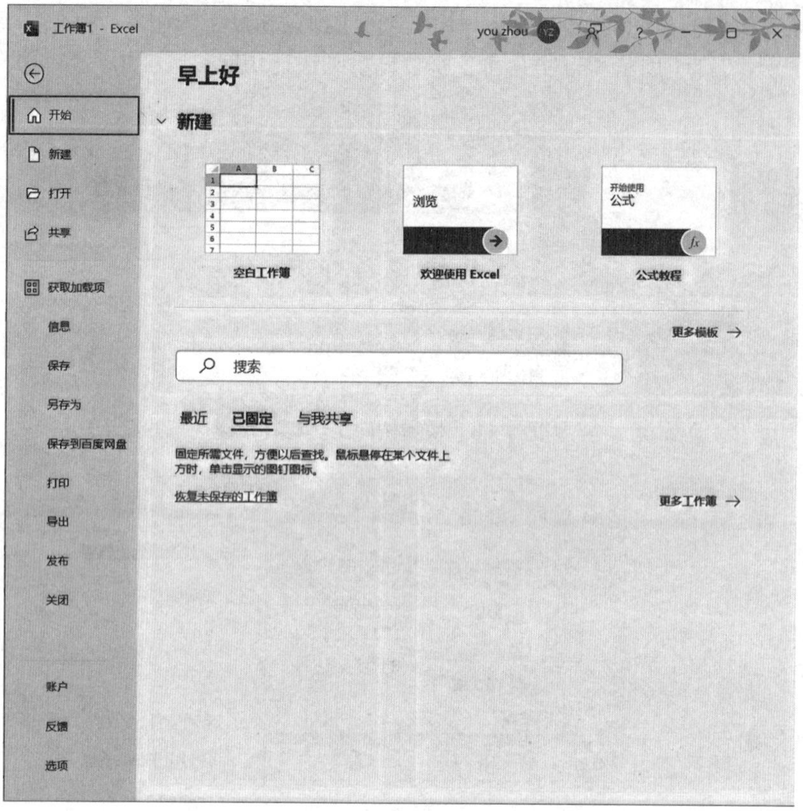

图 1 - 10　“文件”菜单

4. 功能区

功能区位于标题栏的下方，是由一排选项卡组成的较宽的带形区域，其中包含各种命令按钮，如图 1 - 11 所示。默认情况下，功能区由开始、插入、页面布局、公式、数据、审阅、视图等选项卡组成。

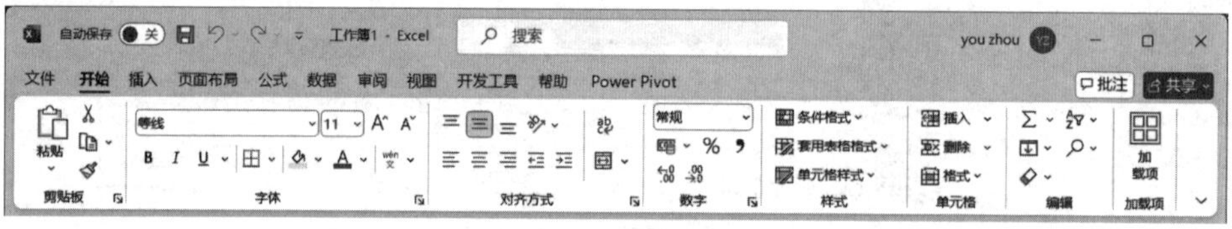

图 1 - 11　功能区

功能区中的各选项卡提供了不同的命令，并将相关命令进行了分组。每个选项卡代表在 Excel 中执行的一组核心任务，命令为选项卡的各种按钮或者菜单项，组则为放在一起并在一起显示的一些功能类似的相关命令，如图 1 - 12 所示。

以下是对 Excel 功能区中各选项卡的概述。

(1) 开始。此选项卡包含基本的剪贴板、字体、对齐方式、数字、样式、单元格、编辑、加载项等命令。

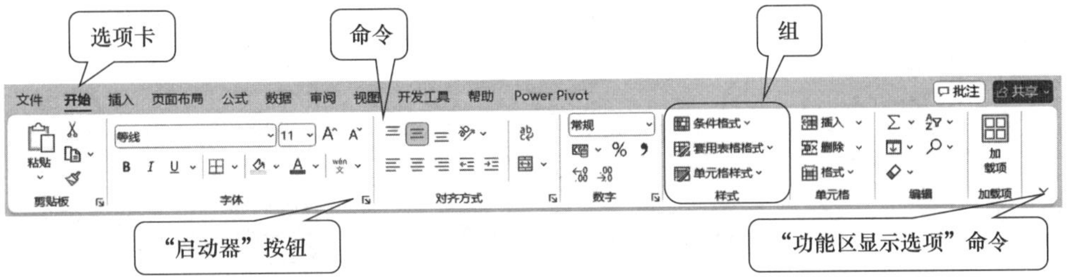

图 1-12 选项卡、命令、组

(2) 插入。使用此选项卡可在工作表中插入任何需要的内容——表格、图片、图表、迷你图、筛选器、批注、符号等。

(3) 页面布局。此选项卡包含的命令可影响工作表的整体外观，包括一些与打印有关的设置。

(4) 公式。使用此选项卡可插入公式、命令单元格或区域、访问公式审核工具，以及控制 Excel 执行计算的方式。

(5) 数据。此选项卡提供了 Excel 中与数据相关的命令，包括数据验证命令等。

(6) 审阅。此选项卡包含的工具用于检查拼写、翻译单词、添加批注、添加注释，以及保护工作表。

(7) 视图。此选项卡包含的命令用于控制有关工作表显示的各个方面。此选项卡上的一些命令也可以在状态栏中获取。

(8) 开发工具。默认情况下不会显示这个选项卡。它包含的命令主要适用于程序员。若要添加该选项卡，需要选择“文件” | “选项”，然后选择“自定义功能区”，并在右侧“开发工具”前的复选框内打钩，如图 1-13 所示。

以上内容为标准的功能区选项卡。Excel 还可以显示其他通过加载项或宏而引入的功能区选项卡。

使用功能区的方法很简单，单击需要使用的功能按钮即可。鼠标指向某个功能按钮并在其上停留片刻，将会出现该按钮的功能说明。

有些功能按钮含有下拉箭头，单击该箭头可以打开下拉库，从中选择该功能的某一子功能，如图 1-14 所示。下拉库在一定程度上实现了将复杂的对话框设置简化。

如果需要将功能区（选项卡和命令）最小化，为工作区留出更多的空间，一共有四种操作方法：

(1) 单击“功能区显示选项”按钮，选择“全屏模式”，此时 Excel 会进入全屏状态，选项卡和命令全部隐藏（包括快速访问工具栏和标题栏），如图 1-15 所示；选择“仅显示选项卡”显示选项卡，隐藏命令，此时单击选项卡可显示命令，如图 1-16 所示；选择“始终显示功能区”则始终显示功能区选项卡和命令。

(2) 将鼠标移至功能区，单击右键，在弹出的菜单中选择“折叠功能区”命令，此时显示选项卡，隐藏命令。

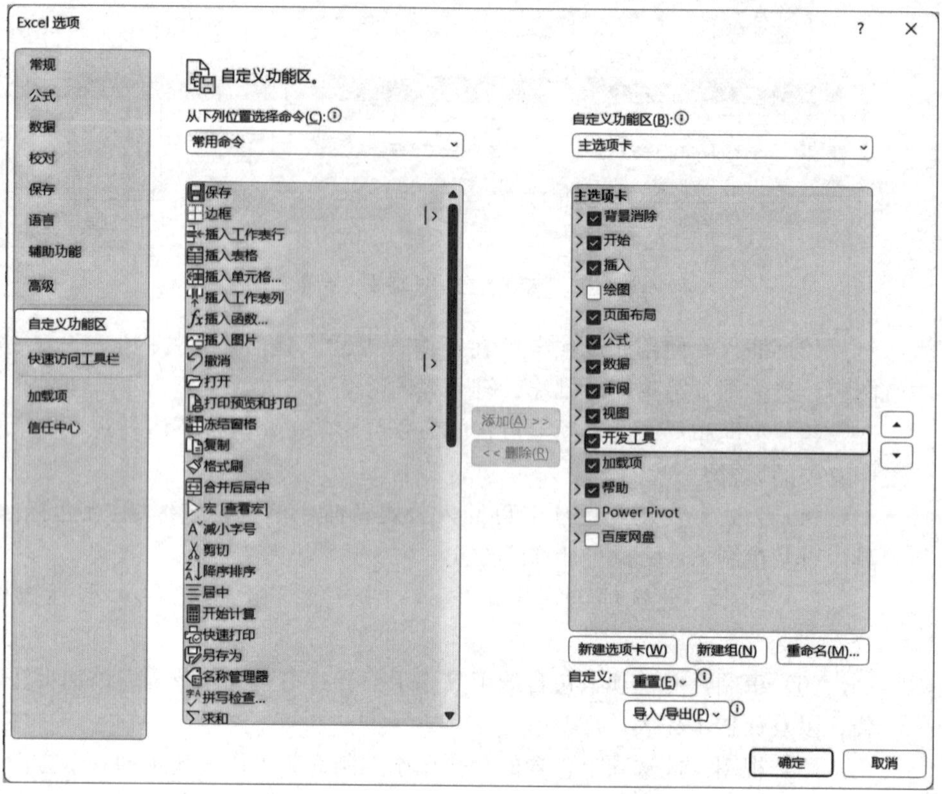

图 1-13　添加“开发工具”选项卡

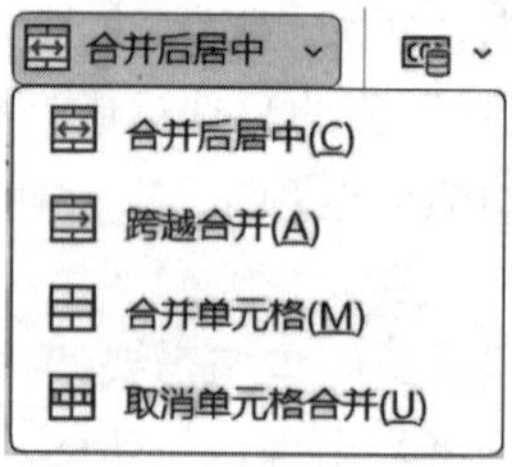

图 1-14　下拉库

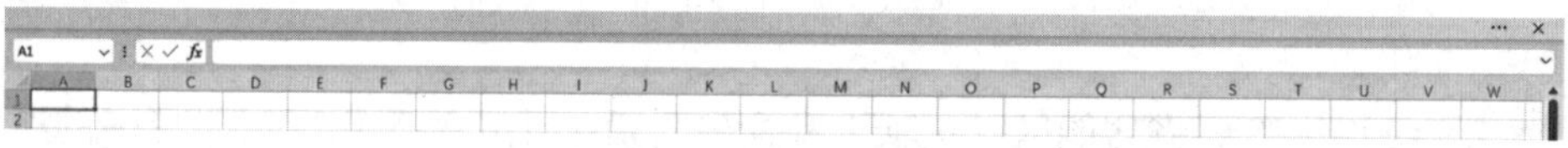

图 1-15　全屏模式

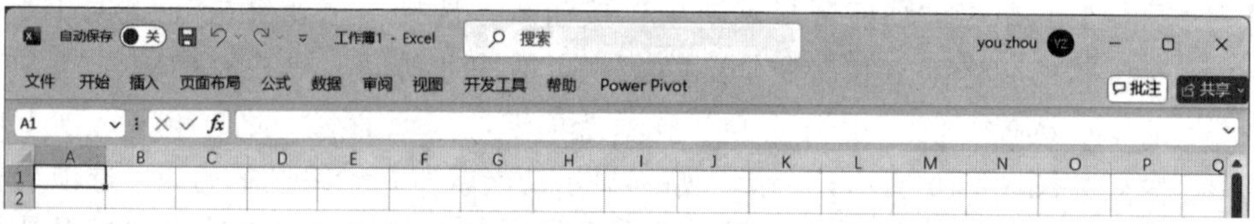

图 1-16　仅显示选项卡

（3）将鼠标移至功能区选项卡，双击鼠标左键，此时显示选项卡，隐藏命令。若要始终显示功能区选项卡和命令，则再次在功能区选项卡双击鼠标左键即可。

（4）按下快捷键“Ctrl＋F1”，此时显示选项卡，隐藏命令。若要显示命令，再次使用快捷键“Ctrl＋F1”即可。

以上四种方法中，显然第四种方法最快捷。

5. “启动器”按钮

“启动器”按钮位于选项卡中的组的右下方，单击如图 1－12 所示的“启动器”按钮即可打开对应组的对话框或者任务空格。

6. 名称框与编辑栏

名称框与编辑栏位于功能区的下方，如图 1－17 所示。名称框用于显示所选单元格或单元格区域的名称，如果单元格还未命名，则名称框显示该单元格的坐标。编辑栏用于显示活动单元格中的数据或公式。

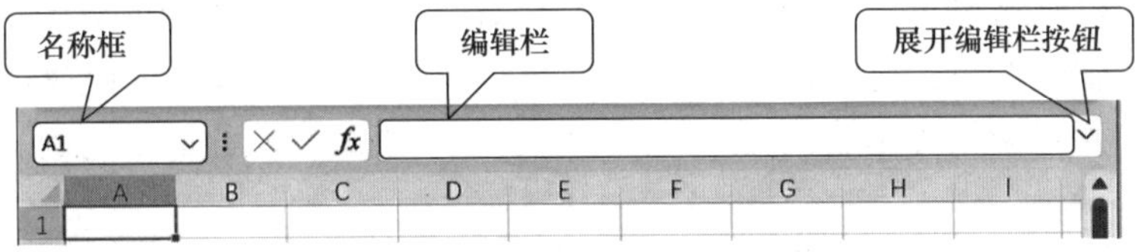

图 1－17　名称框与编辑栏

当编辑栏高度不够用时，可以展开编辑栏。有两种操作方法：

（1）点击编辑栏右边的展开按钮。

（2）可以通过快捷键“Ctrl＋Shift＋U”来完成。

7. 工作表编辑区

工作表编辑区是 Excel 的主要工作区，是由行线和列线组成的表格区域，用于显示或者编辑工作表中的数据。它是占据屏幕最大且用于记录数据的区域，所有的信息都将存放在这张表中。工作表编辑区如图 1－18 所示。

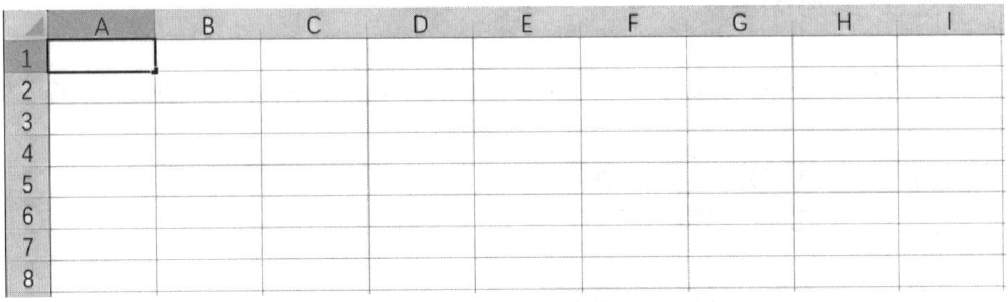

图 1－18　工作表编辑区

8. 工作表标签

工作表标签位于工作表区域的左下方，用于显示工作表的名称，如图 1 - 19 所示。可以通过单击“新工作表”按钮✚来增加新的工作表。想要切换工作表，只需单击工作表标签就可以激活相应的工作表。

图 1 - 19　工作表标签

9. 状态栏

状态栏位于工作表区域的下方，如图 1 - 20 所示，在状态栏中不仅可以显示当前命令或操作的相关信息，而且可以根据当前的操作显示相应的提示信息。

图 1 - 20　状态栏

默认情况下，在状态栏的右侧显示视图切换区和比例缩放区。使用视图切换区的“普通”田、“页面布局”圓、“分页预览”四按钮可以快速选择合适的视图方式。通过调整比例缩放区可以快速设置工作表编辑区的显示比例。

10. 水平、垂直滚动条

水平、垂直滚动条分别位于工作表区域的右下方和右边。水平、垂直滚动条用于在水平、垂直方向改变工作表的可见区域。滚动条的使用方法有以下三种。

（1）单击滚动条两端的方向键，单击一次则工作表区域向指定的方向滚动一行或一列单元格；如果鼠标左键按住方向键，则工作表区域将持续滚动。

（2）单击滚动条内的空白区，工作表区域将以一次一屏的频率朝指定的方向滚动。也可以通过键盘上“Page Up”键或“Page Down”键实现。

（3）拖动滚动条中的小方块，在拖动的过程中，屏幕将显示所移动到的行号或者列号，释放鼠标后，工作表区域将显示所移动到的区域。

1.1.3　退出 Excel

使用 Excel 将文档处理完毕并保存后，就可以关闭 Excel 程序，退出操作界面。

1. 通过“关闭”按钮退出

单击 Excel 标题栏右侧的“关闭”按钮，如图 1 - 21 所示。

2. 通过标题栏的“关闭”命令退出

右键单击 Excel 标题栏，在弹出的快捷菜单中单击“关闭”命令，如图 1 - 22 所示。

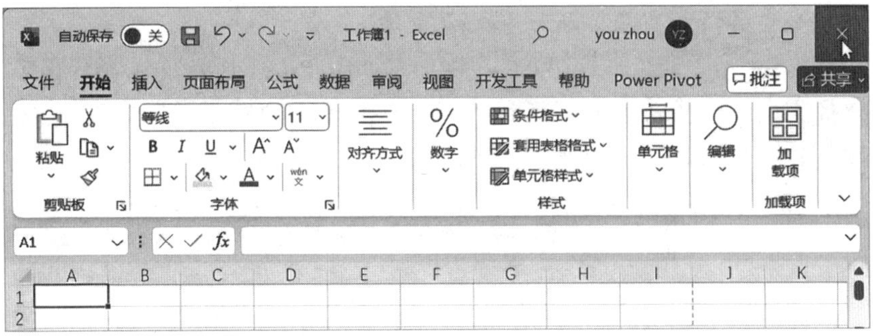

图 1-21　Excel 标题栏右侧的“关闭”按钮

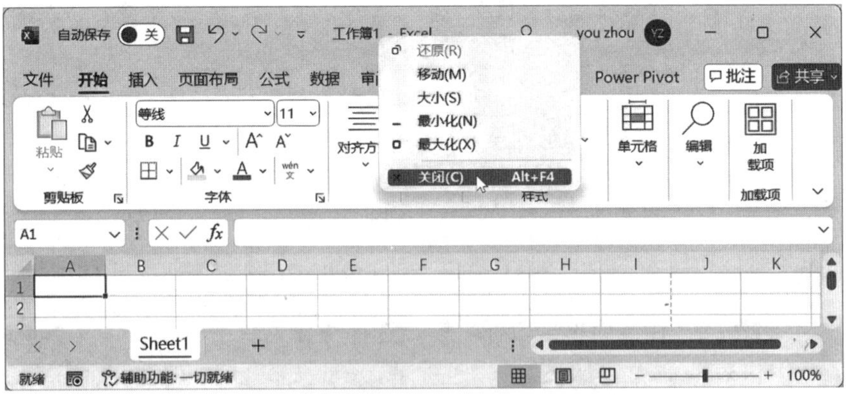

图 1-22　标题栏中的“关闭”命令

3. 通过任务栏的“关闭窗口”命令退出

鼠标右键单击任务栏的 Excel 程序图标，在弹出的菜单中单击“关闭窗口”命令，如图 1-23 所示。

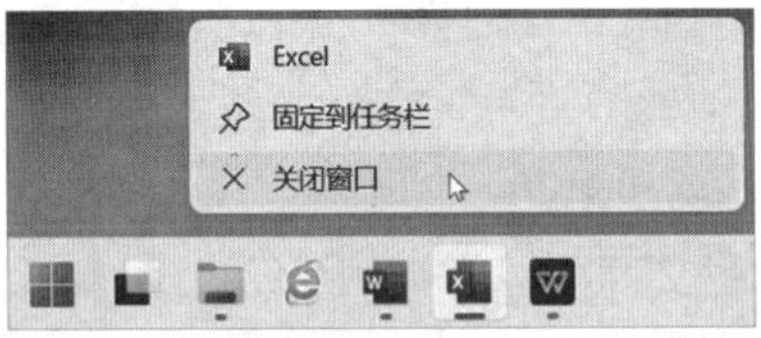

图 1-23　任务栏的“关闭窗口”命令

4. 快捷键退出

保存好后，可以直接按“Alt+F4”组合键退出 Excel 程序。

1.1.4　新建工作簿

新建工作簿的情形有两种：一种情形是未启动或刚启动 Excel 时新建工作簿；另一种情形是已经打开了工作簿，还要另外新建一个工作簿。

第一种情形有两种新建工作簿的方法。

方法一：启动 Excel 2021，将出现如图 1－24 所示的选择界面，可以根据需要选择空白工作簿，也可以选择 Excel 2021 提供的模板。选好工作簿后，Excel 会自动创建一个名为“工作簿 1”的工作簿。

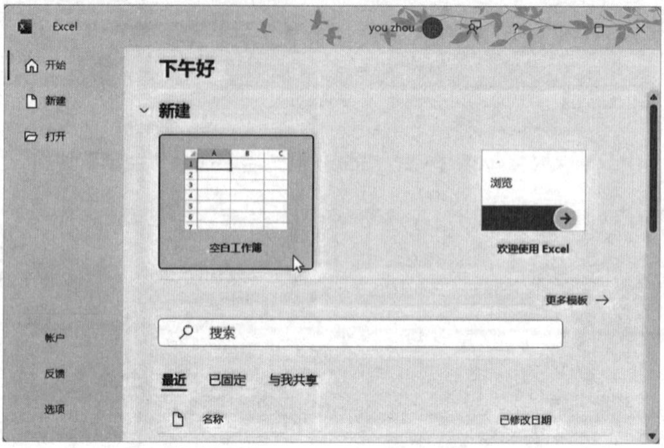

图 1－24　启动 Excel 2021 的选择界面

方法二：在桌面单击鼠标右键，选择快捷菜单中的“新建”｜“Microsoft Excel 工作表”命令，如图 1－25 所示，Excel 将自动创建一个标题为“新建 Microsoft Excel 工作表”的工作簿，打开后如图 1－26 所示。

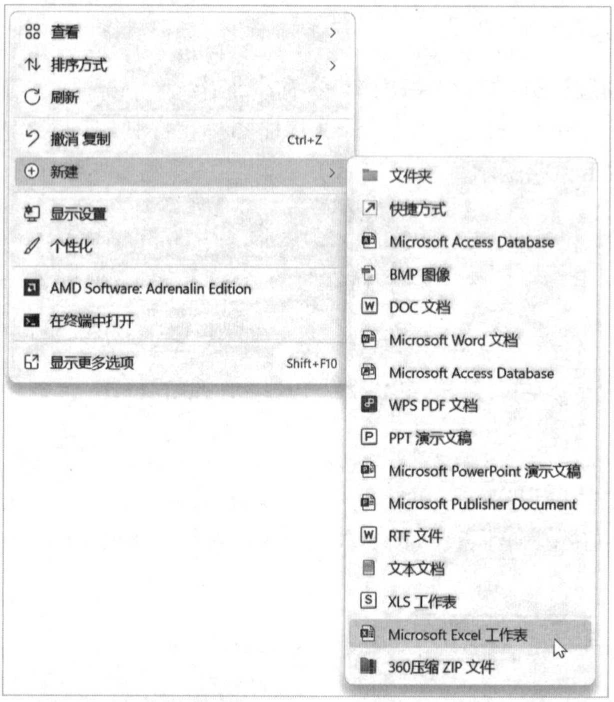

图 1－25　桌面“新建”｜“Microsoft Excel 工作表”

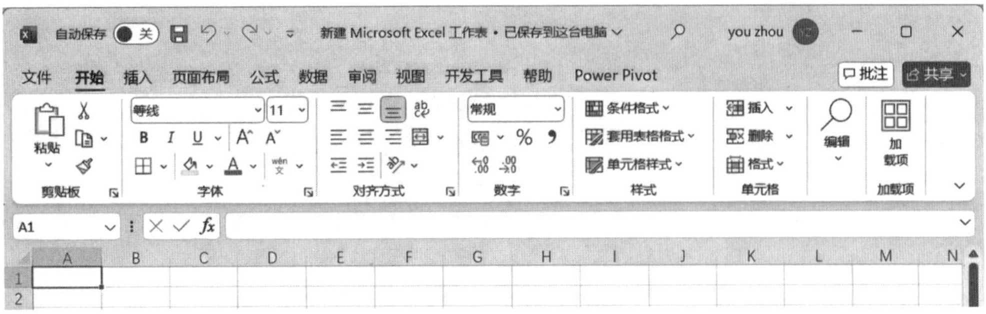

图 1－26　新建的工作簿

如果当前已经打开了一个工作簿，还要创建新的工作簿，则可以使用以下三种方法。

方法一：选择“文件”|“新建”命令，然后在中间窗格中选择“空白工作簿”或 Excel 提供的模板，如图 1－27 所示。

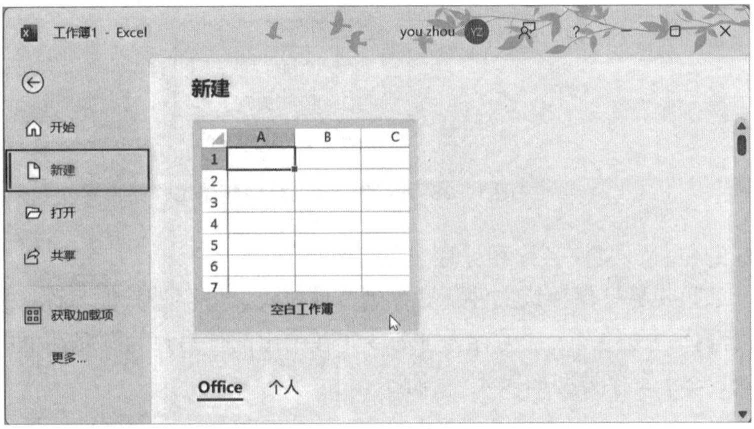

图 1－27　选择“文件”|“新建”命令创建工作簿

方法二：单击快速访问工具栏的“自定义快速访问工具栏”按钮，在弹出的列表中单击“新建”，此时“新建”命令就添加到快速访问工具栏中，如图 1－28 所示。接着在快速访问工具栏中单击“新建”命令，即可新建空白工作簿。

方法三：使用快捷键“Ctrl＋N”即可快速创建空白工作簿。

1.1.5　保存工作簿

建立工作簿文件后，在编辑的过程中或者编辑完成后都需要保存文件。如何保存和关闭工作簿文件呢？下面就来具体介绍几种常用的方法。

（1）选择“文件”|“保存”。

（2）直接单击快速访问工具栏中的“保存”按钮。

（3）按下快捷键“Ctrl＋S”。

在第一次保存文件时，会弹出“另存为”对话框，设置文件的保存位置、文件名称和保存类型等参数；第二次及以后单击“保存”按钮，则直接存储为第一次设

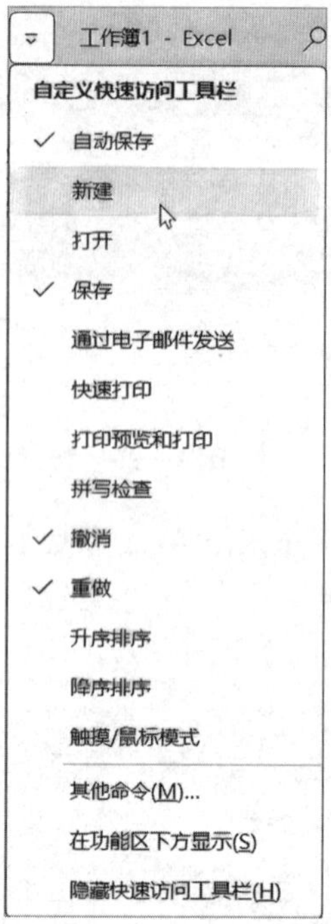

图 1-28 快速访问工具栏新建工作簿设置

置好的位置、文件名称和保存类型。

如果想另外保存该文件（另存到其他位置、另存为其他名称、另存为其他类型），可以选择“文件”｜“另存为”命令，在弹出的“另存为”对话框中进行设置。

Excel 保存类型如表 1-1 所示。

表 1-1 Excel 保存类型说明

格式	扩展名	说明
Excel 工作簿	.xlsx	将工作簿保存为默认的文件格式
Excel 启用宏的工作簿	.xlsm	将工作簿保存为基于 XML 和启用宏的文件格式
Excel 二进制工作簿	.xlsb	将工作簿保存为优化的二进制文件格式，提高加载和保存速度
Excel 模板	.xltx	将工作簿保存为 Excel 模板默认的文件格式
Excel 97-2003 工作簿	.xls	将工作簿保存为 Excel 97-2003 兼容的文件格式
XML 数据	.xml	将工作簿保存为可扩展标识语言文件类型
文本	.txt	将工作簿另存为以制表符分隔的文本文件，以便在其他 Windows 操作系统上使用，并确保正确解释制表符、换行符和其他字符
Unicode 文本	.txt	将工作簿另存为 Unicode 文本，这是一种由 Unicode 协会开发的字符编码标准

续表

格式	扩展名	说明
CSV	.csv	将工作簿另存为以逗号分隔的文本文件，以便在其他 Windows 操作系统上使用，并确保正确解释制表符、换行符和其他字符。仅保存活动工作表
DIF	.dif	数据交换格式。仅保存活动工作表
SYLK	.slk	符号链接格式。仅保存活动工作表
Open Document 电子表格	.ods	保存及打开 .ods 文件时，可能会丢失格式设置
PDF	.pdf	可移植文档格式（PDF）。此文件格式保留文档格式并允许文件共享。联机查看或打印 PDF 格式的文件时，该文件可保留预期的格式。无法轻易更改文件中的数据。对于要使用专业印刷方法进行复制的文档，PDF 格式也很有用
XPS 文档	.xps	XML 纸张规范（XPS）。此文件格式保留文档格式并允许文件共享。联机查看或打印 XPS 文件时，该文件可保留预期的格式并且他人无法轻易更改文件中的数据

在众多保存格式中，请重点关注 CSV 格式。逗号分隔值（comma-separated values，CSV）是一种简单的文件格式，用于存储表格数据，包括数字和文本。在 Excel 中使用 CSV 格式保存文件时，每一行通常对应一个记录，而每个记录由若干个字段组成，这些字段通过逗号、制表符或其他字符进行分隔。

CSV 格式的用途非常广泛，主要的应用场景包括数据交换、数据备份与迁移、数据分析等。数据分析师经常使用 CSV 格式文件来处理大量数据。这些文件可以被导入 Python、R 等编程语言的环境中进行更复杂的分析和处理。

需要注意的是，CSV 格式文件不支持诸如合并单元格、图表等功能。尽管如此，在需要简单、通用的数据存储和交换格式时，CSV 仍然是一个非常实用的选择。

1.1.6　打开工作簿

要对已有的工作簿进行浏览或者编辑等操作，需将该文件打开。除了在文件夹中直接双击要打开的工作簿文件外，还可以选择“文件”｜“打开”命令，或使用快捷键“Ctrl+O”，然后在右侧窗格中单击需要打开的工作簿文件，如图 1-29 所示。

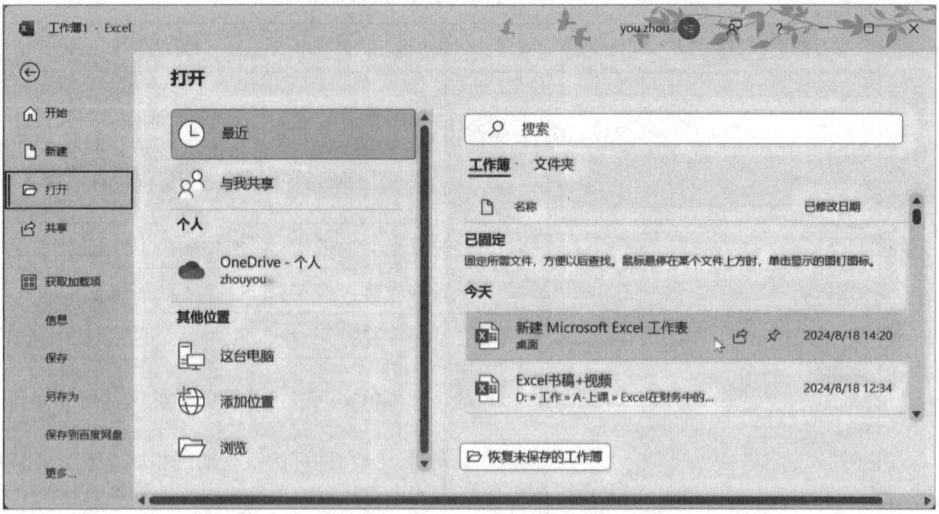

图 1－29　“打开”命令菜单

1.2　Excel 2021 鼠标指针的含义

在 Excel 文件中进行操作时，鼠标指针经常会出现各种各样的形状，下面列出了一些常见的鼠标指针形状，以便了解其含义与操作。

1.2.1　箭头形状

当鼠标指针放到功能区或菜单栏中时，鼠标指针为普通的箭头形状，当鼠标指针放到命令上时，该命令会显示出底纹，如图 1－30 所示。

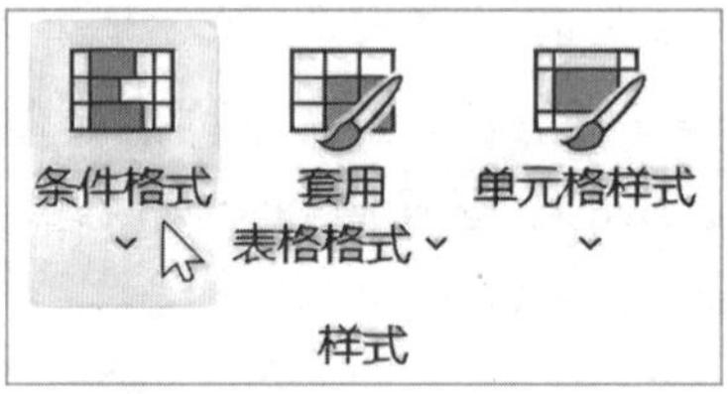

图 1－30　箭头形状鼠标指针

1.2.2　“I”形状

双击单元格时，鼠标指针在编辑的单元格内成“I”形光标，将鼠标移动到编辑栏也会成“I”形光标，如图 1－31 所示。此时可在单元格或编辑栏内输入内容。

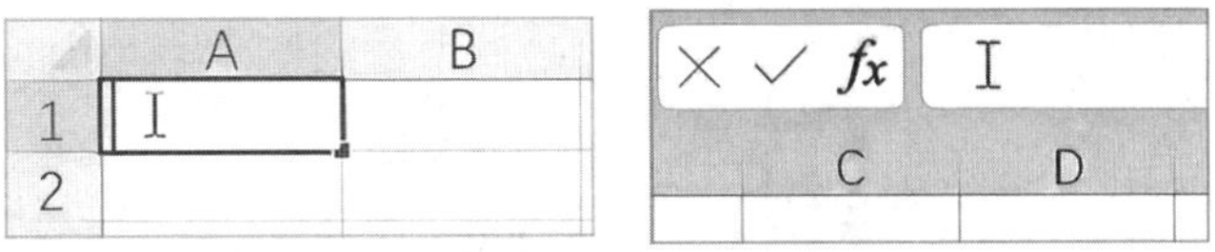

图 1-31 "I" 形状鼠标指针

1.2.3 空十字形状

当鼠标指针处于单元格之上或选择单元格时，鼠标指针为空十字形状，如图 1-32 所示。

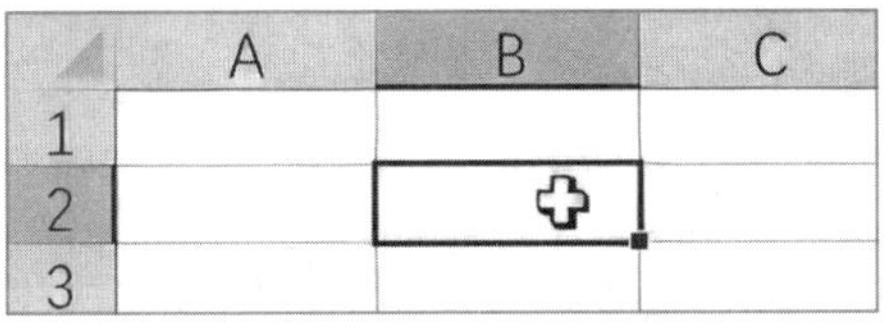

图 1-32 空十字形状鼠标指针

1.2.4 十字形状

当鼠标指针移到被选中单元格的右下角处，此时鼠标指针的形状变成黑色十字形，称为"填充柄"，如图 1-33 所示。此时可以对单元格进行填充操作。向外拖动用于填充公式、序列等，向内拖动用于清除填充内容。

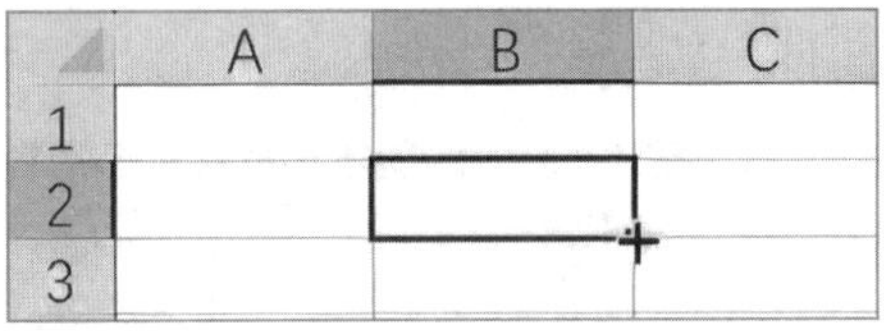

图 1-33 十字形状鼠标指针（填充柄）

1.2.5 黑箭头形状

当鼠标指针在行标题上单击选择行，或者列标题上单击选择列时，鼠标指针的形状变成黑箭头形状，如图 1-34、图 1-35 所示。

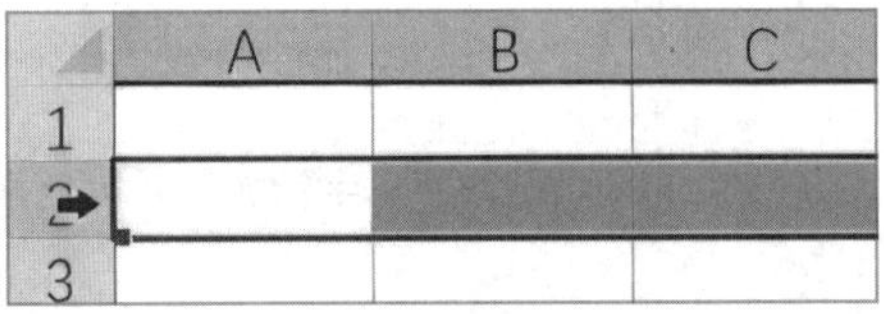

图 1-34 黑箭头形状鼠标指针（行）

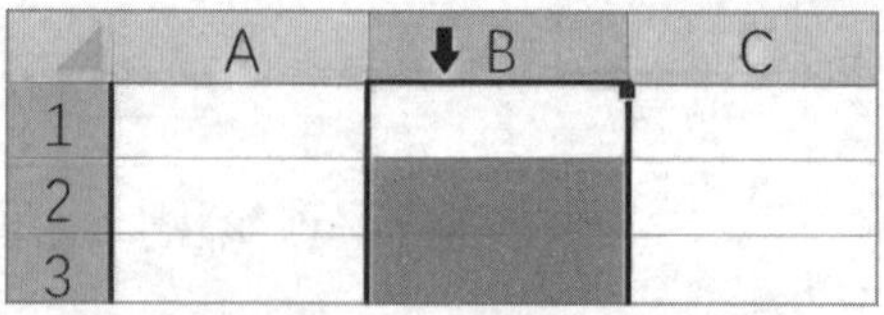

图 1－35　黑箭头形状鼠标指针（列）

1.2.6　双向箭头

当鼠标指针移到列标题之间或行标题之间，此时鼠标指针的形状会变成双向箭头形状，用于调整列宽或行高，如图 1－36、图 1－37 所示。

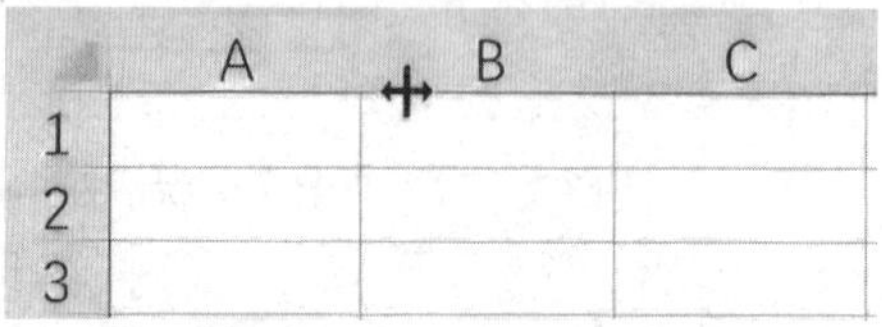

图 1－36　双向箭头形状鼠标指针（列）

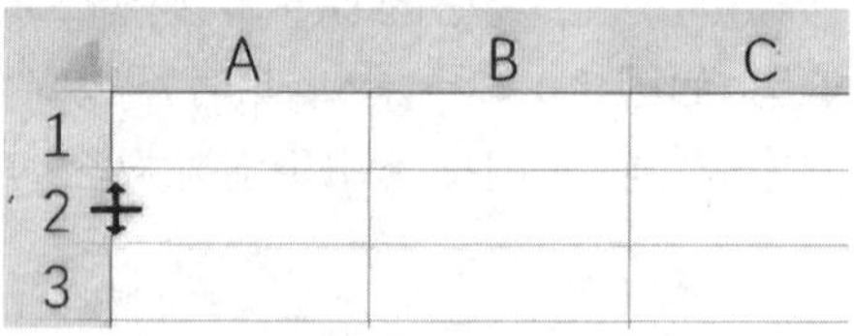

图 1－37　双向箭头形状鼠标指针（行）

1.2.7　十字箭头

当鼠标指针放在已选择的单元格或区域边框上，此时鼠标指针的形状变成十字箭头形状，表示可以拖动单元格或区域进行移动操作，如图 1－38 所示。

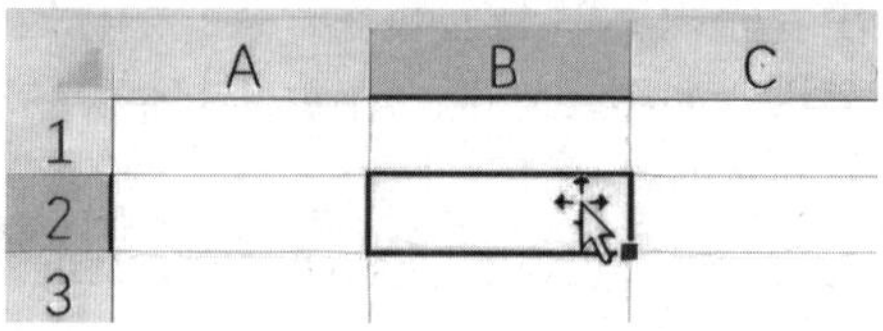

图 1－38　十字箭头形状鼠标指针

1.3 Excel 的专家设置

1.3.1 更改 Excel 自动恢复信息时间间隔

为了避免编辑的 Excel 文件内容丢失，在编辑时要时刻记得保存，但在工作中难免出现疏忽大意的情况，忘记保存编辑好的 Excel 文件。为了避免发生这种情况，可以让 Excel 每隔一段时间自动保存，具体设置方法如下。

步骤 1：单击功能区“文件” | “选项”。

步骤 2：在弹出的“Excel 选项”对话框中，选择“保存”选项卡，在“保存自动恢复信息时间间隔”文本框中输入合适的时间，如图 1-39 所示。

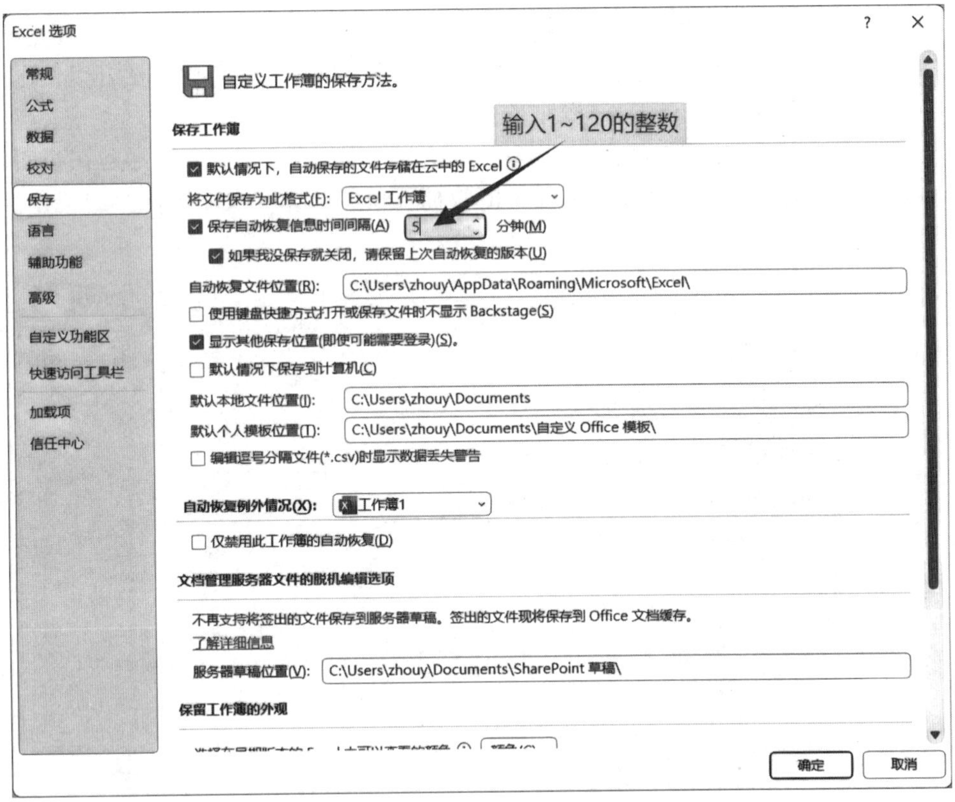

图 1-39 设置“保存自动恢复信息时间间隔”

1.3.2 设置 Excel 自动保存

除了可以设置按固定时间间隔将 Excel 文件保存到本地以外，还可以设置“自动保存”上传到 OneDrive（微软个人云储存空间）。直接在 Excel 窗口左上角的自动保存开关滑块点击进入设置对话框，点击需要保存到的 OneDrive 账号即可，如图 1－40 所示。

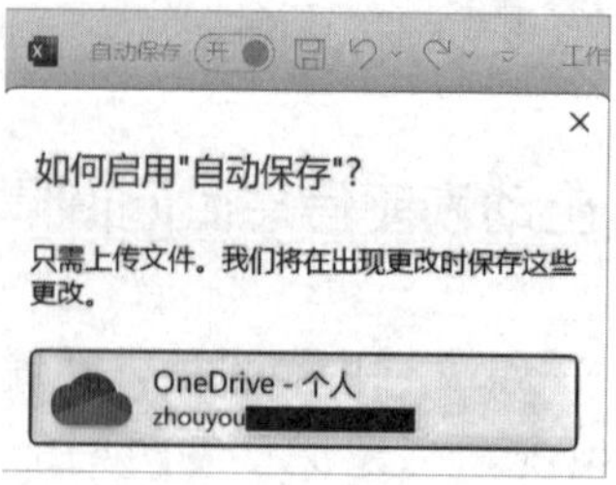

图 1－40 设置“自动保存”

1.3.3 恢复未保存的工作簿

若辛辛苦苦编辑好的工作簿文件还没来得及保存，忽然断电或是电脑死机，就可能会丢失文件。为此，告诉大家一个恢复未保存工作簿的方法，以便尽可能找回未及时保存的文件，具体操作步骤如下。

步骤 1：在 Excel 窗口中选择“文件”｜“信息”命令，然后在中间窗格中右击“管理工作簿”按钮。从弹出的快捷菜单中选择“恢复未保存的工作簿”命令，如图 1－41 所示。

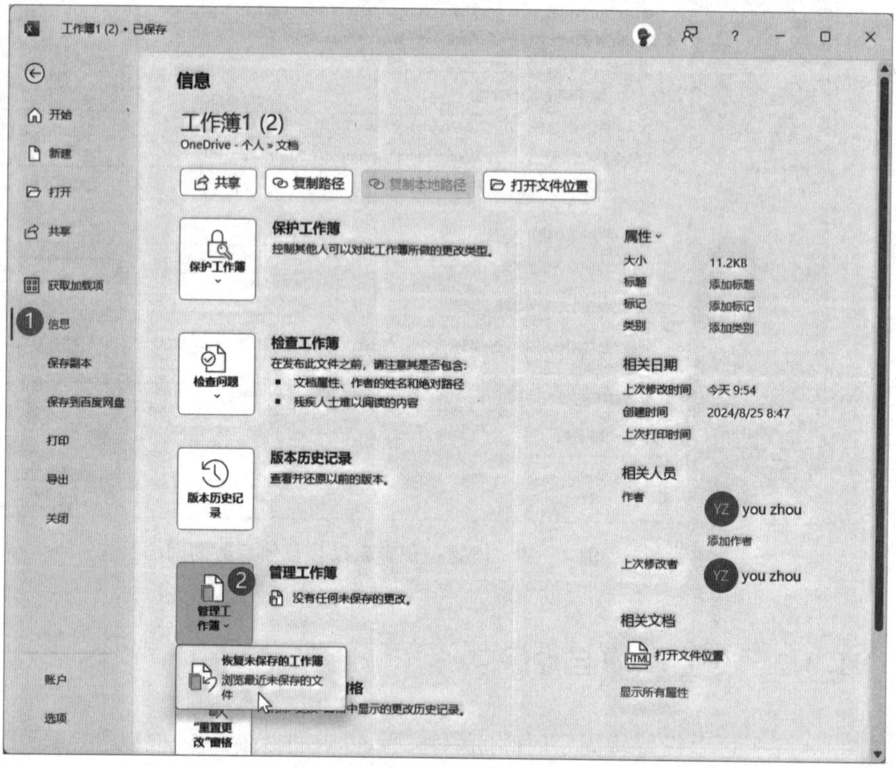

图 1－41 “恢复未保存的工作簿”命令

步骤 2：弹出“打开”对话框，选择未保存的工作簿的临时文件，再单击“打开”按钮即可。

1.3.4 更改 Excel 窗口颜色

Excel 2021 工作簿主题有五种，即深灰色、黑色、白色、彩色、使用系统设置。为了改善办公“环境”，让自己的 Excel 样式与别人的不一样，想要调整工作簿颜色应该怎么做呢？

参考 1.3.1 节中的方法打开“Excel 选项”对话框，在左窗格中选择“常规”选项，接着在右窗格中设置“Office 主题”为“使用系统设置”，如图 1－42 所示，这种主题会根据桌面背景图片相应发生变化，例如桌面背景是深色，Excel 窗口也会变成深色主题。当然也可以增加“Office 背景”，它会在标题栏添加相应的水印。

需要说明的是，设置完成后，不只 Excel 窗口使用系统设置，Word 和 PPT 的窗口也会变为相同设置。

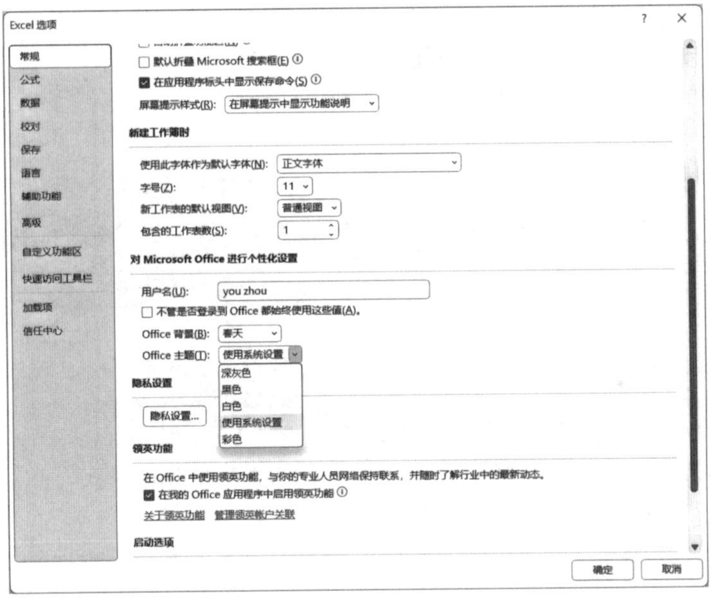

图 1－42 更改“Office 主题”

□ 拓展与训练

在“快速访问工具栏”中添加“朗读单元格”“按行”“按列”三个命令，并尝试使用这三个命令，如图 1－43 所示。

图 1－43 “朗读单元格”“按行”“按列”命令

第2章 Chapter 2 Excel 的基本操作

内容简介

本章介绍了 Excel 2021 工作表、单元格和图表的基本操作。

学习目标

掌握工作表的添加、删除、移动、复制等操作，掌握单元格的基本操作，掌握图表的创建与编辑。

引 例

通过学习 Excel 的基础知识，小刘已经掌握了基本的 Excel 知识。现在她要尝试独立制作 A 制药集团公司第一季度甲、乙、丙三种药品的销售情况表，并进行可视化处理，即画一个图表。该如何操作呢，让我们跟她一块儿学习吧。

2.1 工作表的基本操作

工作表就像活页一样，用户可以对其进行选择、添加、删除、隐藏、显示、修改工作表标签、复制、移动等操作。

2.1.1 选择工作表

在 Excel 窗口中单击某个工作表标签，即可选中该工作表。如果要选择多个工作表，根据不同的情况，选择方法略有不同，下面逐一进行介绍。

1. 选定相邻的工作表

若要选择多个相邻的工作表，首先单击第一张工作表标签，然后按住 Shift 键不放，再单击要选择的最后一张工作表标签即可。如图 2-1 所示，选定 Sheet2，Sheet3，Sheet4 三个相邻的工作表，此时标题后面会缀上“组”。

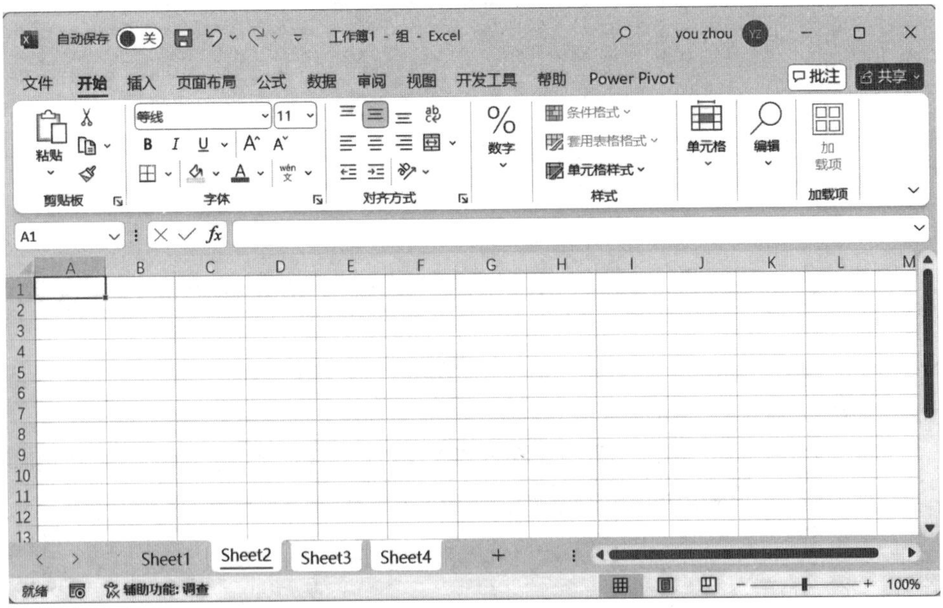

图 2-1　选定相邻的工作表

若要取消选中多个工作表，只需单击任意一个没有被选中的工作表标签即可。

2. 选定不相邻的工作表

若要选择多个不相邻的工作表，首先单击第一张工作表标签，然后按住 Ctrl 键不放，依次单击需要选定的工作表标签即可。例如选定 Sheet1 和 Sheet3 两个不相邻的工作表，此时标题后面也会缀上“组”，如图 2-2 所示。

3. 选定所有工作表

右击任意一个工作表标签，在弹出的快捷菜单中选择“选定全部工作表”命令，即可选定所有工作表，如图 2-3 所示。

2.1.2　添加与删除工作表

1. 添加工作表

在默认情况下，Excel 2021 新建的空白工作簿含有一个工作表，若用户需要按月份在工作簿中记录公司各月财政收支情况，就需要添加工作表。除了在 1.1.2 节中提到的点击 **+** 在右侧添加工作表以外，再为大家介绍三种添加工作表的方法，具

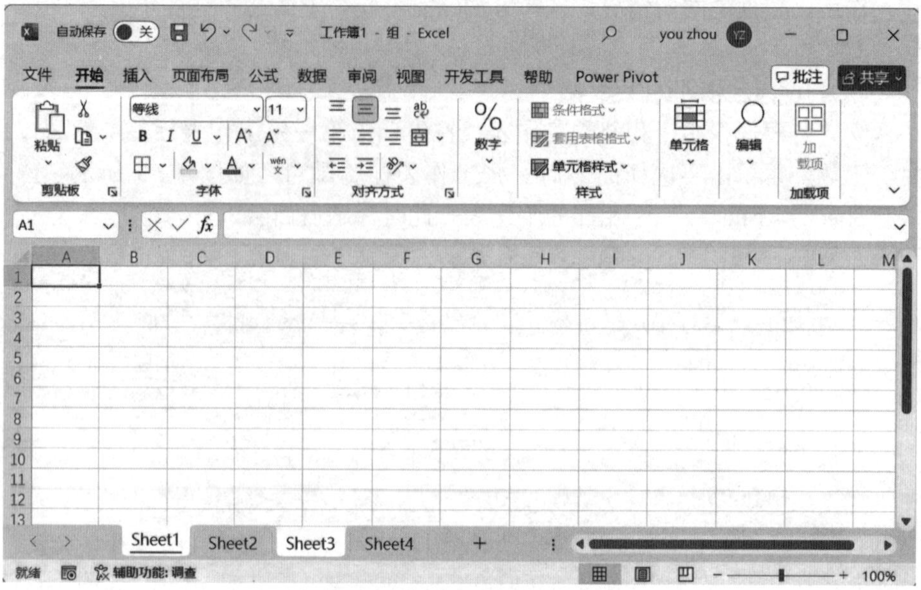

图 2－2　选定不相邻的工作表

图 2－3　选择“选定全部工作表”命令

体操作如下。

方法一：通过命令添加工作表。通过“插入工作表”命令来添加工作表的方法如下。

步骤 1：选择要添加工作表的位置，这里选中 Sheet1 工作表。

步骤 2：在“开始”选项卡的“单元格”组中，单击“插入”按钮旁边的下拉按钮，从弹出的下拉菜单中选择“插入工作表”命令，如图 2－4 所示。

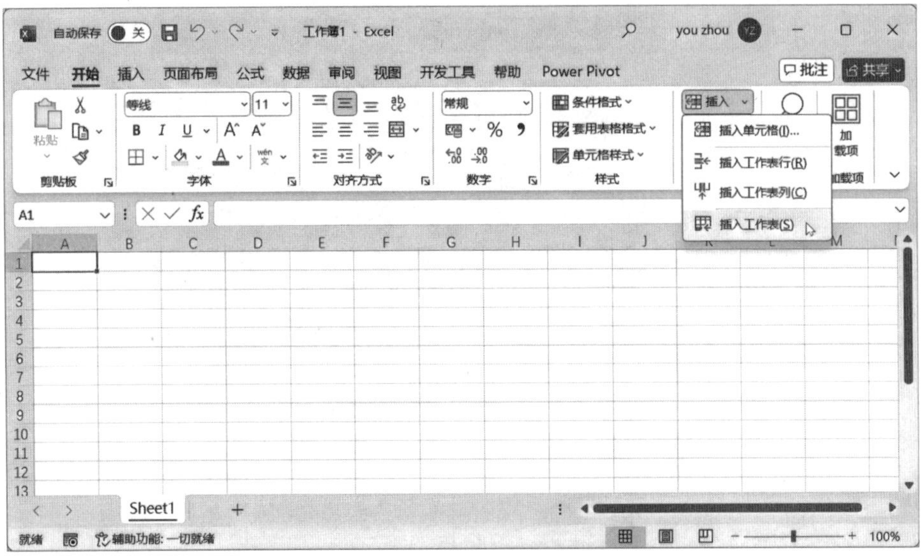

图 2-4　选择“插入工作表”命令

步骤 3：这时即可发现在 Sheet1 工作表之前新插入一个名为 Sheet2 的工作表，如图 2-5 所示。

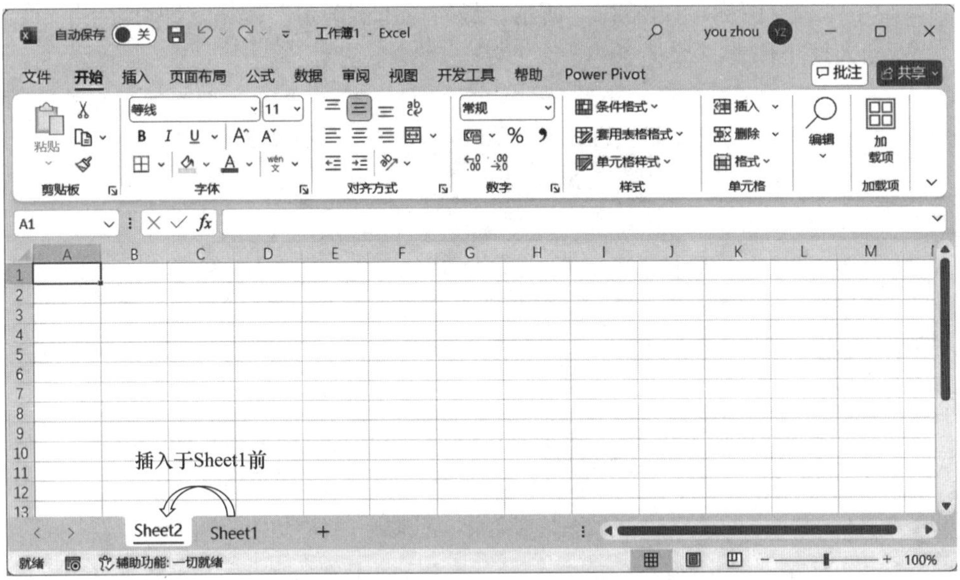

图 2-5　查看插入的工作表

方法二：通过快捷菜单添加工作表。通过快捷菜单插入工作表的操作步骤如下。

步骤 1：在 Sheet1 工作表标签单击鼠标右键，从弹出的快捷菜单中选择“插入”命令，如图 2-6 所示。

步骤 2：弹出“插入”对话框，切换到“常用”选项卡，然后在列表框中单击

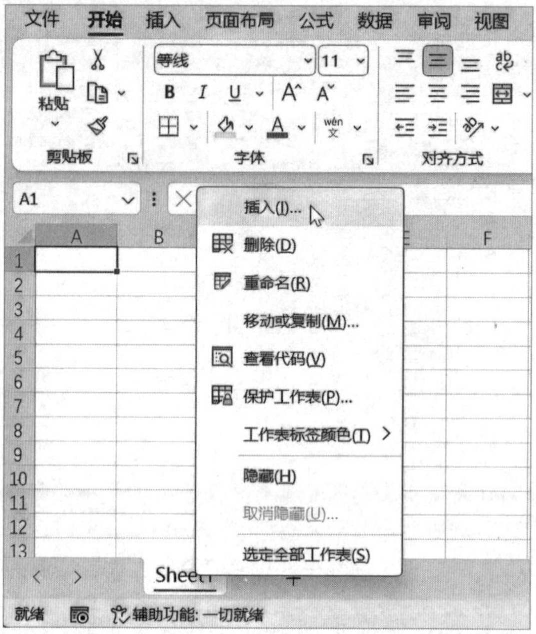

图 2-6　在工作表标签单击鼠标右键选择“插入”命令

“工作表”图标，如图 2-7 所示。最后单击“确定”按钮，即可在 Sheet1 工作表前插入新工作表。

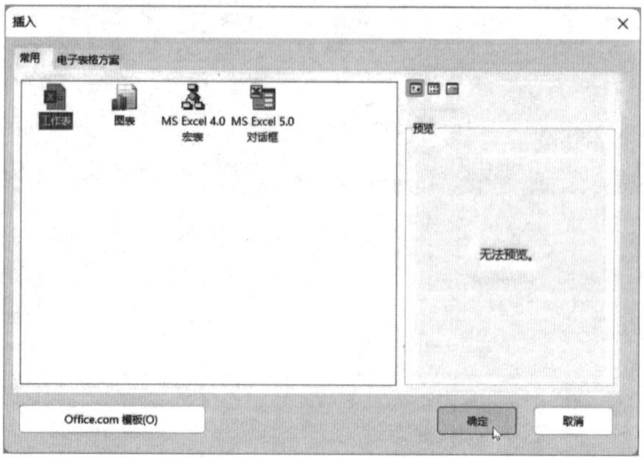

图 2-7　“插入”对话框

方法三：快捷键添加工作表。通过使用快捷键“Shift+F11”，可以在选中的任一工作表左侧插入一个新的工作表。

2. 删除工作表

如果插入的工作表过多，为了方便切换，可以将不使用的工作表删除。具体有两种方法。

方法一：选中要删除的工作表，然后在“开始”选项卡的“单元格”组中，单击“删除”按钮旁边的下拉按钮，从弹出的下拉菜单中选择“删除工作表”命令即可，如图 2－8 所示。

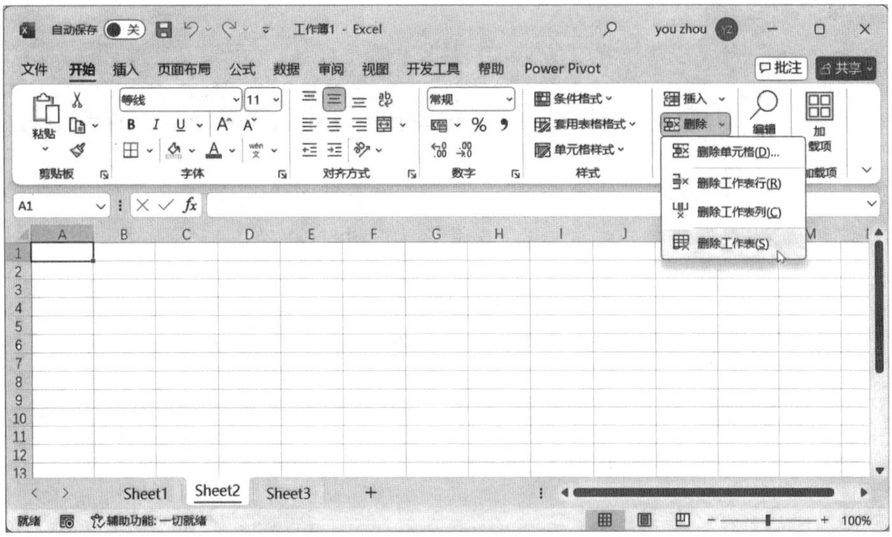

图 2－8　选择“删除工作表”命令

方法二：在工作表标签单击鼠标右键，从弹出的快捷菜单中选择“删除”命令，即可删除当前工作表，如图 2－9 所示。

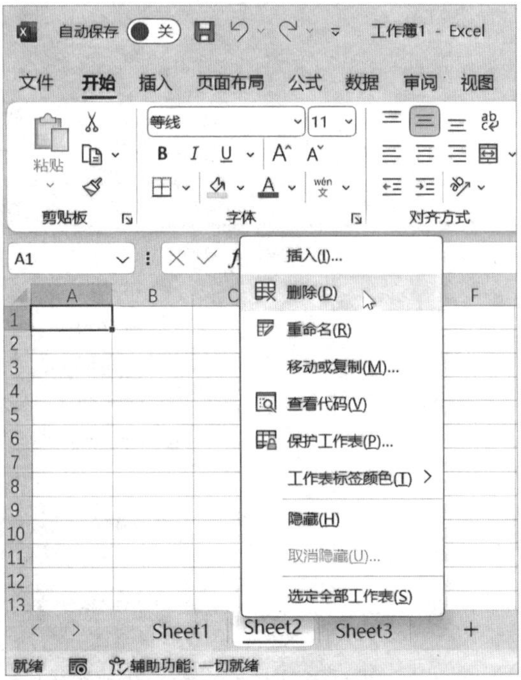

图 2－9　在工作表标签单击鼠标右键选择“删除”命令

需要注意的是：用户不能把一个工作簿中的工作表全部删除，否则会弹出如图 2-10 所示的提示框，提示工作簿内至少含有一张可视工作表。

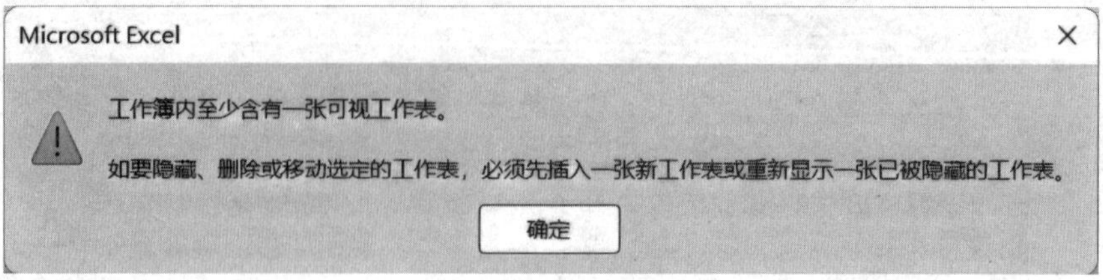

图 2-10 提示框

2.1.3 隐藏与显示工作表

如果删除了空白工作表后还有很多工作表，可以将暂时不编辑的工作表隐藏起来，在以后需要时再将其显示出来。

1. 隐藏工作表

选中需要隐藏的工作表并单击鼠标右键，这里选择 Sheet2 工作表标签，从弹出的快捷菜单中选择“隐藏”命令，如图 2-11 所示。

图 2-11 选择“隐藏”命令

这时即可发现 Sheet2 工作表被隐藏起来了，如图 2－12 所示。

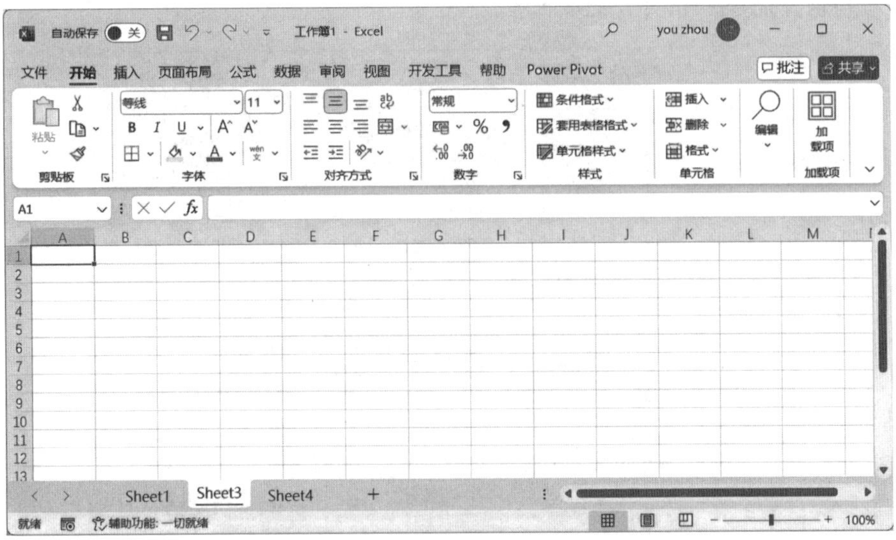

图 2－12　Sheet2 工作表被隐藏

2. 显示隐藏的工作表

步骤 1：如果要显示隐藏的工作表，只需在“开始”选项卡的“单元格”组中，单击“格式”按钮旁边的下拉按钮，从弹出的下拉菜单中选择“隐藏和取消隐藏”｜“取消隐藏工作表”命令，如图 2－13 所示。

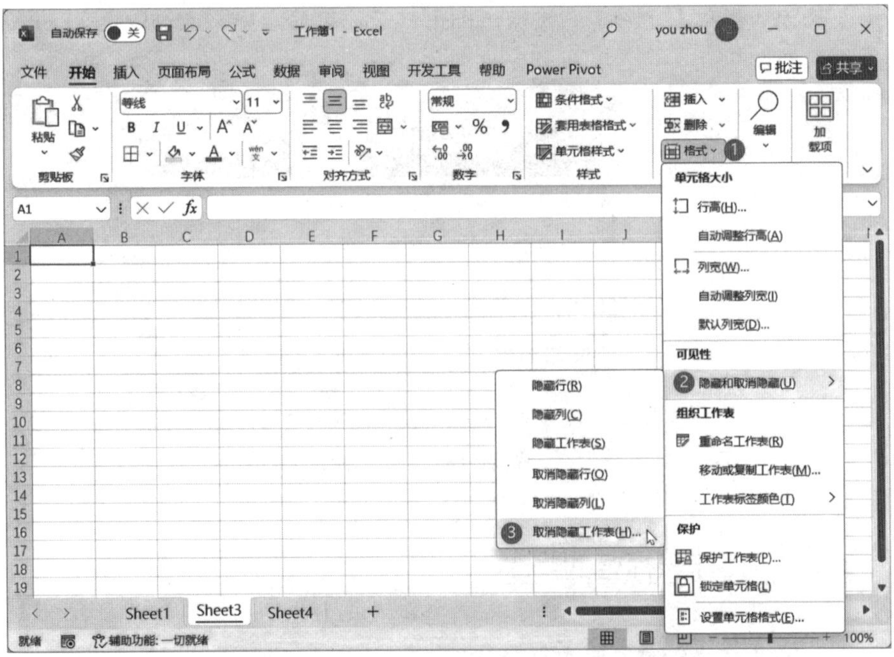

图 2－13　选择“取消隐藏工作表”命令

此步骤也可以在任意工作表标签单击鼠标右键，从弹出的对话框中选择“取消隐藏”命令，如图 2－14 所示。

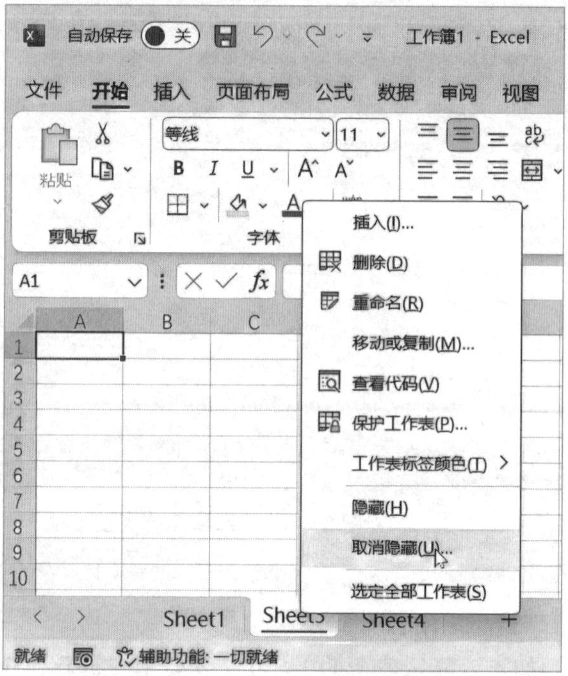

图 2－14　选择“取消隐藏”命令

步骤 2：弹出“取消隐藏”对话框，在取消隐藏工作表列表框中选择要显示的工作表，再单击“确定”按钮，即可将工作表显示出来，如图 2－15 所示。

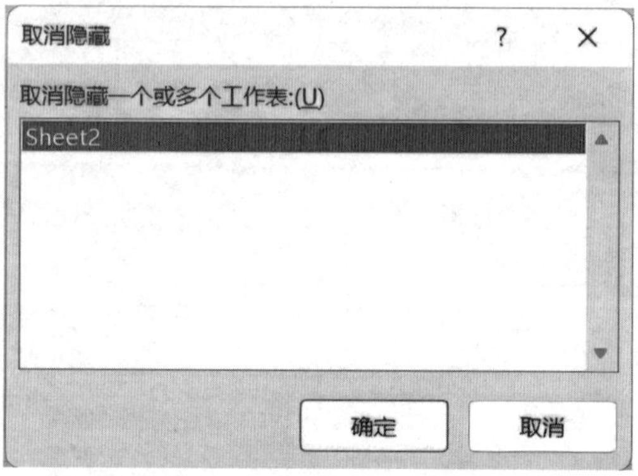

图 2－15　“取消隐藏”对话框

2.1.4　工作表标签的修改

1. 工作表标签重命名

为了便于区分工作表中的内容，可以给工作表起一个形象的名字，具体操作步骤如下。

鼠标右键单击需要修改名称的工作表标签，从弹出的快捷菜单中选择“重命名”命令，如图 2－16 所示。

图 2－16　选择“重命名”命令

也可以直接用鼠标左键双击工作表标签。这时会发现工作表标签以灰底显示，表示处于可编辑状态，如图 2－17 所示，输入新名称，然后按“Enter”键确认。

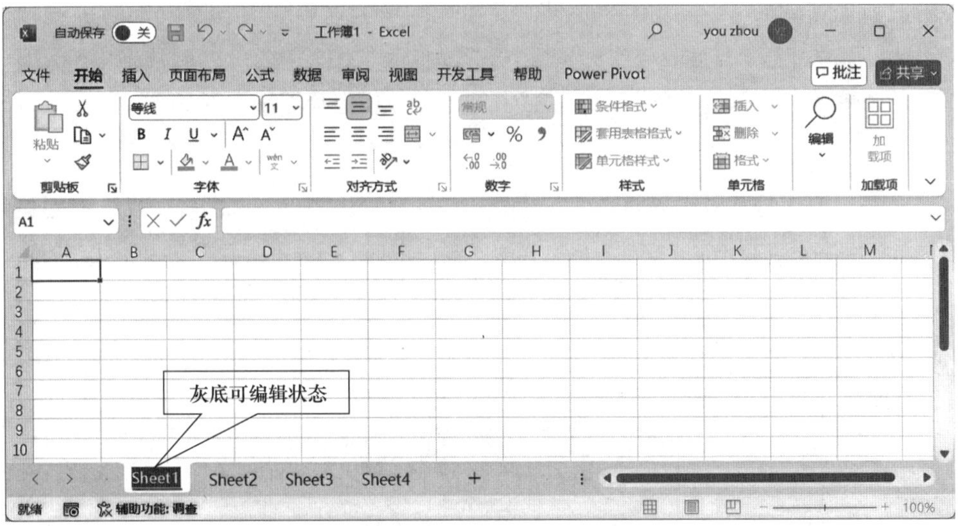

图 2－17　工作表标签可编辑状态

2. 更改工作表标签颜色

为了使工作表标签更加醒目，可以给内容类似、名称相近的工作表设置同一种标签颜色。

方法一：先选中要设置相同颜色的工作表标签，然后在“开始”选项卡的“单元格”组中，单击“格式”按钮旁边的下拉按钮，从弹出的菜单中选择“工作表标签颜色”命令，接着在子菜单中单击要使用的颜色图标即可，如图 2－18 所示。

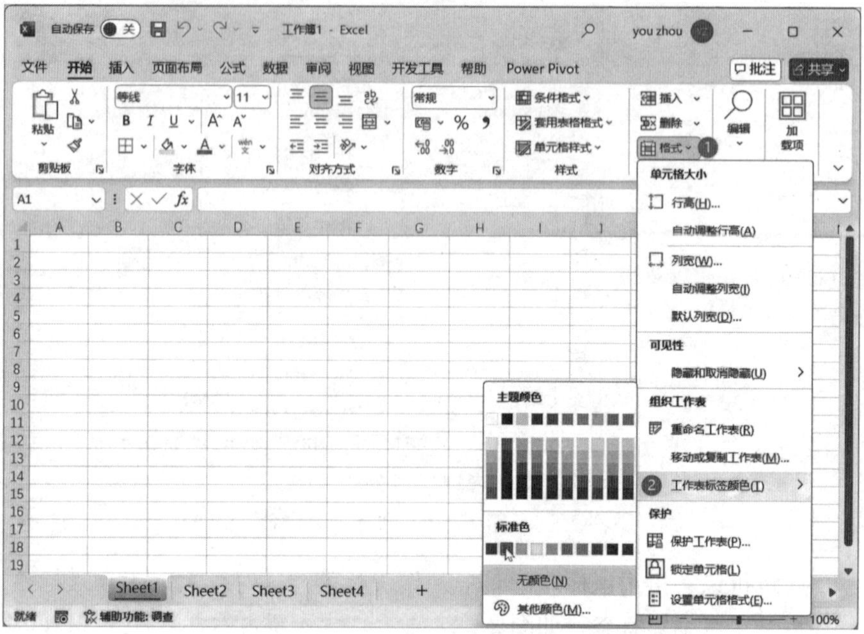

图 2－18　通过功能区设置工作表标签颜色

方法二：鼠标右键单击需要更改颜色的工作表标签，然后从弹出的快捷菜单中选择“工作表标签颜色”命令，接着在子菜单中选择要使用的颜色，如图 2－19 所示。

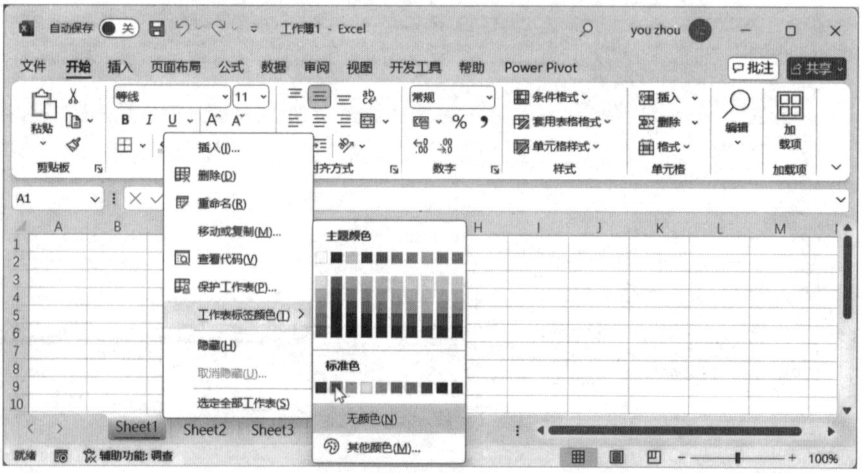

图 2－19　通过快捷菜单设置工作表标签颜色

2.1.5　移动与复制工作表

在 Excel 中，当用户需要对某些数据进行不同的分析处理时，可以通过复制的方法多复制几张工作表，然后在每张工作表中使用一种数据处理方法，这样不仅方便用户练习每种处理方法，也方便对比分析结果，同时可以提高工作效率。为了方便编辑常用工作表，可以将其移动到靠前位置。

1. 在同一工作簿中移动或复制工作表

在同一工作簿中移动工作表时，只需单击要移动的工作表标签，然后按住鼠标左键进行拖动，这时在工作表标签上方会出现一个移动的“三角标”，该图标表示当前拖动的工作表可以放置的位置，如图 2－20 所示，释放鼠标左键，选中的 Sheet4 工作表将会被移动到 Sheet2 工作表前面。

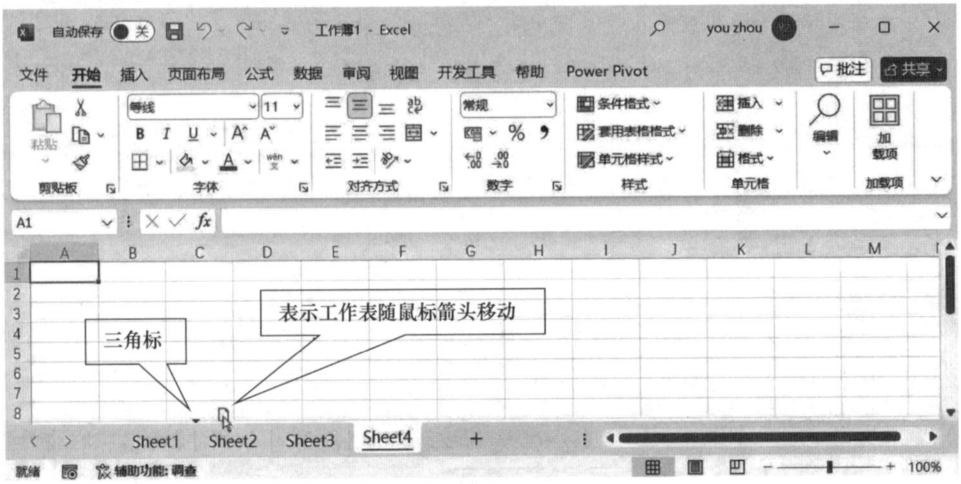

图 2－20　通过拖动鼠标移动工作表

如果在拖动鼠标的同时按住 Ctrl 键，当前被拖动的光标上将会出现“＋”符号，如图 2－21 所示。拖动到目标位置后释放鼠标左键和 Ctrl 键，可以在目标位置处复制选中的工作表，复制的工作表名称是在原工作表名称的基础上多一个“（2）”，如图 2－22 所示。

2. 在不同工作簿中移动或复制工作表

下面以复制工作表为例，介绍如何在不同工作簿中移动或复制工作表，具体操作步骤如下。

步骤 1：首先选择要复制的工作表，然后在“开始”选项卡的“单元格”组中单击“格式”按钮，从弹出的菜单中选择“移动或复制工作表”命令，如图 2－23 所示。

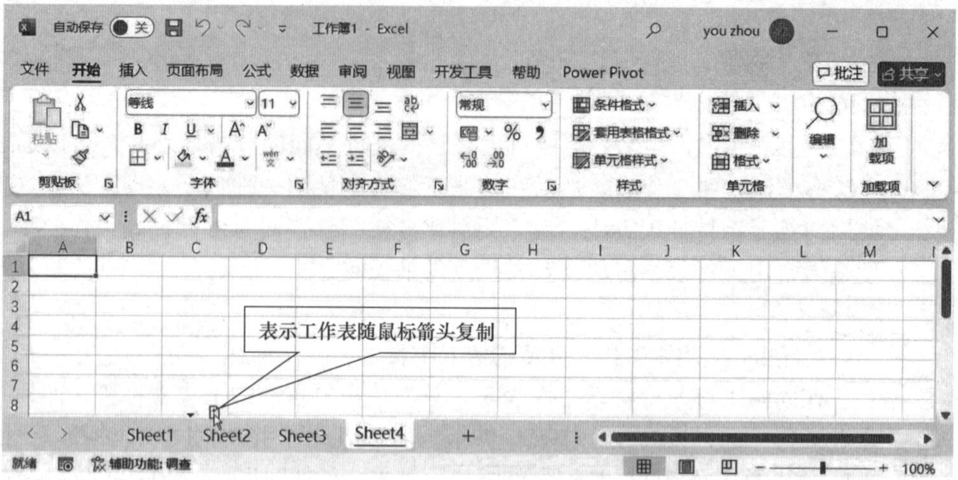

图 2-21　通过拖动鼠标复制工作表

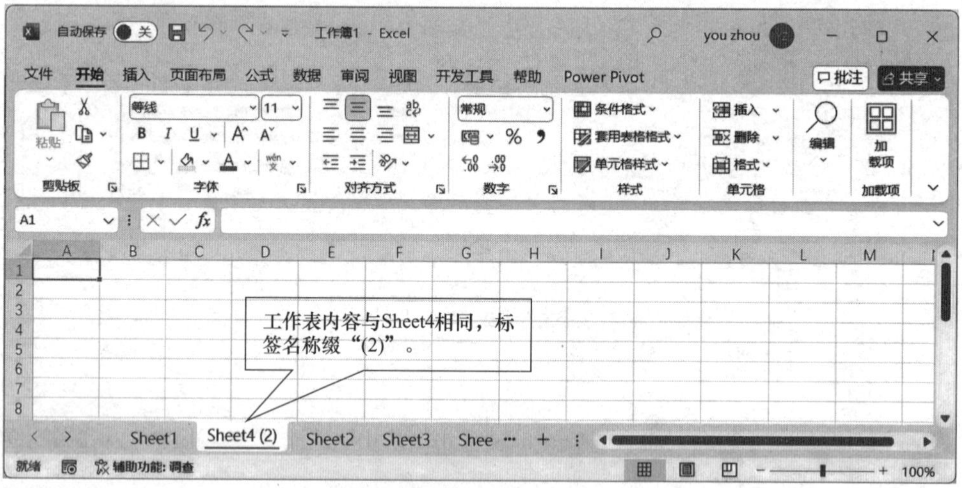

图 2-22　复制的工作表

也可以用鼠标右键直接单击要复制的工作表标签，从弹出的快捷菜单中选择“移动或复制”命令，如图 2-24 所示。

步骤 2：打开“移动或复制工作表”对话框，在“将选定工作表移至工作簿”下拉列表框中选择目标工作簿，接着在“下列选定工作表之前”列表中选择目标位置。例如要移动到“工作簿 2”的“Sheet1”工作表之前，进行的设置如图 2-25 所示。需要注意的是“建立副本”复选框：如果只是移动工作表（即从一个工作簿转移到另一个工作簿），则不选中“建立副本”复选框；如果是复制工作表（即原工作簿仍需保留该工作表），则需选中“建立副本”复选框。

步骤 3：单击“确定”按钮，即可将选中的工作表移动或复制到目标工作簿中的 Sheet1 工作表之前，如图 2-26 所示。

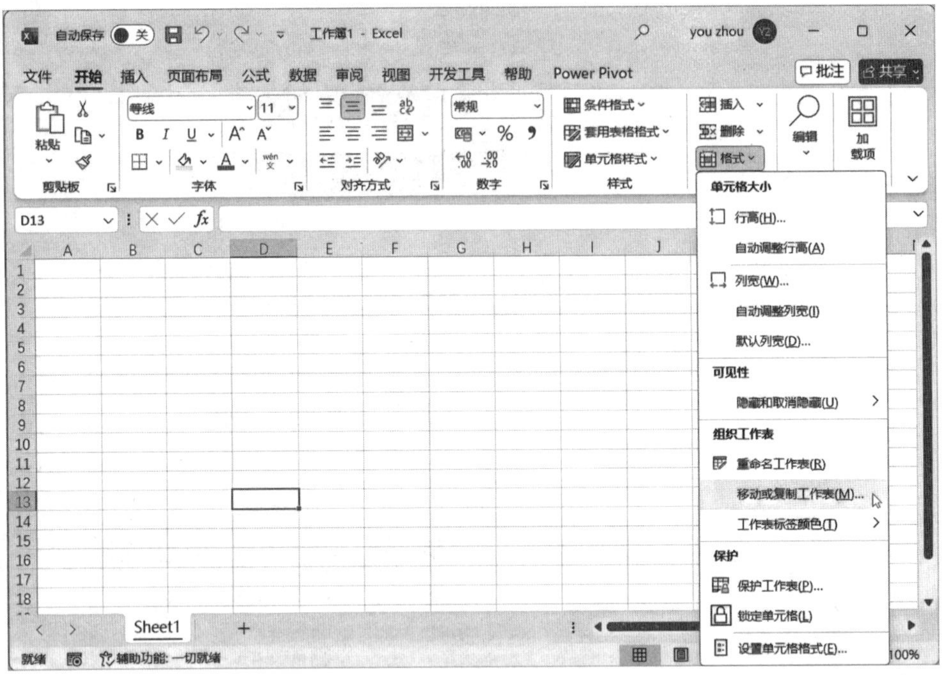

图 2-23 “移动或复制工作表”命令

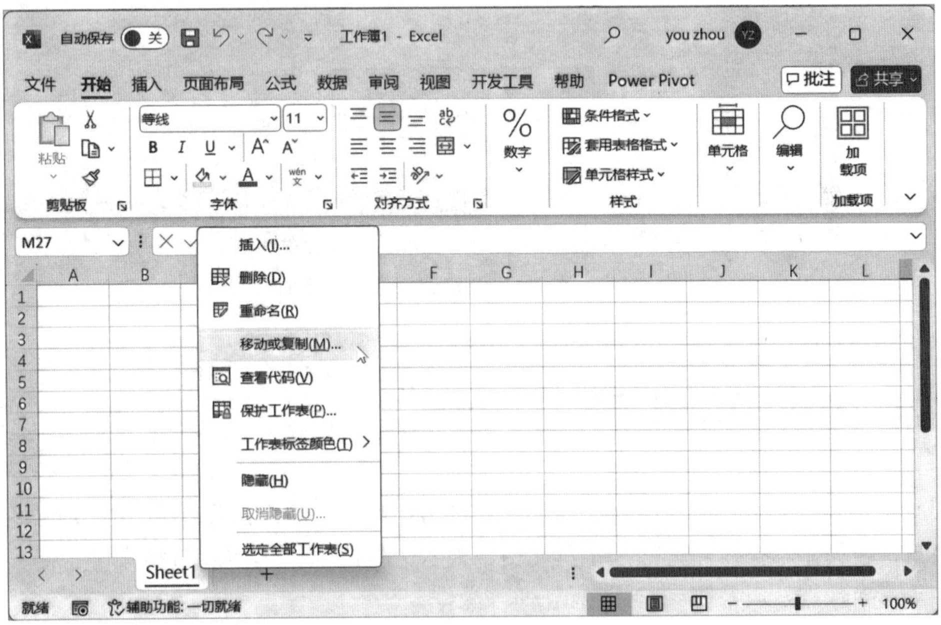

图 2-24 “移动或复制”命令

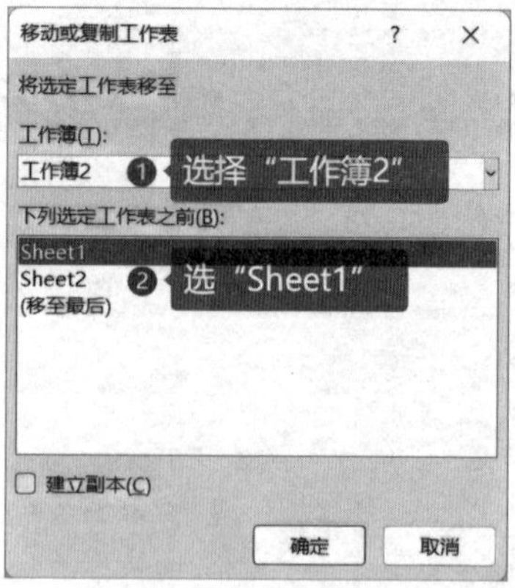

图 2-25 “移动或复制工作表”对话框

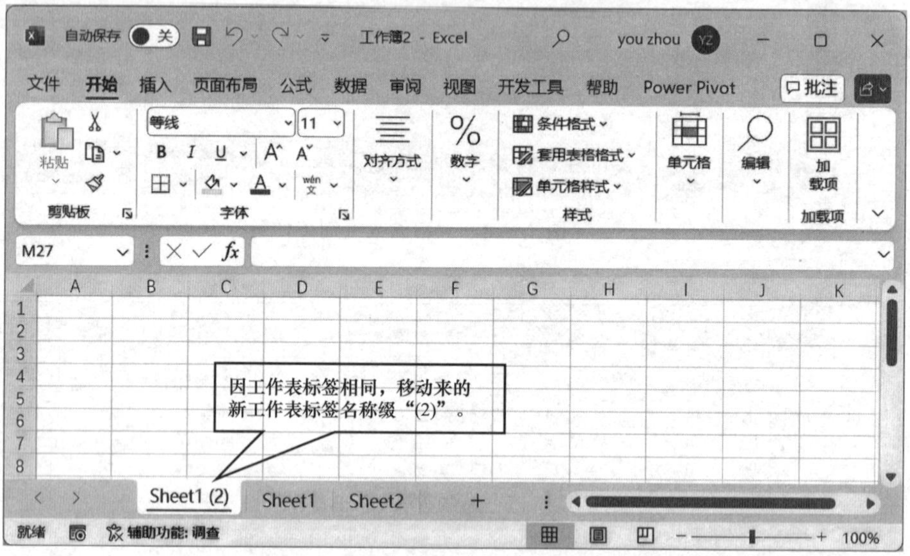

图 2-26 跨工作簿移动后的工作表

2.2 单元格的基本操作

单元格是表格中行与列的交叉部分，是 Excel 中的最小单位。下面将介绍单元格的基本操作，包括选中单元格、输入与修改数据、插入与删除单元格、查找与替换数据，以及隐藏/显示行和列等操作。

2.2.1 选中单元格

选中单元格、连续单元格区域、不连续单元格区域或是整张工作表中的全部单元格的方法不同，下面逐一进行介绍。

1. 选中单个单元格

方法一：使用鼠标（空十字形状）选中单元格。这是最常用、最快捷的方法，只需在要选中的单元格上单击即可，并且单元格的边框以深绿色粗线标识，单元格所在的行号和列号变成深灰色，如图 2－27 所示。

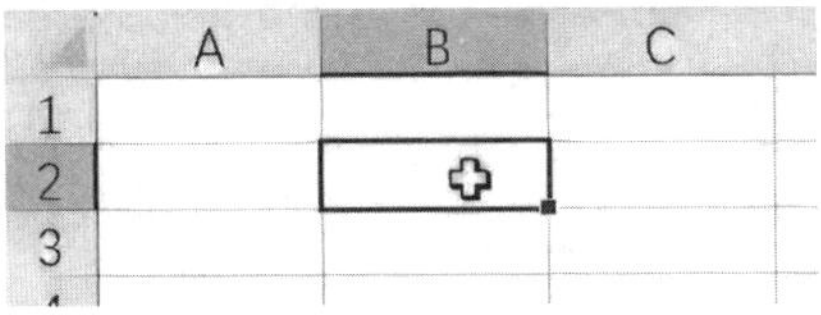

图 2－27 空十字形状鼠标指针选中单个单元格

方法二：使用名称框选取单元格。在名称框中输入要选中的单元格位置标识，例如在名称框中输入“B3”，如图 2－28 所示，再按 Enter 键确认，即可选定 B3 单元格。

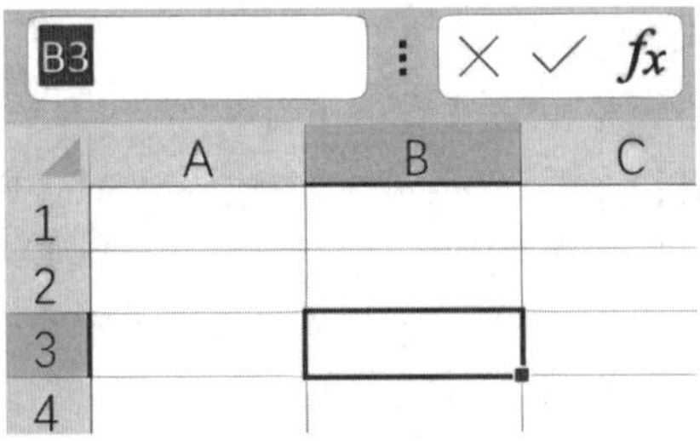

图 2－28 名称框选中单个单元格

2. 选中连续单元格

下面以选中 B2 至 D5（含这两个单元格）之间的单元格区域为例进行介绍，可以使用下述几种方法选中连续单元格区域。

方法一：使用名称框。在名称框中输入“B2：D5”，再按 Enter 键即可。

方法二：通过拖动鼠标进行选择。将鼠标指针（空十字✚）指向第一个要选中的单元格（如 B2），然后按住鼠标左键不放，向最后一个要选中的单元格（如 D5）位置拖动鼠标，再释放鼠标左键即可，如图 2－29 所示。需要注意的是，此时名称框里显示的是用户选中的区域含有几行、几列单元格，B2 至 D5 单元格包括 4 行、3 列，因此此时名称框显示“4R×3C”，其中 R 是 ROW（行）的首字母，C 是 COLUMN（列）的首字母。

方法三：借助 Shift 键使用鼠标进行选择。单击第一个要选中的单元格如（B2），按住 Shift 键不放，再单击最后一个要选中的单元格（如 D5），最后释放 Shift 键，也可以选中两个单元格之间的连续区域，如图 2－30 所示。

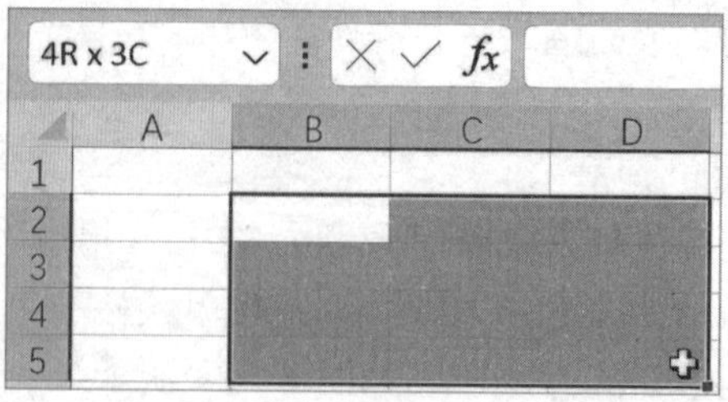

图 2-29　通过拖动鼠标选中连续单元格

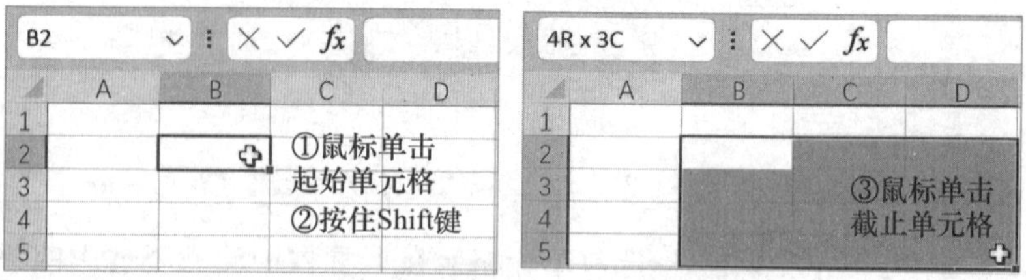

图 2-30　借助 Shift 键使用鼠标选中连续单元格

3. 选中不连续单元格

选中不连续单元格的方法有以下几种。

方法一：使用名称框。在名称框中输入“A1，B2，C3，A4：B5”，然后按 Enter 键，就可以选中这些不连续单元格。

注意：通过名称框选择单元格区域时，连续单元格区域的地址用冒号连接，不连续单元格区域的地址用逗号隔开。

方法二：借助 Ctrl 键使用鼠标进行选择。先单击第一个要选中的单元格，同时按住 Ctrl 键不放，再依次单击要选中的其他单元格，在所有需要的单元格被选中后释放 Ctrl 键即可。如图 2-31 所示，选中了 A1，B2，C3，A4 至 B5 等不连续单元格。

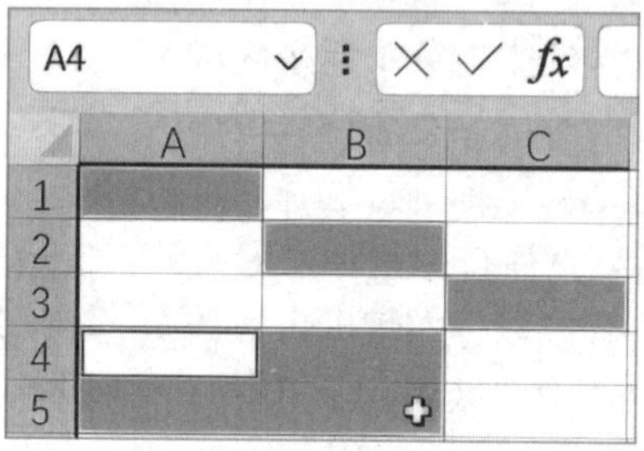

图 2-31　借助 Ctrl 键使用鼠标选中不连续单元格

4. 选中所有单元格

单击工作表左上角行号与列号相交处的“选定全部”按钮◢或按“Ctrl+A”组合键，可以选中当前工作表中的所有单元格，如图 2-32 所示。

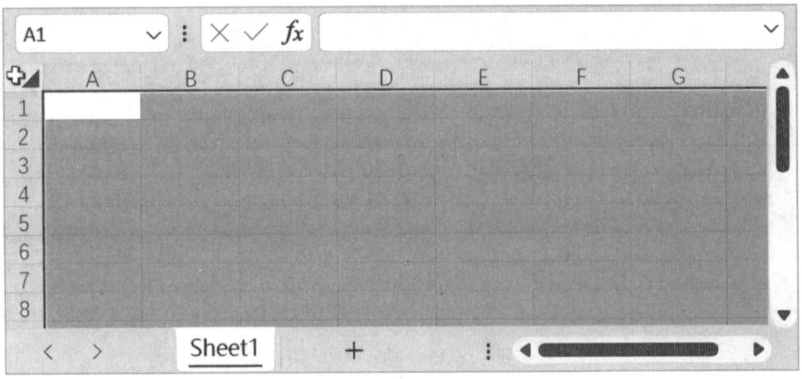

图 2-32　选中所有单元格

2.2.2　输入与修改数据

选中单元格后，接下来就可以在其中输入和修改数据了，具体操作方法如下。

1. 数据输入

单元格中可以输入文本、数字、公式等内容，方法有以下两种。

方法一：选中用于存放数据的单元格，直接输入内容（注意：不需要双击鼠标），如图 2-33 所示。输入完成后按 Enter 键，光标会自动移到下一个单元格。

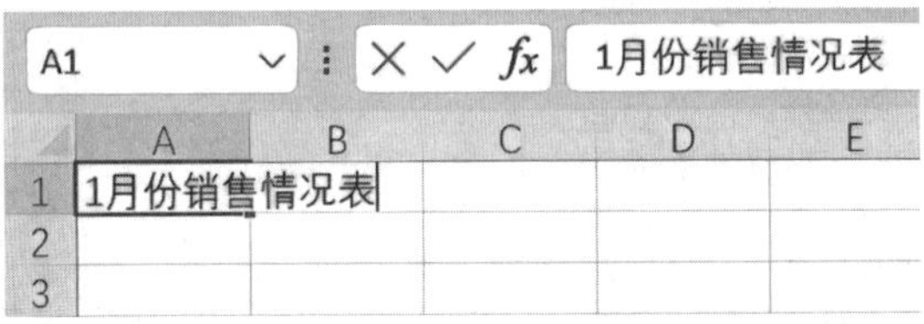

图 2-33　选中单元格直接输入内容

方法二：选中用于存放数据的单元格，然后单击数据编辑栏插入光标，接着输入内容，如图 2-34 所示，再按 Enter 键确认即可。

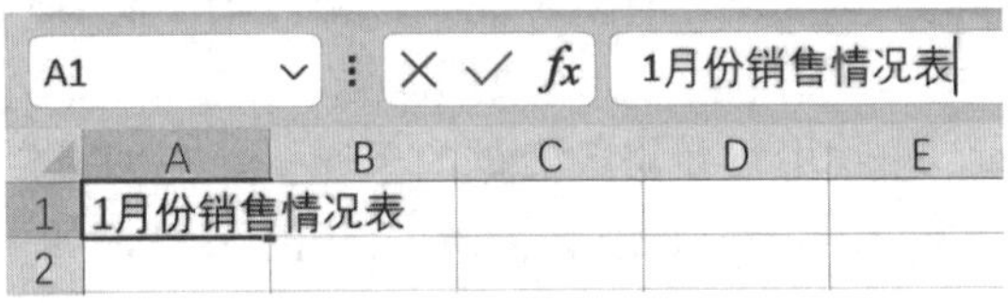

图 2-34　编辑栏输入内容

方法三：当多个单元格存放相同数据时，先选中需要存放数据的多个单元格，直接输入需要输入的内容，按下快捷键“Ctrl+Enter”，此时选中的全部单元格都会存放相同内容，如图 2-35 所示。

提示：单元格内换行的快捷键是“Alt+Enter”。

选中用于存放数据的单元格　　输入需要存放的内容　　按下快捷键“Ctrl+Enter”

图 2－35　多个单元格存放相同内容

2. 数据修改

如果发现前面录入的数据有错误，用户可以修改单元格中的内容，或是选中单元格后直接输入正确的内容，具体操作方法有三种。

方法一：双击要修改数据的单元格。这里双击 B6 单元格，将光标插入字符“甲”后面，如图 2－36 所示。按 Backspace 键删除光标前的字符，接着输入“丙”，再按 Enter 键确认，如图 2－37 所示，即可修改单元格中的错误部分。

图 2－36　双击单元格将光标插入单元格中

图 2－37　删除错误字符并输入正确字符

注意：若整个单元格原有内容无须保留，则不需要双击单元格，只要单击单元格（选中单元格），直接输入新的数据即可。

方法二：单击选中需要修改数据的单元格，在编辑栏中将光标移动到需要修改的字符后面，按 Backspace 键删除光标前的字符，如图 2－38 所示。接着输入“丙”，再按 Enter 键确认，这样也可修改单元格中的错误部分。

方法三：单击选中需要修改数据的单元格，按下 F2 功能键，光标插入单元格中。之后的操作与方法一相同。

图 2－38　利用编辑栏修改单元格中的错误部分

2.2.3　插入与删除单元格

1. 插入单元格

如果用户发现漏输某个数值或某行记录，可以通过插入单元格的方法来解决，具体方法有两种。

方法一：选中 B8 单元格，在“开始”选项卡的“单元格”组中，单击“插入”按钮旁边的下三角按钮，在弹出的下拉菜单中选择“插入单元格”命令，如图 2－39 所示。

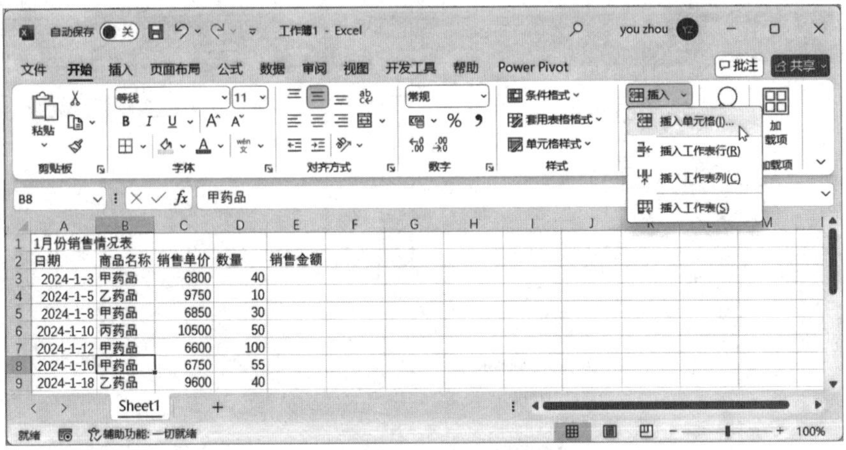

图 2－39　功能区选择“插入单元格”命令

弹出“插入”对话框，选中“整行”，单击“确定”按钮，如图 2－40 所示。

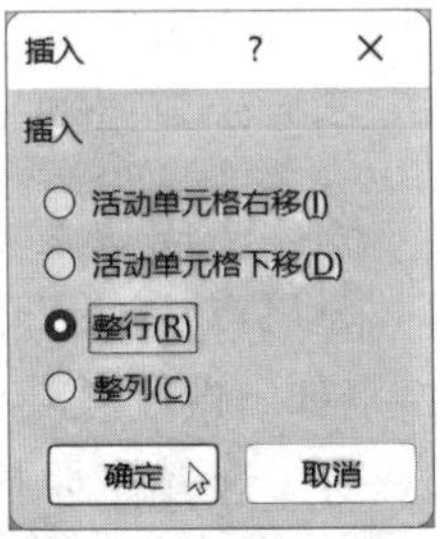

图 2－40　“插入”对话框

这时可以发现在第 8 行位置处插入新行，原第 8 行内容整体向下移动一行。同时还出现一个“插入选项”图标，单击该图标，从弹出的菜单中选中“与上面格式相同”，使新插入的行与上面的行格式相同，如图 2－41 所示。

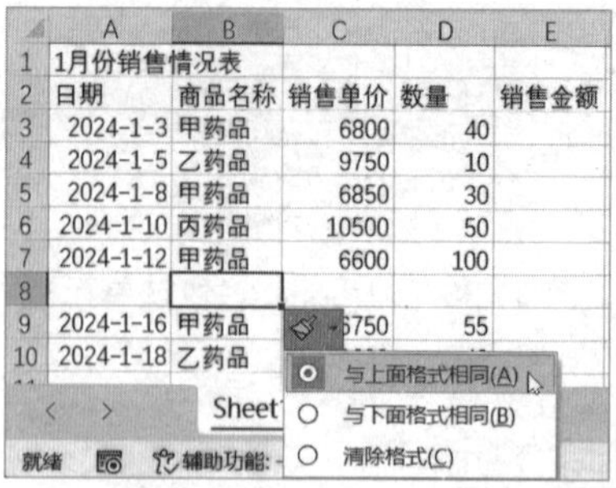

图 2－41　“插入选项”图标

方法二：鼠标右键单击 B8 单元格，从弹出的快捷菜单中选择“插入”命令，如图 2－42 所示，也可以打开“插入”对话框。之后的设置同方法一。

图 2－42　鼠标右键单击单元格选择“插入”命令

方法三：选中 B8 单元格，使用快捷键“Ctrl＋Shift＋‘＝’”或“Ctrl＋‘＋’（小键盘的‘＋’键）”，可以快速打开“插入”对话框。

插入整行或整列单元格有如下两个技巧：

（1）快速插入一行或一列。选择需要插入的行，使用快捷键“Ctrl＋Shift＋‘＝’”或“Ctrl＋‘＋’”，此时不需要进行“插入”设置即可直接插入一行，如

图 2－43 所示。快速插入一列则选中列标即可。

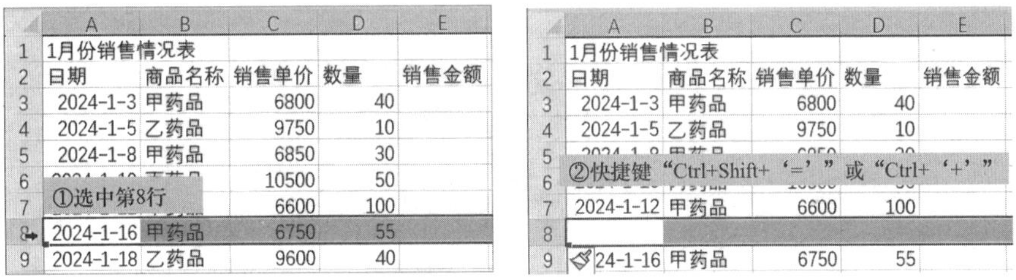

图 2－43　快速插入一行

（2）快速插入多行或多列。选择多行，使用快捷键“Ctrl＋Shift＋‘＝’”或“Ctrl＋‘＋’”，如图 2－44 所示。快速插入多列时，则选中多列即可。

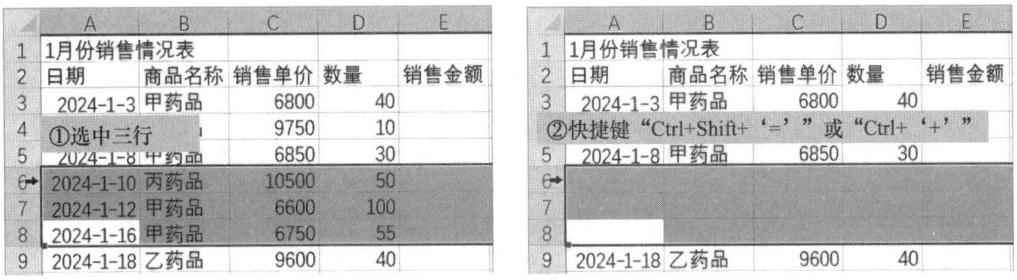

图 2－44　快速插入三行

2. 删除单元格

有时用户会发现某些内容多余，若要删除某个单元格或某行可以采用如下方法。

方法一：选中要删除的单元格，这里选中 A8 单元格，然后在“开始”选项卡的“单元格”组中单击“删除”按钮旁边的下三角按钮，在弹出的下拉菜单中选择“删除单元格”命令，如图 2－45 所示。

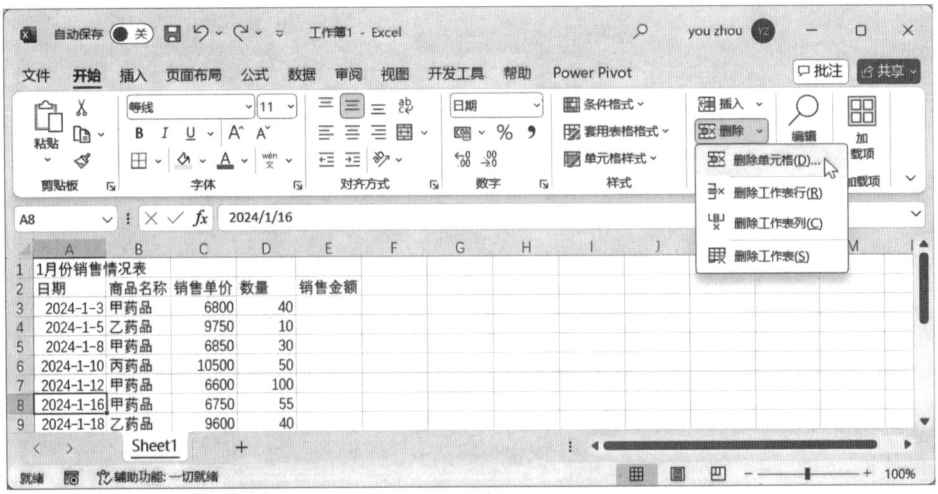

图 2－45　功能区选择“删除单元格”命令

弹出“删除”对话框，选中“下方单元格上移”，如图 2－46 所示。

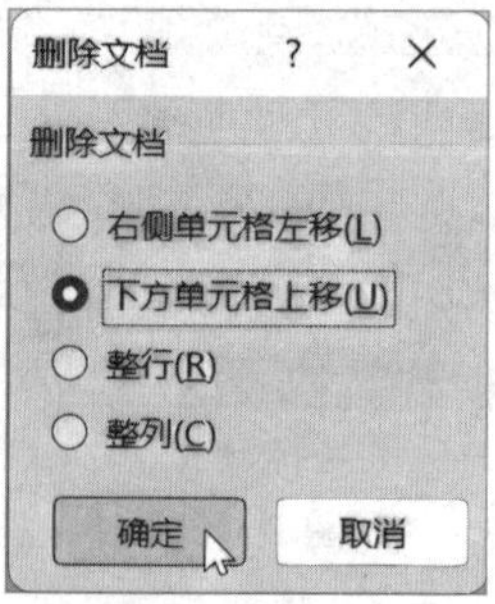

图 2－46　“删除”对话框

单击“确定”按钮，A8 单元格被删除，同时下方的单元格上移到 A8 单元格的位置，如图 2－47 所示。

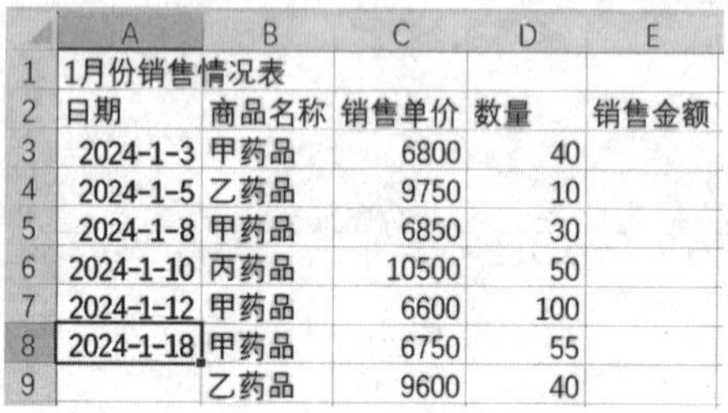

	A	B	C	D	E
1	1月份销售情况表				
2	日期	商品名称	销售单价	数量	销售金额
3	2024-1-3	甲药品	6800	40	
4	2024-1-5	乙药品	9750	10	
5	2024-1-8	甲药品	6850	30	
6	2024-1-10	丙药品	10500	50	
7	2024-1-12	甲药品	6600	100	
8	2024-1-18	甲药品	6750	55	
9		乙药品	9600	40	

图 2－47　原 A8 单元格被删除

若用户在“开始”选项卡的“单元格”组中直接单击“删除”按钮，也可得到与上图一样的结果。

方法二：鼠标右键单击 A8 单元格，从弹出的快捷菜单中选择“删除”命令，如图 2－48 所示，也可以打开“删除”对话框。之后的设置同方法一。

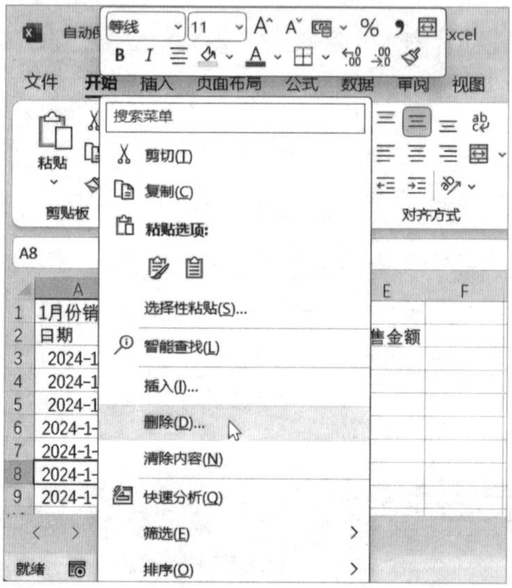

图 2－48　鼠标右键单击单元格选择“删除”命令

方法三：选中 A8 单元格，使用快捷键“Ctrl＋‘－’（主键盘、小键盘‘－’键均可）”，可以快速打开“删除”对话框。

删除整行或整列单元格同样有两个技巧。

（1）快速删除一行或一列。选择需要删除的行，使用快捷键“Ctrl＋‘－’”，此时不需要进行“删除”设置即可直接删除一行，如图 2－49 所示。快速删除一列则选中列标即可。

图 2－49　快速删除一行

（2）快速删除多行。选择多行，使用快捷键“Ctrl＋‘－’”，如图 2－50 所示。快速删除多列则选中多列即可。

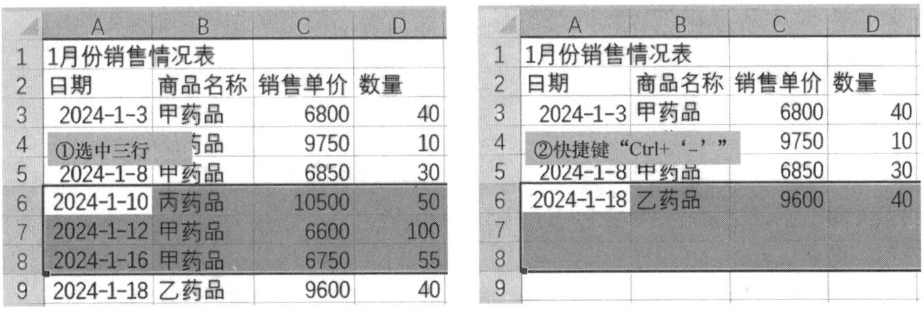

图 2－50　快速删除三行

2.2.4　查找与替换数据

如果工作表中的数据很多，要查找出某个错误数值就需要一点技巧了，这就是本节要介绍的内容——使用“查找”命令进行搜索，使用“替换”命令快速修正找到的错误数据，具体操作步骤如下。

1. 查找数据

步骤 1：在“开始”选项卡的“编辑”组中，单击“查找和选择”按钮旁边的下三角按钮，从弹出的下拉菜单中选择“查找”命令，如图 2－51 所示。也可以直接单击标题栏的“搜索”框，或使用快捷键“Ctrl＋F”打开“查找和替换”对话框。

步骤 2：打开“查找和替换”对话框，在“查找”选项卡的“查找内容”文本

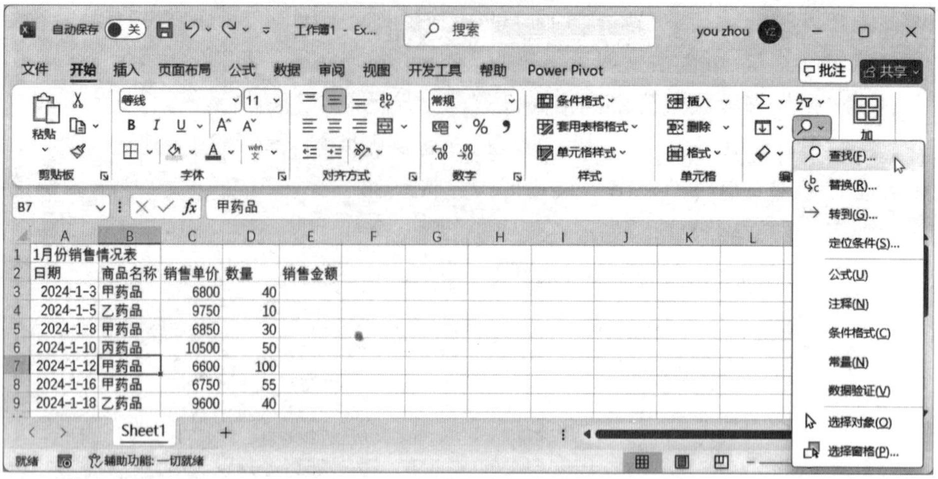

图 2-51　功能区“查找”命令

框中输入要查找的内容，如“乙药品”，再单击“选项”按钮，如图 2-52 所示。

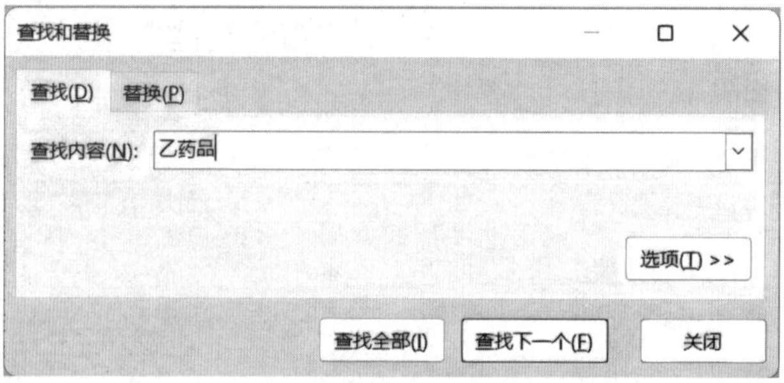

图 2-52　“查找和替换”对话框

步骤 3：在展开的“选项”组中设置“范围”“搜索”“查找范围”等参数，如图 2-53 所示。

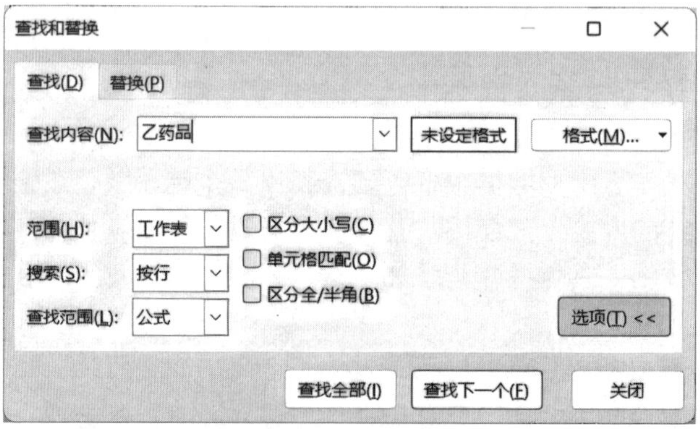

图 2-53　设置查找条件

步骤 4：设置完毕后单击“查找下一个”按钮，Excel 会根据设置的条件搜索工作表，并会在工作表中选中符合条件的单元格。继续单击“查找下一个”按钮，将继续查找下一个符合条件的单元格，直到查找完整个工作表。

如果单击“查找全部”按钮，系统会把查找到的所有符合条件的单元格显示在对话框的下面，如图 2 - 54 所示。

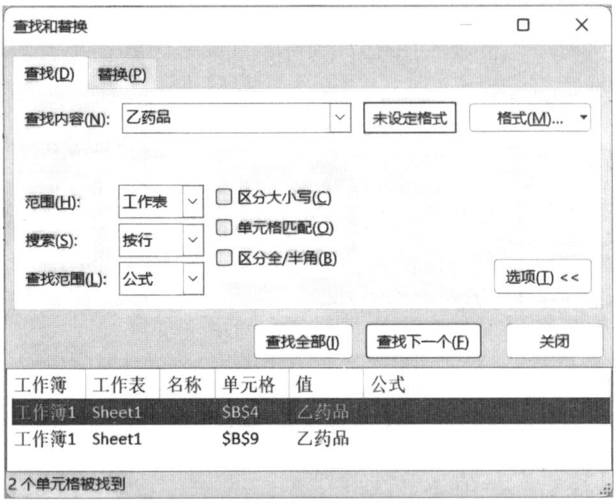

图 2 - 54 显示所有符合条件的单元格

2. 替换数据

如果要修正找到的单元格中的内容，可以单击“替换”标签，切换到“替换”选项卡，在“替换为”文本框中输入要替换的内容，依次单击“查找下一个”和“替换”按钮，逐个查找替换单元格中的内容，如图 2 - 55 所示。

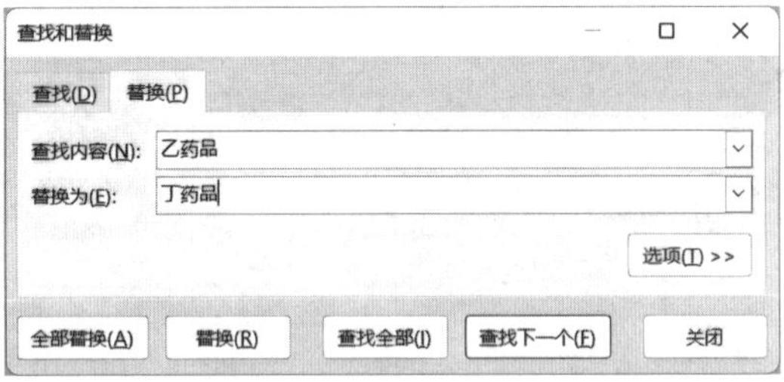

图 2 - 55 “替换”选项卡

若单击“全部替换”按钮，则一次性替换所有符合查找条件的单元格，并在替换完成后弹出如图 2 - 56 所示的 Microsoft Excel 对话框，单击“确定”按钮。

图 2 - 56 提示全部替换完成的对话框

2.2.5 隐藏/显示行和列

如果制作的表格有多个列字段或是多条数据，在编辑过程中，为了方便翻页，可以将一些暂时不需要编辑的列或行隐藏起来，在需要时再把它们显示出来。具体操作步骤如下。

1. 隐藏列（行）

方法一：选中需要隐藏的列（行）单元格，这里选中 E2 单元格（或选中 E 列），然后在“开始”选项卡的“单元格”组中单击“格式”按钮旁边的下三角按钮，从弹出的下拉菜单中选择“隐藏和取消隐藏”｜“隐藏列”（隐藏行）命令，如图 2－57 所示。

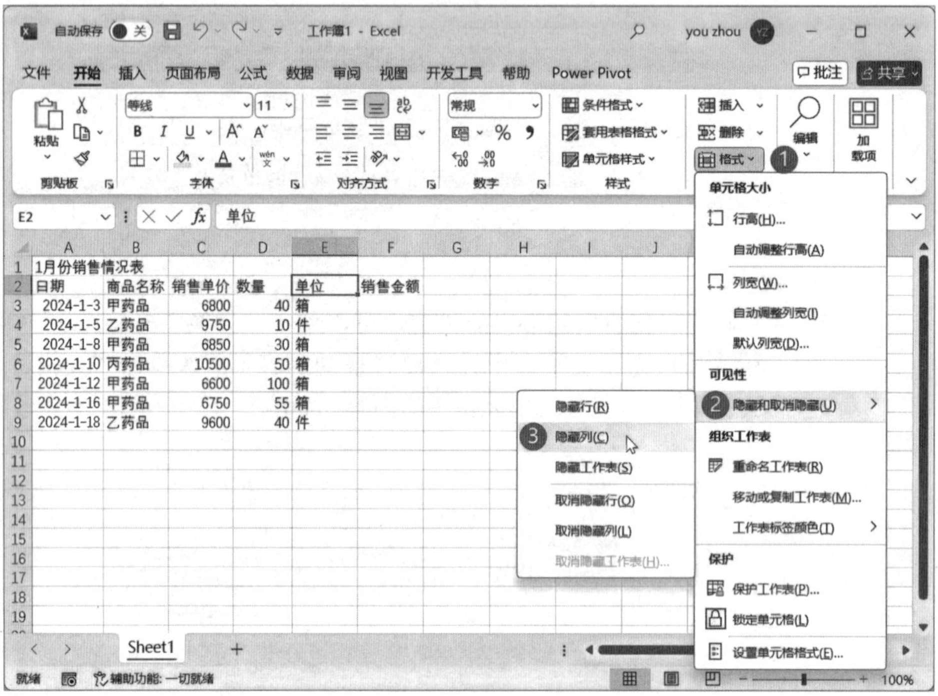

图 2－57 选择“隐藏列”命令

方法二：鼠标右键单击需要隐藏的列（行）标，这里在 E 列上单击鼠标右键，在下拉菜单中选择“隐藏”命令，如图 2－58 所示。

方法三：选中需要隐藏的列（行）单元格，也可以选中整列（行），使用快捷键“Ctrl＋9”隐藏行，“Ctrl＋0”隐藏列；数字是主键盘上的数字 9 和 0，而非小键盘。

2. 取消隐藏列（行）

方法一：若要取消隐藏的列（行），首先选定隐藏列（行）的位置，这里连续选定 D2 至 F2 单元格（也可以选定 D 列至 F 列），然后在“开始”选项卡的“单元

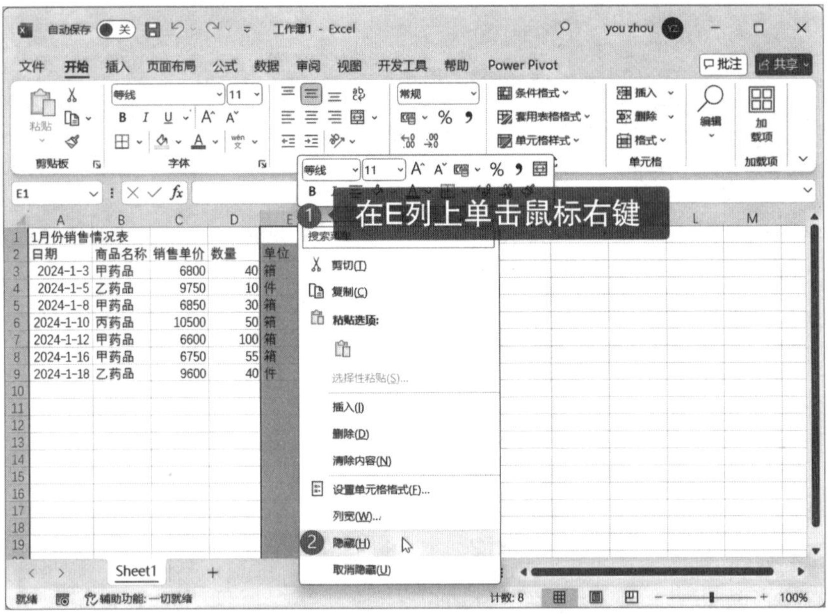

图 2-58　鼠标右键单击列标选择“隐藏”命令

格”组中单击“格式”按钮旁边的下三角按钮，从弹出的下拉菜单中选择“隐藏和取消隐藏”｜“取消隐藏列”命令即可，如图 2-59 所示。

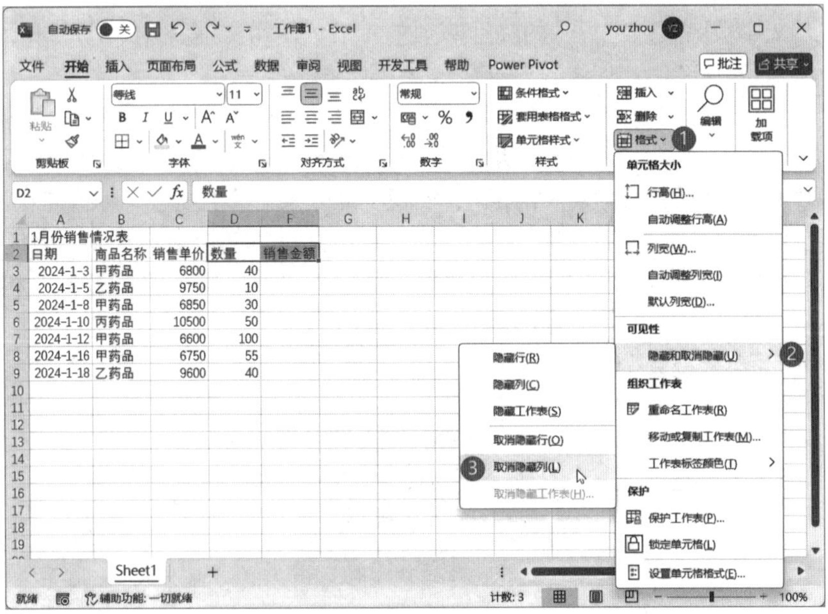

图 2-59　选择“取消隐藏列”命令

注意：只有连续选中被隐藏列的左右两列（或被隐藏行的上下两行）才能完成操作。

方法二：选中被隐藏列的左右两列（或被隐藏行的上下两行），再单击鼠标右键，在下拉菜单中选择“取消隐藏”命令即可，如图 2-60 所示。

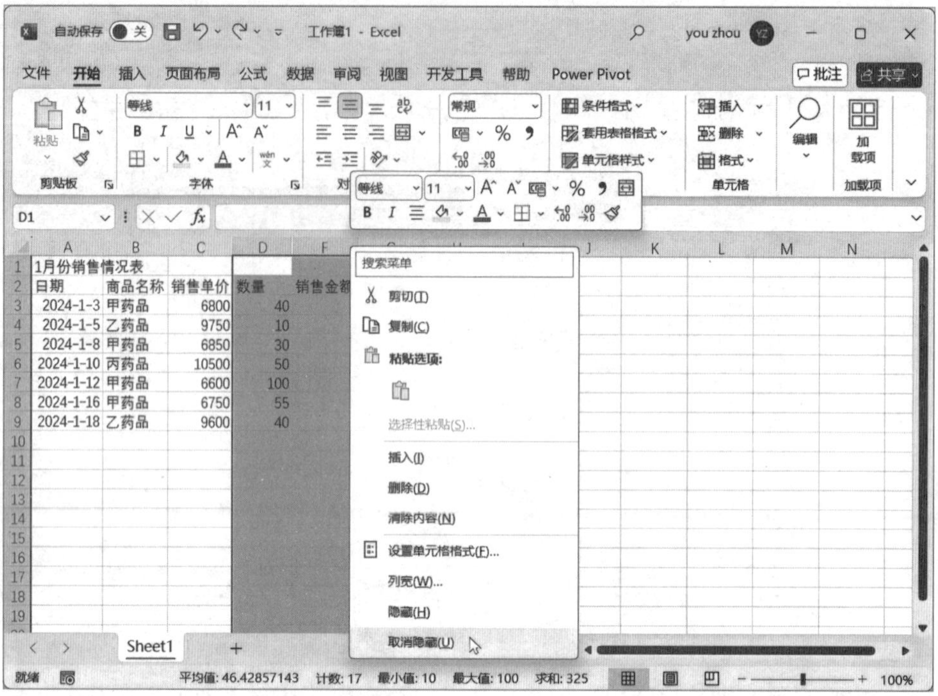

图 2-60 鼠标右键单击列标选择“取消隐藏”命令

方法三：连续选中被隐藏列的左右两列（或被隐藏行的上下两行），也可以连续选中被隐藏列（行）的临近两个单元格，使用快捷键“Ctrl+Shift+‘（’”取消隐藏行，“Ctrl+Shift+‘）’”取消隐藏列。

在学习与生活中我们必须坚持自信自立。中国人民和中华民族从近代以后的深重苦难走向伟大复兴的光明前景，从来就没有教科书，更没有现成答案。在 Excel 基本操作学习中解决一个问题、实现一种效果有多种方法，我们在工作实践中要坚定道路自信、理论自信、制度自信、文化自信，不能刻舟求剑、封闭僵化，也不能照抄照搬、食洋不化。我们应当坚定信念、发散思维、积极思考，利用多种方法灵活、准确、高效地实现工作目标。

[参考视频]①

工作簿、工作表
和单元格的基本操作

① 参考视频为相关知识点的实际操作演示。视频中使用的数据和部分处理细节可能与本书的数据有差异，供读者参考，具体以本书处理方法为准。余同。

2.3　图表的基本操作

2.3.1　图表的概述

图表具有很好的视觉效果，使用 Excel 的图表功能可以将工作表中枯燥的数据转化为简洁的图表形式，清晰地显示数据之间的差异。当编辑工作表中的数据时，图表也相应地随数据的改变而改变，不需要再次生成图表。应用图表不仅可以形象地展示数据，而且可以对图表中的数据进行预测分析，得到一系列数据的变化趋势。

Excel 2021 共提供了 17 种默认图表类型，每种图表类型还包含几种不同的子类型，子类型是在图表类型基础上变化而来的。每种类型的图表都有其特点，用户在创建图表前需要根据要求决定采用哪一种图表类型。表 2-1 列示了图表类型及其用途。

表 2-1　图表类型及其用途

图表类型	用途
柱形图	用于显示一段时期内数据的变化或者各项之间的比较关系
折线图	用于显示数据的变化趋势
饼图	用于显示数据系列中各项占总体的比例关系
条形图	用于描述各项之间的差异变化或者显示各项与整体之间的关系
面积图	用于显示局部和整体之间的关系，更强调幅值随时间的变化趋势
XY 散点图	用于显示数据的分布和聚合情况，得到趋势线公式、辅助制图等
地图	根据含有地理位置的信息和数据画出地图
股价图	用于分析股票价格的走势
曲面图	用于确定两组数据之间的最佳逼近
雷达图	用于多个数据系列之间的总和值的比较，各个分类沿各自的数值坐标轴相对于中点呈辐射状分布，同一序列的数值之间用折线相连
树状图	用于提供数据的分层视图，以矩形绘制
旭日图	用于显示有多个层次结构数据的分层视图，以扇形绘制
直方图	用于显示数据分布情况
箱形图（盒须图）	用于显示数据到四分位点的分布，突出显示平均值和离群值
瀑布图	用于显示加上或减去值时的累计汇总
漏斗图	用于显示流程中多个阶段的值，展示业务流程中各个环节的转化率
组合图	将多个图表进行组合，在一个图表中呈现

2.3.2 创建图表

下面介绍三种使用 Excel 软件创建图表的方法。

方法一：使用图表向导创建图表。如果是新手用户，可以使用图表向导来创建图表，具体操作步骤如下。

步骤 1：选中需要画表格的任意单元格，在“插入”选项卡的“图表”组中单击“对话框启动器”按钮，如图 2－61 所示。

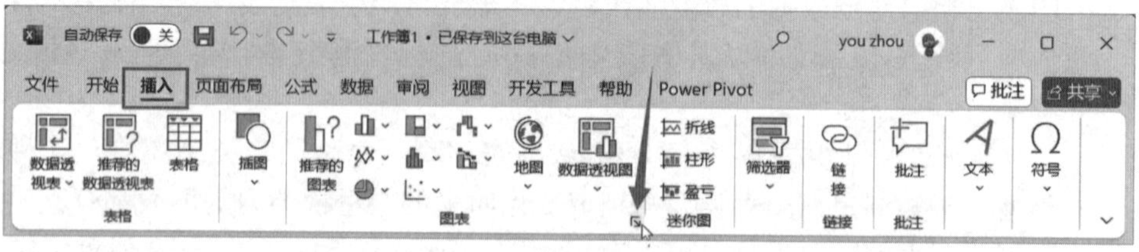

图 2－61 单击“对话框启动器”按钮

步骤 2：弹出“插入图表”对话框，在左侧的导航窗格中“所有图表”选项卡下选择“柱形图”选项，接着在右窗格中单击“簇状柱形图”图标，最后单击“确定”按钮，如图 2－62 所示。

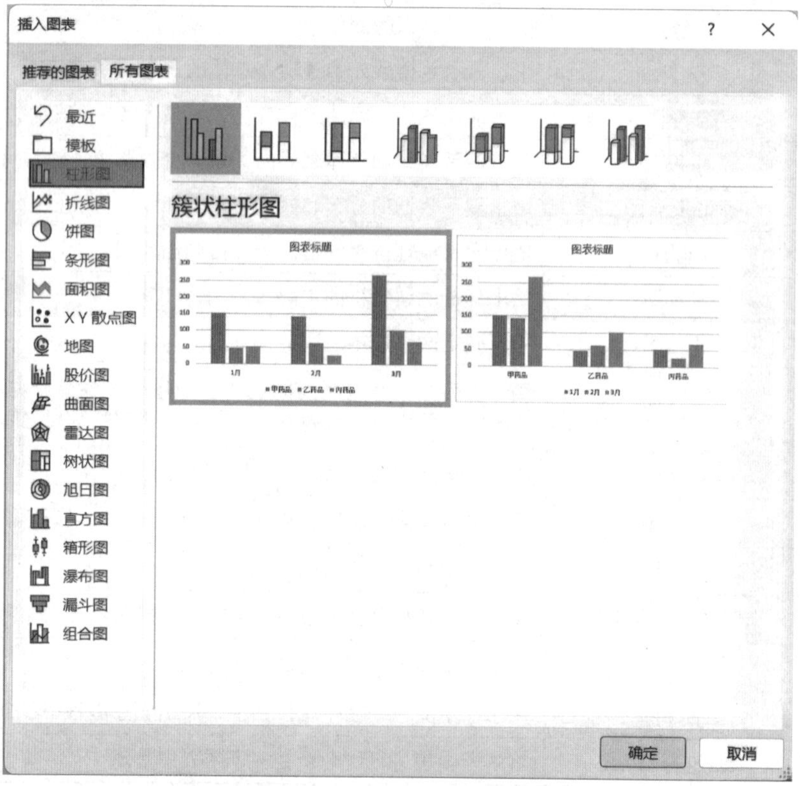

图 2－62 “插入图表”对话框

当然，这样建立的图表并不是最终图表，还需要对其进行编辑、调整。具体方法见下一节。

方法二：使用“图表”命令创建图表。使用“图表”命令可以直接在数据源所在的工作表中快速创建图表。选中 A2：D5 单元格区域。然后在“插入”选项卡的“图表”组中单击“折线图”按钮，如图 2－63 所示，在弹出的菜单中单击“带数据标记的折线图”按钮。这时即可在工作表中看到创建的带数据标记的折线图。

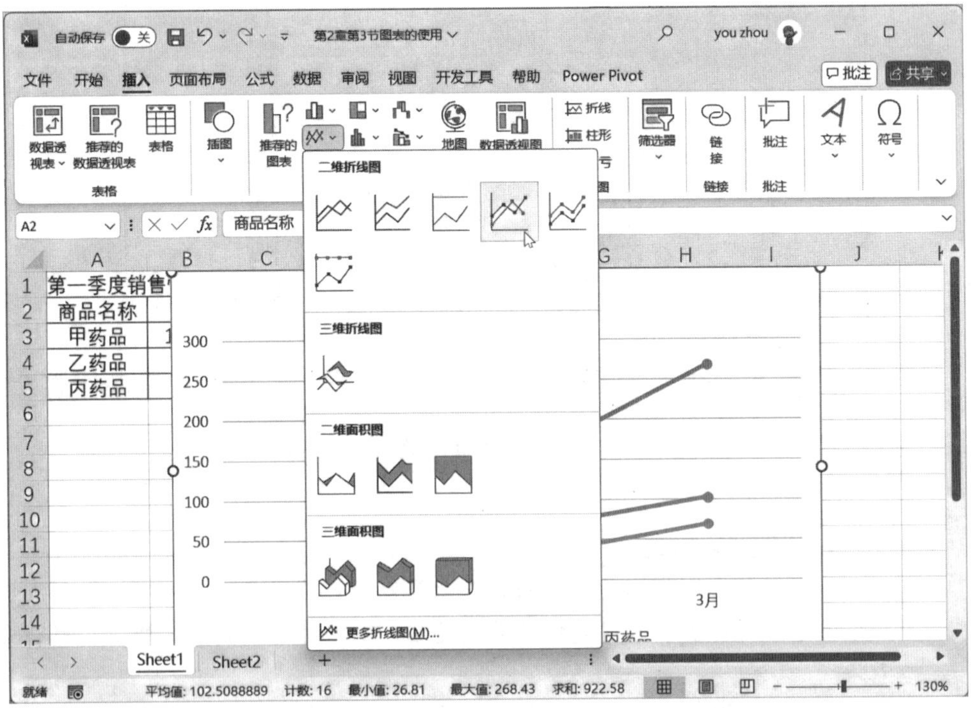

图 2－63　“折线图”命令

方法三：使用快捷键创建图表。在 Excel 中，使用 F11 快捷键可以在新工作表中创建图表，具体操作步骤如下。

步骤 1：选中 Sheet1 工作表中 A2：D5 单元格区域。

步骤 2：按 F11 键，Excel 会根据选择的数据源在 Sheet1 工作表之前插入 Chart 工作表，工作表中的图表是 Excel 默认的簇状柱形图，如图 2－64 所示。

若要在当前选中的单元格区域创建图表，不新建 Chart 工作表，则可以重复步骤 1，然后按下快捷键“Alt＋F1”。

2.3.3　编辑图表

对于创建好的图表，用户可以进行格式设置、复制、删除、移动等操作，下面逐一进行介绍。

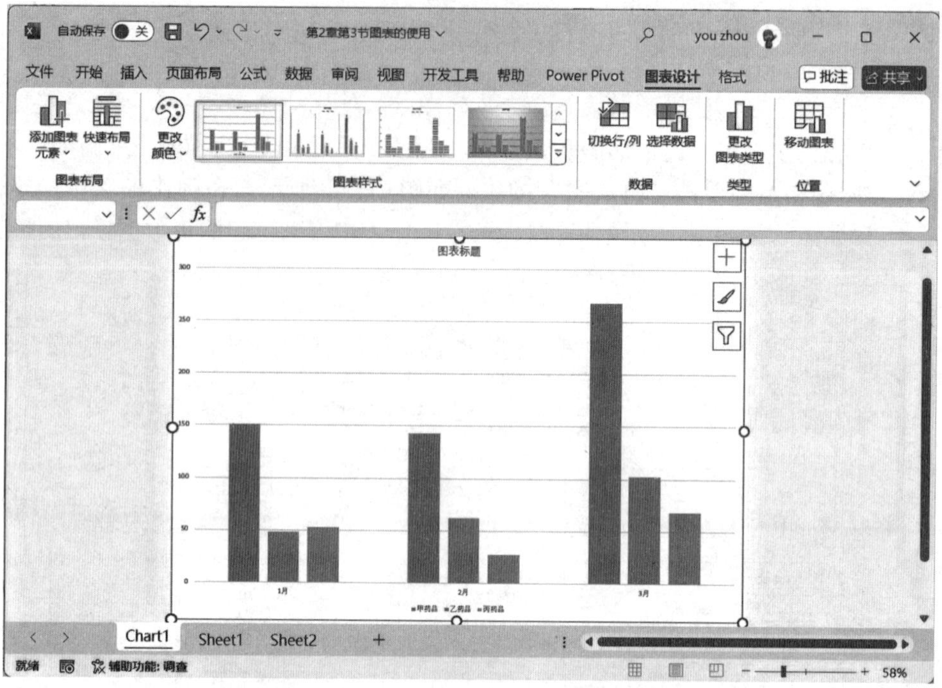

图 2 - 64　按 F11 键插入 Chart 工作表

1. 设置图表格式

在上一节中，我们学会了如何创建图表，但是图表创建好后，样式太单调，此时可以通过美化图表的功能对其进行设置，使图表达到美观、醒目、具有立体感的效果。

（1）设置图表大小。若要调整图表大小，鼠标左键选择并按住图表的角落进行拖拽即可。若要准确设置图表的大小，在选中图表后，单击功能区“格式”选项卡，在“大小”组中分别设置高度和宽度，如图 2 - 65 所示。

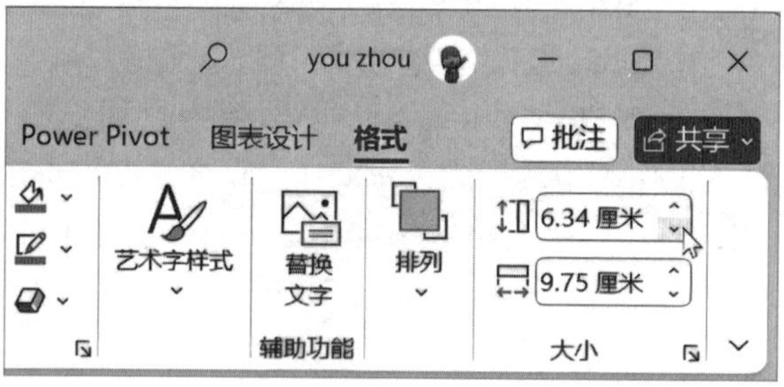

图 2 - 65　“格式”|“大小”组

（2）设置图表布局。如果对图表布局不满意，可以重新选择布局。单击“图表布局”组中的“快速布局”，在展开的库中选择需要的图表布局即可，如图 2 - 66 所示。

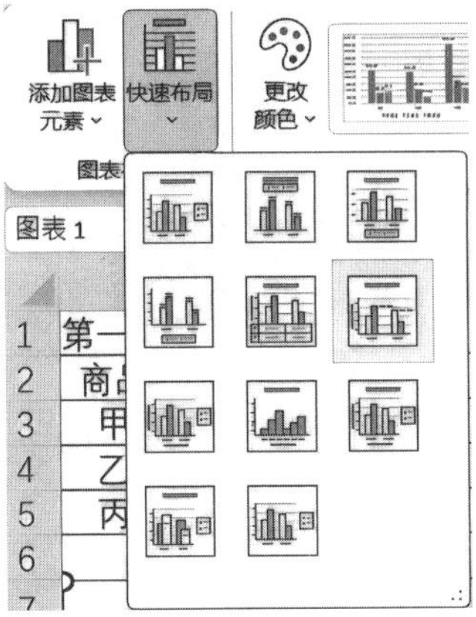

图 2-66 “快速布局”库

如果在“快速布局”库中没有满意的，也可以自行添加图表元素，单击“图表布局”组中的“添加图表元素”，在展开的菜单中选择需要添加的项目即可，如图 2-67 所示。也可以直接在画好的图标右侧选择“图表元素”命令，进行设置，如图 2-68 所示。

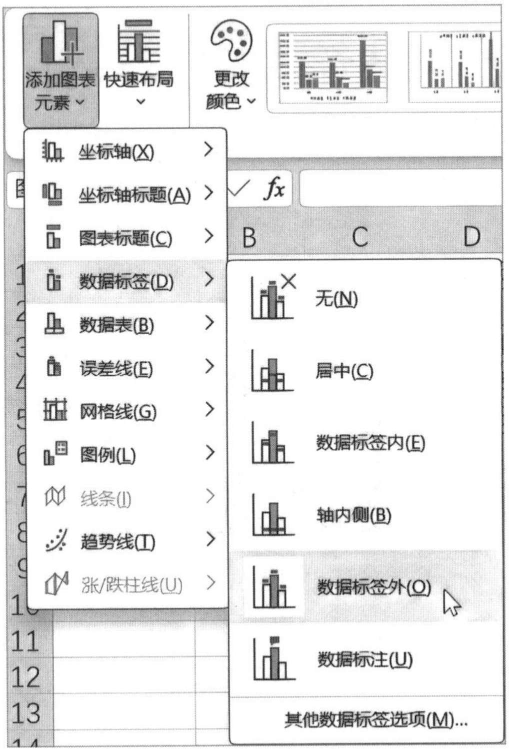

图 2-67 “图表布局”组中的“添加图表元素”

(3) 选择图表样式。Excel 2021 中有很多预设的图表样式，选中图表后，单击功能区“图表设计”选项卡，在“图表样式”组中单击“快速样式”按钮 ▿，即可

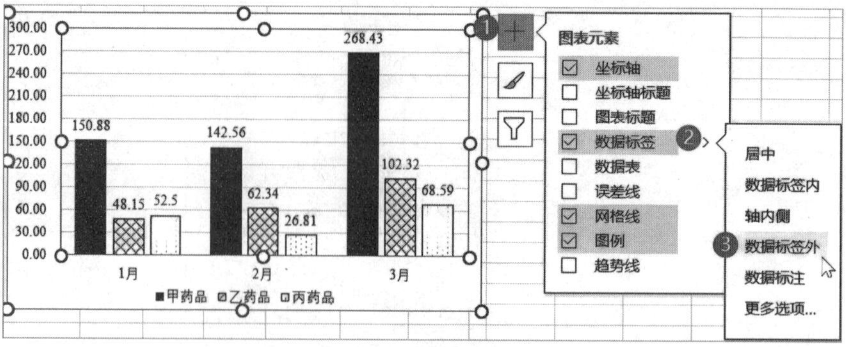

图 2-68 “图表元素”命令

在展开的库中选择喜欢的图表样式，如图 2-69 所示。也可以在图表右侧的“图表样式”命令下直接设置，如图 2-70 所示。

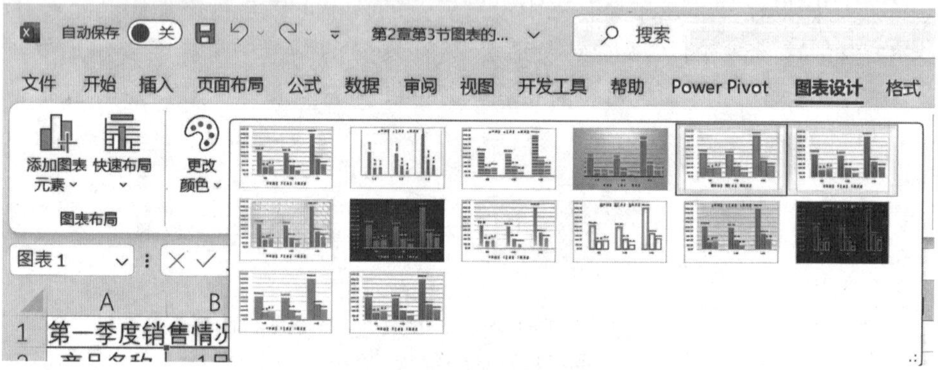

图 2-69 “图表样式”库

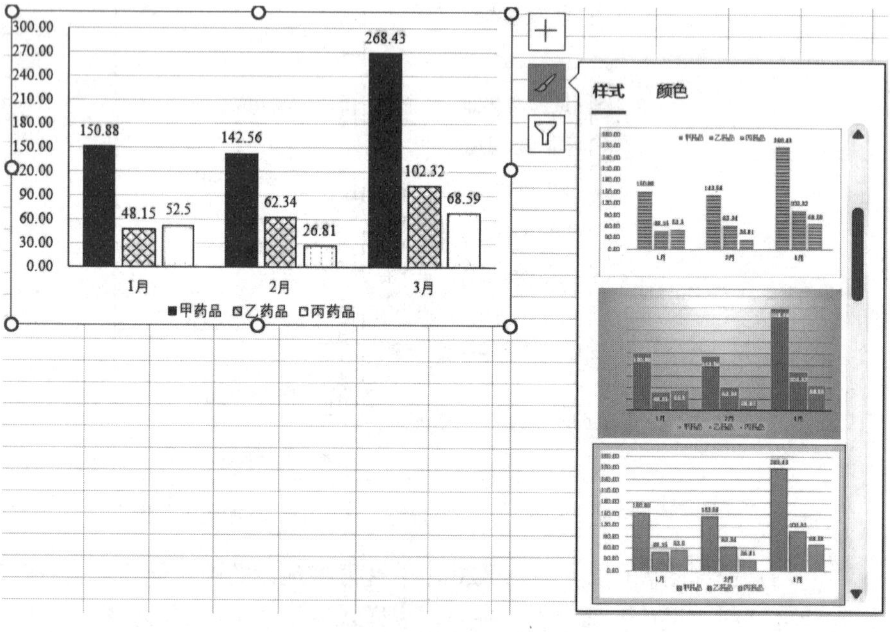

图 2-70 “图表样式”命令

（4）设置图表形状样式。单击功能区“格式”选项卡，在“形状样式”组中单击“快速样式”按钮，即可在展开的库中选择合适的形状样式，如图 2－71 所示。

图 2－71　“形状样式”库

如果“形状样式”库中没有满意的，也可以自行设置形状填充、形状轮廓和形状效果，如图 2－72 所示。这种形状样式的调整，可以对图表区、绘图区、图表标题、图例、各系列等进行。

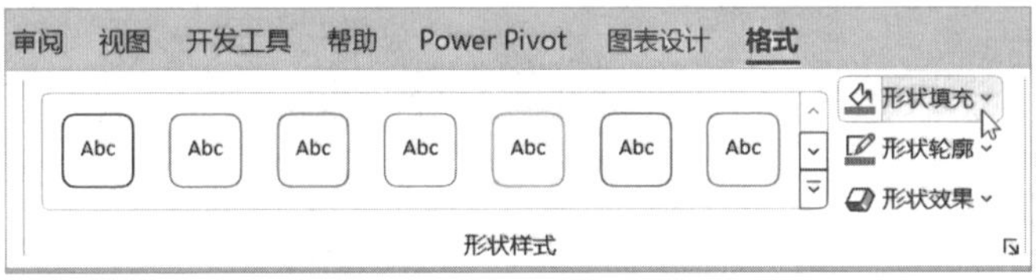

图 2－72　“形状样式”组

（5）设置坐标轴格式。坐标轴分为横坐标轴和纵坐标轴（数字坐标轴），为了使图表达到目标效果，可以设置坐标轴刻度、字体等。

步骤 1：打开“设置坐标轴格式”对话框。鼠标右键单击坐标轴左侧的数字坐标轴，在弹出的快捷菜单中选择“设置坐标轴格式”命令，如图 2－73 所示。

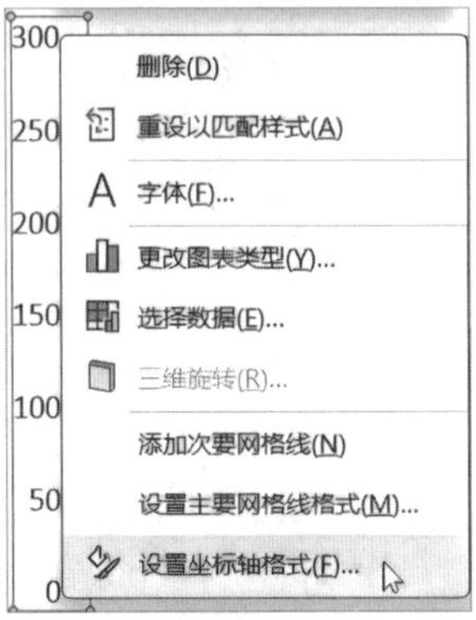

图 2－73　“设置坐标轴格式”命令

步骤2：设置坐标轴刻度。在弹出的“设置坐标轴格式”对话框的“坐标轴选项”下将“单位”|“大”改为“30.0”，如图2-74所示。

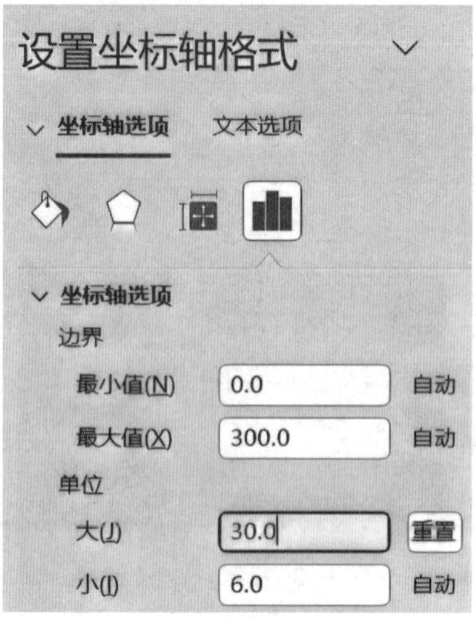

图2-74 修改坐标轴刻度

步骤3：设置数字格式。切换至“数字”选项卡，在“类别”列表中选择“数字”选项，“小数位数”文本框中默认为2，即保留2位小数，如图2-75所示。

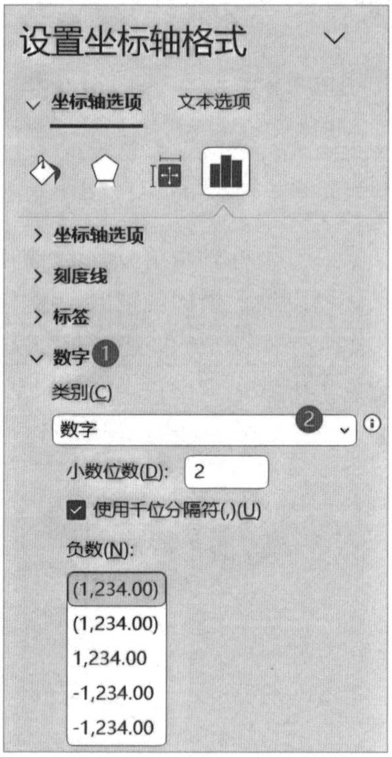

图2-75 “数字”选项卡

步骤 4：设置坐标轴字体格式。更改坐标轴字体格式很简单，只需要选中坐标轴，在功能区“开始”选项卡下“字体”组中进行设置即可。通过以上设置，二维柱形图如图 2－76 所示。

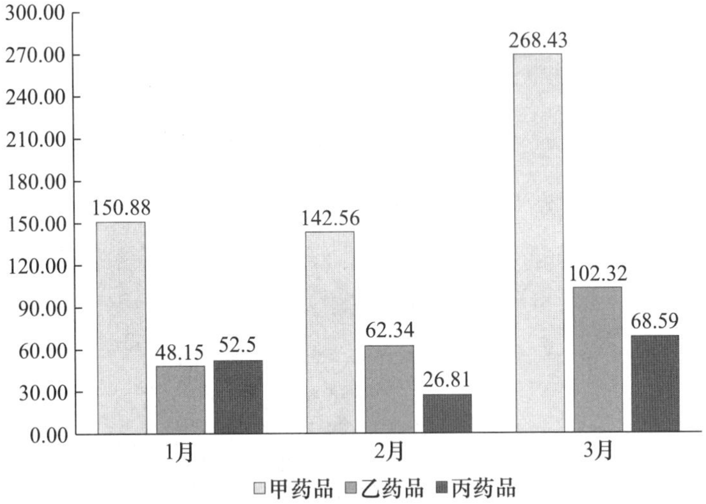

图 2－76　设置后的图表

（6）设置网格线。为了方便用户阅读图表中的数据，可以在图表的绘图区显示从任意水平轴和垂直轴延伸出水平和垂直的网格线。在三维图表中还可以显示竖网格线。具体操作步骤如下。

步骤 1：显示网格线。以图 2－77 为例，鼠标右键单击纵坐标，在快捷菜单中选择“添加主要网格线”选项。

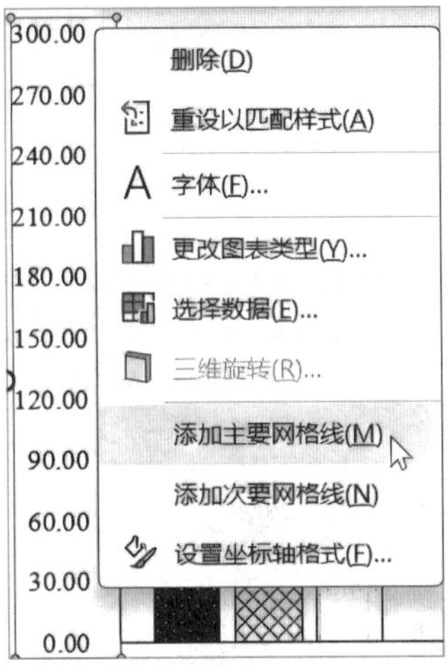

图 2－77　快捷菜单中选择“添加主要网格线”

步骤 2：设置网格线格式。鼠标右键单击图表中的网格线，选择“设置主要网格线格式”，可以对网格线的线条进行设置，如图 2－78 所示。

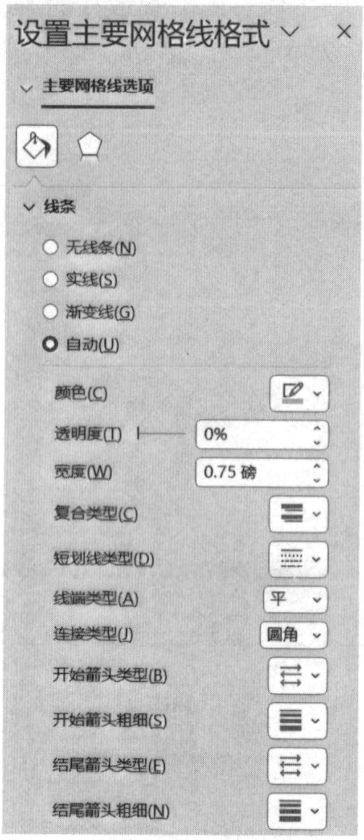

图 2－78　“设置主要网格线格式”对话框

2. 复制和删除图表

在 Excel 中，可以将现有的图表复制到另一个工作表、工作簿或同一工作表的另一个位置上。若要在同一工作表中复制图表，可以使用鼠标来拖动图表，具体操作步骤如下。

步骤 1：鼠标右键单击要复制的图表，从弹出的快捷菜单中选择“复制”命令（或使用快捷键“Ctrl＋C”）。

步骤 2：在目标单元格处单击鼠标右键，从弹出的快捷菜单中单击“保留源格式”按钮。这时即可在同一工作表中看到复制的图表，如图 2－79 所示。

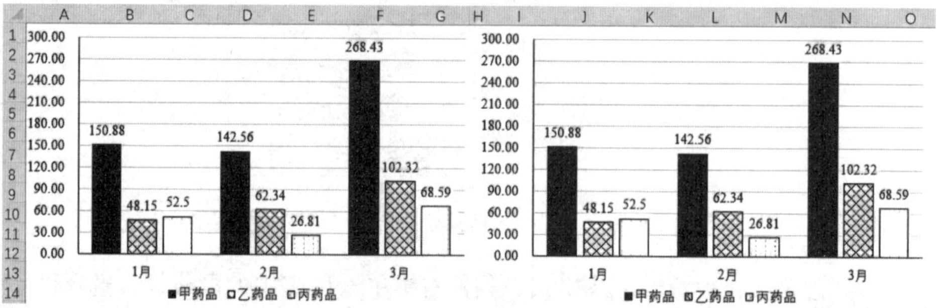

图 2－79　查看复制的图表

若要删除刚复制的图表，只需先将其选中，再按 Delete 键即可。

3. 移动图表

图表创建好后，既可以在同一工作表中调整图表位置，也可以在不同工作表中移动图表，具体操作步骤如下。

步骤 1：将光标移动到图表上，当光标变成十字形状时按住鼠标左键不放，拖动鼠标。

步骤 2：拖动到目标位置后释放鼠标左键，即可改变图表的位置。

步骤 3：如果要在不同工作表之间移动图表，可以先选中图表，然后在“图表设计”选项卡中点击“位置”组中的“移动图表”按钮。

步骤 4：弹出“移动图表”对话框，选中“对象位于”，接着点击右侧的下拉按钮，从弹出的下拉列表框中选择目标位置，这里选择“Sheet2”选项，如图 2－80 所示。

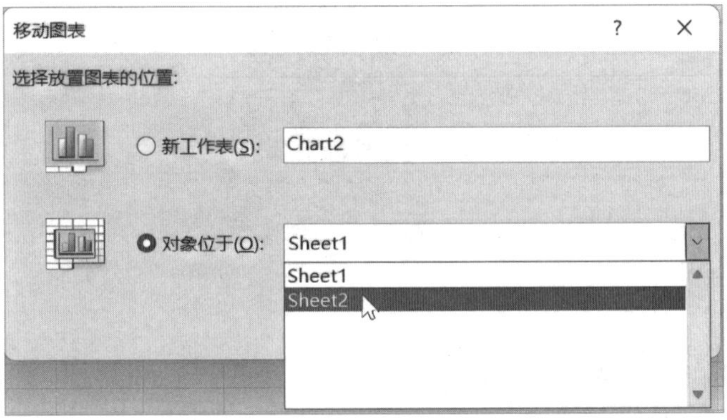

图 2－80 “移动图表”对话框

步骤 5：单击“确定”按钮，即可将 Sheet1 工作表中的簇状柱形图移动到 Sheet2 工作表中。

4. 修改图表数据源

如果发现创建好的图表中某图例项的名称或数据错误，或是缺少一个图例项，可以在“选择数据源”对话框中解决上述问题，具体操作步骤如下。

步骤 1：鼠标右键单击图表，从弹出的快捷菜单中选择“选择数据”命令。也可以在功能区“图表设计”选项卡的“数据”组中单击“选择数据”命令。

步骤 2：弹出“选择数据源”对话框，如图 2－81 所示。

若是缺少图例项，可以在“图例项（系列）”列表框中单击“添加”按钮，接着在弹出的“编辑数据系列”对话框中设置系列名称和系列值，再依次单击“确定”按钮即可。

步骤 3：若是已存在的图例项有错误，可以在选中该图例项后单击“编辑”按钮，接着在弹出的“编辑数据系列”对话框中修改系列名称和系列值的引用地址，

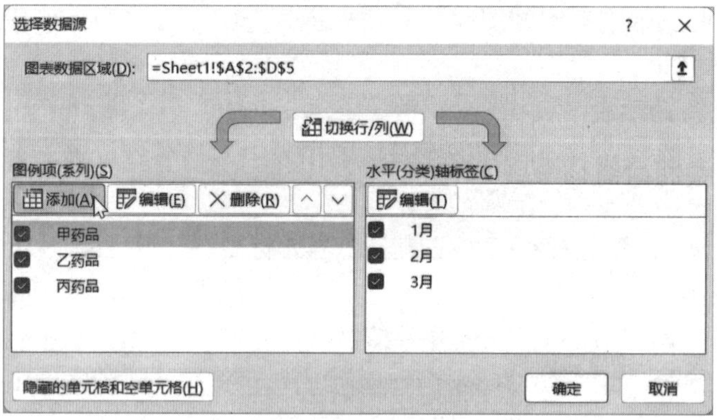

图 2 - 81 “选择数据源”对话框

再依次单击“确定”按钮即可。

图表的使用

2.4 Excel 的专家设置

2.4.1 保护工作表

实务中，为了防止他人篡改或自己不小心改动工作表中的内容，需要对编辑好的工作表设置保护。为工作表设置保护的具体操作步骤如下。

步骤 1：打开“保护工作表”对话框。打开的方法有三种。

方法一：单击“开始”功能区“单元格”组中“格式”下拉按钮，选择“保护工作表”命令，如图 2 - 82 所示。

方法二：在“审阅”功能区“保护”组中单击“保护工作表”命令，如图 2 - 83 所示。

方法三：鼠标右键单击工作表标签，选择“保护工作表”命令，如图 2 - 84 所示。

步骤 2：在“保护工作表”对话框“取消工作表保护时使用的密码”文本框中设置工作表保护密码，在“允许此工作表的所有用户进行”列表框中选择允许在保护工作表中进行的操作，单击“确定”按钮，如图 2 - 85 所示。

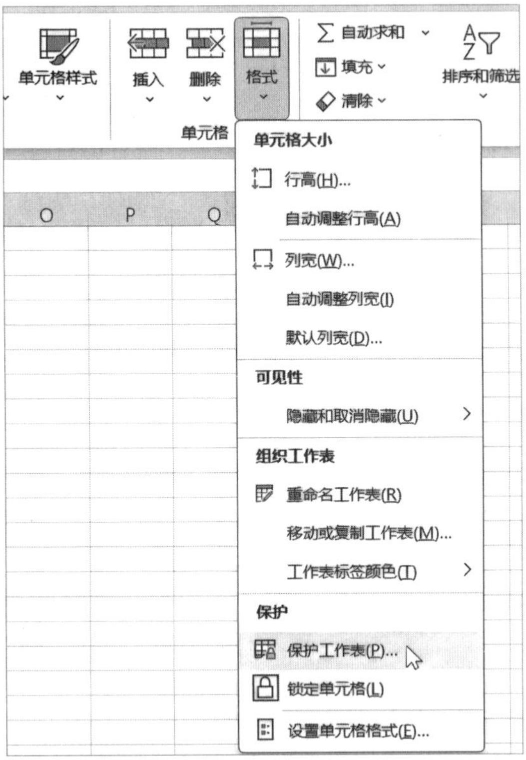

图 2-82　“开始”功能区“单元格”组中“格式”|“保护工作表”命令

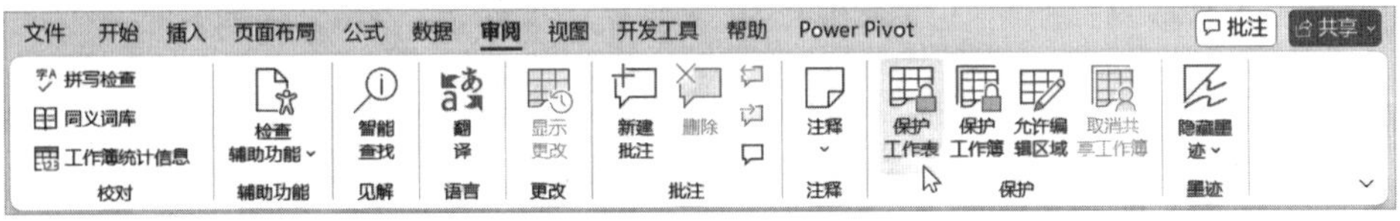

图 2-83　“审阅”功能区“保护”组中单击“保护工作表”命令

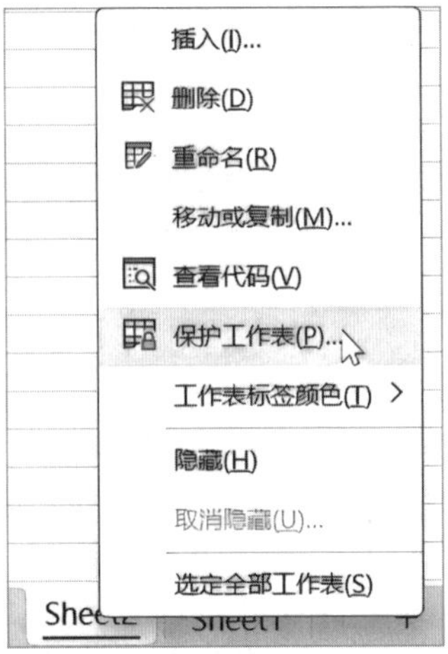

图 2-84　鼠标右键单击工作表标签选择“保护工作表”命令

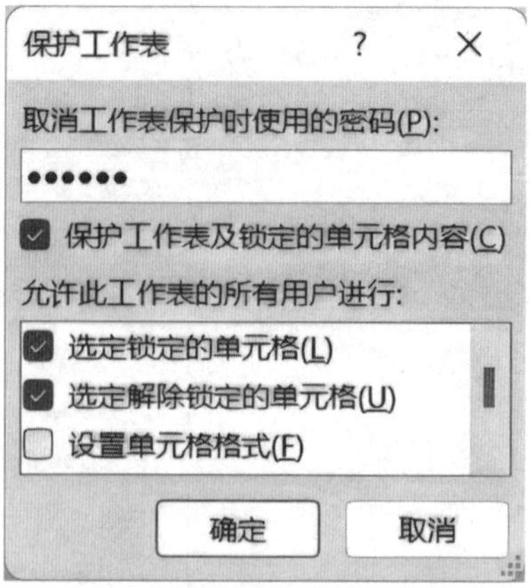

图2-85 “保护工作表”对话框

步骤3：弹出“确认密码”对话框，再次输入设置的密码，单击“确定”按钮，如图2-86所示。

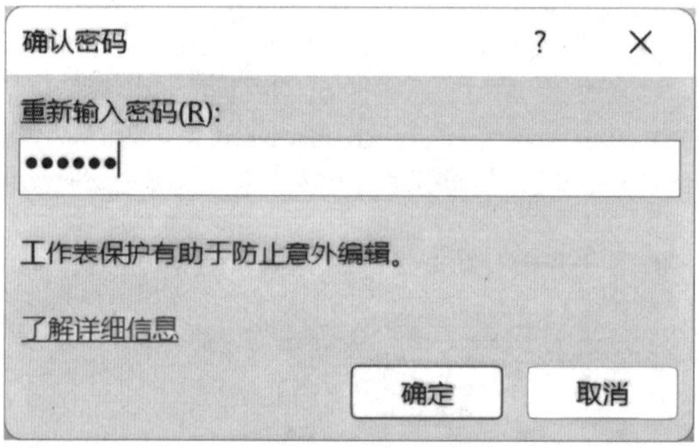

图2-86 确认密码

保护工作表以后，在工作表中修改数值时，会弹出提示框，如图2-87所示，此时工作表将不会被误操作。

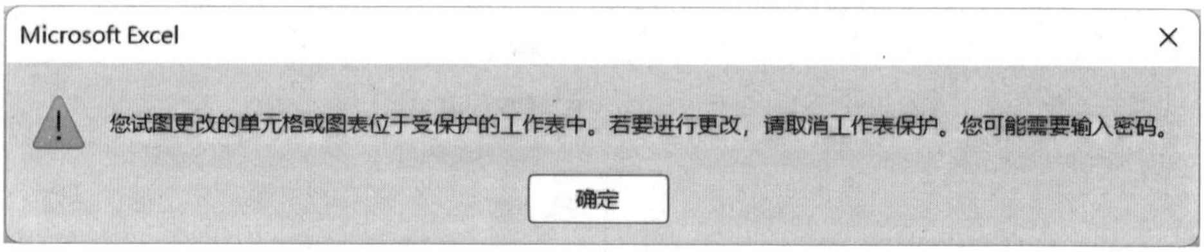

图2-87 提示当前单元格被保护不能修改

2.4.2 撤消工作表保护

打开“撤消工作表保护”对话框同样有三种方法。

方法一：单击“开始”功能区“单元格”组中“格式”下拉按钮，选择“撤消保护工作表”命令，如图2-88所示。

图 2-88　“开始”功能区“单元格”组中“格式”“撤消工作表保护”命令

方法二：在“审阅”功能区“保护”组中单击“撤消工作表保护”命令，如图 2-89 所示。

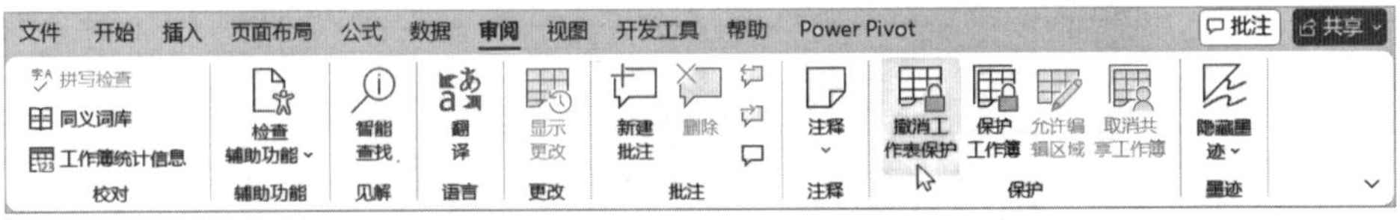

图 2-89　“审阅”功能区“保护”组中单击“撤消工作表保护”命令

方法三：鼠标右键单击工作表标签，选择“撤消工作表保护”命令，如图 2-90 所示。

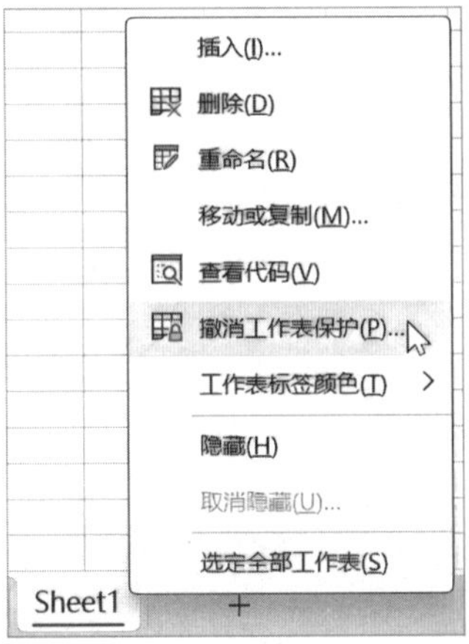

图 2-90　鼠标右键单击工作表标签选择“撤消工作表保护”命令

在弹出的“撤消工作表保护”对话框中输入设置的密码，单击“确定”按钮即可解除对工作表的保护，如图 2-91 所示。

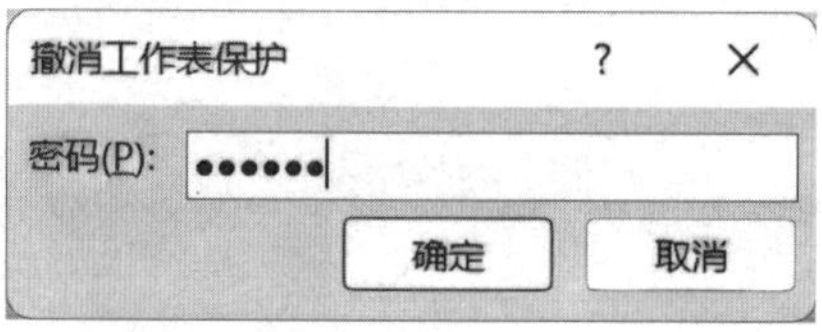

图 2-91　撤消工作表保护对话框

□ 拓展与训练

利用 Excel 制作一张你本学期的课程表，具体格式如图 2-92 所示。

	A	B	C	D	E	F	G	H	I
1	XX大学（学院）20XX-20XX学年第X学期课程表								
2				系部：XX		专业：XX		班级：XX	
3			星期一	星期二	星期三	星期四	星期五	星期六	星期日
4	上午	第1大节							
5		第2大节							
6	下午	第3大节							
7		第4大节							
8	晚上	第5大节							

图 2-92　课程表

第二部分

Excel 的数据处理

第3章 Excel的公式与函数

Chapter 3

内容简介

本章介绍了 Excel 2021 的公式、函数的使用。

学习目标

掌握公式与函数的使用，特别是单元格引用、常用函数、函数的嵌套。

引例

通过 Excel 基础知识的学习，小刘已经掌握了基本的 Excel 知识。但是在工作中她发现，老会计都会使用各种函数。财务主管给小刘布置了一项任务：核算公司一季度的销售情况。这里涉及数据的计算工作，让我们一起开始 Excel 数据处理的学习过程。

3.1 公式的使用

计算是 Excel 的主要功能之一，在 Excel 中借助公式和函数可以完成很多复杂的计算和数据分析。为了使读者能够在后面的案例中正确地使用公式和函数，本节将介绍公式的使用方法。

3.1.1 公式概述

公式是指用数学符号或文字表示几个数量之间关系的式子，需要注意的是在

Excel 中使用的运算符号均为英文状态下的符号。运算符是用来对公式中的元素进行运算而规定的特殊符号。Excel 有四种运算符类型：引用运算符、算术运算符、文本运算符和比较运算符。其中，引用运算符只能连接单元格，其他三类既可以连接阿拉伯数字或文字，也可以直接连接单元格进行运算。

1. 引用运算符

引用运算符有三个，如表 3－1 所示，它们的作用是将单元格区域进行合并计算。

表 3－1　引用运算符

运算符	运算功能	示例
：(冒号)	区域运算符，用于引用单元格区域	A1：B2（包括 A1、A2、B1、B2 四个单元格）；B：B（表示整个 B 列）；3：3（表示整个第 3 行）
（空格）	交叉运算符，用于引用两个单元格区域相交部分	A1：C3 B2：C4（表示两区域相交的部分 B2：C3 四个单元格，如图 3－1 所示）
，(逗号)	联合运算符，用于把两个单元格区域合并在一起	A1：B2，B3：C4（总共包括 8 个单元格，如图 3－2 所示）

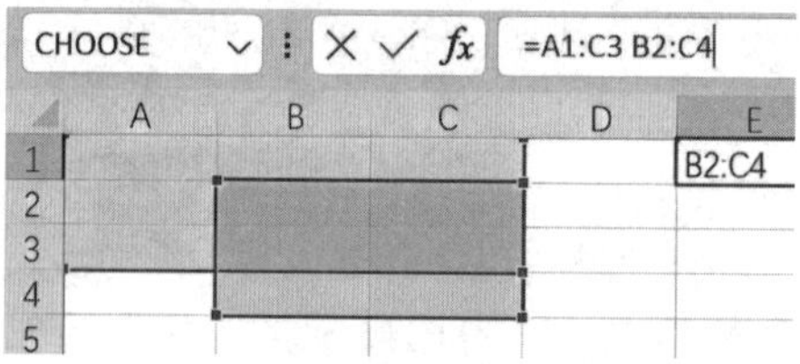

图 3－1　交叉运算符示例

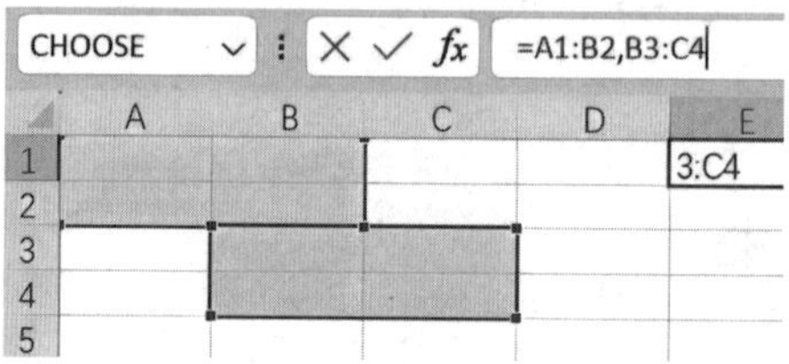

图 3－2　联合运算符示例

2. 算术运算符

算术运算符有六个，如表 3－2 所示，其作用是完成基本的数学运算，并产生数字结果。

表 3-2　算术运算符

运算符	运算功能	示例
()（括号）	提升运算优先顺序，括号内先运算	A1 *（B1+B2）。先算加法后算乘法
—（负号）	取相反数	—B2。对 B2 存储的数据取相反数
%（百分号）	百分比	50%。A1%表示将 A1 存储的数据除以 100，如图 3-3 所示
^（脱字符号）	求幂运算	2^3=8。A1^B1 表示 A1 的 B1 次幂
* 和/（星号和正斜杠）	乘和除	2 * 3=6。A1 * B1。A1/B1
+和—（加号和减号）	加和减	2+3=5。A1+B1。A1—B1

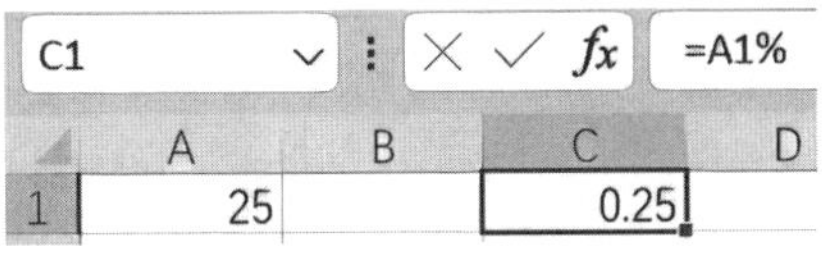

图 3-3　百分号使用示例

3. 文本运算符

使用文本运算符“&”（与号）可将两个或多个文本值串起来产生一个连续的文本值。例如，A1 输入“我爱你”，B1 输入“中国!”，C1 单元格输入“=A1&B1”，则会生成“我爱你中国!”，如图 3-4 所示。

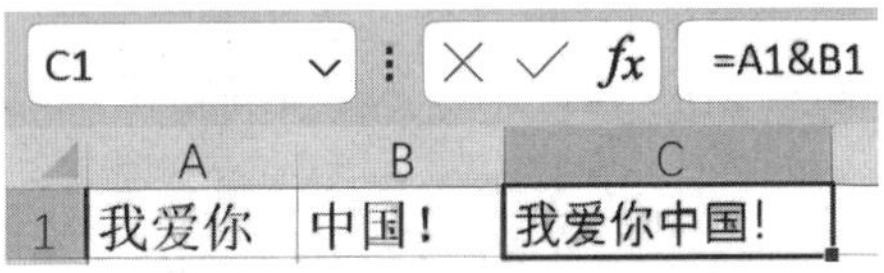

图 3-4　文本运算符示例

4. 比较运算符

比较运算符有六个，如表 3-3 所示，它们的作用是比较两个值，并得出一个逻辑值，即“TRUE”（真）或“FALSE”（假）。例如，在 C1 单元格输入“=A1>B1”，在 C2 单元格输入“=A2>B2”，结果如图 3-5 所示。

表 3-3　比较运算符

运算符	含义	运算符	含义
=（等号）	等于	<=（小于等于号）	小于等于
<（小于号）	小于	>=（大于等于号）	大于等于
>（大于号）	大于	<>（不等号）	不等于

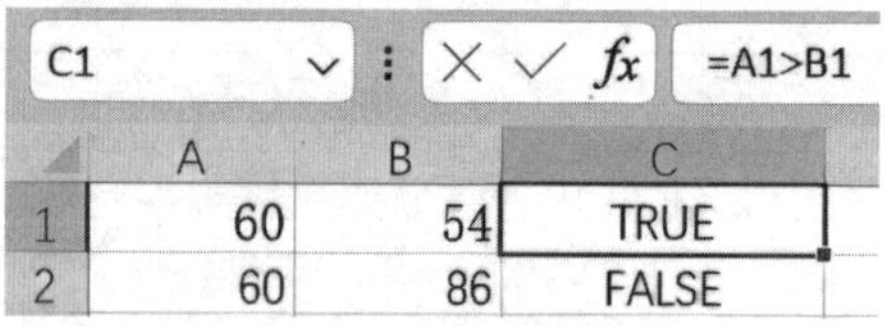

图 3-5　比较运算符示例

5. 运算符优先顺序

公式运算时，如果公式中只用了一种运算符，Excel会根据运算符的特定顺序从左到右计算公式。如果公式中同时用到了多个运算符，Excel将按一定优先级由高到低进行运算，如表3-4所示。另外，相同优先级的运算符，将从左到右依次进行计算。

表 3-4　在Excel中可使用的公式运算符及其优先顺序

运算类型	运算符	运算功能	优先级
引用运算	:（冒号）	区域运算符，用于引用单元格区域	1
	（空格）	交叉运算符，用于引用两个单元格区域相交部分	2
	,（逗号）	联合运算符，用于把两个单元格区域合并在一起	3
算术运算	()（括号）	提升运算优先顺序，括号内先运算	4
	-（负号）	取相反数	5
	%（百分号）	百分比	6
	^（脱字符号）	求幂运算	7
	*和/（星号和正斜杠）	乘和除	8
	+和-（加号和减号）	加和减	9
文本运算	&（与符号）	文本连接	10
比较运算	=（等号）	比较运算	11
	<和>（小于号和大于号）		
	<=（小于等于号）		
	>=（大于等于号）		
	<>（不等号）		

3.1.2 单元格引用

在Excel中使用公式时，公式中的参数既可以是具体数值，也可以是数值所在单元格的地址，这就是单元格引用。单元格引用分为相对引用、绝对引用和混合引用三种情况，其区别如下。

1. 相对引用

公式中的相对单元格引用是指基于包含公式和单元格引用的相对位置。在 F3 单元格中输入公式“=C3 * D3”，表示 Excel 将在 F3 单元格的左侧查找 C3 和 D3 单元格中的数据，并把找到的数值相乘，把结果存放在 F3 单元格中。此处 C3 和 D3 就是公式所在的 F3 单元格的相对位置，如图 3-6 所示。

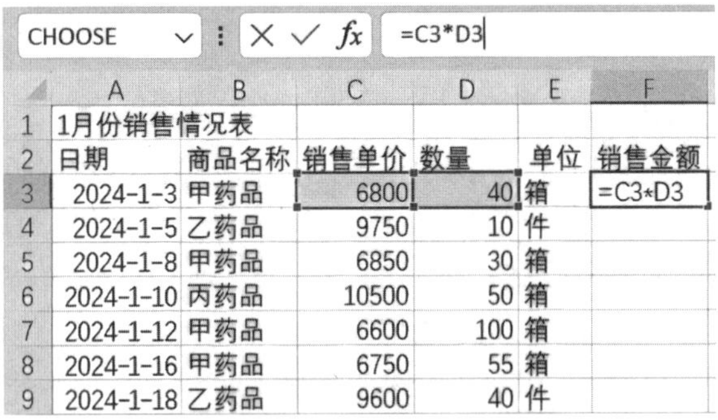

	A	B	C	D	E	F
1	1月份销售情况表					
2	日期	商品名称	销售单价	数量	单位	销售金额
3	2024-1-3	甲药品	6800	40	箱	=C3*D3
4	2024-1-5	乙药品	9750	10	件	
5	2024-1-8	甲药品	6850	30	箱	
6	2024-1-10	丙药品	10500	50	箱	
7	2024-1-12	甲药品	6600	100	箱	
8	2024-1-16	甲药品	6750	55	箱	
9	2024-1-18	乙药品	9600	40	件	

图 3-6 相对引用单元格

如果公式所在单元格的位置改变，引用也随之改变。如果多行或多列地填充公式，引用会自动调整。例如，将 F3 单元格中的公式填充到 F4 和 G3 单元格中，F4 单元格中的公式会自动调整为“=C4 * D4”，G3 单元格中的公式会自动调整为“=D3 * E3”，如图 3-7 所示。由于 E3 单元格并不是数字，所以 G3 单元格计算出错。

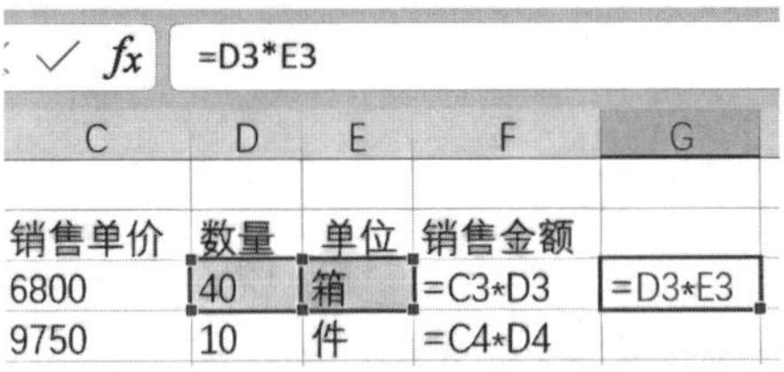

C	D	E	F	G
销售单价	数量	单位	销售金额	
6800	40	箱	=C3*D3	=D3*E3
9750	10	件	=C4*D4	

图 3-7 相对引用填充后的公式

2. 绝对引用

绝对引用是指在列标和行号之前分别加上“$”符号。在复制公式或填充公式时，绝对引用的单元格地址不会发生变化。例如，在 F6 单元格中输入公式“=$C$6 * $D$6”，表示对 C6 和 D6 单元格的绝对引用，将公式复制到 G6 和 F7 单元格中，绝对引用的单元格地址不发生变化，因而 G6 和 F7 单元格中的公式运算结果和 F6 单元格中的数值一样，如图 3-8 所示。

F6 =$C$6*$D$6

	A	B	C	D	E	F	G
1	1月份销售情况表						
2	日期	商品名称	销售单价	数量	单位	销售金额	
3	2024-1-3	甲药品	6800	40	箱	272000	#VALUE!
4	2024-1-5	乙药品	9750	10	件	97500	
5	2024-1-8	甲药品	6850	30	箱	205500	
6	2024-1-10	丙药品	10500	50	箱	525000	525000
7	2024-1-12	甲药品	6600	100	箱	525000	
8	2024-1-16	甲药品	6750	55	箱	371250	
9	2024-1-18	乙药品	9600	40	件	384000	

图 3-8　绝对引用单元格

3. 混合引用

混合引用包含相对引用和绝对引用，即在列标或行号前加“＄”符号。在列标前加“＄”符号称为绝对列，在行号前加“＄”符号称为绝对行。在复制或填充公式时，相对引用部分改变，绝对引用部分不改变。例如，在 F8 单元格中输入公式“=C＄8＊＄D8”，将公式复制到 G8 和 F9 单元格。G8 单元格相对于 F8 是行不变、列发生变化，故公式中的＄D8 保持不变，C＄8 变为 D＄8，如图 3-9 所示。F9 相对于 F8 是列不变、行发生变化，故公式中 C＄8 保持不变，＄D8 自动调整为＄D9，结果如图 3-10 所示。

G8 =D$8*$D8

	A	B	C	D	E	F	G
1	1月份销售情况表						
2	日期	商品名称	销售单价	数量	单位	销售金额	
3	2024-1-3	甲药品	6800	40	箱	272000	#VALUE!
4	2024-1-5	乙药品	9750	10	件	97500	
5	2024-1-8	甲药品	6850	30	箱	205500	
6	2024-1-10	丙药品	10500	50	箱	525000	525000
7	2024-1-12	甲药品	6600	100	箱	525000	
8	2024-1-16	甲药品	6750	55	箱	371250	3025
9	2024-1-18	乙药品	9600	40	件	270000	

图 3-9　混合引用单元格 G8

F9 =C$8*$D9

	A	B	C	D	E	F	G
1	1月份销售情况表						
2	日期	商品名称	销售单价	数量	单位	销售金额	
3	2024-1-3	甲药品	6800	40	箱	272000	#VALUE!
4	2024-1-5	乙药品	9750	10	件	97500	
5	2024-1-8	甲药品	6850	30	箱	205500	
6	2024-1-10	丙药品	10500	50	箱	525000	525000
7	2024-1-12	甲药品	6600	100	箱	525000	
8	2024-1-16	甲药品	6750	55	箱	371250	3025
9	2024-1-18	乙药品	9600	40	件	270000	

图 3-10　混合引用单元格 F9

用 F4 键可实现绝对引用、相对引用和混合引用之间的快速切换。选中要改变引用方式的单元格引用后，循环地按 F4 键，能够依照“相对引用→绝对引用→绝对行→绝对列→相对引用→……”的顺序循环下去。

3.1.3　输入与修改公式

Excel 中的公式书写顺序与大家日常习惯的公式书写顺序略有不同，需要先输入一个等号（=），接着输入运算式。

1. 输入公式

在 Excel 中，输入公式的方法与输入数值的方法类似，既可以直接在单元格中输入公式，又可以在编辑栏中输入公式。在这里给各位读者一个建议：在输入公式和函数时，最好在编辑栏中进行书写，这样不会因单元格太窄而导致公式或函数无法正常输入。具体操作步骤如下。

步骤 1：在 Sheet1 工作表中选中 F3 单元格，然后输入等号（=），接着单击 C3 单元格，为公式添加第一个参数，如图 3－11 所示。

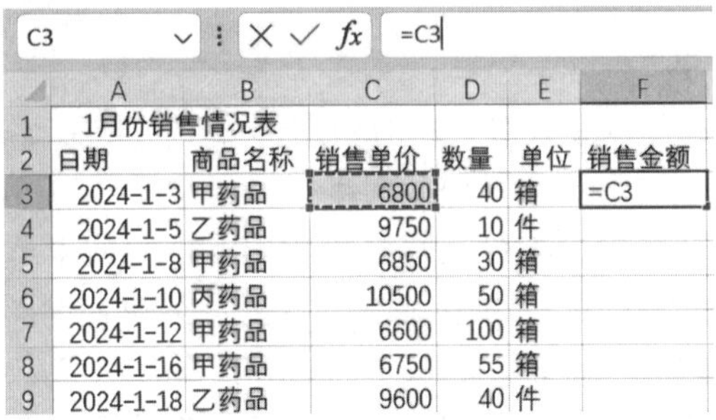

	A	B	C	D	E	F
1	1月份销售情况表					
2	日期	商品名称	销售单价	数量	单位	销售金额
3	2024-1-3	甲药品	6800	40	箱	=C3
4	2024-1-5	乙药品	9750	10	件	
5	2024-1-8	甲药品	6850	30	箱	
6	2024-1-10	丙药品	10500	50	箱	
7	2024-1-12	甲药品	6600	100	箱	
8	2024-1-16	甲药品	6750	55	箱	
9	2024-1-18	乙药品	9600	40	件	

图 3－11　输入等号与第一个参数

步骤 2：输入乘法运算符“*”，并单击 D3 单元格，输入第二个参数，如图 3－12 所示。

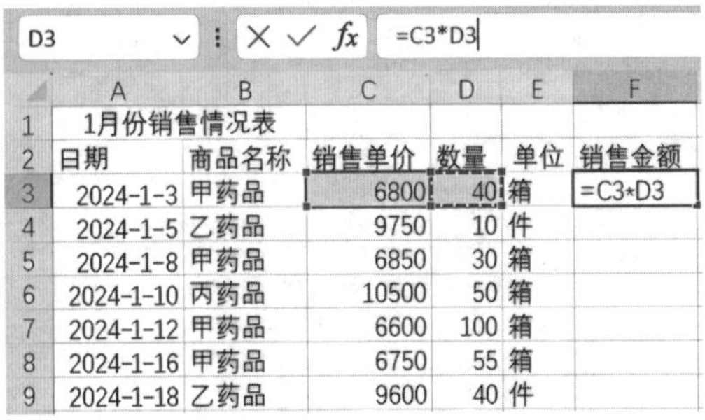

	A	B	C	D	E	F
1	1月份销售情况表					
2	日期	商品名称	销售单价	数量	单位	销售金额
3	2024-1-3	甲药品	6800	40	箱	=C3*D3
4	2024-1-5	乙药品	9750	10	件	
5	2024-1-8	甲药品	6850	30	箱	
6	2024-1-10	丙药品	10500	50	箱	
7	2024-1-12	甲药品	6600	100	箱	
8	2024-1-16	甲药品	6750	55	箱	
9	2024-1-18	乙药品	9600	40	件	

图 3－12　输入乘法运算符和第二个参数

步骤 3：公式输入完毕后，按 Enter 键确认，这时会在 F3 单元格中得出公式计算结果，同时光标向下移动到 F4 单元格中。

注意：在Excel中输入公式时，也可以用“+”代替“=”，例如上述公式可写为“+C3 * D3”，按Enter键后得到的结果一样。

2. 修改公式

在确认输入的公式后，如果发现公式中的参数或运算符有误，可以使用以下三种方法进行修改。

方法一：双击法。双击含有错误公式的单元格，这时会显示出公式，并进入公式的编辑状态，接着修改公式中的错误处，再按Enter键确认。

方法二：按F2键。选中含有错误公式的单元格，按F2键在单元格中显示出公式，并进入公式的编辑状态，接着修改公式，再按Enter键确认。

方法三：编辑栏法。选中含有错误公式的单元格，这时会在编辑栏中显示公式，将光标定位到编辑栏中，接着修改公式，再按Enter键确认。

由于单元格宽度限制，在单元格内修改公式会遇到显示不全或占用周边单元格的情况，因此建议读者采取第三种方法修改公式。

3.1.4 复制与移动公式

1. 复制公式

在Excel中复制公式时，相对引用部分会随着移动方向自动调整引用单元格的地址。复制公式的方法有三种，具体如下。

方法一：选择包含需要复制公式的单元格，这里选中F3单元格，然后在“开始”选项卡的“剪贴板”组中单击“复制”按钮，如图3-13所示。选中F4：F9单元格区域，再在“开始”选项卡的“剪贴板”组中单击“粘贴”按钮旁边的下三角按钮，在弹出的下拉菜单中单击“公式”按钮，如图3-14所示，即可将F3单元格中的公式复制到F4：F9单元格区域。

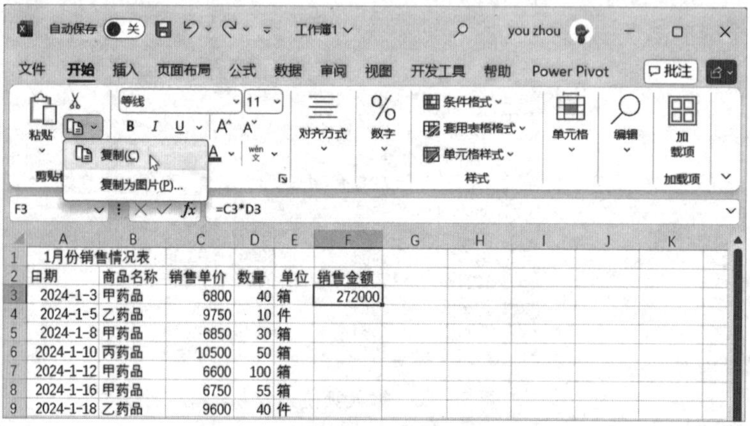

图3-13 选择“复制”命令

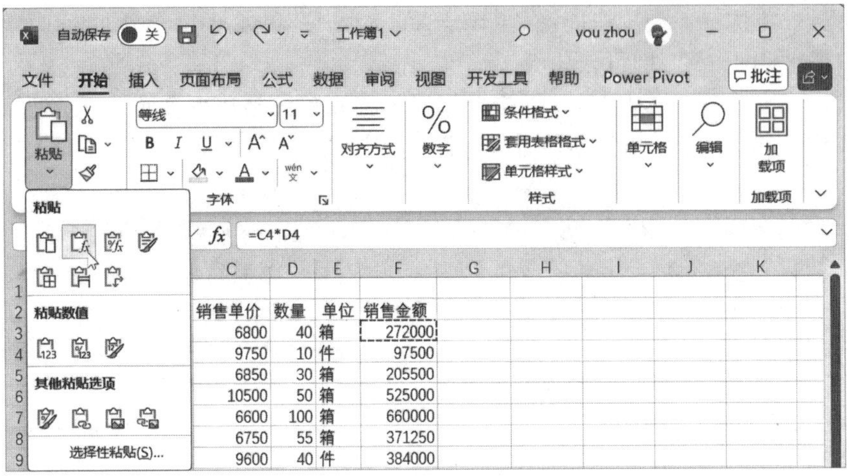

图 3－14　“粘贴”下拉菜单选择“公式”

方法二：利用快捷键“Ctrl＋C”复制 F3 单元格，选中 F4：F9 单元格区域，再按快捷键“Ctrl＋V”即可。

方法三：选中 F3 单元格，双击填充柄即可把公式复制并填充到 F9 单元格。

2. 移动公式

在移动公式时，无论使用哪种单元格引用，单元格的地址都不会改变。移动公式的方法有三种，具体如下。

方法一：选中 F3 单元格，然后在“开始”选项卡的“剪贴板”组中单击“剪切”按钮，接着选中 H3 单元格，并单击“粘贴”按钮旁边的下三角按钮，在弹出的下拉菜单中单击“粘贴”按钮，可以将 F3 单元格中的公式移动到 H3 单元格中，并且公式中的单元格引用保持不变，如图 3－15 所示。

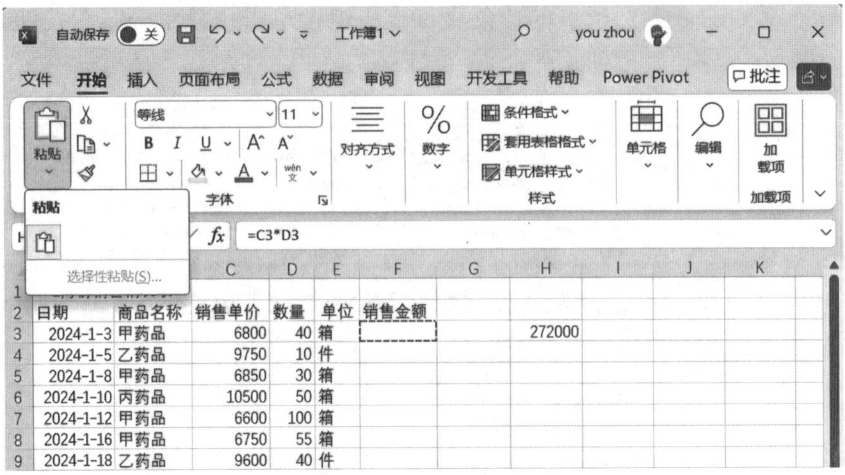

图 3－15　选择“粘贴”命令

方法二：利用快捷键“Ctrl+X”剪切 F3 单元格，选中 H3 单元格，再按快捷键“Ctrl+V”即可。

方法三：选中 F3 单元格，将鼠标移到单元格边框变成十字箭头，鼠标左键按住，移动到 H3 单元格放开鼠标即可，如图 3-16 所示。

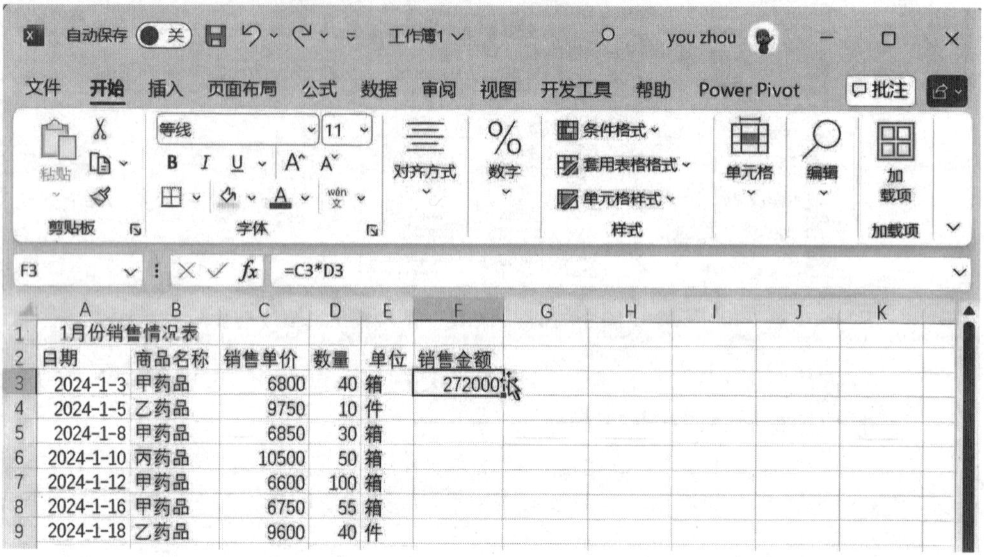

图 3-16 十字箭头鼠标移动公式

3.1.5 显示与隐藏公式

在默认状态下，单元格中显示的是公式运算后的结果，而不是公式本身。这不利于检查公式。让单元格中的公式显示出来的具体操作如下。

在“公式”选项卡的“公式审核”组中单击“显示公式”按钮，如图 3-17 所示。

图 3-17 单击“显示公式”按钮

此时工作表中含有公式的单元格都自动显示出公式了，如图 3－18 所示。再次单击“显示公式”按钮，可以将公式隐藏起来。

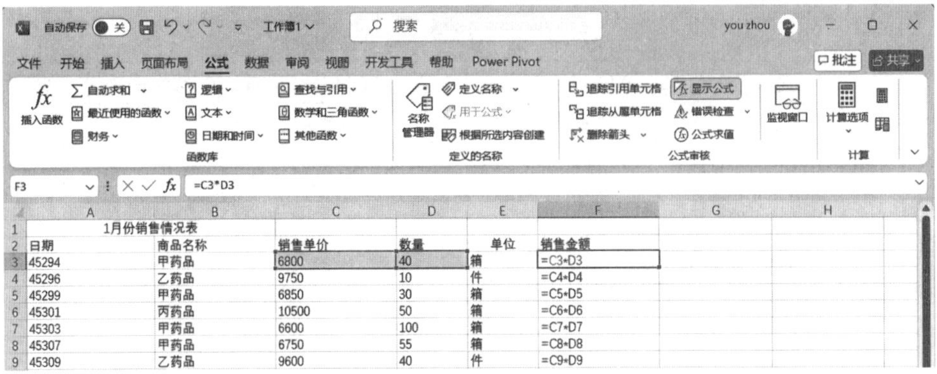

图 3－18 显示公式

公式的使用

3.2 函数的使用

除了通过键盘输入公式外，在 Excel 中还有很多内部函数，这些内部函数是预定义的公式，如求和的 SUM 函数、求乘积的 PRODUCT 函数、求平均数的 AVERAGE 函数等，本节就来介绍这些内部函数的使用方法。

3.2.1 函数概述

函数是 Excel 预先定义好的特殊公式。一般由函数名称、“（”、函数参数、“）”组成，结构形式如下：

函数名称（Numberl，Number2，…）

如果在函数前面加上符号“＝”，就变成公式了。例如，“＝IF（1＞0，TURE，FALSE）”。

Excel 2021 提供了 500 多个内置函数，为了方便用户查询使用，下面把这些函数划分为 12 种类型，如表 3－5 所示。

表 3-5　Excel 2021 中的函数类别及其功能

函数类别	函数功能
财务函数	分析与计算财务数据
逻辑函数	设置判断条件，以使公式更加智能化
文本函数	对公式和单元格中的文本进行提取、查找、替换或格式化处理
日期和时间函数	对公式中的日期和时间进行计算与格式设置
查找和引用函数	查找或返回工作表中的匹配数据或特定信息
数学和三角函数	进行数学计算，包括常规计算和三角函数方面的计算
统计函数	统计和分析工作表中的数据
工程函数	计算工程中的数学公式，处理和分析工程数据
多维数据集函数	分析多维数据集合中的数据
信息函数	判定单元格或公式中的数据类型，或返回某些特定信息
兼容性函数	这些函数已被新增函数代替，提供它们便于兼容早期版本
Web 函数	网络信息、数据的抓取与处理

3.2.2　调用函数

下面介绍三种调用函数的方法，读者可以自行选择需要的方法。

1. 使用“插入函数”对话框插入函数

对于新手用户，使用“插入函数”对话框能够帮助用户选择更合适的函数，具体操作步骤如下。

步骤 1：选中 F3 单元格，然后在“公式”选项卡的“函数库”组中单击“插入函数”按钮，如图 3-19 所示。也可以使用快捷键“Shift＋F3”打开。

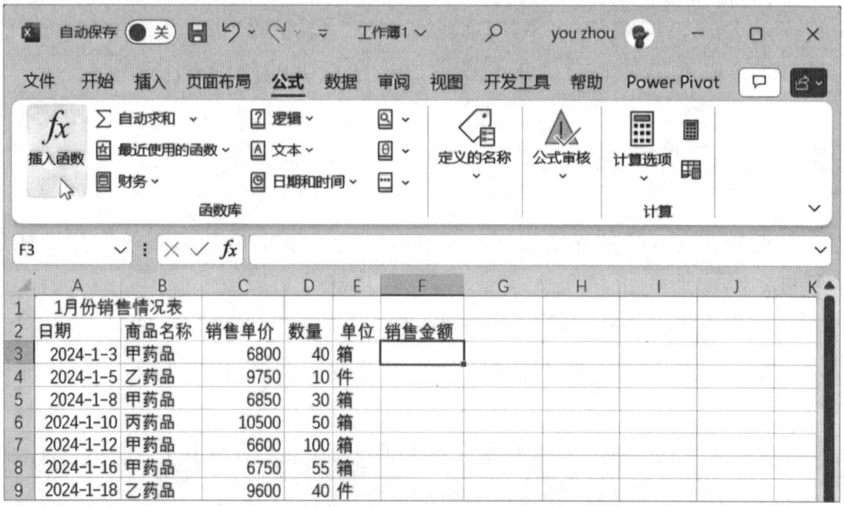

图 3-19　单击“插入函数”按钮

步骤 2：弹出“插入函数”对话框，然后单击“或选择类别”下拉列表框右侧的下拉按钮，从打开的下拉列表框中选择“数学与三角函数”选项，接着在“选择函数”列表框中选择“PRODUCT”选项（函数按首字母升序排列），再单击“确定”按钮，如图 3－20 所示。

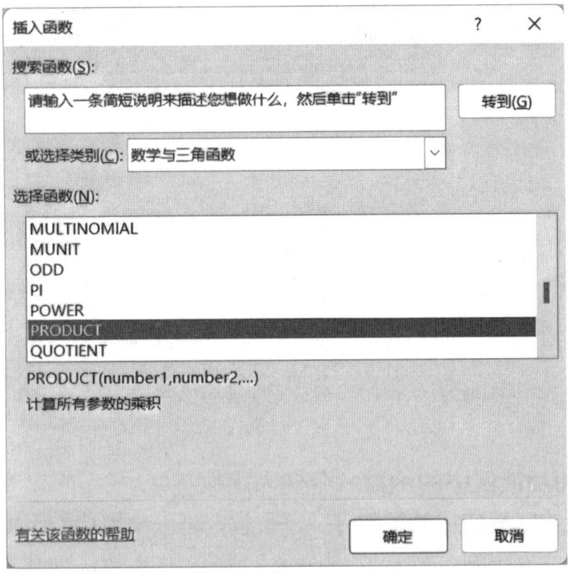

图 3－20　在“插入函数”对话框中选择“数学与三角函数”中的 PRODUCT 函数

步骤 3：弹出“函数参数”对话框，在 Number1 文本框中设置参与运算的单元格地址，再单击“确定”按钮，如图 3－21 所示。

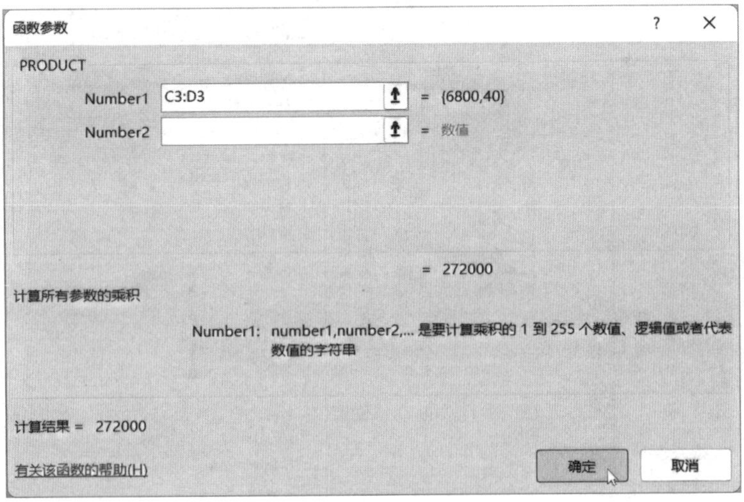

图 3－21　设置 PRODUCT 函数

提示：若不知道应该使用什么函数时，可以在“插入函数”对话框的“搜索函数”文本框中输入你想要实现的操作，然后单击“转到”按钮，在“选择函数”列表框中即可看到 Excel 给你推荐的函数，如图 3-22 所示。

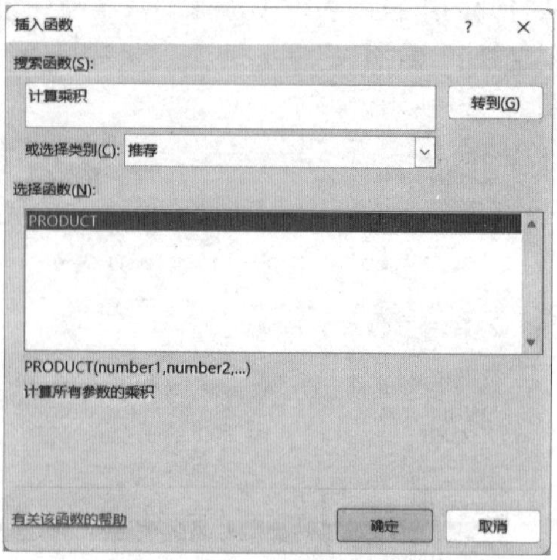

图 3-22 搜索函数

2. 使用功能区中的函数命令插入函数

如果用户对要使用的函数有一定了解，可以使用功能区中的函数命令来调用函数。

选中 F3 单元格，然后在“公式”选项卡的“函数库”组中单击“数学与三角函数”按钮，从弹出的菜单中选择“PRODUCT”选项，如图 3-23 所示。

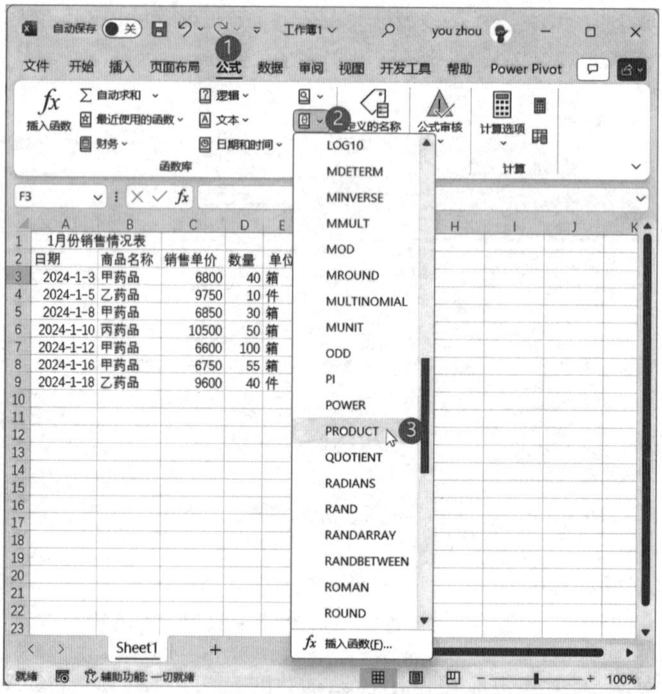

图 3-23 从功能区选择 PRODUCT 函数

选好后会弹出“函数参数”对话框，操作方法同上。

3. 直接输入函数

如果用户对要使用的函数非常了解，可以在单元格或数据编辑栏中直接输入函数。例如选中 F3 单元格，然后在数据编辑栏中输入“＝PRODUCT（”，这时，会出现该函数的语法提示，如图 3－24 所示，根据提示输入参数，再按 Enter 键确认即可。

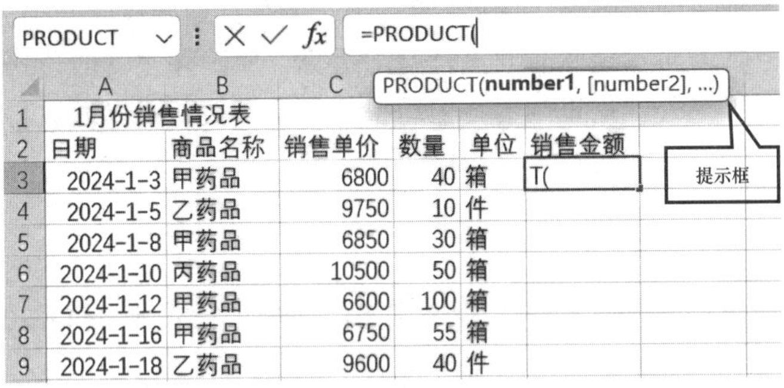

图 3－24　在编辑栏直接输入函数

3.2.3　函数的嵌套

现实中绝大多数问题要通过两个或者两个以上的函数才能解决，这时候就会面临一个问题：多个函数的嵌套该如何输入呢？

所谓嵌套函数，是指在某些情况下，可以将 A 函数作为 B 函数的参数，嵌套在 B 函数中使用，而 B 函数就称为嵌套函数。当然，这里的 A 函数、B 函数也可以是同一个函数。

例如，现在要对第一季度每个月的总销量取平均值，就需要用到三个 SUM 函数作为 AVERAGE 函数的三个参数，如图 3－25 所示。

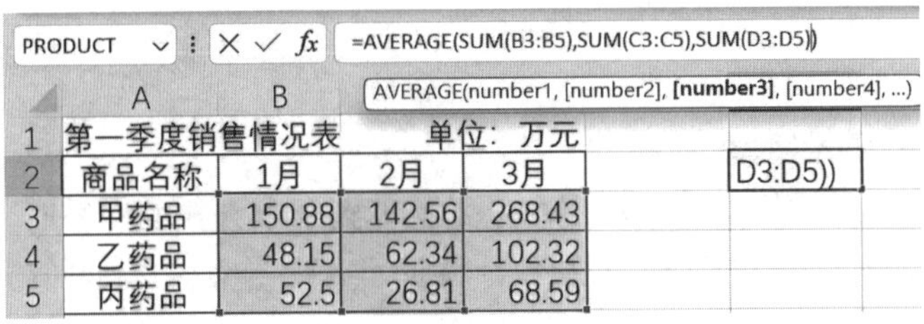

图 3－25　AVERAGE＋SUM 函数的嵌套

3.2.4　常见的公式错误符号

1. # # # # 错误

此错误表示列宽不够，或者使用了负日期或时间。

当列宽不足以显示内容时，可以通过以下几种办法纠正：

（1）调整列宽，或直接双击列标题右侧的边界。

（2）缩小内容以适应列宽。

（3）更改单元格的数字格式，使数字适合现有单元格宽度。例如，可以减少小数点后的小数位数。

当日期和时间为负数时，可以通过以下几种方法纠正：

（1）如果使用的是 1900 日期系统，那么日期和时间必须为正值。

（2）如果对日期和时间进行减法运算，应确保建立的公式是正确的。

（3）如果公式是正确的，但结果仍然是负值，可以通过将相应单元格的格式设置为非日期或时间格式来显示该值。

2. # VALUE！错误

此错误表示使用的参数或操作数的类型不正确。可能包含以下一种或几种错误：

（1）当公式需要数字或逻辑值（例如 TURE 或 FALSE）时，却输入了文本。

（2）输入或编辑数组公式，没有按组合键“Ctrl＋Shift＋Enter”，而是按了 Enter 键。

（3）将单元格引用、公式或函数作为数组常量输入。

（4）为需要单个值（而不是区域）的运算符或函数提供区域。

（5）在某个矩阵工作表函数中使用了无效的矩阵。

（6）运行的宏程序所输入的函数返回“＃VALUE!”。

3. # DIV/0！错误

这种错误表示使用数字除以零（0）。具体表现在：

（1）输入的公式中包含明显的除以零的计算，如“＝5/0”。

（2）使用了对空白单元格或包含零作为除数的单元格引用。

（3）运行的宏中使用了返回“＃DIV/0!”的函数或公式。

4. # N/A 错误

“＃N/A”错误通常出现在公式找不到要求查找的内容时。具体表现在：

（1）查阅值和源数据是不同数据类型。例如，查阅值是数字，而源数据是文本。

（2）为 LOOKUP、MATCH、HLOOKUP、VLOOKUP 或 XLOOKUP 函数的 lookup _ value 参数赋予了不正确的值。

（3）在未排序的表中使用了 VLOOKUP、HLOOKUP 或 MATCH 函数来查找值。

（4）数组公式中使用的参数的行数或列数与包含数组公式的区域的行数或列数不一致。

(5) 缺少数据，在其位置输入了#N/A 或 NA()。

(6) 使用的自定义工作表函数不可用。

(7) 运行的宏程序所输入的函数返回“#N/A”。

5. # NAME? 错误

公式中出现此错误是因为公式名称中存在拼写错误。具体表现在：

(1) 函数名称拼写错误。

(2) 公式引用了 Excel 中未定义的名称。

(3) 语法错误地引用了定义的名称。

(4) 在公式中包含文本引用时，文本前后需要使用引号。如果语法省略文本值的双引号“”，则会看到此错误。

(5) 在范围引用中漏掉了冒号。

(6) 在区域引用中漏掉了冒号。

6. # REF! 错误

当公式引用无效的单元格时，将显示此错误。当公式所引用的单元格被删除或被粘贴覆盖时最常发生这种情况。具体表现在：

(1) 删除了其他公式所引用的单元格，或将已移动的单元格粘贴到了其他公式所引用的单元格上。

(2) 使用的对象链接和嵌入链接所指向的程序未运行。

(3) 链接到了不可用的动态数据交换（DDE）主题，如“系统”。

(4) 如果使用了对象链接与嵌入（OLE）链接而返回此错误，需要启动该链接将调用的程序。

(5) 如果宏在工作表上输入一个引用函数上方单元格的函数，并且包含该函数的单元格位于第 1 行中，则该函数将返回此错误，因为第 1 行上方没有单元格。检查函数以查看参数是否引用无效的单元格或单元格区域，这可能需要在 Visual Basic 编辑器（VBE）中编辑宏来实现。

7. # NUM! 错误

如果公式或函数中使用了无效的数值，则会出现此错误。具体表现在：

(1) 在需要数字参数的函数中使用了无法接受的参数。

(2) 使用了进行迭代的工作表函数（如 IRR 或 RATE），且函数无法得到结果。

(3) 输入的公式所得出的数字太大或太小，无法在 Excel 中表示。若要解决此问题，请更改公式，使其结果介于-1×10^{307}和1×10^{307}之间。

8. # NULL! 错误

如果指定了两个并不相交的区域的交点，则会出现此错误。具体表现在：

（1）使用了不正确的区域运算符。

（2）区域不相交。

9. # 溢出！错误

当公式返回多个结果，并且 Excel 无法将这些结果返回到网格时，会出现此错误。具体表现在：

（1）当溢出的数组公式的溢出范围不为空时，会发生此错误。

（2）Excel 无法确定溢出数组的大小，因为它易变，并且在计算过程中会调整大小。此错误值通常与 RAND、RANDARRAY 和 RANDBETWEEN 函数的使用相关联。其他易变函数（例如 OFFSET、INDIRECT 和 TODAY）在每个计算过程中不会返回不同的值。

（3）扩展到工作表边缘之外时，会发生此错误。Excel 一个工作表有 16 384 列、1 048 521 行，若函数计算结果超出工作表列或行的最大数，则会出现此错误。

（4）尝试输入的溢出数组公式导致 Excel 内存不足。

（5）溢出的数组公式无法溢出到合并的单元格中。

（6）Excel 无法识别或无法协调导致此错误的原因。

10. # CALC！错误

CALC 是 Calculation（计算）的前四个字母。当 Excel 的计算引擎遇到当前不支持的情况时，就会发生＃CALC！错误。常见的是空数组错误。当数组公式返回空集时，会发生空数组错误。

Excel 对于公式函数的识别非常严谨，参数错误、符号错误等都会出现错误提示或无法返回正确取值，因此在学习过程中应当准确记忆各函数知识点。同时，我们应当紧跟时代步伐，顺应实践发展，以满腔热忱对待一切新生事物，不断拓展认识的广度和深度，通过反复实践不断创新各类函数在财务工作中的灵活运用，严谨高效提供财务信息。

3.3 常用函数

在 3.2 节函数的使用中我们已经知道 Excel 2021 有 12 种类型、500 多个内置函数，作为财务人员并不需要掌握全部函数。本节我们主要介绍在工作中，财务人员使用频率比较高的一些函数。

3.3.1 逻辑函数

逻辑函数在 Excel 中是用来进行逻辑判断的函数，它们可以帮助我们根据条件返回特定的结果。通俗地说，逻辑函数就是用来分类的，符合条件的是一类，不符合条件的是另一类。

1. IF 函数

IF 函数是 Excel 中最常用的函数之一。

功能：根据条件值进行真假逻辑的判断。

语法：IF（logical _ test，value _ if _ true，value _ if _ false）

参数：

logical _ test 表示判断条件，是计算结果为 TRUE 或 FALSE 的任意值或表达式。

value _ if _ true 表示 logical _ test 为 TRUE 时返回的值。

value _ if _ false 表示 logical _ test 为 FALSE 时返回的值。

在使用中，logical _ test 使用表达式居多，可使用任何比较运算符。例如，D6>=50 就是一个逻辑表达式，如果 D6 单元格中的值大于等于 50，表达式即为 TRUE，否则为 FALSE。TRUE 时返回第二个参数 value _ if _ true，FALSE 时返回第三个参数 value _ if _ false。

其实 IF 函数的三个参数很像关联词造句，给定的关联词是：如果……那么……否则……

例如，在 G 列判断销售数量是否达到 50 单位，如果达到返回“是”，否则返回“否”。对于初学者，在书写 IF 函数前可以先对要实现的操作进行“造句”。本例中可以这样造句：如果销售数量达到 50 单位，那么写“是”，否则写“否”。根据造好的句子，翻译成 Excel 语言，可得到 G3 单元格输入的公式为“=IF（D3>=50,"是","否"）”，再利用填充柄将 G 列填充即可，如图 3-26 所示。请注意，函数中汉字外面的双引号要使用英文状态输入，不能用中文的双引号。

G3　=IF(D3>=50,"是","否")

	A	B	C	D	E	F	G
1	1月份销售情况表						
2	日期	商品名称	销售单价	数量	单位	销售金额	是否超过50
3	2024-1-3	甲药品	6800	40	箱	272000	否
4	2024-1-5	乙药品	9750	10	件	97500	否
5	2024-1-8	甲药品	6850	30	箱	205500	否
6	2024-1-10	丙药品	10500	50	箱	525000	是
7	2024-1-12	甲药品	6600	100	箱	660000	是
8	2024-1-16	甲药品	6750	55	箱	371250	是
9	2024-1-18	乙药品	9600	40	件	384000	否

图 3-26　IF 函数判断销售数量是否达到 50 单位

2. 且/或/非函数

（1）AND 函数。

功能：表示逻辑值“且”，用于确定所有条件是否均为 TRUE。

语法：AND（logical1，[logical2]，…）

参数：logical1，[logical2]，…表示待检测的条件值，其中 logical1 必需，其余为附加条件。

（2）OR 函数。

功能：表示逻辑值“或”，用于确定只要有一个条件是 TRUE。

语法：OR（logical1，[logical2]，…）

参数：logical1，[logical2]，…表示待检测的条件值，其中 logical1 必需，其余为附加条件。

（3）NOT 函数。

功能：表示逻辑值“否”，用于判定一个值不等同于另一个值。

语法：NOT（logical1，[logical2]，…）

参数：logical1，[logical2]，…表示待检测的条件值，其中 logical1 必需，其余为附加条件。

例如，公式“＝NOT（A2＞100）”表示 A2 不大于 100，即 A2＜＝100。

以上三个函数常与 IF 函数嵌套使用。例如，对于公司来说销售数量和销售金额同样重要，因此现在需要判断销售数量是否达到 50 个单位或销售金额是否达到 30 万元。那么此时在 G3 单元格输入的公式就变为“＝IF（OR（D3＞＝50，F3＞＝300000),"是","否"）”，如图 3－27 所示。

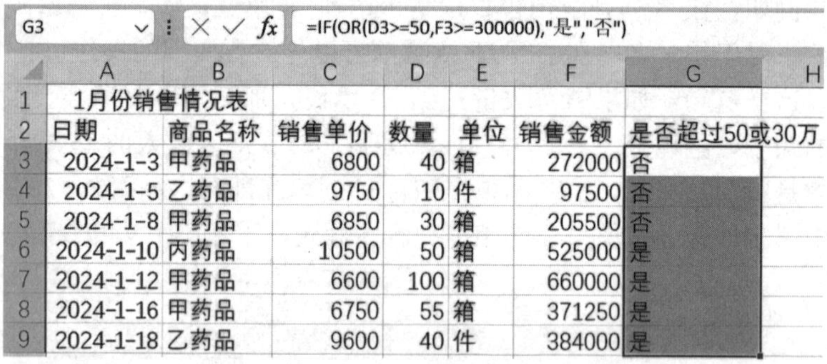
G3 =IF(OR(D3>=50,F3>=300000),"是","否")

	A	B	C	D	E	F	G
1	1月份销售情况表						
2	日期	商品名称	销售单价	数量	单位	销售金额	是否超过50或30万
3	2024-1-3	甲药品	6800	40	箱	272000	否
4	2024-1-5	乙药品	9750	10	件	97500	否
5	2024-1-8	甲药品	6850	30	箱	205500	否
6	2024-1-10	丙药品	10500	50	箱	525000	是
7	2024-1-12	甲药品	6600	100	箱	660000	是
8	2024-1-16	甲药品	6750	55	箱	371250	是
9	2024-1-18	乙药品	9600	40	件	384000	是

图 3－27 IF 函数与 OR 函数嵌套使用

3. IFS 函数

功能：检查是否满足一个或多个条件，且返回符合第一个 TRUE 条件的值。

语法：IFS（logical_test1，value_if_true1，[logical_test2，value_if_true2]，…）

参数：logical_test1（必需）是计算结果为 TRUE 或 FALSE 的条件，也就是分类的标准。value_if_true1（必需）是当 logical_test1 的计算结果为 TRUE 时要返回的结果，若计算结果为 FALSE 则进行第二组条件测试。IFS 函数允许测试最多 127 个不同的条件。但不建议在 IF 或 IFS 语句中嵌套过多条件。这是因为多个条件需要按正确顺序输入，并且可能非常难构建、测试和更新。

例如，公司规定购买药品需要缴纳预付款，预付款预缴比例如表 3－6 所示。

根据公司规定，制作 G 列“预付款”。

表 3 - 6　预付款比例列表

销售金额	预付比例
10 万元以下	100%
10 万元（含）～50 万元（含）	50%
50 万元以上	25%

用 IFS 函数解决这个问题时，需要注意逻辑顺序，可以按照销售金额由小到大编写 IFS 函数，G3 单元格公式为“＝IFS(F3＜100000，F3＊100%，F3＜＝500000，F3＊50%，F3＞500000，F3＊25%）”，如图 3 - 28 所示。

G3　=IFS(F3<100000,F3*100%,F3<=500000,F3*50%,F3>500000,F3*25%)

	A	B	C	D	E	F	G	H
1	1月份销售情况表							
2	日期	商品名称	销售单价	数量	单位	销售金额	预付款	
3	2024-1-3	甲药品	6800	40	箱	272000	136000	
4	2024-1-5	乙药品	9750	10	件	97500	97500	
5	2024-1-8	甲药品	6850	30	箱	205500	102750	
6	2024-1-10	丙药品	10500	50	箱	525000	131250	
7	2024-1-12	甲药品	6600	100	箱	660000	165000	
8	2024-1-16	甲药品	6750	55	箱	371250	185625	
9	2024-1-18	乙药品	9600	40	件	384000	192000	

图 3 - 28　IFS 函数设置预付款

当然，这个问题也可以使用 IF 函数的嵌套解决。初学者可以使用“造句法”编写 IF 函数，此题目可以这样造句：如果销售金额小于 10 万元，那么预付款为“销售金额×100%”；如果销售金额小于等于 50 万元，那么预付款为“销售金额×50%”；否则预付款为“销售金额×25%”。

这里需要注意两点：

(1) 第二个“如果”(IF) 不需要判断销售金额大于等于 10 万元，因为第一个“如果”已经判定了小于 10 万元的情形，能进入第二次“如果”判定的数据相当于不满足第一个“如果”的条件要求，即该数据一定是大于等于 10 万元的。因此，第二层“如果”只需要判断是不是小于等于 50 万元即可。

(2) 50 万元以上的情况不需要再去判断其销售额，因为预付比例只有三种，如果不满足前两种情形，那么一定是第三种情形（即销售金额大于 50 万元）。因此，此题目只需要用两个 IF 函数进行嵌套即可解决。

若读者已经掌握函数嵌套，则可以直接在 G3 单元格的编辑栏书写函数；初学者可以将前面造好的句子翻译成 Excel 语言。因此，G3 单元格的公式为“＝IF(F3＜100000，F3＊100%，IF（F3＜＝500000，F3＊50%，F3＊25%））”，用填充柄填充 G 列即可，如图 3 - 29 所示。在这里，内层的 IF 函数充当了外层 IF 函数的第三个参数，这就是函数的嵌套。

G3 =IF(F3<100000,F3*100%,IF(F3<=500000,F3*50%,F3*25%))

	A	B	C	D	E	F	G
1	1月份销售情况表						
2	日期	商品名称	销售单价	数量	单位	销售金额	预付款
3	2024-1-3	甲药品	6800	40	箱	272000	136000
4	2024-1-5	乙药品	9750	10	件	97500	97500
5	2024-1-8	甲药品	6850	30	箱	205500	102750
6	2024-1-10	丙药品	10500	50	箱	525000	131250
7	2024-1-12	甲药品	6600	100	箱	660000	165000
8	2024-1-16	甲药品	6750	55	箱	371250	185625
9	2024-1-18	乙药品	9600	40	件	384000	192000
10							

图 3-29 利用两个 IF 函数嵌套设置预付款

提示：如何判断出此题目是否需要用 IF 或 IFS 函数解决，IF、IFS 函数在什么情况下使用呢？其实 IF、IFS 函数并不是“如果”，在实践中，IF、IFS 函数都是用来分类的。本题目将预付款分成了三种类型，分类就需要用 IF 或 IFS 函数来解决。分成 N 类，至多使用 $N-1$ 个 IF 函数进行嵌套，用 IFS 函数则需要输入 N 组参数（$2N$ 个参数）。

4. 处理错误值函数

（1）IFNA 函数。

功能：如果公式返回＃N/A 错误值，则 IFNA 函数返回指定的值；否则，它将返回公式的结果。

语法：IFNA（value，value _ if _ na）

在使用查找与引用函数时，例如 VLOOKUP 函数，若未找到结果，VLOOKUP 将返回错误值＃N/A。这时就可以使用 IFNA 函数进行处理，使其显示成空值或其他内容，而不是标准＃N/A 错误值。

（2）IFERROR 函数。

功能：IFERROR 在公式计算结果为错误时返回指定的值；否则，它将返回公式的结果。

语法：IFERROR（value，value _ if _ error）

IFNA 只能处理＃N/A 错误，而 IFERROR 除了可以处理＃N/A 错误以外，还可以处理其他错误。例如，现在需要计算预付款与应付款（销售金额－预付款）的倍数关系，由于应付款中存在为零的情况，在 Excel 中分母为零会出现“＃DIV/0!”错误。因此可以在 I3 单元格输入：“＝IFERROR（G3/H3,"付清" ）”，如图 3-30 所示。

3.3.2 查找与引用函数

1. VLOOKUP 函数

VLOOKUP 函数曾经是 Excel 中使用频率最高的一个查找函数。

功能：在表格或区域中依据首列按行查找项目。

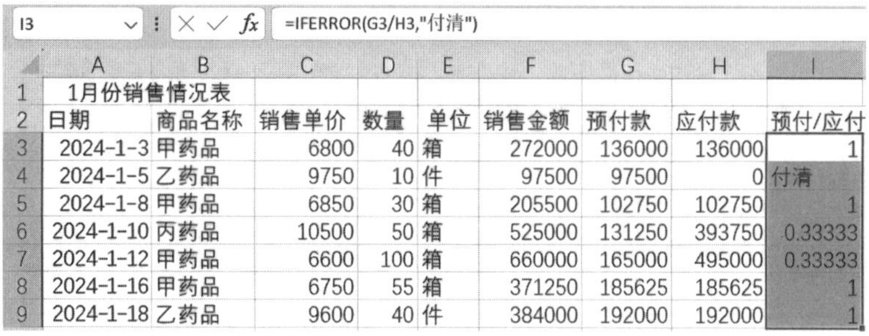

I3　=IFERROR(G3/H3,"付清")

	A	B	C	D	E	F	G	H	I
1	1月份销售情况表								
2	日期	商品名称	销售单价	数量	单位	销售金额	预付款	应付款	预付/应付
3	2024-1-3	甲药品	6800	40	箱	272000	136000	136000	1
4	2024-1-5	乙药品	9750	10	件	97500	97500	0	付清
5	2024-1-8	甲药品	6850	30	箱	205500	102750	102750	1
6	2024-1-10	丙药品	10500	50	箱	525000	131250	393750	0.33333
7	2024-1-12	甲药品	6600	100	箱	660000	165000	495000	0.33333
8	2024-1-16	甲药品	6750	55	箱	371250	185625	185625	1
9	2024-1-18	乙药品	9600	40	件	384000	192000	192000	1

图 3-30　IFERROR 函数的使用

语法：VLOOKUP（lookup_value，table_array，col_index_num，[range_lookup]）

参数：

第一个参数（lookup_value）为要查找的值，也被称为查阅值。

第二个参数（table_array）为查阅值所在的区域。需要注意的是，查阅值应该始终位于所在区域的第一列，这样 VLOOKUP 才能正常工作。例如，如果查阅值位于 C3 单元格内，那么选择的区域应该以 C 列开始，如 C：F。

第三个参数（col_index_num）为区域中包含返回值的列号。例如，如果指定 C：F 作为区域，则应将 C 作为第一列，将 D 作为第二列进行计数，依此类推。如果 col_index_num 小于 1，函数 VLOOKUP 返回错误值#VALUE!；如果 col_index_num 大于 table_array 的列数，函数 VLOOKUP 返回错误值#REF!。

第四个参数（range_lookup）是可选参数。如果需要返回值的近似匹配，可以指定 TRUE；如果需要返回值的精确匹配，则指定 FALSE 或 0。如果没有指定任何内容，默认值将始终为 TRUE 或 1，即近似匹配。需要注意的是 VLOOKUP 函数在进行近似匹配时的查找规则是从第一个（table_array 中第一列第一行）数据开始匹配，没有匹配到相同的值就继续与下一个（table_array 中第一列第二行）数据进行匹配，直到遇到大于查找值的值，此时返回上一个（即上一行）数据。因此，近似匹配时需要对查找值所在列（table_array 中第一列）进行升序排列。

为了方便记忆，可以这样记 VLOOKUP 函数的四个参数：

VLOOKUP（线索，去哪找，要第几列，[是否近似匹配]）

例如，在 F11 单元格查找以 6 600 元单价销售药品的总销售金额是多少。已知的线索（即要查找的值）为 6 600；在 1 月份销售情况表中查找，因为销售单价在 C 列、销售金额在 F 列，即从 C 列开始到 F 列结束，故查找范围是 C3：F9；要得到的是总销售金额 F 列，C 列为第 1 列，则 F 列为第 4 列；由于 C 列数据没有升序排序，不可以近似匹配，只能精确匹配。因此 F11 单元格中的公式为“=VLOOKUP（6600，C3：F9，4，FALSE）”，即可算得结果，如图 3-31 所示。

VLOOKUP 函数的注意事项如下：

(1) 第一个参数内容须在第二个参数的第一列（最左列），如果第二个参数中线索在结果的右边，则 VLOOKUP 函数无法直接进行查找。

F11 =VLOOKUP(6600,C3:F9,4,FALSE)

	A	B	C	D	E	F
1	1月份销售情况表					
2	日期	商品名称	销售单价	数量	单位	销售金额
3	2024-1-3	甲药品	6800	40	箱	272000
4	2024-1-5	乙药品	9750	10	件	97500
5	2024-1-8	甲药品	6850	30	箱	205500
6	2024-1-10	丙药品	10500	50	箱	525000
7	2024-1-12	甲药品	6600	100	箱	660000
8	2024-1-16	甲药品	6750	55	箱	371250
9	2024-1-18	乙药品	9600	40	件	384000
10						
11		以6600单价销售的总金额为:				660000

图 3-31 VLOOKUP 函数查找以单价 6 600 元销售药品的总销售金额

（2）精确匹配时，有多个结果，取排序靠前（上）的；近似匹配时，有多个结果，取排序靠后（下）的；近似匹配时，table _ array 需要根据“线索”所在列进行升序排序；近似匹配时，若 table _ array 的第一列没有“线索”，则返回在比查找值小的范围内匹配与之最接近的值（向上匹配）。

（3）lookup _ value 与 table _ array 第一列单元格格式不可以一个是文本格式数字，另一个是非文本格式数字。

2. XLOOKUP 函数（Excel 2021 新增）

功能：在区域或数组中搜索并返回与它找到的第一个匹配项对应的项。

语法：XLOOKUP（lookup _ value，lookup _ array，return _ array，[if _ not _ found]，[match _ mode]，[search _ mode]）

参数：

前两个参数与 VLOOKUP 函数前两个参数类似，都是必需参数。

第三个必需参数（return _ array）为要返回的数组或区域，与 VLOOKUP 函数不同，并不是输入列数，而是直接选择需要返回的那一列。

第四个参数（if _ not _ found）为可选参数，如果未找到有效的匹配项，则返回所提供的 [if _ not _ found] 文本，否则返回＃N/A 错误，相当于省去了在函数外嵌套 IFNA 函数。

第五个参数（match _ mode）为可选参数，指定匹配类型：“0”是默认选项，表示如果未找到，则返回＃N/A；“－1”表示如果没有找到，则返回下一个较小的项；“1”表示如果没有找到，则返回下一个较大的项；“2”为通配符匹配，其中“＊”“?”“～”有特殊含义，如表 3-7 所示。前三种匹配类型都是“精确匹配”，也就是说不需要对第二个参数（lookup _ array）所在区域进行排序也可以进行匹配。

第六个参数（search _ mode）为可选参数，指定要使用的搜索模式：“1”表示从第一项开始执行搜索，这是默认选项；“－1”表示从最后一项开始执行反向搜索；“2”表示执行依赖于 lookup _ array 按升序排序的二进制搜索；“－2”表示执行依赖于 lookup _ array 按降序排序的二进制搜索。前两种情况如果未排序，将返回无效结果。

表 3-7　通配符的用法

符号	用途	举例
?（问号）	任何单字符	"? 江省"可以找到"浙江省"
*（星号）	任意数量的字符	"*江省"可以找到"浙江省"和"黑龙江省"
～（波形符）后跟?、*或～	解除字符的通配性	"在吗～?"找到"在吗?"

XLOOKUP 函数的出现，解决了很多 VLOOKUP 函数无法解决的问题。例如，现在需要找到销售金额不足 10 万元但接近 10 万元的药品销售单价是多少。使用 XLOOKUP 函数的公式为"=XLOOKUP（100000，F3：F9，C3：C9，，－1）"，如图 3-32 所示。注意：由于此问题不涉及第四个参数，所以用连续两个逗号隔过第四个参数。

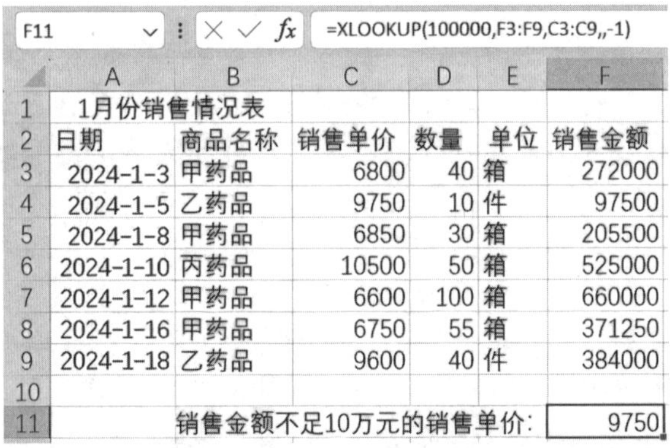
F11　=XLOOKUP(100000,F3:F9,C3:C9,,-1)

	A	B	C	D	E	F
1	1月份销售情况表					
2	日期	商品名称	销售单价	数量	单位	销售金额
3	2024-1-3	甲药品	6800	40	箱	272000
4	2024-1-5	乙药品	9750	10	件	97500
5	2024-1-8	甲药品	6850	30	箱	205500
6	2024-1-10	丙药品	10500	50	箱	525000
7	2024-1-12	甲药品	6600	100	箱	660000
8	2024-1-16	甲药品	6750	55	箱	371250
9	2024-1-18	乙药品	9600	40	件	384000
10						
11		销售金额不足10万元的销售单价:				9750

图 3-32　销售金额不足 10 万元的药品销售单价

这个问题只用 VLOOKUP 函数是解决不了的。第一，线索在 F 列，结果在 C 列，也就是线索在结果的右边，VLOOKUP 函数第二个参数无法正常选取。第二，F 列数据没有升序排序，VLOOKUP 函数匹配小于查找值时，线索列需要升序排序，而 XLOOKUP 不需要排序也可以匹配小于查找值的数据。

3. FILTER 函数（Excel 2021 新增）

功能：基于定义的条件筛选一系列数据。

语法：FILTER（array，include，[if_empty]）

参数：

第一个参数（array）为必需参数，表示要筛选的数组或区域。

第二个参数（include）为必需参数，布尔值（True/False）数组，其高度或宽度与第一个参数相同。

第三个参数（if_empty）为可选参数，表示所含数组中的所有值都为空（筛选器不返回任何内容）时返回的值。

例如，现在要对已经记录的所有甲药品的销售信息单独显示，可以在 I3 单元格输入“=FILTER（B3：F9，B3：B9="甲药品"）”，甲药品的销售单价、数量等信息就会直接展示在新的表格区域，如图 3－33 所示。

I3 =FILTER(B3:F9,B3:B9="甲药品")

	A	B	C	D	E	F	G	H	I	J	K	L	M
1	1月份销售情况表												
2	日期	商品名称	销售单价	数量	单位	销售金额	预付款		商品名称	销售单价	数量	单位	销售金额
3	2024-1-3	甲药品	6800	40	箱	272000	136000		甲药品	6800	40	箱	272000
4	2024-1-5	乙药品	9750	10	件	97500	97500		甲药品	6850	30	箱	205500
5	2024-1-8	甲药品	6850	30	箱	205500	102750		甲药品	6600	100	箱	660000
6	2024-1-10	丙药品	10500	50	箱	525000	131250		甲药品	6750	55	箱	371250
7	2024-1-12	甲药品	6600	100	箱	660000	165000						
8	2024-1-16	甲药品	6750	55	箱	371250	185625						
9	2024-1-18	乙药品	9600	40	件	384000	192000						

图 3－33 FILTER 函数的应用

知识链接 **何谓数组？**

所谓数组，是指有序的元素序列。简单来说就是一组数。

在 Excel 参数中，数组有两种表示方法：单元格区域、利用数组符号表示。一个单元格或一个数字也是一个数组，即单元素数组；单行数据或者单列数据，是一维数组；多行多列数据是多维数组。

数组符号的表示数组：用花括号{}括在一起，用逗号（,）或分号（;）连接一组数。数组中，逗号表示分列，分号表示换行。如{1，2，3；4，5，6}，表示 2 行 3 列（2×3）的数组。1 后面跟的逗号（,）表示 2 在 1 的右侧列；3 后面跟的分号（;）表示 4 在下一行。因此{1，2，3；4，5，6}其实相当于一个 2×3 的表格区域，如下所示。

1	2	3
4	5	6

若要公式的计算结果输出数组，书写完公式后，按“Shift+Ctrl+Enter”键生成数组公式。

知识链接 **何谓布尔值数组？**

所谓布尔值数组其实就是设置一个 True、False（或 1、0）组成的数组，简单说就是由 True 和 False 组成的一组数据。在图 3－33 的示例中，若第二个参数只选择 B3：B9 都是药品的名称，也就是由汉字组成的一组数据，不符合要求；写成了“B3：B9="甲药品"”以后，就变成了{TRUE；FALSE；TRUE；FALSE；TRUE；TRUE；FALSE}的数组，这就是布尔值数组。

4. MATCH 函数

功能：在单元格区域中搜索特定的项，然后返回该项在此区域中的相对位置（第几行或第几列）。

语法：MATCH（lookup _ value，lookup _ array，[match _ type]）

参数：

第一个参数（lookup _ value）为必需参数。表示要在 lookup _ array 中匹配的值。该参数可以为值（数字、文本或逻辑值）或对数字、文本或逻辑值的单元格引用。

第二个参数（lookup _ array）为必需参数。表示要搜索的单元格区域。

第三个参数（match _ type）为可选参数。数字－1、0 或 1 的指代行为如表 3－8 所示。第三个参数指定 Excel 如何将第一个参数与第二个参数中的值进行匹配。此参数的默认值为 1。

表 3－8 match _ type 参数内容及指代行为

参数内容	指代行为
1 或省略	MATCH 查找小于或等于 lookup _ value 的最大值。lookup _ array 参数中的值必须以升序排序。（相当于 VLOOKUP 函数中近似匹配，向“上”匹配，找小的）
0	MATCH 查找完全等于 lookup _ value 的第一个值。lookup _ array 参数中的值可按任何顺序排列。（相当于精确匹配）
－1	MATCH 查找大于或等于 lookup _ value 的最小值。lookup _ array 参数中的值必须按降序排列。（相当于近似匹配，向“上”匹配，找大的）

为了方便记忆，可以这样记 MATCH 函数的三个参数：

MATCH（找什么<唯一>，去哪找<某一行或某一列>，[是否近似匹配]）

MATCH 函数其实是为了找出 lookup _ value 在 lookup _ array 中的位置，因此返回的是一个数字。例如，找出 1 月份一次性销售 100 箱药品是本月的第几次销售。已知的要查找的值为 100 箱；销售数量在 D 列；由于 D 列并没有升序或降序排列，因此要精确匹配，即第三个参数为 0。则在 F11 单元格输入的公式为“＝MATCH（100，D3：D9，0）”，如图 3－34 所示。算得的结果“5”其实是表示：100 在 D3：D9 的第 5 行。

注意：MATCH 函数的第二个参数只能是单行或单列，不能是多行或多列的引用区域。其他注意事项与 VLOOKUP 函数相似。

5. INDEX 函数

INDEX 函数有两种用法：如果想要返回指定单元格区域或数组的值，参阅数组形式；如果想要返回对指定单元格的引用，参阅引用形式。

（1）数组形式。

功能：返回单元格区域或数组中值的引用。

F11 =MATCH(100,D3:D9,0)

	A	B	C	D	E	F
1	1月份销售情况表					
2	日期	商品名称	销售单价	数量	单位	销售金额
3	2024-1-3	甲药品	6800	40	箱	272000
4	2024-1-5	乙药品	9750	10	件	97500
5	2024-1-8	甲药品	6850	30	箱	205500
6	2024-1-10	丙药品	10500	50	箱	525000
7	2024-1-12	甲药品	6600	100	箱	660000
8	2024-1-16	甲药品	6750	55	箱	371250
9	2024-1-18	乙药品	9600	40	件	384000
10						
11	一次性销售100箱是本月的第几次销售:					5

图 3-34　找出 1 月份一次性销售 100 箱药品是本月的第几次销售

语法：INDEX（array，row _ num，[column _ num]）

参数：

第一个参数（array）为必需参数。表示单元格区域或数组常量。

第二个参数（row _ num）为必需参数。选择数组中的某行，函数从该行返回数值。如果省略 row _ num，则 column _ num 为必需参数。

第三个参数（column _ num）为可选参数。选择数组中的某列，函数从该列返回数值。如果省略 column _ num，则 row _ num 为必需参数。

如果数组只包含一行或一列，则相应的 row _ num 或 column _ num 参数是可选的。如果数组具有多行和多列，并且仅使用 row _ num 或 column _ num，则 INDEX 函数返回数组中整个行或列的数组。

例如，在 H3 单元格输入公式"＝INDEX（B2：D9，5，1）"，表示在 B2：D9 单元格区域中，引用第 5 行、第 1 列，即"丙药品"，如图 3-35 所示。

H3 =INDEX(B2:D9,5,1)

	A	B	C	D	E	F	G	H
1	1月份销售情况表							
2	日期	商品名称	销售单价	数量	单位	销售金额	预付款	
3	2024-1-3	甲药品	6800	40	箱	272000	136000	丙药品
4	2024-1-5	乙药品	9750	10	件	97500	97500	
5	2024-1-8	甲药品	6850	30	箱	205500	102750	
6	2024-1-10	丙药品	10500	50	箱	525000	131250	
7	2024-1-12	甲药品	6600	100	箱	660000	165000	
8	2024-1-16	甲药品	6750	55	箱	371250	185625	
9	2024-1-18	乙药品	9600	40	件	384000	192000	

图 3-35　INDEX 函数数组形式

（2）引用形式。

功能：返回指定的行与列交叉处的单元格引用。如果引用由非相邻的选项组成，则可以选择要查找的选择内容。

语法：INDEX（reference，row _ num，[column _ num]，[area _ num]）

参数：

第一个参数（reference）为必需参数。表示对一个或多个单元格区域的引用。

第二个参数（row _ num）为必需参数。表示引用中某行的行号，函数从该行返回一个引用。

第三个参数（column _ num）为可选参数。表示引用中某列的列标，函数从该列返回一个引用。如果要为引用输入非相邻区域，应将引用括在括号中。如果引用中的每个区域仅包含一行或一列，则 row _ num 或 column _ num 参数分别是可选的。例如，对于单行的引用，可以使用函数 INDEX（reference，，column _ num）。

第四个参数（area _ num）为可选参数。选择一个引用区域，从该区域中返回 row _ num 和 column _ num 的交集。选择或输入的第一个区域的编号为 1，第二个区域为 2，依此类推。如果省略 area _ num，则 INDEX 函数使用区域 1。此处列出的区域必须位于同一个工作表中。如果指定的区域不在同一个工作表中，将导致 #VALUE! 错误。

例如，在 H4 单元格输入公式“=INDEX（(A2：B6，C5：F9)，3，2，2）”。它表示在 A2：B6 与 C5：F9 两个区域中，引用第 2 个区域（第四个参数）的第 3 行（第二个参数）第 2 列（第三个参数），即 D7 单元格的 100，如图 3-36 所示。

H4 =INDEX((A2:B6,C5:F9),3,2,2)

	A	B	C	D	E	F	G	H
1	1月份销售情况表							
2	日期	商品名称	销售单价	数量	单位	销售金额	预付款	
3	2024-1-3	甲药品	6800	40	箱	272000	136000	丙药品
4	2024-1-5	乙药品	9750	10	件	97500	97500	100
5	2024-1-8	甲药品	6850	30	箱	205500	102750	
6	2024-1-10	丙药品	10500	50	箱	525000	131250	
7	2024-1-12	甲药品	6600	100	箱	660000	165000	
8	2024-1-16	甲药品	6750	55	箱	371250	185625	
9	2024-1-18	乙药品	9600	40	件	384000	192000	

图 3-36 INDEX 函数引用形式

为了方便记忆，可以这样记 INDEX 函数的参数：

INDEX（数组，行，[列]）；INDEX（区域，行，[列]，[第几区]）

注意：数组是多行多列时，[列] 参数是必需参数。引用区域时，可以是单一区域，也可以是多区域。多区域时，激活第四个可选参数。多区域引用时，第一个参数用括号括起来，不同区域用逗号分开。

在实际使用中，INDEX 函数常常和 MATCH 函数搭配使用，MATCH 函数一般会充当 INDEX 函数的第二个或第三个参数，从而实现根据线索进行查找的效果。例如，前面图 3-31 的例子，在 F11 单元格查找以单价 6 600 元销售药品的总销售金额是多少。可以先用 MATCH 函数确定销售单价 6 600 元在 C3：C9 中是第几行，并以 MATCH 函数充当 INDEX 函数的第二个参数（row _ num），找出 F3：F9 中单价 6 600 元对应的销售金额，故 F11 单元格的公式为“=INDEX（F3：F9，MATCH（6600，C3：C9，0））”，如图 3-37 所示。

F11 =INDEX(F3:F9,MATCH(6600,C3:C9,0))

	A	B	C	D	E	F
1	1月份销售情况表					
2	日期	商品名称	销售单价	数量	单位	销售金额
3	2024-1-3	甲药品	6800	40	箱	272000
4	2024-1-5	乙药品	9750	10	件	97500
5	2024-1-8	甲药品	6850	30	箱	205500
6	2024-1-10	丙药品	10500	50	箱	525000
7	2024-1-12	甲药品	6600	100	箱	660000
8	2024-1-16	甲药品	6750	55	箱	371250
9	2024-1-18	乙药品	9600	40	件	384000
10						
11		以6600单价销售的总金额为:				660000

图 3-37 INDEX+MATCH 函数查找以单价 6 600 元销售药品的总销售金额

6. OFFSET 函数

功能：返回对单元格或单元格区域中指定行数和列数的区域的引用。返回的引用可以是单个单元格或单元格区域。可以指定要返回的行数和列数。

语法：OFFSET（reference，rows，cols，[height]，[width]）

参数：

第一个参数（reference）为必需参数。表示要作为偏移基准的参照。必须引用单元格或相邻单元格区域，否则，将返回#VALUE!。

第二个参数（rows）为必需参数。表示函数返回值的左上角单元格引用的向上或向下行数。rows 可为正数（这意味着在起始引用的下方）或负数（这意味着在起始引用的上方）。

第三个参数（cols）为必需参数。表示函数返回值的左上角单元格引用的从左到右的列数。cols 可为正数（这意味着在起始引用的右侧）或负数（这意味着在起始引用的左侧）。

第四个参数（height）为可选参数。表示需要返回的引用的行高。height 必须为正数。

第五个参数（width）为可选参数。表示需要返回的引用的列宽。width 必须为正数。

例如，在 H5 单元格输入公式"=OFFSET（A2，4，3，2，1）"，第四个参数和第五个参数表示的是 2 行 1 列的数组，即输出数据为数组，因此需要使用"Shift+Ctrl+Enter"键生成数组公式，公式显示为"{=OFFSET（A2，4，3，2，1）}"，如图 3-38 所示。注意，{} 不要使用键盘输入，否则 Excel 会认为输入的是一个文本，公式将无法运算。该数组公式表示的是以 A2 单元格为起点，向下偏移 4 行，向右偏移 3 列，引用 2 行 1 列（2×1）的数组，即 D6 和 D7 单元格的{50；100}。

Excel 从 2019 版开始引入了一个非常强大的功能——溢出（spill）功能，它允许公式自动填充到相邻的单元格中，而无须手动拖动或复制公式，也无须使用数组

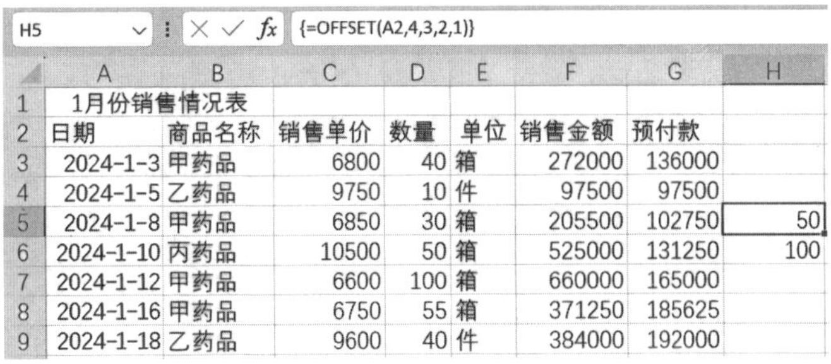

H5　{=OFFSET(A2,4,3,2,1)}

	A	B	C	D	E	F	G	H
1	1月份销售情况表							
2	日期	商品名称	销售单价	数量	单位	销售金额	预付款	
3	2024-1-3	甲药品	6800	40	箱	272000	136000	
4	2024-1-5	乙药品	9750	10	件	97500	97500	
5	2024-1-8	甲药品	6850	30	箱	205500	102750	50
6	2024-1-10	丙药品	10500	50	箱	525000	131250	100
7	2024-1-12	甲药品	6600	100	箱	660000	165000	
8	2024-1-16	甲药品	6750	55	箱	371250	185625	
9	2024-1-18	乙药品	9600	40	件	384000	192000	

图 3－38　H5 单元格输入数组公式

公式。也就是说，在 H5 单元格即使不用数组公式也可以得到相同的结果，相当于在 H5 单元格输入的公式，计算结果溢出到了 H6 单元格中，Excel 会用浅蓝色边框指示公式的“填充范围”，如图 3－39 所示。

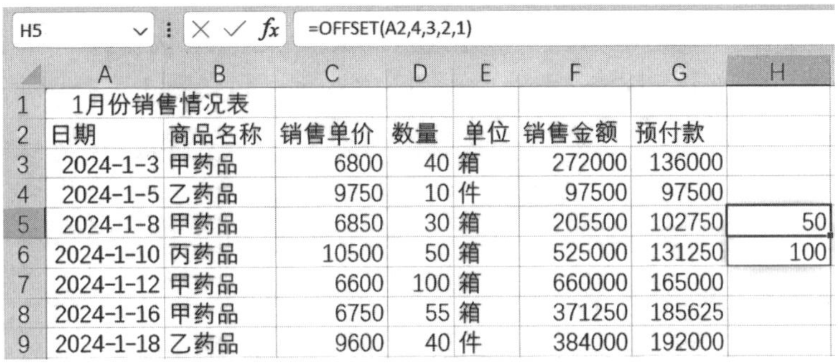

H5　=OFFSET(A2,4,3,2,1)

	A	B	C	D	E	F	G	H
1	1月份销售情况表							
2	日期	商品名称	销售单价	数量	单位	销售金额	预付款	
3	2024-1-3	甲药品	6800	40	箱	272000	136000	
4	2024-1-5	乙药品	9750	10	件	97500	97500	
5	2024-1-8	甲药品	6850	30	箱	205500	102750	50
6	2024-1-10	丙药品	10500	50	箱	525000	131250	100
7	2024-1-12	甲药品	6600	100	箱	660000	165000	
8	2024-1-16	甲药品	6750	55	箱	371250	185625	
9	2024-1-18	乙药品	9600	40	件	384000	192000	

图 3－39　H5 单元格输入公式后溢出效果

为了方便记忆，可以这样记 OFFSET 函数的参数：

OFFSET（起始引用范围，偏几行，偏几列，[要几行]，[要几列]）

注意：偏几行，正数表示下移，负数表示上移；偏几列，正数表示右移，负数表示左移。若不为整数，则只取整数部分，如 3.9 行取值为 3 行。第四、五两个参数若有，表示以偏移后的位置为起点（左上角），取几行，取几列。

3.3.3　数学和三角函数

1. SUM 函数

功能：SUM 函数用于计算单个或多个参数之和。

语法：SUM（number1，number2，…）

参数：number1，number2，…为 1～255 个需要求和的参数。

在使用 SUM 函数时，可以将单个值、单元格引用或区域相加，或者将三者的组合相加。如果参数为错误值或为不能转换成数字的文本，将会导致错误。如果参数是单元格的引用，那么引用的空白单元格、逻辑值、文本和错误值将被忽略。

SUM 函数的调用方法有三种。

方法一：选中需要求和的单元格，在编辑栏中输入“=SUM（”，选中需要求和的区域作为参数即可，如图 3-40 所示。

图 3-40 编辑栏输入 SUM 函数

方法二：选中需要求和的单元格以及求和区域，例如选中 D3：D10，在功能区“开始”选项卡下选择“Σ 自动求和”命令即可，如图 3-41 所示。

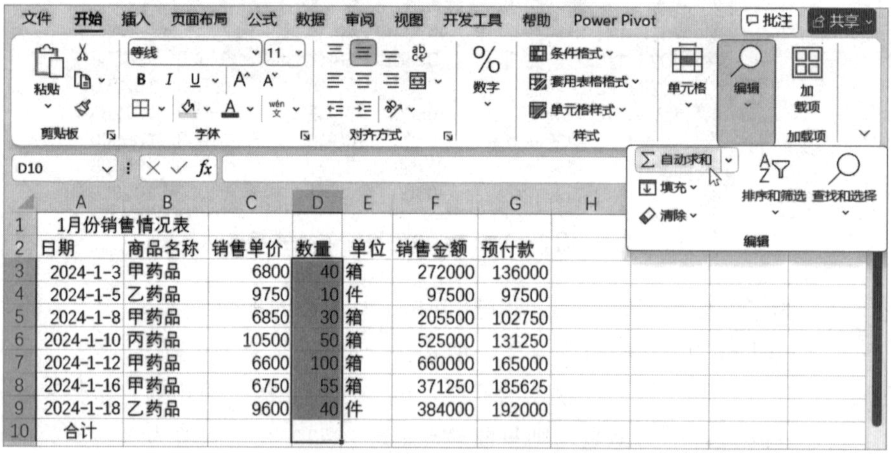

图 3-41 “开始” | “Σ 自动求和”

方法三：选中需要求和的单元格以及求和区域，例如选中 D3：D10，按下快捷键“Alt+‘=’”即可。

2. SUMIF 函数

功能：根据指定条件对若干单元格求和。

语法：SUMIF（range，criteria，[sum_range]）

参数：

第一个参数（range）为必需参数。表示要按条件查找的单元格区域。

第二个参数（criteria）为必需参数。定义哪些单元格将被求和的数字、表达式、单元格引用，文本或函数形式的条件可以包含通配符字符。

注意：任何文本条件或任何含有逻辑或数学符号的条件都必须使用英文状态下

的双引号（" "）圈起来。如果条件为数字，则无须使用双引号。例如，条件可以表示为 32、">32"、B5、"3?"、"苹果"、"＊～?" 等。

第三个参数（sum _ range）为可选参数。表示要求和的实际单元格（如果要添加的单元格不是 range 参数指定的单元格）。如果省略了 sum _ range 参数，则 Excel 将对第一个参数（range）指定的单元格（条件查找的单元格区域）求和。

例如，要求甲药品的销售数量。求和的条件是“甲药品”；查询是否满足条件的区域是商品名称，即 B3：B9；求和的区域是数量，即 D3：D9。那么可以在 D11 单元格输入“＝SUMIF（B3：B9,"甲药品"，D3：D9）”，即可得到结果，如图 3－42 所示。

D11 =SUMIF(B3:B9,"甲药品",D3:D9)

	A	B	C	D	E	F
1	1月份销售情况表					
2	日期	商品名称	销售单价	数量	单位	销售金额
3	2024-1-3	甲药品	6800	40	箱	272000
4	2024-1-5	乙药品	9750	10	件	97500
5	2024-1-8	甲药品	6850	30	箱	205500
6	2024-1-10	丙药品	10500	50	箱	525000
7	2024-1-12	甲药品	6600	100	箱	660000
8	2024-1-16	甲药品	6750	55	箱	371250
9	2024-1-18	乙药品	9600	40	件	384000
10						
11		甲药品销售总数量:		225		

图 3－42 求甲药品销售总数量

3. SUMIFS 函数

功能：根据多个条件（至少一个条件）对若干单元格求和。

语法：SUMIFS（sum _ range，criteria _ range1，criteria1，[criteria _ range2，criteria2]，…）

参数：

第一个参数（sum _ range）为必需参数。表示要求和的单元格区域。每个区域中的单元格需为数字才能参与求和，空白单元格和文本值将被忽略。

第二个参数（criteria _ range1）为必需参数。表示使用 criteria1 查找的区域。criteria _ range1 与 criteria1 设置的特定条件进行搜索、匹配。一旦在该区域中找到满足条件的单元格，将计算相对应的 sum _ range 值的和。

第三个参数（criteria1）为必需参数。表示匹配 criteria _ range1 中需要符合的条件。

其他参数（criteria _ range2，criteria2，…）为可选参数。表示附加的条件区域及其关联条件。最多可以输入 127 对区域、条件。

例如，要求甲药品销售数量超过 50 箱的销售总额。求和区域是销售金额，即 F3：F9；条件判断的第一个区域是商品名称，即 B3：B9；第一个条件是“甲药品”；条件判断的第二个区域是数量，即 D3：D9；第二个条件是数量大于 50，即

“>50”。因此，F12 单元格输入的公式为“＝SUMIFS（F3：F9，B3：B9，"甲药品"，D3：D9，">50" ）”，计算结果如图 3－43 所示。

F12 =SUMIFS(F3:F9,B3:B9,"甲药品",D3:D9,">50")

	A	B	C	D	E	F	G
1	1月份销售情况表						
2	日期	商品名称	销售单价	数量	单位	销售金额	预付款
3	2024-1-3	甲药品	6800	40	箱	272000	136000
4	2024-1-5	乙药品	9750	10	件	97500	97500
5	2024-1-8	甲药品	6850	30	箱	205500	102750
6	2024-1-10	丙药品	10500	50	箱	525000	131250
7	2024-1-12	甲药品	6600	100	箱	660000	165000
8	2024-1-16	甲药品	6750	55	箱	371250	185625
9	2024-1-18	乙药品	9600	40	件	384000	192000
10							
11		甲药品销售总数量:		225			
12	甲药品销售数量超过50箱的销售总额:					1031250	

图 3－43　求甲药品销售数量超过 50 箱的销售总额

注意：SUMIFS 函数和 SUMIF 函数的 sum _ range 参数位置是不同的，在使用时小心不要用错。SUMIFS 函数 sum _ range 参数是第一个参数，而且是必需参数；SUMIF 函数 sum _ range 参数是最后一个参数，是可选参数。

4. ROUND 函数

功能：将数字四舍五入到指定的位数。

语法：ROUND（number，num _ digits）

参数：

第一个参数（number）为必需参数。表示要四舍五入的数字或单元格引用。

第二个参数（num _ digits）为必需参数。表示要进行四舍五入运算的位数。

如果 num _ digits 大于 0，则将数字四舍五入到指定的小数位数。

如果 num _ digits 等于 0，则将数字四舍五入到整数。

如果 num _ digits 小于 0，则将数字四舍五入到小数点左边的相应位数。

ROUND 函数示例如表 3－9 所示。

表 3－9　ROUND 函数示例

公式	说明	结果
＝ROUND（6.149，1）	将 6.149 四舍五入到一个小数位	6.1
＝ROUND（737.5，－3）	将 737.5 四舍五入为 1 000 的倍数	1 000
＝ROUND（1.58，0）	将 1.58 四舍五入为整数	2
＝ROUND（－62.4，－2）	将 －62.4 四舍五入为 100 的倍数	－100

其实，利用单元格式也可以对数字进行四舍五入，为什么要用 ROUND 函数呢？例如，在 B2：B3 单元格输入数据｛1.2；1.3｝，并对 B 列设置小数位数为零，此时在 B4 单元格求和，得到的结果会是 3，即 1＋1＝3。这显然是不能接受的，如

果用 ROUND 函数先进行四舍五入，求和后的结果才会正确，如图 3－40 所示。为什么会出现 B4 单元格的错误呢？尽管 B2 单元格和 B3 单元格看起来是两个数字 1，但实际是 1.2 和 1.3，B4 在求和的时候计算的是 1.2＋1.3＝2.5，四舍五入后 2.5 成了 3，也就出现了图 3－44 的离谱错误。

	A	B	C
1	类型	格式设置	ROUND运算
2	甲	1.2	=ROUND(B2,0)
3	乙	1.3	=ROUND(B3,0)
4	合计	=SUM(B2:B3)	=SUM(C2:C3)

	A	B	C
1	类型	格式设置	ROUND运算
2	甲	1	1
3	乙	1	1
4	合计	3	2

图 3－44　设置单元格格式与用 ROUND 函数计算的区别

注意：当单元格内的数据还要参与其他运算的时候，不可以用设置单元格格式的方法进行四舍五入，而要用 ROUND 函数运算。

3.3.4　统计函数

1. MAXIFS 和 MINIFS 函数

功能：返回一组给定条件或标准指定的单元格中的最大（小）值。

语法：MAXIFS（max _ range，criteria _ range1，criteria1，[criteria _ range2，criteria2]，…）

MINIFS（min _ range，criteria _ range1，criteria1，[criteria _ range2，criteria2]，…）

参数：

第一个参数为必需参数，表示最大（小）值数据单元格区域。

第二个参数为必需参数，与 SUMIFS 函数第二个参数相同，即使用 criteria1 查找的区域。

第三个参数为必需参数，与 SUMIFS 函数第三个参数相同，即匹配 criteria _ range1 中需要符合的条件。

其他参数是可选参数，同 SUMIFS 函数。

例如，要求 1 月份甲药品最低销售数量，在 D11 单元格输入“＝MINIFS（D3：D9，B3：B9,"甲药品"）”，如图 3－45 所示。

D11　=MINIFS(D3:D9,B3:B9,"甲药品")

	A	B	C	D	E	F
1	1月份销售情况表					
2	日期	商品名称	销售单价	数量	单位	销售金额
3	2024-1-3	甲药品	6800	40	箱	272000
4	2024-1-5	乙药品	9750	10	件	97500
5	2024-1-8	甲药品	6850	30	箱	205500
6	2024-1-10	丙药品	10500	50	箱	525000
7	2024-1-12	甲药品	6600	100	箱	660000
8	2024-1-16	甲药品	6750	55	箱	371250
9	2024-1-18	乙药品	9600	40	件	384000
10						
11		甲药品最低销售数量:		30		

图 3－45　求甲药品最低销售数量

2. COUNT 函数

功能：计算包含数字的单元格个数以及参数列表中数字的个数。

语法：COUNT（value1，[value2]，…）

参数：

第一个参数（value1）为必需参数。要计算其中数字的个数的第一项、单元格引用或区域。

其他参数（value2，…）为可选参数。要计算其中数字的个数的其他项、单元格引用或区域，最多可包含 255 个参数。

例如，统计公司 1 月份销售了几笔，可以在 D10 单元格输入"=COUNT（D3：D9）"，得出 1 月份有 7 笔销售业务，如图 3-46 所示。

D10 =COUNT(D3:D9)

	A	B	C	D	E
1	1月份销售情况表				
2	日期	商品名称	销售单价	数量	单位
3	2024-1-3	甲药品	6800	40	箱
4	2024-1-5	乙药品	9750	10	件
5	2024-1-8	甲药品	6850	30	箱
6	2024-1-10	丙药品	10500	50	箱
7	2024-1-12	甲药品	6600	100	箱
8	2024-1-16	甲药品	6750	55	箱
9	2024-1-18	乙药品	9600	40	件
10			销售单数:	7	

图 3-46　COUNT 函数的使用

COUNT 函数在计数时，会把数字、逻辑值、日期或者代表数字的文本（例如，用引号引起的数字，如"1"）计算在内，错误值或其他无法转化成数字的文字则被忽略。

如果参数是一个数组或引用，那么只统计数组或引用中的数字；数组或引用中的空单元格、逻辑值、文字或错误值都将忽略。如果要统计逻辑值、文字或错误值，需要使用 COUNTA 函数。

3. COUNTA 函数

功能：计算范围中非空的单元格的个数。

语法：COUNTA（value1，[value2]，…）

参数：

第一个参数（value1）为必需函数。表示要计数的值的第一个参数。

其他参数（value2，…）为可选函数。表示要计数的值的其他参数，最多可包含 255 个参数。

COUNTA 函数计算包含任何类型信息（包括错误值和空文本（" "））的单元格。例如，如果区域中包含的公式返回空字符串，需使用 COUNTA 函数计算该值。COUNTA 函数不会对空单元格进行计数。

如果不需要对逻辑值、文本或错误值进行计数（换句话说，只对包含数字的单元格进行计数），则使用 COUNT 函数。

4. COUNTBLANK 函数

功能：计算单元格区域中的空单元格的数量。

语法：COUNTBLANK（range）

参数：range 为必需参数。需要计算其中空白单元格区域的个数。

COUNTBLANK 函数计数范围除空白单元格外，还包含返回" "（空文本）的公式的单元格。包含零值的单元格不计算在内。

5. COUNTIF 函数

功能：统计满足某个条件的单元格的数量。

语法：COUNTIF（range，criteria）

参数：

第一个参数（range）为必需参数。表示要按条件查找的单元格区域。

第二个参数（criteria）为必需参数。定义单元格将被计数的数字、表达式、单元格引用、文本或函数形式的条件。注意事项参考 SUMIF 函数 criteria 参数。

例如，统计甲药品 1 月份销售单数。计数的条件是“甲药品”；查找的区域是“商品名称”列，即 B3：B9。故 D11 单元格填写的公式为“＝COUNTIF（B3：B9,"甲药品"）”，如图 3－47 所示。

D11　fx　=COUNTIF(B3:B9,"甲药品")

	A	B	C	D	E	F
1	1月份销售情况表					
2	日期	商品名称	销售单价	数量	单位	销售金额
3	2024-1-3	甲药品	6800	40	箱	272000
4	2024-1-5	乙药品	9750	10	件	97500
5	2024-1-8	甲药品	6850	30	箱	205500
6	2024-1-10	丙药品	10500	50	箱	525000
7	2024-1-12	甲药品	6600	100	箱	660000
8	2024-1-16	甲药品	6750	55	箱	371250
9	2024-1-18	乙药品	9600	40	件	384000
10			销售单数:	7		
11			甲药品销售单数:	4		

图 3－47　统计甲药品 1 月份销售单数

6. COUNTIFS 函数

功能：统计满足多个条件的单元格的数量。

语法：COUNTIFS（criteria_range1，criteria1，[criteria_range2，criteria2]，…）

参数：

第一个参数（criteria _ range1）为必需参数。表示使用 criteria1 查找的区域。

第二个参数（criteria1）为必需参数。表示匹配 criteria _ range1 中需要符合的条件。

其他参数（criteria _ range2，criteria2，…）为可选参数。表示附加的区域及其关联条件。最多允许输入 127 对区域、条件。

注意：每一个附加的区域都必须与参数 criteria _ range1 具有相同的行数和列数。比如 criteria _ range1 为 10 行 1 列，附加的 criteria _ range2 也必须为 10 行 1 列。这些区域无须彼此相邻。

例如，统计 1 月份甲药品销售数量超过 50 箱的单数。计数的条件 1 是“甲药品”；查找的区域 1 是“商品名称”列，即 B3：B9；计数的条件 2 是超过 50 箱，即“>50”；查找的区域 2 是“数量”列，即 D3：D9。此时，D12 单元格的公式为“=COUNTIFS（B3：B9,"甲药品"，D3：D9,">50" ）”，如图 3 - 48 所示。

D12 　=COUNTIFS(B3:B9,"甲药品",D3:D9,">50")

	A	B	C	D	E	F	G
1	1月份销售情况表						
2	日期	商品名称	销售单价	数量	单位	销售金额	预付款
3	2024-1-3	甲药品	6800	40	箱	272000	136000
4	2024-1-5	乙药品	9750	10	件	97500	97500
5	2024-1-8	甲药品	6850	30	箱	205500	102750
6	2024-1-10	丙药品	10500	50	箱	525000	131250
7	2024-1-12	甲药品	6600	100	箱	660000	165000
8	2024-1-16	甲药品	6750	55	箱	371250	185625
9	2024-1-18	乙药品	9600	40	件	384000	192000
10	销售单数:			7			
11	甲药品销售单数:			4			
12	甲药品销售量超过50箱的单数:			2			

图 3 - 48　统计 1 月份甲药品销售数量超过 50 箱的单数

7. AVERAGE 函数

功能：返回参数的平均值（算术平均值）。

语法：AVERAGE（number1，[number2]，…）

参数：

第一个参数（number1）为必需参数。表示要计算平均值的第一个数字、单元格引用或单元格区域。

其他参数（number2，…）为可选参数。表示要计算平均值的其他数字、单元格引用或单元格区域，最多可包含 255 个参数。

如果单元格区域或单元格引用参数包含文本、逻辑值或空单元格，则这些值将被忽略；但包含零值的单元格将被计算在内。如果参数为错误值或不能转换为数字的文本，则会导致错误。

8. AVERAGEIF 函数

功能：返回某个区域内满足给定条件的所有单元格的平均值（算术平均值）。

语法：AVERAGEIF（range，criteria，[average _ range]）

AVERAGEIF 函数的用法与 SUMIF 函数的用法几乎完全相同，参数也基本一样。

参数：

第一个参数（range）为必需函数。要计算平均值的一个或多个单元格，其中包括数字或包含数字的名称、数组或引用。

第二个参数（criteria）为必需函数。形式为数字、表达式、单元格引用或文本的条件，用来定义将计算平均值的单元格。例如，条件可以表示为 32、"32"、">32"、"苹果" 或 B4。

第三个参数（average _ range）为可选函数。计算平均值的实际单元格组。如果省略，则使用第一个参数（range）计算。

例如，统计甲药品的平均销售单价。求平均的条件是甲药品；查找的区域是"商品名称"列，即 B3：B9；计算平均值的数据是"销售单价"，即 C3：C9。因此 F11 单元格填写的公式为"＝AVERAGEIF（B3：B9，"甲药品"，C3：C9）"，如图 3－49 所示。

F11 =AVERAGEIF(B3:B9,"甲药品",C3:C9)

	A	B	C	D	E	F
1	1月份销售情况表					
2	日期	商品名称	销售单价	数量	单位	销售金额
3	2024-1-3	甲药品	6800	40	箱	272000
4	2024-1-5	乙药品	9750	10	件	97500
5	2024-1-8	甲药品	6850	30	箱	205500
6	2024-1-10	丙药品	10500	50	箱	525000
7	2024-1-12	甲药品	6600	100	箱	660000
8	2024-1-16	甲药品	6750	55	箱	371250
9	2024-1-18	乙药品	9600	40	件	384000
10						
11			甲药品的平均销售单价:			6750

图 3－49 统计甲药品的平均销售单价

9. AVERAGEIFS 函数

功能：返回满足多个条件的所有单元格的平均值（算术平均值）。

语法：AVERAGEIFS（average _ range，criteria _ range1，criteria1，[criteria _ range2，criteria2]，…）

AVERAGEIFS 函数的用法与 SUMIFS 函数的用法几乎完全相同，参数也基本一样。

参数：

第一个参数（average _ range）为必需参数。表示要计算平均值的一个或多个单元格，其中包括数字或包含数字的名称、数组或引用。

第二个参数（criteria _ range1）为必需参数。表示使用 criteria1 查找的区域。criteria _ range1 与 criteria1 设置的特定条件进行搜索、匹配。一旦在该区域中找到了满足条件的单元格，将计算相对应的 average _ range 值的算术平均数。

第三个参数（criteria1）为必需参数。表示匹配 criteria _ range1 中需要符合的条件。

其他参数（criteria _ range2，criteria2，…）为可选参数。表示附加的条件区域及其关联条件。最多可以输入 127 对区域、条件。

例如，统计 1 月份甲药品销售数量少于 50 箱的销售单价平均值。要求算数平均值的数据是“销售单价”，即 C3：C9；查找的区域 1 是“商品名称”列，即 B3：B9；求平均匹配的条件 1 是“甲药品”；查找的区域 2 是“数量”列，即 D3：D9；求平均匹配的条件 2 是少于 50 箱，即“＜50”。此时，F12 单元格的公式为“＝AVERAGEIFS（C3：C9，B3：B9,"甲药品"，D3：D9,"＜50"）”，如图 3－50 所示。

F12 =AVERAGEIFS(C3:C9,B3:B9,"甲药品",D3:D9,"<50")

	A	B	C	D	E	F	G
1	1月份销售情况表						
2	日期	商品名称	销售单价	数量	单位	销售金额	预付款
3	2024-1-3	甲药品	6800	40	箱	272000	136000
4	2024-1-5	乙药品	9750	10	件	97500	97500
5	2024-1-8	甲药品	6850	30	箱	205500	102750
6	2024-1-10	丙药品	10500	50	箱	525000	131250
7	2024-1-12	甲药品	6600	100	箱	660000	165000
8	2024-1-16	甲药品	6750	55	箱	371250	185625
9	2024-1-18	乙药品	9600	40	件	384000	192000
10							
11	甲药品平均销售单价:					6750	
12	甲药品销售数量少于50箱的平均销售单价:					6825	

图 3－50　1 月份甲药品销售数量少于 50 箱的平均销售单价

3.3.5　文本函数

1. LEFT/LEFTB 函数

功能：从文本字符串中左边第一个字符开始返回指定个数的字符/字节。

语法：LEFT（text，[num _ chars]）；LEFTB（text，[num _ bytes]）

参数：

第一个参数（text）为必需参数。包含要提取的字符的文本字符串。

第二个参数（num _ chars/num _ bytes）为可选参数。指定要由 LEFT/LEFTB 提取的字符/字节的数量。如果省略第二个参数，则假定其值为 1。

2. RIGHT/RIGHTB 函数

功能：从文本字符串中右边第一个字符开始返回指定个数的字符/字节。

语法：RIGHT（text，[num _ chars]）；RIGHTB（text，[num _ bytes]）

参数：

第一个参数（text）为必需参数。包含要提取的字符的文本字符串。

第二个参数（num _ chars/num _ bytes）为可选参数。指定要由 RIGHT/RIGHTB 提取的字符/字节的数量。如果省略第二个参数，则假定其值为 1。

3. MID/MIDB 函数

功能：返回文本值中中间（middle）的字符/字节。

语法：MID（text，start _ num，num _ chars）；MIDB（text，start _ num，num _ chars）

参数：

第一个参数（text）为必需参数。包含要提取的字符的文本字符串。

第二个参数（start _ num）为必需参数。文本中要提取的第一个字符/字节的位置。文本中第一个字符/字节的 start _ num 为 1，依此类推。

第三个参数（num _ chars）为必需参数。指定希望 MID/MIDB 从文本中返回字符/字节的个数。

4. LEN/LENB 函数

功能：返回文本字符串中的字符/字节个数。

语法：LEN（text）；LENB（text）

参数：text 为必需参数。表示要查找其长度的文本。空格将作为字符/字节进行计数。

知识链接　　字符与字节

只有在将 DBCS 语言设置为默认语言时，每 1 个字符按 2 个字节计数；否则，每 1 个字符按 1 个字节计数。支持 DBCS 的语言包括中文（简体）、中文（繁体）、日语以及朝鲜语。简单说就是中文、日语和朝鲜语一个字是 1 个字符、2 个字节，其他语言 1 个字母、标点、数字是 1 个字符、1 个字节。例如，“五”字是 1 个字符 2 个字节，而“F”“《”“5”都是 1 个字符 1 个字节。

例如，由于小刘刚接触 Excel，误把销售量中的数量和单位写到了一起，如图 3－51 所示，导致无法计算销售总量。现在要把数量和单位分开，该如何操作呢？

首先，销售单位比较容易提取，因为单位只有一个汉字“箱”或“件”，把每个单元格中最右边的 1 个字符取出即可，故 F3 单元格输入“＝RIGHT（D3）”，第二个参数不写默认是“1”，并用填充柄填充即可，如图 3－52 所示。

销售数量则比较麻烦，尽管数字在左侧，但直接用 LEFT 函数并不能解决这个问题，因为数量有 2 位数也有 3 位数，因此需要对 LEFT 函数的第二个参数进行改进。通过对总字符的比较可以发现：因为单位都是 1 个字符，故 2 位数字的总字符是 3 个，3 位数字的总字符是 4 个，即从左侧提取“字符－1”个字符即可。在 E3 单元格输入公式“＝LEFT（D3，LEN（D3）－1）”，填充柄填充就可以得到销售数量，如图 3－53 所示。

	A	B	C	D	E	F
1	1月份销售情况表					
2	日期	商品名称	销售单价	销售量	数量	单位
3	2024-1-3	甲药品	6800	40箱		
4	2024-1-5	乙药品	9750	10件		
5	2024-1-8	甲药品	6850	30箱		
6	2024-1-10	丙药品	10500	50箱		
7	2024-1-12	甲药品	6600	100箱		
8	2024-1-16	甲药品	6750	55箱		
9	2024-1-18	乙药品	9600	40件		

图 3－51　销售量中的数量和单位写到了一起

F3　=RIGHT(D3)

	A	B	C	D	E	F
1	1月份销售情况表					
2	日期	商品名称	销售单价	销售量	数量	单位
3	2024-1-3	甲药品	6800	40箱		箱
4	2024-1-5	乙药品	9750	10件		件
5	2024-1-8	甲药品	6850	30箱		箱
6	2024-1-10	丙药品	10500	50箱		箱
7	2024-1-12	甲药品	6600	100箱		箱
8	2024-1-16	甲药品	6750	55箱		箱
9	2024-1-18	乙药品	9600	40件		件

图 3－52　RIGHT 函数提取单位

E3　=LEFT(D3,LEN(D3)-1)

	A	B	C	D	E	F
1	1月份销售情况表					
2	日期	商品名称	销售单价	销售量	数量	单位
3	2024-1-3	甲药品	6800	40箱	40	箱
4	2024-1-5	乙药品	9750	10件	10	件
5	2024-1-8	甲药品	6850	30箱	30	箱
6	2024-1-10	丙药品	10500	50箱	50	箱
7	2024-1-12	甲药品	6600	100箱	100	箱
8	2024-1-16	甲药品	6750	55箱	55	箱
9	2024-1-18	乙药品	9600	40件	40	件

图 3－53　LEFT＋LEN 函数提取数量

5. TEXT 函数

功能：设置数字格式并将其转换为文本。

语法：TEXT（value，format _ text）

参数：

第一个参数（value）为必需参数。表示要转换为文本的数值。

第二个参数（format _ text）为必需参数。一个文本字符串，定义要应用于所提供值的格式。

表 3－10 是一些常用示例，可将其直接在 Excel 中进行试验。注意：格式代码要用英文的引号括起来，引号内的格式代码均为英文标点。

表 3－10 TEXT 函数常用格式代码

单元格格式代码（Format _ text）	原值（Value）	显示结果（值）	说明
"G/通用格式"	10	10	常规格式
"000.0"	10.25	010.3	小数点前面不够三位以 0 补齐；保留 1 位小数，不足一位以 0 补齐
"00000000"	2012345	02012345	显示为 8 位数，不足 8 位的首位以 0 补齐，多用于带区号的电话号码
"#"	555.55	556	四舍五入取整
"00.##"	1.253	01.25	小数点前不足两位以 0 补齐；保留 2 位小数，不足两位不补位
"[>=90]优秀；[>=60]及格；不及格"	90	优秀	大于等于 90，显示为“优秀”
	60	及格	大于等于 60，小于 90，显示为“及格”
	59	不及格	小于 60，显示为“不及格”
"aaaa"	2024－7－1	星期一	显示为中文星期几全称
"aaa"	2024－7－1	一	显示为中文星期几简称
"dddd"	2024－7－1	Monday	显示为英文星期几全称
"ddd"	2024－7－1	Mon	显示为英文星期几简称
"yyymmdd"	2024－7－1	20240701	显示为 8 位文本格式的数字日期
"[DBNum1]"	18	一十八	中文小写数字
"[DBNum2][$－804]G/通用格式元整"		壹拾捌元整	中文大写数字，并在字尾加入“元整”
"[>20][DBNum1]；[DBNum1]d"		十八	中文小写数字，11～19 设置显示为十几
"0.00，K"	12345	12.35K	以千（K）为单位
"#！.0000 万元"		1.2345 万元	以万元为单位，保留 4 位小数

6. VALUE 函数

功能：将表示数字的文本字符串转换为数字。

语法：VALUE（text）

参数：text 为必需参数。表示用引号括起来的文本或包含要转换文本的单元格的引用。

通俗地说，VALUE 这个文本函数其实就是把文本格式的数字转换为数值格式，而其他文本函数得到的结果其实都是文本格式。

（1）文本格式有什么特别之处呢？

看下面的例子。在前面，我们用 LEFT＋LEN 函数提取了销售数量，在 E10 单元格用 SUM 函数对数量进行求和，发现计算结果是零，如图 3－54 所示。

E10 =SUM(E3:E9)

	A	B	C	D	E	F
1	1月份销售情况表					
2	日期	商品名称	销售单价	销售量	数量	单位
3	2024-1-3	甲药品	6800	40箱	40	箱
4	2024-1-5	乙药品	9750	10件	10	件
5	2024-1-8	甲药品	6850	30箱	30	箱
6	2024-1-10	丙药品	10500	50箱	50	箱
7	2024-1-12	甲药品	6600	100箱	100	箱
8	2024-1-16	甲药品	6750	55箱	55	箱
9	2024-1-18	乙药品	9600	40件	40	件
10					0	

图 3－54　SUM 函数对 E3：E9 求和结果为零

这就是文本格式的特别之处：文本格式的数字无法用函数进行数学运算。因此，我们要学会区分数值格式与文本格式的数字。比较直观的区分方法就是看数字位置：数值格式的数字在单元格右侧（如“销售单价”列数字），文本格式的数字在单元格左侧（如“数量”列数字）。

（2）如何将文本格式转换为数值格式呢？

第一种方法。如果在单元格旁边看到一个警报，选择要转换的单元格，然后选择⚠。从菜单中选择“转换为数字”，将看到值左对齐，绿色三角形警告已删除。如图 3－55 所示。

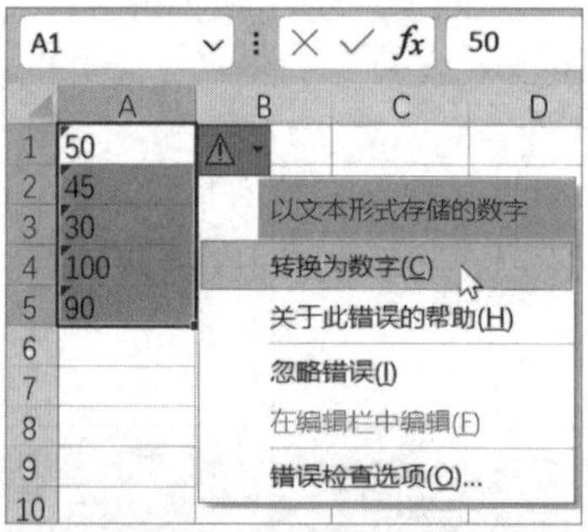

图 3－55　从警报菜单中选择“转换为数字”

第二种方法。没有警报时，可以用 VALUE 函数将其转换为数值格式。此时，在 E3 单元格的公式外面，套上一层 VALUE 函数，并用填充柄填充，即可解决，如图 3－56 所示。

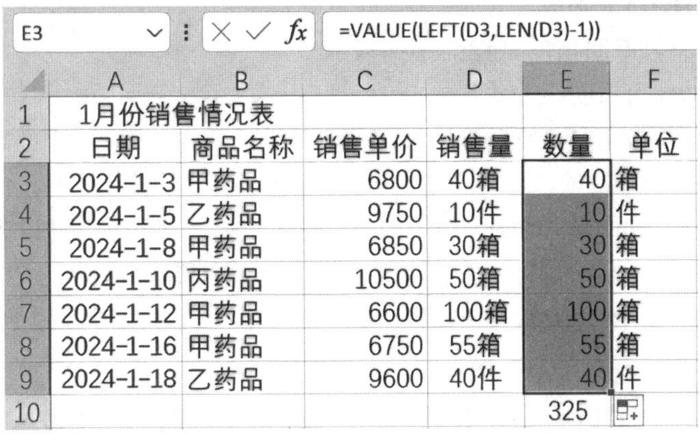

图 3－56 公式外套 VALUE 函数转换为数字

第三种方法。最复杂的情况是一部分数据有警报（如直接输入的数字），一部分数据没有警报（如 LEFT 函数运行的结果），此时前两种方法都不能一次性解决。解决方法为：选择没有此问题的空白单元格，在单元格中键入数字 1 然后按回车键；按“Ctrl+C”复制单元格；选择包含存储为文本的数字的单元格，在“开始”选项卡上，选择“粘贴”｜“选择性粘贴”；选择“乘”，然后单击“确定”，如图 3－57 所示。Excel 将每个单元格乘以 1，这样做可将文本转换为数字。

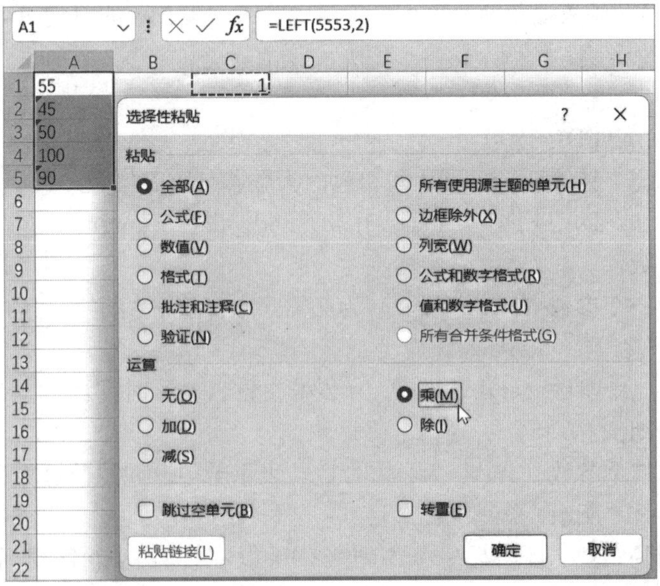

图 3－57 使用选择性粘贴并相乘转换为数字

3.3.6 日期和时间函数

1. TODAY 函数

功能：返回当前日期的序列号。

语法：TODAY（）

TODAY 函数没有参数。在单元格中输入“今天”的日期也可以使用快捷键“Ctrl+‘;’”。

Excel 日期是一个序列号，它代表自 1900 年 1 月 1 日以来的天数，例如 2024 年 10 月 1 日的日期序列号为 45566。因此，单元格中的“2024-10-1”只是“45566”这个 5 位数字的日期格式而已，若用 LEFT 函数提取一位得到的是“45566”左边的 4，而不是“2024-10-1”中的 2，如图 3-58 所示。

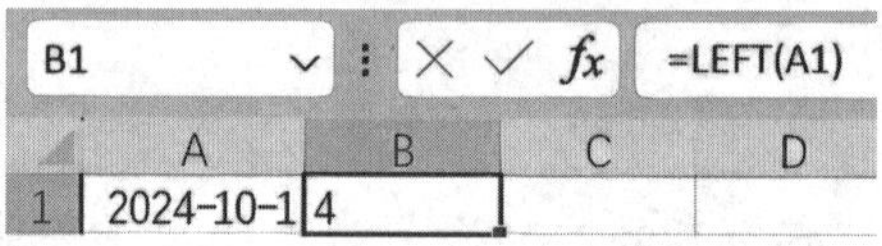

图 3-58 LEFT 函数提取的是日期序列号

2. NOW 函数

功能：返回当前日期和时间的序列号。

语法：NOW（）

NOW 函数没有参数。在单元格中输入“现在”的时间可以使用快捷键“Ctrl+Shift+‘;’”。

3. DATEDIF 函数

功能：计算两个日期之间相隔的天数、月数或年数。

语法：DATEDIF（start_date，end_date，unit）

参数：

第一个参数（start_date）为必需参数。表示给定期间的第一个或开始日期的日期。

第二个参数（end_date）为必需参数。表示时间段的最后一个（即结束）日期的日期。

第三个参数（unit）为必需参数。表示希望返回的信息类型，有六种输入方式，如表 3-11 所示。

因为 Excel 日期是一个序列号，所以在计算两个日期间隔的天数时直接做减法即可，例如在 G5 单元格输入“=A5-A3”，也可以直接计算间隔天数，如图 3-59 所示。

表 3-11　unit 参数与说明

参数	参数说明
“Y”	计算周年
“M”	计算足月
“D”	计算天数
“YM”	计算周年之后度过的足月
“YD”	计算周年之后度过的天数
“MD”	计算足月之后度过的天数

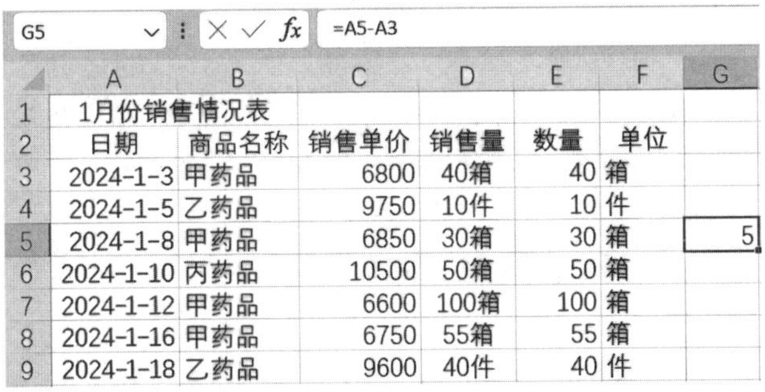

G5　=A5-A3

	A	B	C	D	E	F	G
1	1月份销售情况表						
2	日期	商品名称	销售单价	销售量	数量	单位	
3	2024-1-3	甲药品	6800	40箱	40	箱	
4	2024-1-5	乙药品	9750	10件	10	件	
5	2024-1-8	甲药品	6850	30箱	30	箱	5
6	2024-1-10	丙药品	10500	50箱	50	箱	
7	2024-1-12	甲药品	6600	100箱	100	箱	
8	2024-1-16	甲药品	6750	55箱	55	箱	
9	2024-1-18	乙药品	9600	40件	40	件	

图 3-59　间隔天数可以直接用两个日期做减法计算得出

3.3.7　财务函数

1. 折旧函数

(1) SLN 函数。

功能：返回一个期间内资产的直线折旧额。

语法：SLN (cost，salvage，life)

参数：

第一个参数 (cost) 为必需参数。表示资产原值。

第二个参数 (salvage) 为必需参数。表示折旧末尾时的值（即资产残值）。

第三个参数 (life) 为必需参数。表示资产的折旧期数（即资产的使用寿命）。

例如，SLN (10 000，0，10)，计算的是资产原值 10 000 元，残值是 0，使用寿命是 10 年的固定资产，按直线法计提折旧，每年的折旧额，结果为 1 000 元。

(2) SYD 函数。

功能：返回在指定期间内资产按年数总和法计算的折旧额。

语法：SYD (cost，salvage，life，per)

参数：

前三个参数与 SLN 函数相同，不再赘述。

第四个参数 (per，period 的前三个字母) 为必需参数。期间必须与 life 使用相同的单位。

例如，SYD（10 000，0，10，8），计算的是资产原值10 000元，残值是0，使用寿命是10年的固定资产，按年数总和法计提折旧，第8年的折旧额，结果为545.45元。

（3）DB函数。

功能：使用固定余额递减法，计算资产在给定期间内的折旧额。

语法：DB（cost，salvage，life，period，[month]）

参数：

前四个参数与SYD函数相同，不再赘述。

第五个参数（month）为可选参数。表示第一年的月份数。如果省略月份，则假定其值为12。

例如，DB（10 000，2 000，10，8，6），计算的是资产原值10 000元，残值是2 000元，使用寿命是10年的固定资产，按固定余额递减法计提折旧，第一年中使用了6个月的情况下第8年的折旧额，结果为523.77元。

（4）DDB函数。

功能：用双倍余额递减法或其他指定方法，返回指定期间内某项固定资产的折旧额。

语法：DDB（cost，salvage，life，period，[factor]）

参数：

前四个参数与DB函数相同，不再赘述。

第五个参数（factor）为可选参数。表示余额递减速率，如果省略则假定为2（双倍余额递减法）。

例如，DDB（10 000，2 000，10，8），计算的是资产原值10 000元，残值是2 000元，使用寿命是10年的固定资产，按双倍余额递减法计提折旧，第8年的折旧额，结果为97.15元。

2. 资金时间价值函数

（1）PV函数。

功能：用于根据固定利率计算贷款或投资的现值，即已知终值或年金求现值。

语法：PV（rate，nper，pmt，[fv]，[type]）

参数：

第一个参数（rate）为必需参数。表示各期利率。

第二个参数（nper）为必需参数。表示总期数。

第三个参数（pmt）为必需参数。表示每期的付款金额，即年金。如果省略pmt，则必须包括fv参数。

第四个参数（fv）为可选参数。表示未来值，即终值。如果省略fv，则必须包括pmt参数。

第五个参数（type）为可选参数。表示数字0或1，用以指定各期的付款时间是在期末（0或省略）还是期初（1），即普通年金还是先付年金。

例如，刚毕业的小刘打算零首付贷款买车，月利率为 0.3%，需要连续支付 24 个月，每个月支付 5 000 元，那么她能买多少钱的车？公式为 PV（0.3%，24，5 000），结果是－115 614.67。结果中的负号表示的是现金流出。

（2）FV 函数。

功能：用于根据固定利率计算投资的未来值，即已知现值或年金求终值。

语法：FV（rate，nper，pmt，[pv]，[type]）

参数：

第四个参数（pv）为可选参数。表示现值。如果省略 pv，则必须包括 pmt 参数。

其他参数与 PV 函数相同。

例如，刚毕业的小刘打算零首付贷款买车，月利率为 0.3%，需要连续支付 24 个月，每个月支付 5 000 元，那么她总共给银行支付多少钱？公式为 FV（0.3%，24，5 000），结果是－124 232.53。与现值－115 614.67 相比，差的 8 617.86 其实是利息。

（3）PMT 函数。

功能：根据固定付款额和固定利率计算贷款的付款额，即已知现值或终值求年金。

语法：PMT（rate，nper，pv，[fv]，[type]）

参数：与 PV 和 FV 函数相同。

例如，刚毕业的小刘打算零首付贷款买车，月利率为 0.3%，需要连续支付 24 个月，现在她看中了一辆价值 12 万元的新能源汽车，那么她的月供是多少？公式为 PMT（0.3%，24，120 000），结果是－5 189.65。

3. NPV 函数

功能：使用贴现率、一系列未来支出（负值）和收益（正值）来计算一项投资的净现值。

语法：NPV（rate，value1，[value2]，…）

参数：

第一个参数（rate）为必需参数。表示某一期间的贴现率。

第二个参数（value1，[value2]，…），value1 是必需的，后续值是可选的。这些是代表支出及收入的 1～254 个参数。在时间上必须具有相等间隔，并且都发生在期末。若要计算时间间隔不相等的情况，需要使用 XNPV 函数。

注意：若考虑初始投资，需要在 NPV 函数外减去初始投资额。

例如，甲项目初始投资额为 10 万元，第一年收入 5 万元，第二年收入 6 万元，在 8%贴现率水平下的净现值为 NPV（8%，50 000，60 000）－100 000，结果是－2 263.37。这个结果的含义是：与收益率为 8% 的项目相比，甲项目少赚 2 263.37 元。

4. IRR函数

功能：返回由值中的数字表示的一系列现金流的内部收益率。

语法：IRR（values，[guess]）

参数：

第一个参数（values）为必需参数。表示数组或单元格的引用，这些单元格包含用来计算内部收益率的数字。必须包含至少一个正值和一个负值，以计算返回的内部收益率。现金流的时间间隔必须相等，且按照时间顺序排列。若要计算时间间隔不相等的情况，需要使用XIRR函数。

第二个参数（guess）为可选参数。表示对函数IRR计算结果的估计值。多数情况下，不必为IRR计算提供guess值。如果省略guess，则假定它为0.1（10%）。

例如，计算NPV函数案例中甲项目的内部收益率IRR（{－100 000，50 000，60 000}），结果为6.39%。

3.4 小　结

在实际工作中，常用的函数还有很多，接下来将常用函数的语法以中文的方式表达，并说明函数的用途，以备读者查阅，如表3-12所示。

表3-12　常用函数汇总

类型	函数名	语法	用途
逻辑函数	IF	IF（如果，那么，否则）	分类
	IFS	IFS（如果1，那么1，[如果2，那么2]，…）	多组分类
	OR	OR（数据1，…）	或
	AND	AND（数据1，…）	且
	IFNA	IFNA（公式，第一个参数出错后返回值）	排除#N/A错误符号
	IFERROR	IFERROR（公式，第一个参数出错后返回值）	排除字母类错误符号
	SWITCH	SWITCH（表达式，匹配1，返回1，[匹配2，返回2]，…）	多组划归
查找与引用函数	LOOKUP	LOOKUP（线索＜唯一＞，搜索区域，[返回区域]）	一对一查找
	VLOOKUP	VLOOKUP（线索＜唯一＞，去哪找＜源数据＞，要哪一列，[是否近似匹配]）	一对一查找
	XLOOKUP	XLOOKUP（线索，搜索区域，返回区域，[未找到返回]，[匹配类型]，[排序]）	多对一查找
	FILTER	FILTER（返回区域，搜索区域＜匹配线索＞，[若空]）	多对多查找

续表

类型	函数名	语法	用途
查找与引用函数	MATCH	MATCH（找什么＜唯一＞，去哪找＜某一行或某一列＞，[是否近似匹配]）	单一数据所在行或列数
	XMATCH	XMATCH（找什么＜唯一＞，去哪找＜某一行或某一列＞，[匹配类型]，[排序]）	单一数据所在行或列数
	INDEX	INDEX（范围＜单区域或多区域＞，行，[列]，[第几区]）	取范围内行列交叉值
	COLUMN	COLUMN（[引用]）	返回 [单元格] 列数
	ROW	ROW（[引用]）	返回 [单元格] 行号
	COLUMNS	COLUMNS（区域）	区域内有几列
	ROWS	ROWS（区域）	区域内有几行
	OFFSET	OFFSET（起始引用范围，偏几行，偏几列，[要几行]，[要几列]）	偏移、截取新区域
	SORT	SORT（区域，[依第几列/行]，[升降序]，[是否逐列排序（按行）]）	依单列（行）排序
	SORTBY	SORTBY（区域，依第几列/行 1，[升降序] 1，[依第几列/行 2，升降序 2]，…）	依多列（行）排序
	TRANSPOSE	TRANSPOSE（区域）	转置区域（数组）
	UNIQUE	UNIQUE（区域，[是否逐列排序（按行）]，[是否仅留 1 次项]）	删除重复项
数学和三角函数	SUM	SUM（数据 1，…）	数字求和
	SUMIF	SUMIF（筛选区域，什么条件，[求和区域]）	分类求和
	SUMIFS	SUMIFS（求和区域，筛选区域 1，条件 1，[筛选区域 2，条件 2]，…）	多条件求和
	RAND	RAND（）	随机生成 [0，1) 的数
	RANDBETWEEN	RANDBETWEEN（最小整数，最大整数）	随机生成数
	ROUND	ROUND（数字，保留位数）	四舍五入
	ROUNDDOWN	ROUNDDOWN（数字，保留位数）	只舍不入
	ROUNDUP	ROUNDUP（数字，保留位数）	只入不舍
	INT	INT（数字）	舍掉小数取整
	MOD	MOD（被除数，除数）	求余数
	SUMPRODUCT	SUMPRODUCT（数组 1，[数组 2]，…）	数组间运算
	SUBTOTAL	SUBTOTAL（代码，区域 1，…）	筛选折叠计算

续表

类型	函数名	语法	用途
统计函数	MAX	MAX（数字 1，…）	取最大值
	MIN	MIN（数字 1，…）	取最小值
	MAXIFS	MAXIFS（求值区域，筛选区域 1，条件 1，[筛选区域 2，条件 2]，…）	多分类标准取最大值
	MINIFS	MINIFS（求值区域，筛选区域 1，条件 1，[筛选区域 2，条件 2]，…）	多分类标准取最小值
	AVERAGE	AVERAGE（数据 1，…）	数字求平均
	AVERAGEIF	AVERAGEIF（筛选区域，条件，[求平均区域]）	分类求平均
	AVERAGEIFS	AVERAGEIFS（求平均区域，筛选区域 1，条件 1，[筛选区域 2，条件 2]，…）	多分类标准求平均
	COUNT	COUNT（数据 1，…）	数字计数
	COUNTA	COUNTA（数据 1，…）	非空单元格计数
	COUNTBLANK	COUNTBLANK（区域）	空白单元格计数
	COUNTIF	COUNTIF（筛选区域，什么条件）	分类计数
	COUNTIFS	COUNTIFS（筛选区域 1，条件 1，[筛选区域 2，条件 2]，…）	多分类标准计数
文本函数	LEN	LEN（文本）	字符数
	LENB	LENB（文本）	字节数
	LEFT	LEFT（文本，[提取字符数]）	从左提取字符
	LEFTB	LEFTB（文本，[提取字节数]）	从左提取字节
	RIGHT	RIGHT（文本，[提取字符数]）	从右提取字符
	RIGHTB	RIGHTB（文本，[提取字节数]）	从右提取字节
	MID	MID（文本，从哪一位开始取，提取字符数）	从中间提取字符
	MIDB	MIDB（文本，从哪一位开始取，提取字节数）	从中间提取字节
	VALUE	VALUE（文本格式数字）	文本格式转换为数字
	TEXT	TEXT（数据，转换格式代码）	转换格式
	TEXTJION	TEXTJION（分隔符，是否忽略空值，文本 1，[文本 2]，…）	连接文本
日期和时间函数	TODAY	TODAY（）	返回系统当前日期
	NOW	NOW（）	返回系统当前日期和时间
	DATEDIF	DATEDIF（起始日，截止日，间隔参数）	计算日期间隔
	DATE	DATE（年，月，日）	返回日期格式

续表

类型	函数名	语法	用途
日期和时间函数	YEAR	YEAR（数或日期）	取年
	MONTH	MONTH（数或日期）	取月
	DAY	DAY（数或日期）	取日
	DAYS	DAYS（截止日，起始日）	计算日期间差多少天
财务函数	SLN	SLN（原值，残值，折旧期限）	折旧额（平均年限）
	SYD	SYD（原值，残值，折旧期限（年），某年）	折旧额（年数总和）
	DB	DB（原值，残值，折旧期限（年），某年，[第一年折旧几个月]）	折旧额（固定余额递减）
	DDB	DDB（原值，残值，折旧期限（年），某年，[余额递减速率]）	折旧额（双倍余额递减）
	PV	PV（利率，总期数，年金，[终值]，[0 或 1]）	年金或终值——求现值
	FV	FV（利率，总期数，年金，[现值]，[0 或 1]）	年金或现值——求终值
	PMT	PMT（利率，总期数，现值，[终值]，[0 或 1]）	现值或终值——求年金
	IPMT	IPMT（利率，某期，总期数，现值，[终值]，[0 或 1]）	年金中某期的利息
	PPMT	PPMT（利率，某期，总期数，现值，[终值]，[0 或 1]）	年金中某期的本金
	CUMIPMT	CUMIPMT（利率，总期数，现值，起始期次，截止期次，0 或 1）	某段时期利息累计
	CUMPRINC	CUMPRINC（利率，总期数，现值，起始期次，截止期次，0 或 1）	某段时期本金累计
	NPV	NPV（贴现率，期末现金流（或数组）1，…）	求净现值
	XNPV	XNPV（贴现率，现金流数组，现金流对应日期数组）	求不定间隔净现值
	IRR	IRR（现金流数组，[估计值]）	求内含报酬率
	XIRR	XIRR（现金流数组，现金流对应日期数组，[估计值]）	求不定间隔内含报酬率

函数的使用

□ 拓展与训练

使用“新建”按钮创建一个 Excel 工作簿，并将其重命名为“A 社区医院药品耗用统计表”。在工作簿中输入表 3-13 中的数据。

表 3-13 药品耗用统计

	甲药品	乙药品	丙药品
一季度	686	435	215
二季度	1 242	826	112
三季度	1 052	651	162
四季度	865	521	258

(1) 用手动输入公式的方式对甲药品求和，使用 SUM 函数对乙药品求和。

(2) 按乙药品的耗用量对数据降序排序。

(3) 筛选出甲药品耗用超过 800 且乙药品耗用超过 600 的季度。

(4) 利用 SUMIF 函数计算甲药品材料耗用小于 1 000 的合计。

(5) 基于 A 社区医院药品耗用统计表，创建一个柱形图。

第 4 章

Chapter 4 Excel 的财务数据管理

内容简介

本章介绍了 Excel 2021 数据管理中的排序、筛选、分类汇总和透视表。

学习目标

熟悉数据排序与筛选，了解分类汇总，熟悉数据透视表。

引 例

通过对 Excel 函数的学习，小刘已经掌握了基本的 Excel 函数。随着工作的深入，数据量变得越来越大，对数据的批量处理再次成为了日常工作。

财务主管给小刘布置了一项任务：汇总公司一季度的销售情况。这里涉及数据的计算、排序、筛选、制作图表等工作，这些都是 Excel 的高级应用。让我们一起开启 Excel 高级知识的学习吧。

4.1 排序与筛选

4.1.1 数据排序

在工作表或者数据清单中输入数据后，一般需要进行排序操作，以便更加直观地比较各个记录。

1. 默认的排序顺序

在对数据进行排序时，Excel 有默认的排序顺序。

按升序排序时，Excel 的排序规则如下（在按降序排序时，除了空格总是在最后外，其他的排序顺序相反）。

（1）数字：从最小的负数到最大的正数排序。

（2）文本以及包含数字的文本：首先是数字 0～9，然后是字符’ —（空格）! # $ %& () * , ./:;? @\ˆ— {|} ～+<=>，最后是字母 A～Z。

（3）逻辑值：FALSE 排在 TRUE 之前。

（4）所有错误值的优先级等效。

（5）空格排在最后。

2. 简单排序

简单排序是指对数据列表中的单列数据进行排序。具体有两种操作方法。

方法一：功能区排序。其操作步骤如下。

步骤 1：单击待排序数据列表中任一单元格，如图 4 - 1 所示。

	A	B	C	D	E	F	G
1	1月份销售情况表						
2	日期	商品名称	销售单价	数量	单位	销售金额	预付款
3	2024-1-3	甲药品	6800	40	箱	272000	136000
4	2024-1-5	乙药品	9750	10	件	97500	97500
5	2024-1-8	甲药品	6850	30	箱	205500	102750
6	2024-1-10	丙药品	10500	50	箱	525000	131250
7	2024-1-12	甲药品	6600	100	箱	660000	165000
8	2024-1-16	甲药品	6750	55	箱	371250	185625
9	2024-1-18	乙药品	9600	40	件	384000	192000

图 4 - 1　单击待排序数据列表中任一单元格

步骤 2：选择“数据”｜“排序”命令，如图 4 - 2 所示。

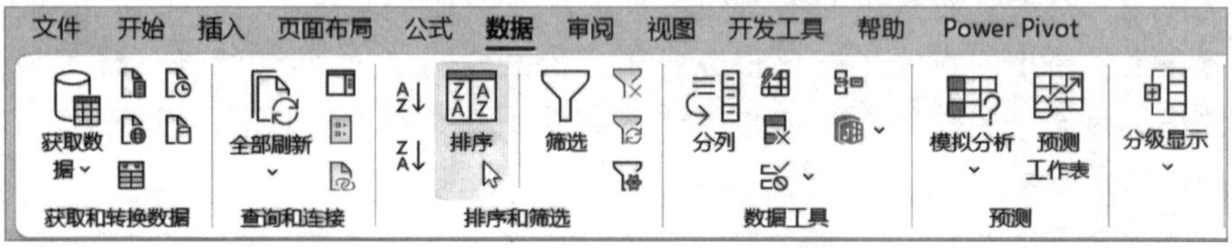

图 4 - 2　“数据”｜“排序”命令

步骤 3：弹出“排序”对话框。在该对话框中，选择“列”“排序依据”“次序”选项的内容，此表格中有标题行，所以要把右上角的“数据包含标题”选中，如图 4 - 3 所示。

步骤 4：单击“确定”按钮，工作表“数量”一列的数字将从小到大排列，如图 4 - 4 所示。

方法二：标题下拉菜单排序。其操作步骤如下。

简单排序（单列排序）也可以直接用鼠标右键单击需要排序的标题所在单元格，在下拉菜单中选择“排序”以及排序方式即可。例如，要依据“数量”升序排

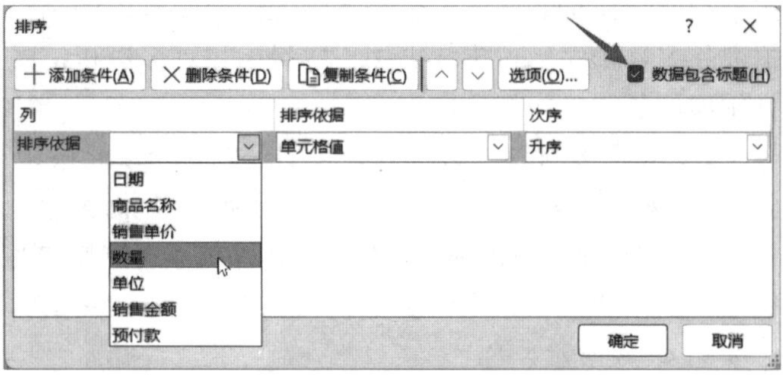

图 4－3　“排序”对话框

	A	B	C	D	E	F	G
1	1月份销售情况表						
2	日期	商品名称	销售单价	数量	单位	销售金额	预付款
3	2024-1-5	乙药品	9750	10	件	97500	97500
4	2024-1-8	甲药品	6850	30	箱	205500	102750
5	2024-1-3	甲药品	6800	40	箱	272000	136000
6	2024-1-18	乙药品	9600	40	件	384000	192000
7	2024-1-10	丙药品	10500	50	箱	525000	131250
8	2024-1-16	甲药品	6750	55	箱	371250	185625
9	2024-1-12	甲药品	6600	100	箱	660000	165000

图 4－4　排序后的数据

序，直接用鼠标右键单击 D2 单元格，选择“排序”｜“升序”即可完成操作，如图 4－5 所示。

图 4－5　标题下拉菜单排序

3. 多列排序

在根据单列数据对工作表中的数据进行排序时，若该列的某些数据相同，则这些行的内容就按原来的顺序排列，数据整体会显得比较混乱。选择多列排序方式可以解决这个问题，在实际操作中也经常会遇到按照多列的结果进行排序的情况。例如，根据商品名称排序后，再依据销售数量由少到多进行排序。

多列排序的具体操作步骤如下。

步骤 1：单击需要排序的数据列表中的任意一个单元格。

步骤 2：选择“数据” | “排序”命令，弹出“排序”对话框。

步骤 3：在“排序”对话框中，列的“排序依据”选择“商品名称”，升序排列。

步骤 4：单击左上角的“添加条件”按钮，选择“数量”作为次要关键字，升序排列，如图 4-6 所示。

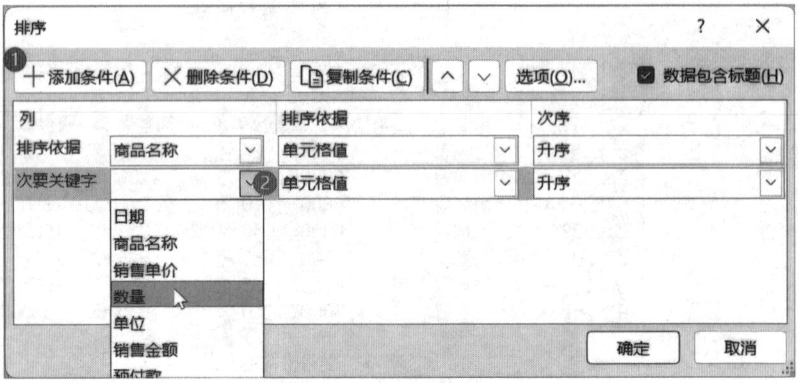

图 4-6　选择次要关键字

步骤 5：单击“确定”按钮，工作表进行了多列排序，效果如图 4-7 所示。

	A	B	C	D	E	F	G
1	1月份销售情况表						
2	日期	商品名称	销售单价	数量	单位	销售金额	预付款
3	2024-1-10	丙药品	10500	50	箱	525000	131250
4	2024-1-8	甲药品	6850	30	箱	205500	102750
5	2024-1-3	甲药品	6800	40	箱	272000	136000
6	2024-1-16	甲药品	6750	55	箱	371250	185625
7	2024-1-12	甲药品	6600	100	箱	660000	165000
8	2024-1-5	乙药品	9750	10	件	97500	97500
9	2024-1-18	乙药品	9600	40	件	384000	192000

图 4-7　多列排序后的工作表

4. 自定义序列排序

有时候在进行排序时，并不是按照默认的排序顺序的。例如图 4-7 中，商品名称默认的升序排列是丙药品、甲药品、乙药品（按拼音的首字母升序排序），而我们的习惯是甲药品、乙药品、丙药品的顺序。此时，可以使用“自定义序列”排序，具体操作步骤如下。

步骤 1：依据前面的操作方法打开“排序”对话框。

步骤 2：在排序依据的“次序”下拉列表中选择“自定义序列”，如图 4-8 所示。

步骤 3：在弹出的“自定义序列”对话框中输入新序列，如图 4-9 所示。单击“添加”按钮，即可得到自定义的新序列，如图 4-10 所示。

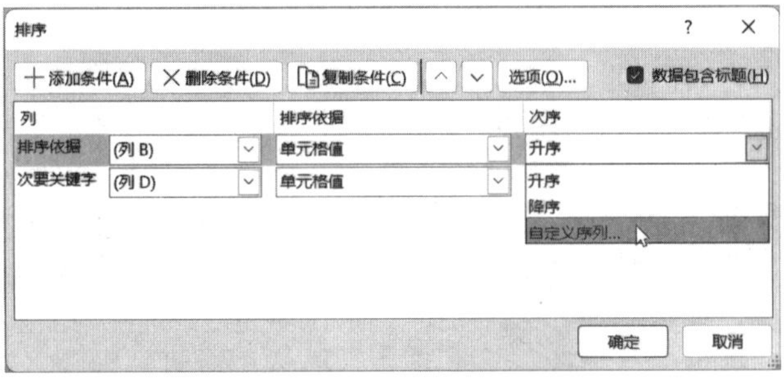

图 4-8　“次序”｜“自定义序列”

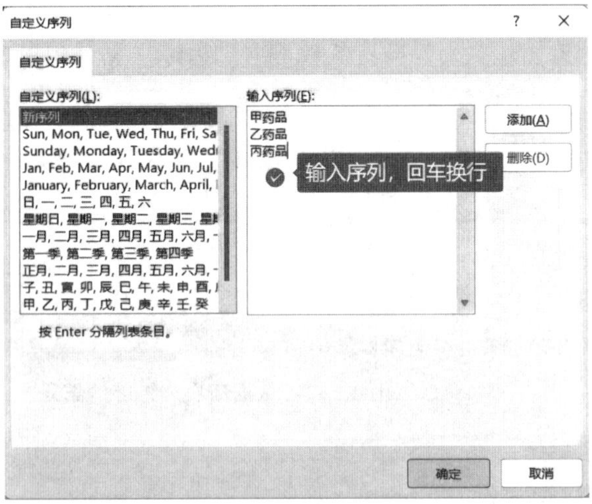

图 4-9　在“自定义序列”中输入新序列

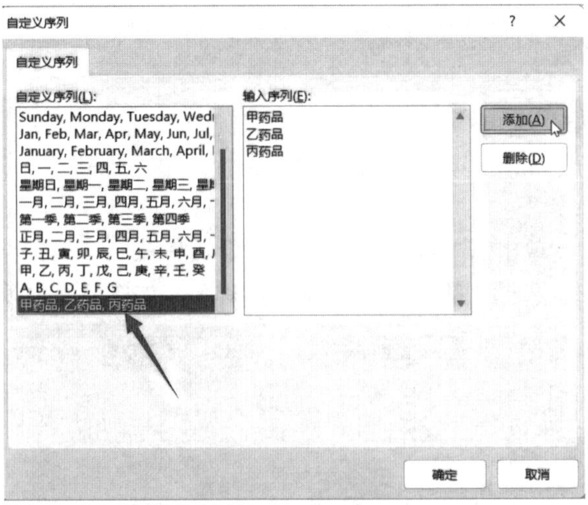

图 4-10　单击“添加”按钮建立新序列

步骤 4：在“排序”对话框中选择新次序，单击“确定”按钮，如图 4-11 所示。得到的结果如图 4-12 所示。

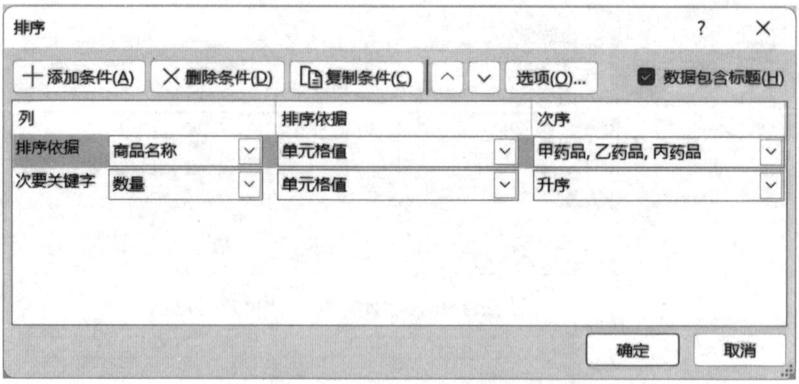

图 4－11 “排序”对话框

	A	B	C	D	E	F	G
1	1月份销售情况表						
2	日期	商品名称	销售单价	数量	单位	销售金额	预付款
3	2024-1-8	甲药品	6850	30	箱	205500	102750
4	2024-1-3	甲药品	6800	40	箱	272000	136000
5	2024-1-16	甲药品	6750	55	箱	371250	185625
6	2024-1-12	甲药品	6600	100	箱	660000	165000
7	2024-1-5	乙药品	9750	10	件	97500	97500
8	2024-1-18	乙药品	9600	40	件	384000	192000
9	2024-1-10	丙药品	10500	50	箱	525000	131250

图 4－12 依据新次序排序的结果

4.1.2 数据筛选

数据筛选是指从数据中找出符合指定条件的数据。筛选与排序不同，它并不重排数据列表，而只是暂时隐藏不必显示的行。下面介绍各种筛选的方法。

1. 自动筛选

自动筛选的功能比较简单，可以很快地显示出符合条件的数据。自动筛选的具体操作步骤如下。

步骤 1：单击需要筛选的数据列表中的任意一个单元格。

步骤 2：选择“数据”｜“筛选”命令，如图 4－13 所示。

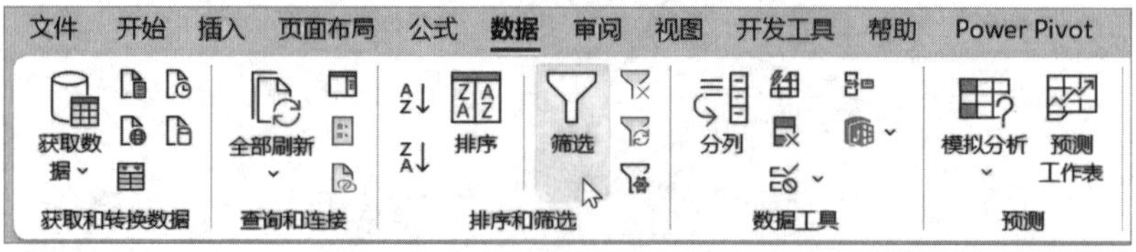

图 4－13 “数据”｜“筛选”

步骤 3：工作表变成如图 4－14 所示的格式，在每个字段的右边都出现了一个下拉箭头按钮。

	A	B	C	D	E	F	G
1	1月份销售情况表						
2	日期	商品名称	销售单价	数量	单位	销售金额	预付款
3	2024-1-3	甲药品	6800	40	箱	272000	136000
4	2024-1-5	乙药品	9750	10	件	97500	97500
5	2024-1-8	甲药品	6850	30	箱	205500	102750
6	2024-1-10	丙药品	10500	50	箱	525000	131250
7	2024-1-12	甲药品	6600	100	箱	660000	165000
8	2024-1-16	甲药品	6750	55	箱	371250	185625
9	2024-1-18	乙药品	9600	40	件	384000	192000

图 4－14　带下拉箭头的工作表

步骤 4：单击商品名称列标题右侧的下拉箭头，弹出如图 4－15 所示的下拉菜单，取消选中“全选”复选框，选中“甲药品”复选框。

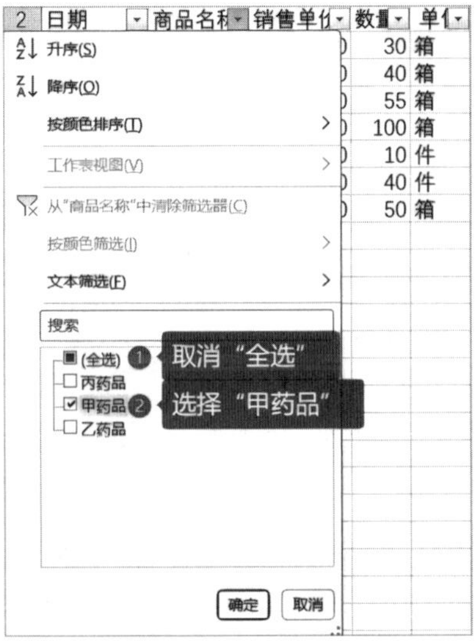

图 4－15　下拉菜单

步骤 5：单击“确定”按钮，工作表变成如图 4－16 所示的格式，仅显示符合筛选条件（即甲药品）的数据。

	A	B	C	D	E	F	G
1	1月份销售情况表						
2	日期	商品名称	销售单价	数量	单位	销售金额	预付款
3	2024-1-3	甲药品	6800	40	箱	272000	136000
5	2024-1-8	甲药品	6850	30	箱	205500	102750
7	2024-1-12	甲药品	6600	100	箱	660000	165000
8	2024-1-16	甲药品	6750	55	箱	371250	185625
10							

图 4－16　工作表仅显示符合筛选条件的数据

2. 高级筛选

使用高级筛选可以对工作表和数据清单进行更复杂的筛选。对于简单的工作表和数据清单来说，使用高级筛选比较麻烦，但是，对于大型的工作表和数据清单来说，实现高级筛选是非常方便的。高级筛选的具体操作步骤如下。

步骤 1：在筛选区域以外的单元格区域中输入高级筛选的条件，条件中包括筛选条件和其所在列的列标题。例如，以销售单价大于等于 6 800、数量大于等于 40 单位为筛选条件，在 C11：D12 输入数据，如图 4－17 所示。注意，这里不需要开启筛选，可以看到图中标题行并没有下拉箭头。

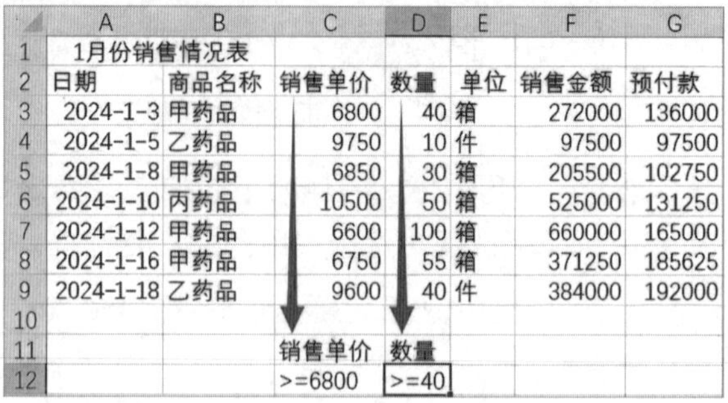

	A	B	C	D	E	F	G
1	1月份销售情况表						
2	日期	商品名称	销售单价	数量	单位	销售金额	预付款
3	2024-1-3	甲药品	6800	40	箱	272000	136000
4	2024-1-5	乙药品	9750	10	件	97500	97500
5	2024-1-8	甲药品	6850	30	箱	205500	102750
6	2024-1-10	丙药品	10500	50	箱	525000	131250
7	2024-1-12	甲药品	6600	100	箱	660000	165000
8	2024-1-16	甲药品	6750	55	箱	371250	185625
9	2024-1-18	乙药品	9600	40	件	384000	192000
10							
11			销售单价	数量			
12			>=6800	>=40			

图 4－17　输入高级筛选的条件

步骤 2：打开“数据”选项卡，单击“高级”按钮，如图 4－18 所示。

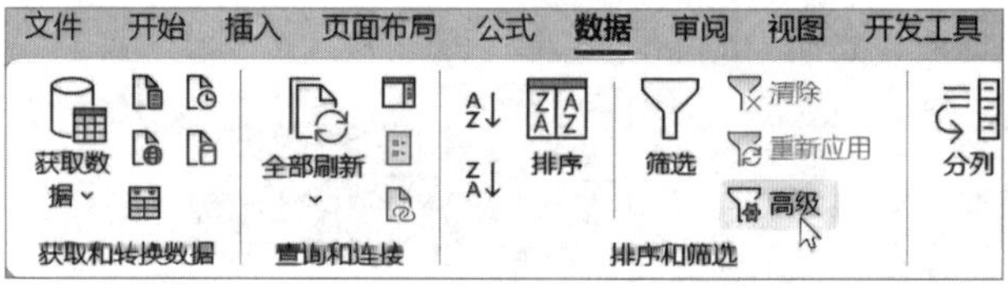

图 4－18　“数据”｜“高级”

步骤 3：在弹出的“高级筛选”对话框中选择“在原有区域显示筛选结果”，在列表区域和条件区域中输入相应内容（也可以通过单击展开按钮↑在工作表中选定区域）。例如，单击展开按钮来选定列表区域和条件区域，如图 4－19 所示。

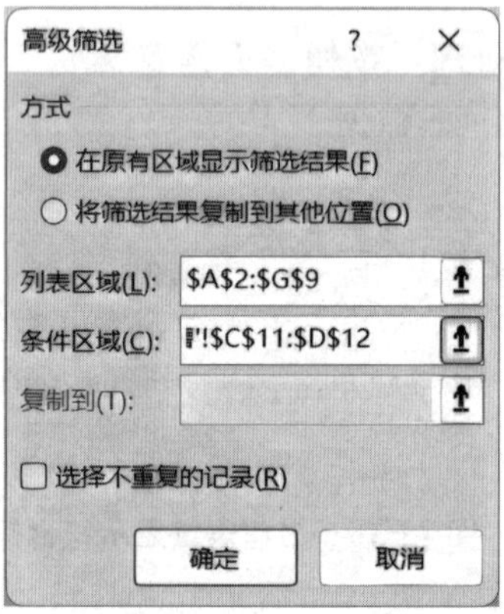

图 4－19　“高级筛选”对话框

步骤 4：单击“确定”按钮，即可得到销售单价大于等于 6 800 且销售数量大于等于 40 的筛选结果，如图 4－20 所示。

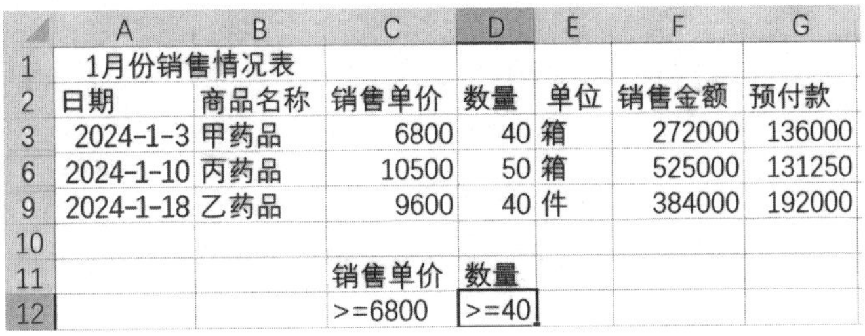

	A	B	C	D	E	F	G
1	1月份销售情况表						
2	日期	商品名称	销售单价	数量	单位	销售金额	预付款
3	2024-1-3	甲药品	6800	40	箱	272000	136000
6	2024-1-10	丙药品	10500	50	箱	525000	131250
9	2024-1-18	乙药品	9600	40	件	384000	192000
10							
11			销售单价	数量			
12			>=6800	>=40			

图 4－20　筛选结果

3. 取消筛选

对工作表的数据进行筛选后，工作表中将只显示符合筛选条件的数据，需要查看其他数据时可以取消筛选。如果要取消自动筛选，打开“数据”选项卡，单击“排序与筛选”选项组中的“清除”按钮即可，如图 4－21 所示。

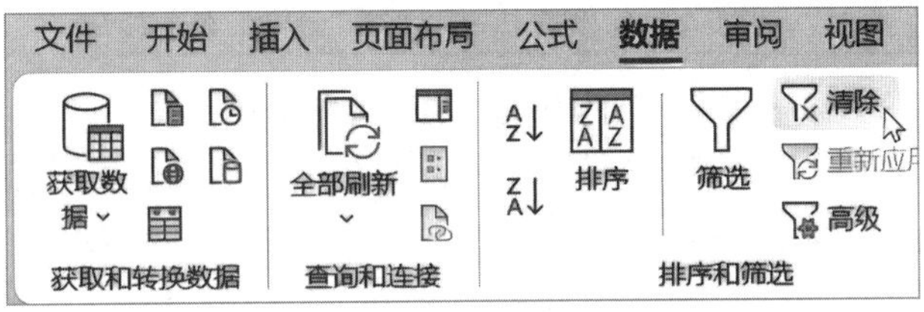

图 4－21　取消自动筛选

4.2　分类汇总

分类汇总是将数据按照某一字段进行分类并计算汇总（个数、和、平均值等）。通过分类汇总可以方便地分析出各类数据在总数据中所占的位置。简单来说，就是先按照一个标准进行分类，再对各类型数据进行汇总。例如，销售数据清单中包含日期、商品名称、销售单价、数量、单位、销售金额等项目。可以先按商品名称进行分类，再对数量、销售金额等数据进行汇总。Excel 可以自动创建公式、插入分类汇总与总和的行并且自动分级显示数据。数据结果可以方便地进行格式化、创建图表或者打印。

4.2.1　建立分类汇总

建立分类汇总的具体操作步骤如下。

步骤 1：在需要分类汇总的工作表中对需要分类的字段进行排序，例如，要对“商品名称”进行分类，应先对其排序（按甲药品、乙药品、丙药品的顺序），如图 4－22 所示。

	A	B	C	D	E	F	G
1	1月份销售情况表						
2	日期	商品名称	销售单价	数量	单位	销售金额	预付款
3	2024-1-3	甲药品	6800	40	箱	272000	136000
4	2024-1-8	甲药品	6850	30	箱	205500	102750
5	2024-1-12	甲药品	6600	100	箱	660000	165000
6	2024-1-16	甲药品	6750	55	箱	371250	185625
7	2024-1-5	乙药品	9750	10	件	97500	97500
8	2024-1-18	乙药品	9600	40	件	384000	192000
9	2024-1-10	丙药品	10500	50	箱	525000	131250

图 4－22　按“商品名称”排序

步骤 2：选中“数据”选项卡中的“分级显示”选项组，单击该选项组中的“分类汇总”按钮，如图 4－23 所示。

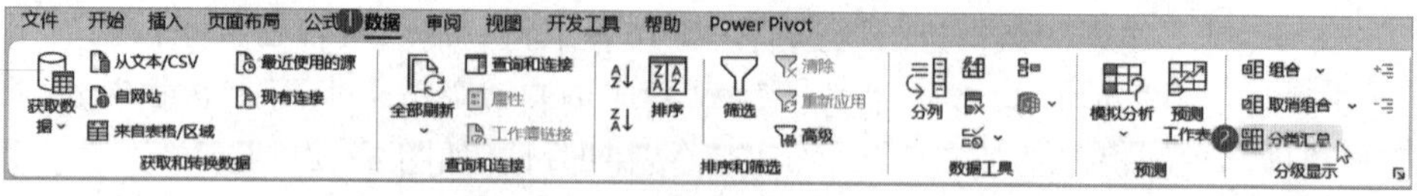

图 4－23　单击“分类汇总”按钮

步骤 3：在弹出的“分类汇总”对话框中单击“分类字段”下拉列表框，从中选择需要分类汇总的数据列。例如，在分类字段中选择“商品名称”，即按照商品名称进行分类，如图 4－24 所示。

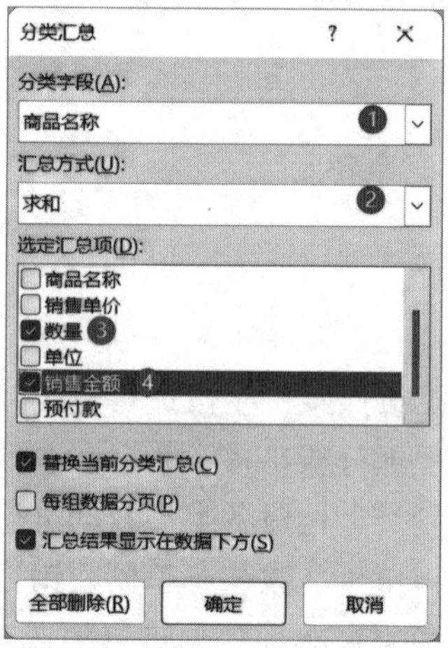

图 4－24　“分类汇总”对话框

步骤 4：单击“汇总方式”下拉列表框，从中选择所需的用于计算分类汇总的函数，例如，选择“求和”，如图 4－24 所示。

步骤 5：在“选定汇总项”列表框中，选中与需要对其汇总计算的数值列对应的复选框，例如，选中“数量”和“销售金额”，如图 4－24 所示。

步骤 6：设置“分类汇总”对话框中的其他选项。

如果想要替换任何现存的分类汇总，选中“替换当前分类汇总”复选框。

如果想要在每组之前插入分页，选中“每组数据分页”复选框。

如果想在数据组末段显示分类汇总及总和，选中“汇总结果显示在数据下方”

复选框。

步骤 7：单击“确定”按钮，完成分类汇总操作，分类汇总后的结果如图 4－25 所示。

	A	B	C	D	E	F	G
1	1月份销售情况表						
2	日期	商品名称	销售单价	数量	单位	销售金额	预付款
3	2024-1-3	甲药品	6800	40	箱	272000	136000
4	2024-1-8	甲药品	6850	30	箱	205500	102750
5	2024-1-12	甲药品	6600	100	箱	660000	165000
6	2024-1-16	甲药品	6750	55	箱	371250	185625
7		甲药品 汇总		225		1508750	
8	2024-1-5	乙药品	9750	10	件	97500	97500
9	2024-1-18	乙药品	9600	40	件	384000	192000
10		乙药品 汇总		50		481500	
11	2024-1-10	丙药品	10500	50	箱	525000	131250
12		丙药品 汇总		50		525000	
13		总计		325		2515250	

图 4－25 分类汇总结果

对数据进行分类汇总后，如果要查看数据清单中的明细数据或者单独查看汇总总计，则要用到分级显示的内容。

在图 4－25 中，工作表左上方是分级显示的级别符号，如果要分级显示某个级别，则单击该级别的数字。图 4－26 显示的是 2 级明细，也就是对各个药品的汇总。

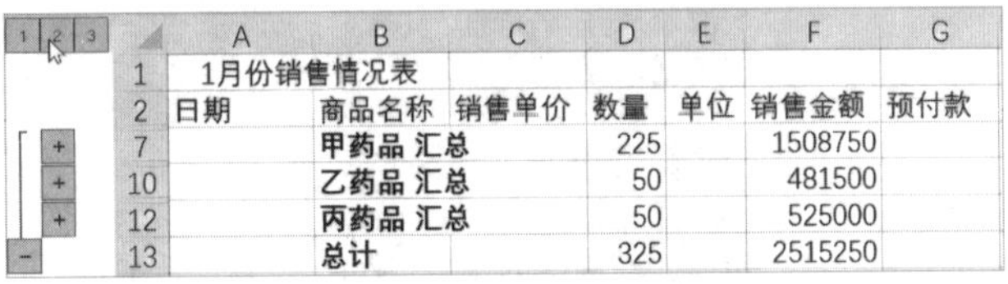

	A	B	C	D	E	F	G
1	1月份销售情况表						
2	日期	商品名称	销售单价	数量	单位	销售金额	预付款
7		甲药品 汇总		225		1508750	
10		乙药品 汇总		50		481500	
12		丙药品 汇总		50		525000	
13		总计		325		2515250	

图 4－26 分类汇总 2 级明细

分级显示级别符号下方有显示明细数据符号 ⊞，单击它可以在数据清单中显示数据清单中的明细数据。还有隐藏明细数据符号⊟，单击它可以在数据清单中隐藏数据清单中的明细数据。例如，鼠标左键单击“乙药品汇总”左侧的明细数据符号后，结果如图 4－27 所示。

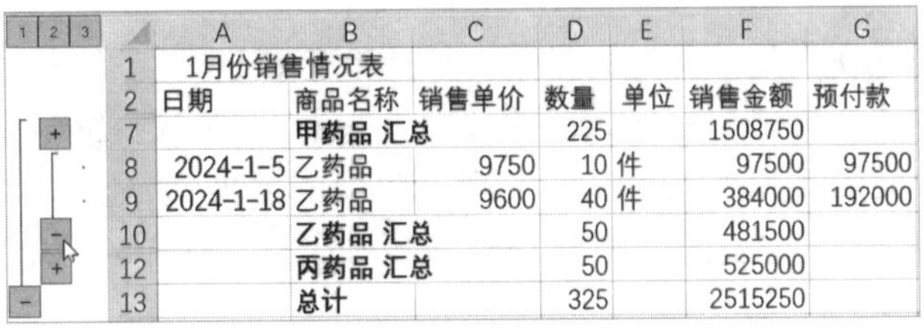

	A	B	C	D	E	F	G
1	1月份销售情况表						
2	日期	商品名称	销售单价	数量	单位	销售金额	预付款
7		甲药品 汇总		225		1508750	
8	2024-1-5	乙药品	9750	10	件	97500	97500
9	2024-1-18	乙药品	9600	40	件	384000	192000
10		乙药品 汇总		50		481500	
12		丙药品 汇总		50		525000	
13		总计		325		2515250	

图 4－27 显示/隐藏明细数据符号

4.2.2 删除分类汇总

对工作表中的数据进行分类汇总后，如果需要将工作表还原到分类汇总前的状态可以删除工作表的分类汇总。删除分类汇总的具体操作步骤如下。

步骤1：选中“数据”选项卡中的“分级显示”选项组，单击该选项组中的“分类汇总”按钮，打开“分类汇总”对话框。

步骤2：在该对话框中单击“全部删除”按钮，如图4－28所示，工作表中的分类汇总结果将被清除。

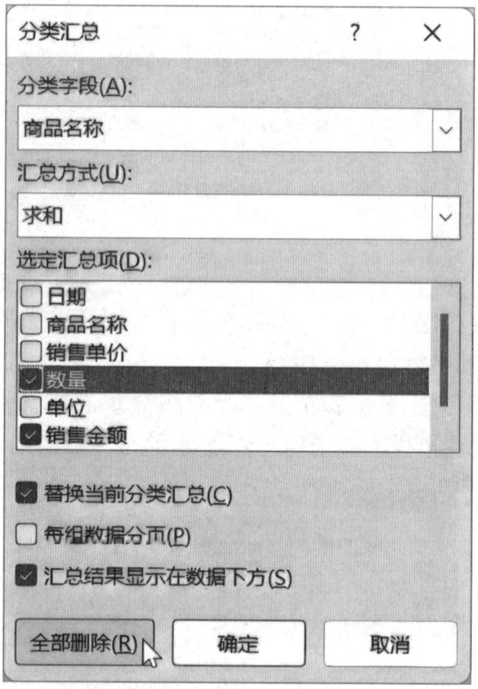

图4－28 删除分类汇总

4.3 数据透视表

数据透视表是一种对大量数据快速汇总和建立交叉列表的交互式表格，用户可以使用它快速合并与比较大量的数据。通过对数据透视表行、列的旋转，还能看到源数据不同的排列方式，从而实现多角度的数据透视分析。在学习数据透视表前，先认识一下数据透视表，并了解各区域的名称，如图4－29所示。

4.3.1 创建数据透视表

创建数据透视表首先要选择数据源。所谓数据源就是为数据透视表提供数据的基础行或数据库记录的数据来源。数据源可以来自Excel数据清单、外部数据库、多维数据集，或者另一张数据透视表。创建数据透视表的操作步骤如下。

步骤1：准备好数据源后，在功能区“插入”选项卡中选择“数据透视表”，选

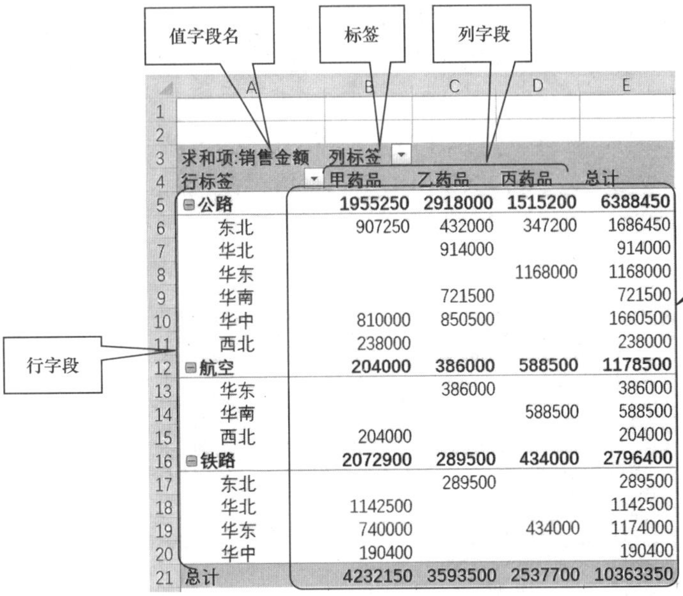

求和项:销售金额	列标签			
行标签	甲药品	乙药品	丙药品	总计
⊟公路	1955250	2918000	1515200	6388450
东北	907250	432000	347200	1686450
华北		914000		914000
华东			1168000	1168000
华南		721500		721500
华中	810000	850500		1660500
西北	238000			238000
⊟航空	204000	386000	588500	1178500
华东		386000		386000
华南			588500	588500
西北	204000			204000
⊟铁路	2072900	289500	434000	2796400
东北		289500		289500
华北	1142500			1142500
华东	740000		434000	1174000
华中	190400			190400
总计	4232150	3593500	2537700	10363350

图 4－29　数据透视表

择“表格和区域”命令，如图 4－30 所示。

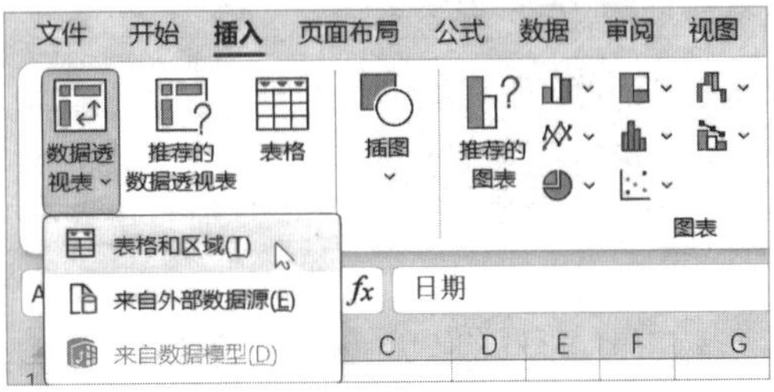

图 4－30　“插入”｜“数据透视表”｜“表格和区域”

步骤 2：打开“来自表格或区域的数据透视表”对话框，Excel 会自动将识别到的需要分析的区域填入“表/区域”栏中，并在表格中用虚线框框出，如图 4－31 所示。

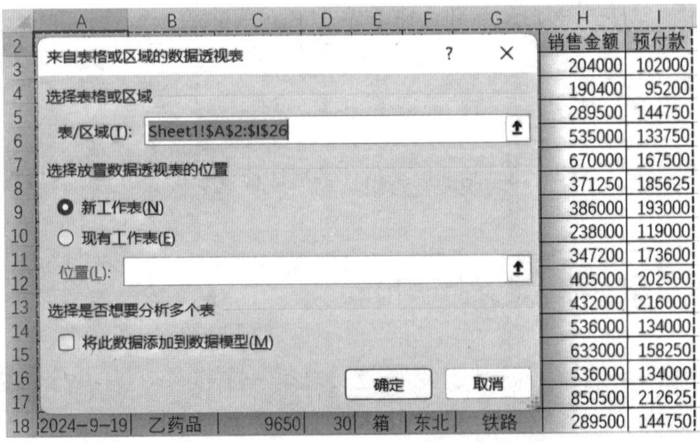

图 4－31　“来自表格或区域的数据透视表”对话框

步骤 3：选择数据透视表的放置位置。在“来自表格或区域的数据透视表”对话框中选择放置数据透视表的位置，例如选中“新工作表”，然后单击“确定”按钮。

Excel 2021 中，也可以先选中需要分析的数据区域，在右下角点击“快速分析”命令（或使用快捷键“Ctrl+Q”），并选择“表格”选项卡，从中选择一个合适的透视表类型即可，如图 4－32 所示。

图 4－32　“快速分析”命令创建数据透视表

创建好数据透视表以后，功能区会增加两个选项卡，分别是“数据透视表分析”和“设计”选项卡，如图 4－33 所示。

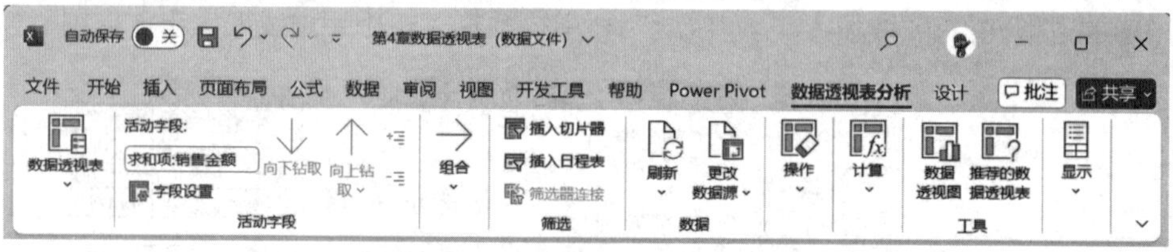

图 4－33　功能区新增“数据透视表分析”和“设计”选项卡

4.3.2　添加字段定义报表布局

使用数据透视表向导创建的透视表是一个框架，为了分析数据。还需要往框架里填充数据。添加字段就是组合数据、布置报表的一种方法。

添加字段的方法有三种：从字段复选框中添加、从字段菜单中添加以及拖动字段名称到区域中添加。

方法一：从字段复选框中添加。在“数据透视表字段”窗格中选择要添加的字段，如勾选“地区”复选框，如图 4-34 所示。

图 4-34　从字段复选框中添加

方法二：从字段菜单中添加。在“数据透视表字段”窗格中用鼠标右键单击要添加的字段，如“运输方式”，在弹出的菜单中选择添加的位置，如选择“添加到行标签”，如图 4-35 所示。

图 4-35　从字段菜单中添加

方法三：拖动字段名称到区域中添加。在字段列表窗格中选中要添加的字段名称，如选中“商品名称”字段。按住鼠标左键不放，将“商品名称”字段拖动到下方“列”区域内，如图 4－36 所示。

图 4－36　拖动字段名称到区域中添加

将“销售金额”字段添加到“值”以后，可得到较完整的数据透视表，如图 4－37 所示。

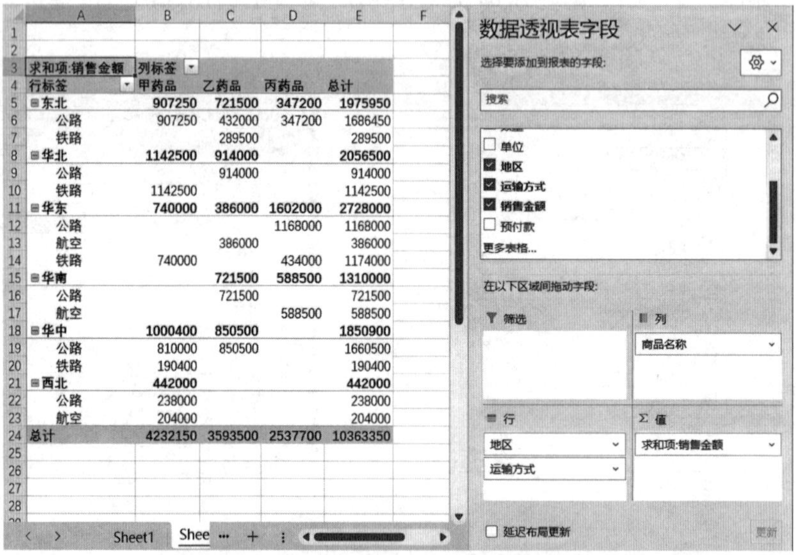

图 4－37　添加完字段的数据透视表

4.3.3 移动字段重排布局

添加字段后，可以定义一组数据的布局，若要从其他角度分析数据，还需拖动字段到不同区域重排布局。具体方法有两种。

方法一：鼠标左键单击字段名称。例如，要将“行”标签下的“运输方式”调整到“地区”上方，则用鼠标左键单击“运输方式”，在展开的菜单中选择“上移”，如图 4-38 所示。除了可以上移，也可以移动“列”“值”等到其他区域。

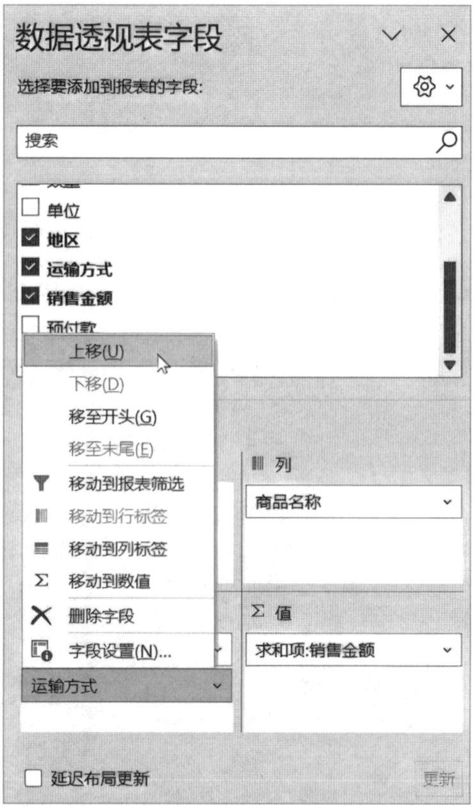

图 4-38 字段展开菜单

方法二：鼠标拖拽。直接用鼠标左键按住要移动的字段进行拖拽，例如，鼠标左键按住“运输方式”移动到“地区”上方，松开鼠标左键即可，如图 4-39 所示。当然，也可以用鼠标跨区域进行拖拽。

经过以上方法调整后，数据透视表如图 4-40 所示。

4.3.4 设置字段显示方式

字段的显示方式可分为两类：对于文本字段，可以设置该字段以多个分类汇总的形式显示及以大纲或表格的形式显示；对于值字段，在对数据进行汇总时，可以

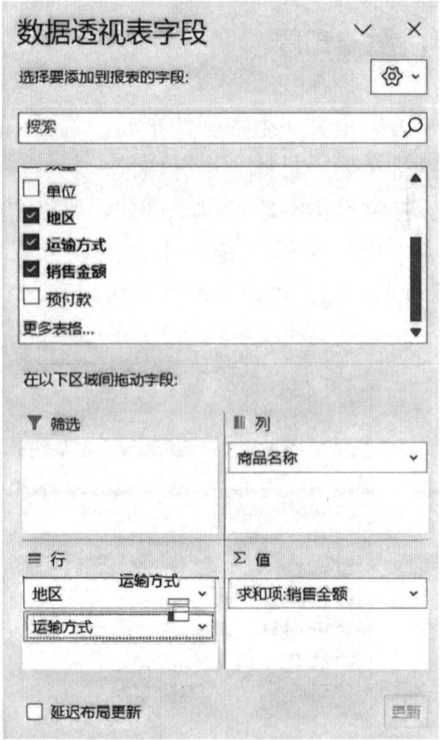

图 4－39　鼠标拖拽字段

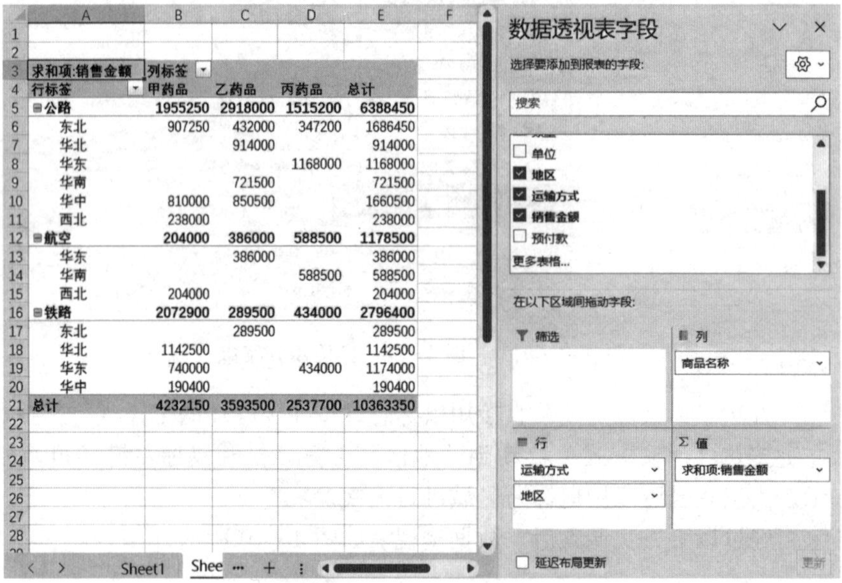

求和项:销售金额	列标签			
行标签	甲药品	乙药品	丙药品	总计
⊟公路	1955250	2918000	1515200	6388450
东北	907250	432000	347200	1686450
华北		914000		914000
华东			1168000	1168000
华南		721500		721500
华中	810000	850500		1660500
西北	238000			238000
⊟航空	204000	386000	588500	1178500
华东		386000		386000
华南			588500	588500
西北	204000			204000
⊟铁路	2072900	289500	434000	2796400
东北		289500		289500
华北	1142500			1142500
华东	740000		434000	1174000
华中	190400			190400
总计	4232150	3593500	2537700	10363350

图 4－40　字段移动后的数据透视表

选择的计算类型只有一种，不过值字段不仅可以设置按求和、计数、平均值汇总字段数据，还可以百分比的形式显示，这是文本字段所没有的。设置字段显示方式的方法有两种。

方法一：通过“值字段设置”对话框设置。其操作步骤如下。

步骤 1：打开值字段设置对话框。方法有以下三种。

(1) 在工作表编辑区选中需要设置字段显示方式的单元格，在功能区“数据透视表分析”选项卡“活动字段”组选择“字段设置”命令，如图 4-41 所示。

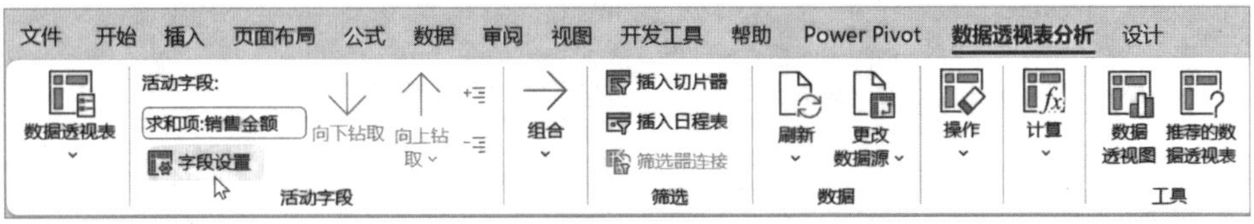

图 4-41　“数据透视表分析”|“字段设置”

(2) 直接在字段列表中用鼠标左键单击需要设置的字段名称，例如，单击“销售金额”，在展开的菜单中选择“值字段设置”命令，如图 4-42 所示。

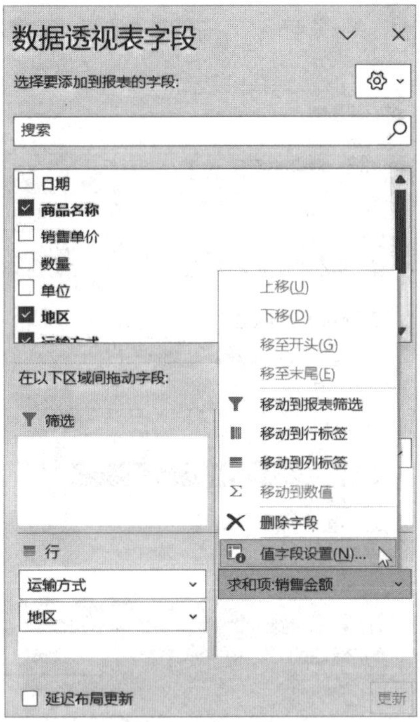

图 4-42　在字段列表用鼠标左键单击字段名称

(3) 在工作表编辑区选中需要设置字段显示方式的单元格，单击鼠标右键打开菜单，选择“值字段设置”即可，如图 4-43 所示。

步骤 2：更改值汇总方式。在打开的“值字段设置”对话框中，点击“值汇总方式”，选择需要的计算类型。例如，选择“平均值”，如图 4-44 所示。这样在数据透视表中显示的就是各药品在各地区的销售平均值，如图 4-45 所示。

步骤 3：更改“值显示方式”。有时为了更清楚地反映出各数据的意义和重要

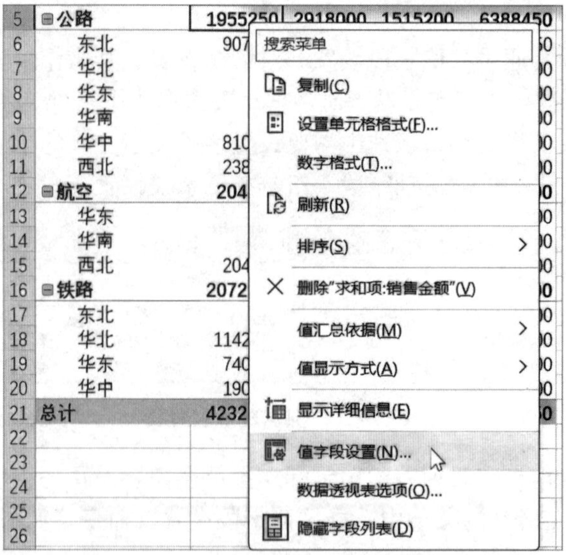

图 4-43　打开菜单选择“值字段设置”

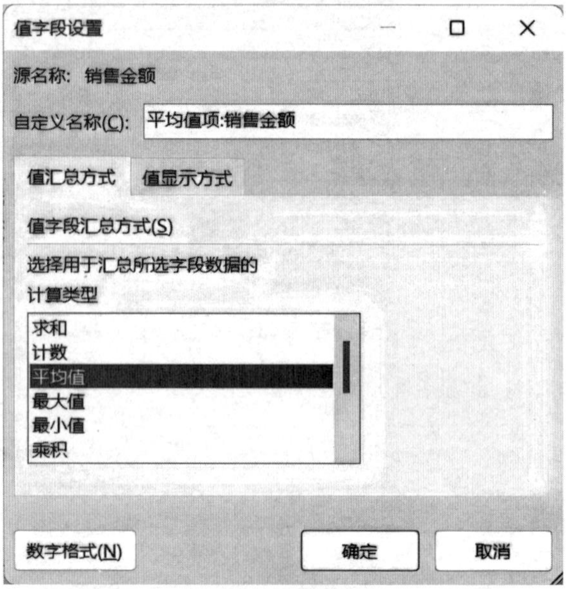

图 4-44　更改“值汇总方式”为平均值

性，往往需要对数据进行处理。例如，我们可以把各运输方式运送到各地区的比例展示出来，这样便于更直观地观察数据。先把“值汇总方式”改回求和，在“值字段设置”对话框中选择“值显示方式”选项卡，值显示方式选择“父级汇总的百分比”，基本字段选择“运输方式”，如图 4-46 所示。这样，每种药品按不同运输方式运输到各地区的占比即可清楚的展示出来，如图 4-47 所示。

平均值项:销售金额	列标签			
行标签	甲药品	乙药品	丙药品	总计
⊟公路	391050	486333.3333	505066.6667	456317.8571
东北	453625	432000	347200	421612.5
华北		457000		457000
华东			584000	584000
华南		360750		360750
华中	405000	850500		553500
西北	238000			238000
⊟航空	204000	386000	588500	392833.3333
华东		386000		386000
华南			588500	588500
西北	204000			204000
⊟铁路	414580	289500	434000	399485.7143
东北		289500		289500
华北	571250			571250
华东	370000		434000	391333.3333
华中	190400			190400
总计	384740.9091	449187.5	507540	431806.25

图 4－45　显示结果

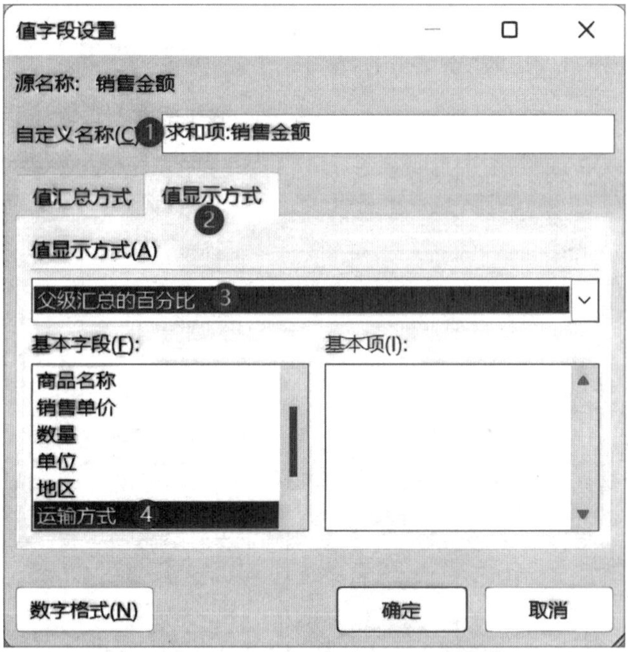

图 4－46　“值显示方式”选项卡设置

方法二：直接用鼠标右键单击数据单元格，在菜单中选择“值汇总依据”或“值显示方式”完成设置，如图 4－48 所示。

4.3.5　对字段项目分组

若对数据透视表报表中太细的分类不满意，可以将一些分类合并，也就是分组。分组的方法有两种。

方法一：功能区“数据透视表工具”｜“分组选择”设置。先选中需要组合的字段，例如，将不常用的“铁路”和“航空”选中（利用 Ctrl 键配合鼠标左键），

求和项:销售金额	列标签			
行标签	甲药品	乙药品	丙药品	总计
⊟公路	**100.00%**	**100.00%**	**100.00%**	**100.00%**
东北	46.40%	14.80%	22.91%	26.40%
华北	0.00%	31.32%	0.00%	14.31%
华东	0.00%	0.00%	77.09%	18.28%
华南	0.00%	24.73%	0.00%	11.29%
华中	41.43%	29.15%	0.00%	25.99%
西北	12.17%	0.00%	0.00%	3.73%
⊟航空	**100.00%**	**100.00%**	**100.00%**	**100.00%**
华东	0.00%	100.00%	0.00%	32.75%
华南	0.00%	0.00%	100.00%	49.94%
西北	100.00%	0.00%	0.00%	17.31%
⊟铁路	**100.00%**	**100.00%**	**100.00%**	**100.00%**
东北	0.00%	100.00%	0.00%	10.35%
华北	55.12%	0.00%	0.00%	40.86%
华东	35.70%	0.00%	100.00%	41.98%
华中	9.19%	0.00%	0.00%	6.81%
总计				

图 4-47　显示结果

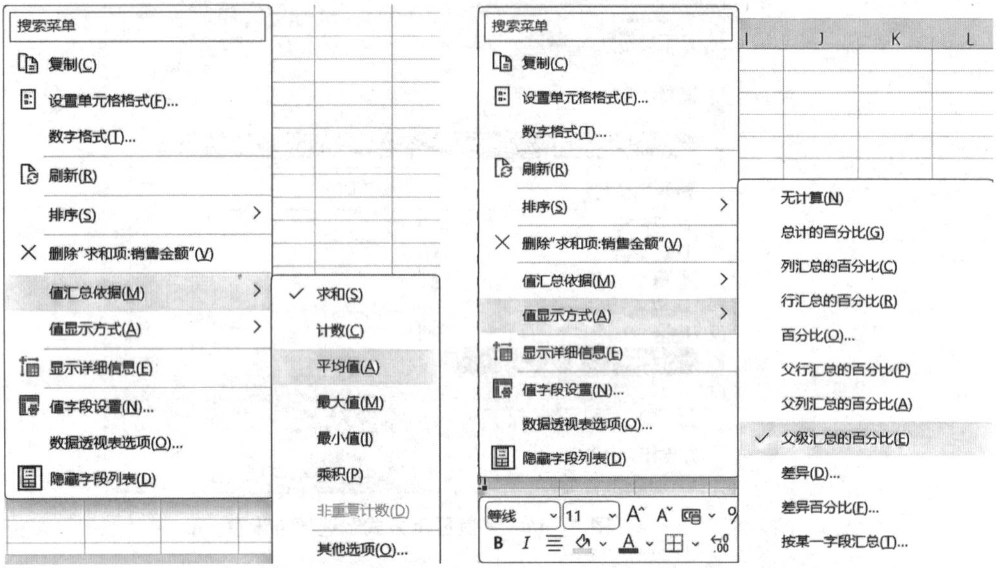

图 4-48　鼠标右键单击数据单元格设置“值汇总依据”和“值显示方式”

在功能区“数据透视表工具”中单击“分组选择”命令即可，如图 4-49 所示。分组后，“公路”的上方又多了一个“公路”的汇总，“航空”和“铁路”成为“数据组 1”的子集（新增的“公路”与“数据组 1”同级），同时在“行”分类中会增加“运输方式 2”（包括“航空”和“铁路”），如图 4-50 所示。

方法二：在菜单选择“组合”设置。先选中需要组合的字段，例如将不常用的“铁路”和“航空”选中（利用 Ctrl 键配合鼠标左键），再单击鼠标右键选择“组合”命令，如图 4-51 所示。

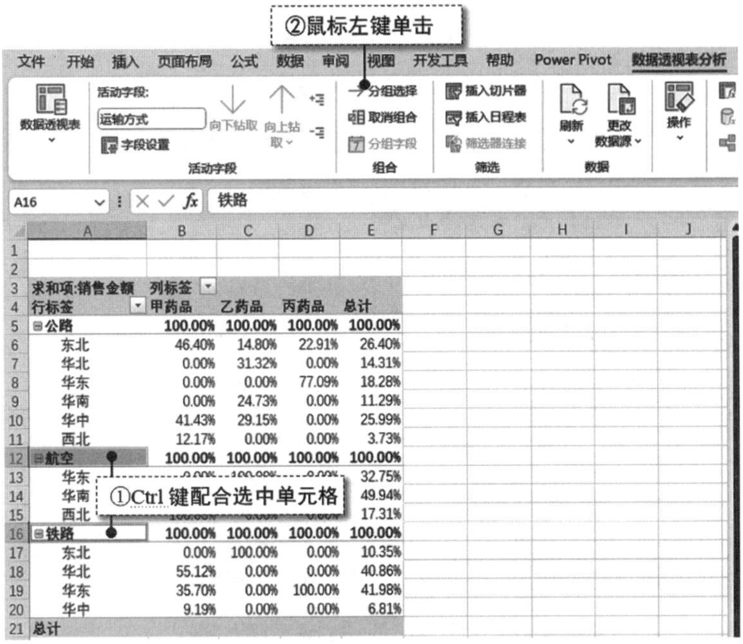

图 4－49　“数据透视表分析”｜“分组选择”

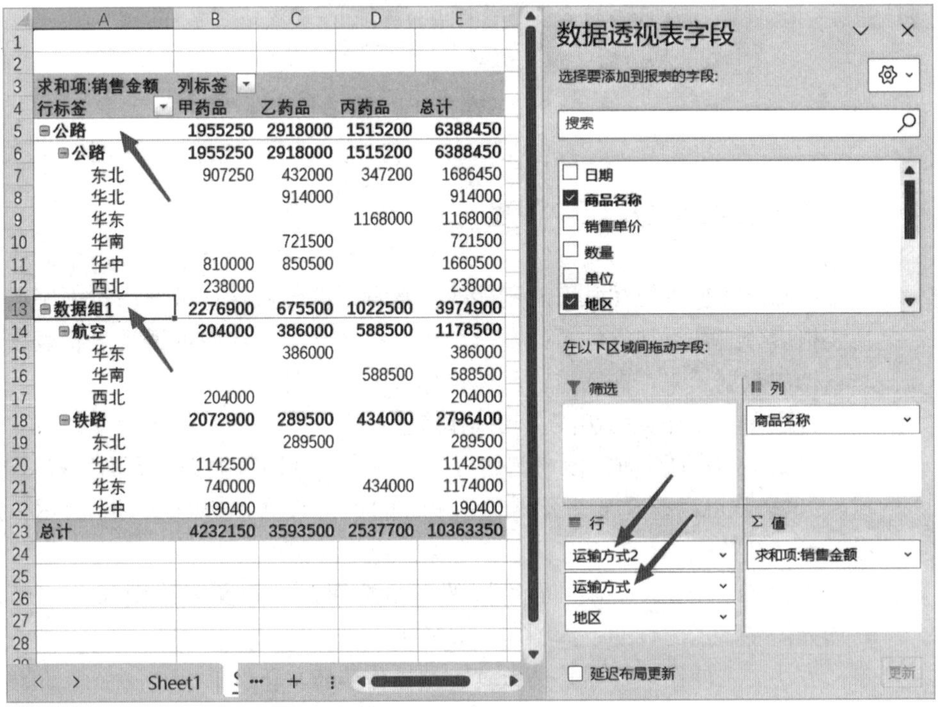

图 4－50　分组后的效果

若要取消组合，在功能区或在行字段单击鼠标右键，在菜单选择“取消组合”即可。

图 4－51　在菜单单击鼠标右键选择“组合”

4.3.6　在数据透视表中筛选

要筛选数据以便在某一时刻能按需查看某部分数据，可使用页面字段将数据透视表报表分成若干独立的页面。每个页面都包含一个在数据透视表报表中显示为汇总数据的数据子集，即筛选。具体操作方法有两种。

方法一：添加页面字段。其操作步骤如下。

步骤 1：添加页面字段。例如可添加一个“日期”类别的页面字段（“筛选”区域），这样就可以查看某一天或某一个月的销售数据，如图 4－52 所示。操作方法参考 4.3.2 节。

步骤 2：筛选。点开页面字段的三角按钮▾，若要多选则勾选“选择多项”，并选择需要显示的日期，如图 4－53 所示。

方法二：使用切片器筛选数据。其操作步骤如下。

步骤 1：在功能区“数据透视表分析”中的“筛选”组点击“插入切片器”命令，如图 4－54 所示。

步骤 2：在“插入切片器”对话框中选择需要进行筛选的字段。例如，选中“日期”，在复选框中打钩，单击“确定”，如图 4－55 所示。

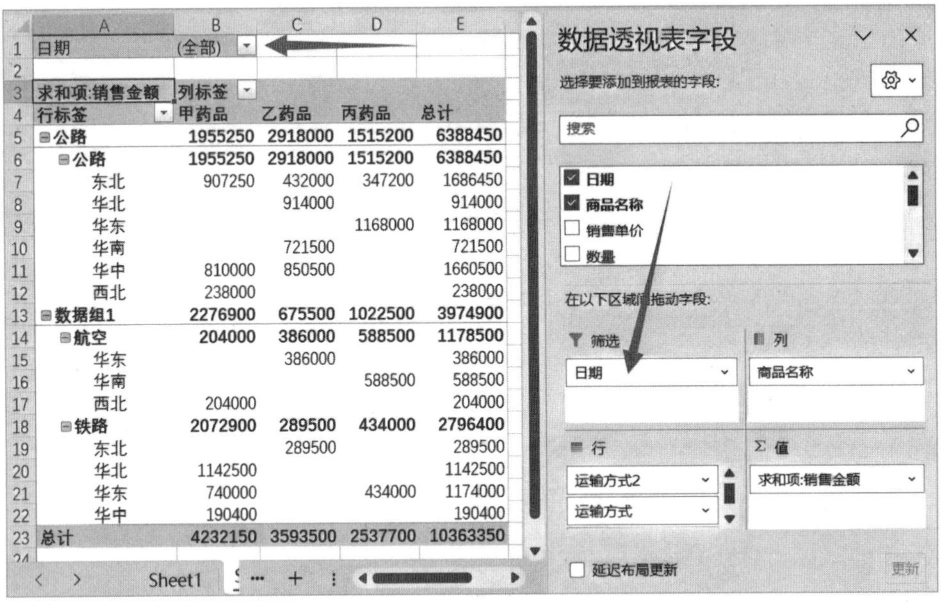

图 4-52　添加“日期”类别的页面字段（“筛选”区域）

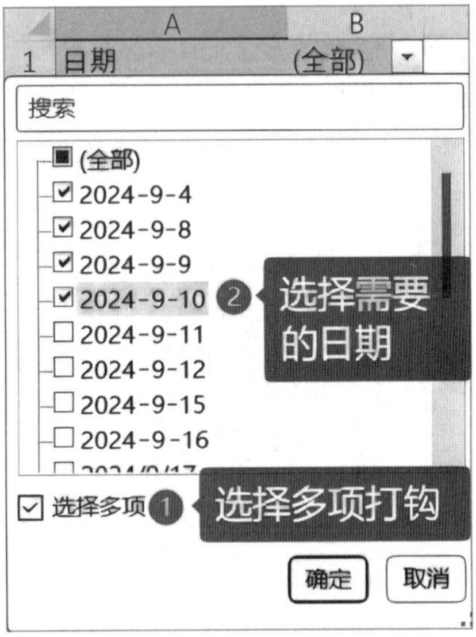

图 4-53　筛选需要显示的日期

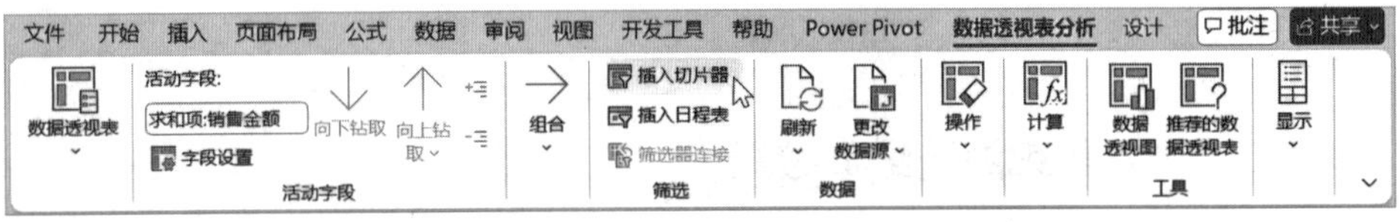

图 4-54　“数据透视表分析”｜“插入切片器”

步骤 3：单击任何切片器按钮，会自动将该筛选器应用到链接表或数据透视表。例如，选择 9 月 10 日及之前的数据，如图 4-56 所示。注意：若要选择多个项，

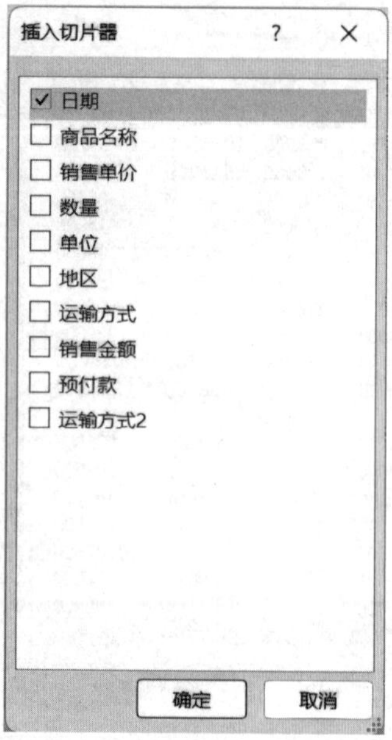

图 4-55 “插入切片器”对话框

可以按住 Ctrl 键，然后选择要显示的项，或按右上角的“多选”按钮（快捷键是“Alt+S”）再选择日期；若要清除切片器的筛选器，则选择切片器中的“清除筛选器”按钮；若要调整切片器大小，选择并按住切片器的角落。

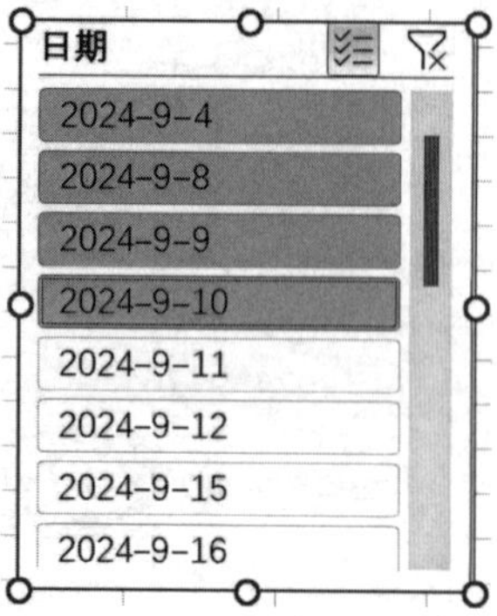

图 4-56 切片器

添加切片器后，在功能区新增“切片器工具”|“选项”选项卡，可以对切片器样式、排列、大小等进行设置。

4.3.7 查看或隐藏细节数据

数据透视表的动态交互特性使我们可以随时查看或隐藏部分需要或不需要的细节数据。即使用数据透视表可以实现对分类数据的查看或隐藏，也可按需展开项目的特定详细信息，或者显示特定数据单元格的基础源数据。

（1）显示或隐藏行、列中的项目。使用数据透视表可以查看详细信息，也可隐藏信息从而获得全局认识。要显示或隐藏行、列中的项目，可以单击字段右侧的下三角按钮▾，然后根据自己的需要选择或清除复选框，单击“确定”按钮，如图 4－57 所示。

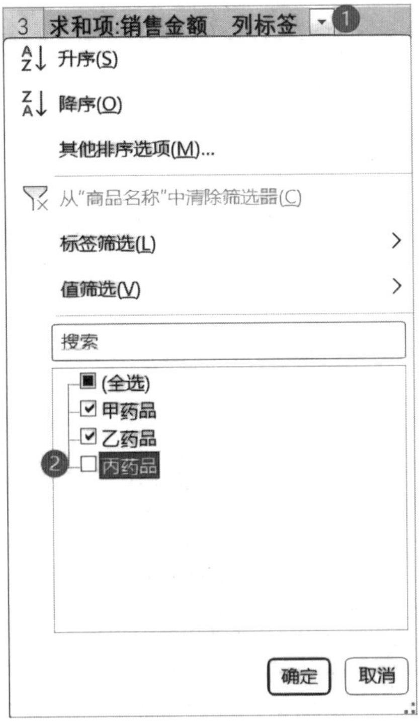

图 4－57　显示或隐藏行、列中的项目

（2）显示项目特定详细信息。其操作步骤如下。

步骤 1：选中需要显示详细信息的字段项，在“数据透视表分析”功能区“活动字段”组里选择“展开字段”命令。例如，选中“甲药品”，再单击“展开字段”命令，如图 4－58 所示。也可以在行、列标签单击鼠标右键展开菜单，在“展开/折叠”中选择“展开”。

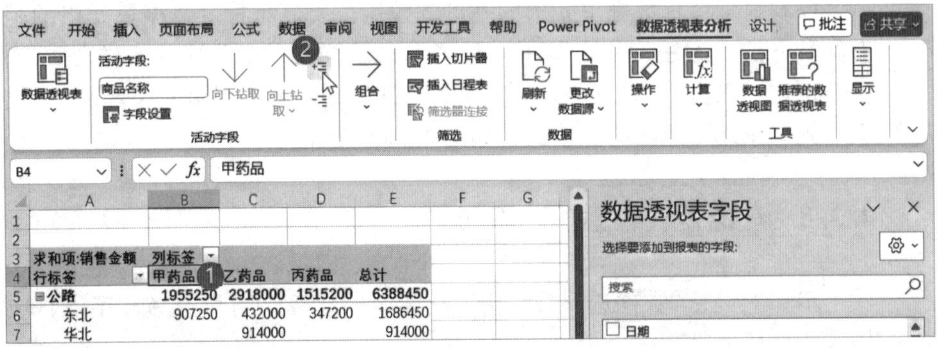

图 4－58　选择“展开字段”命令

步骤 2：在“显示明细数据”对话框中选择要显示的字段。例如，选择“预付款”字段，单击确定按钮，如图 4-59 所示。此时就可以显示各药品的预付款情况，如图 4-60 所示。

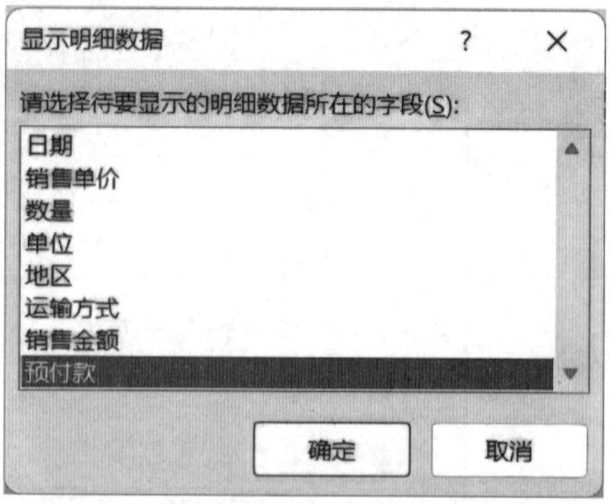

图 4-59 “显示明细数据”对话框

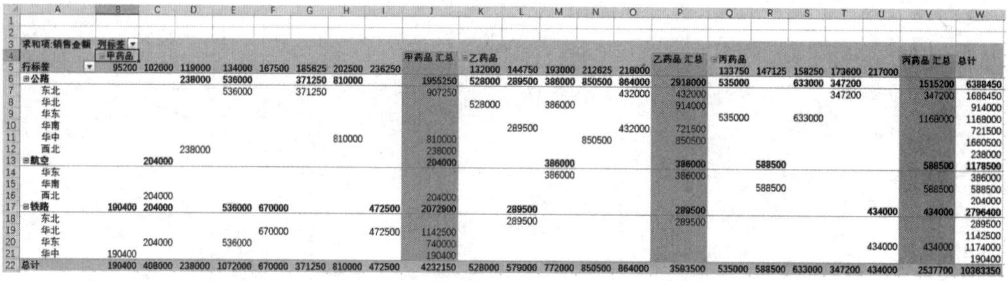

图 4-60 各药品的“预付款”情况

若要将详细信息折叠，可以在“数据透视表分析”功能区“活动字段”组里选择“折叠字段”命令。需要注意的是，选择了折叠字段命令之后，在行、列标签会留下一个展开 ⊞/折叠 ⊟按钮。若要删除这个按钮，需要在“数据透视表分析”功能区“数据透视表”组中点击“选项”命令，在弹出的“数据透视表选项”对话框中，选择“显示”选项卡，取消选择“显示展开/折叠按钮”，然后点击“确定”按钮即可，如图 4-61 所示。

（3）显示特定数据单元格的基础源数据。要显示特定数据单元格的基础源数据有两种方法。方法一：在菜单中选择“显示详细信息”命令。方法二：双击单元格。例如，双击 B6 单元格，则新建工作表“Sheet3”展示“甲药品”通过“公路”运输到“东北”地区的源数据，如图 4-62 所示。

4.3.8 在透视表中添加计算项

步骤 1：在“数据透视表分析”功能区“计算”组里选择“字段、项目和集”，插入“计算字段”。

步骤 2：在“插入计算字段”选项卡中输入“名称”和“公式”。例如，公司毛利

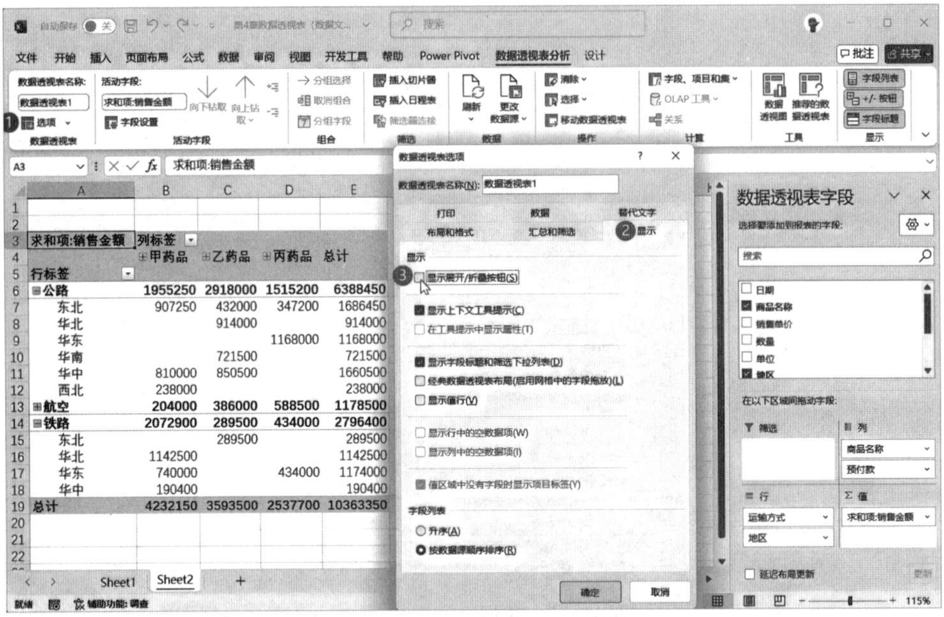

图 4－61 设置取消显示展开/折叠按钮

图 4－62 显示源数据

润为销售额的 15%。名称输入“毛利润”，接着编辑公式，双击“销售金额”（或单击“销售金额”点击“插入字段”），再输入“＊15%”，单击“确定”按钮，如图 4－63 所示。这样就会在“销售金额”的下方增加一个求和项“毛利润”，如图 4－64 所示。

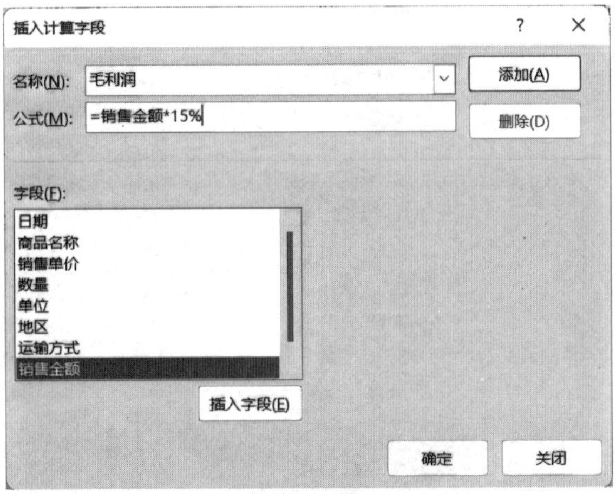

图 4－63 设置“名称”和“公式”

	A	B	C	D	E
1					
2					
3		列标签			
4	行标签	甲药品	乙药品	丙药品	总计
5	⊟公路				
6	东北				
7	求和项:销售金额	907250	432000	347200	1686450
8	求和项:毛利润	136087.5	64800	52080	252967.5
9	华北				
10	求和项:销售金额		914000		914000
11	求和项:毛利润	0	137100	0	137100
12	华东				
13	求和项:销售金额			1168000	1168000
14	求和项:毛利润	0	0	175200	175200
15	华南				
16	求和项:销售金额		721500		721500
17	求和项:毛利润	0	108225	0	108225
18	华中				
19	求和项:销售金额	810000	850500		1660500
20	求和项:毛利润	121500	127575	0	249075
21	西北				
22	求和项:销售金额	238000			238000
23	求和项:毛利润	35700	0	0	35700
24	公路 求和项:销售金额	1955250	2918000	1515200	6388450
25	公路 求和项:毛利润	293287.5	437700	227280	958267.5

图 4-64　数据透视表中添加计算项“毛利润”

若要删除“毛利润”，可以在“数据透视表字段”｜“值”中用鼠标左键单击“求和项：毛利润”，选择“删除字段”；或者直接在“数据透视表字段”窗口中把“毛利润”前复选框的钩点掉，如图 4-65 所示。

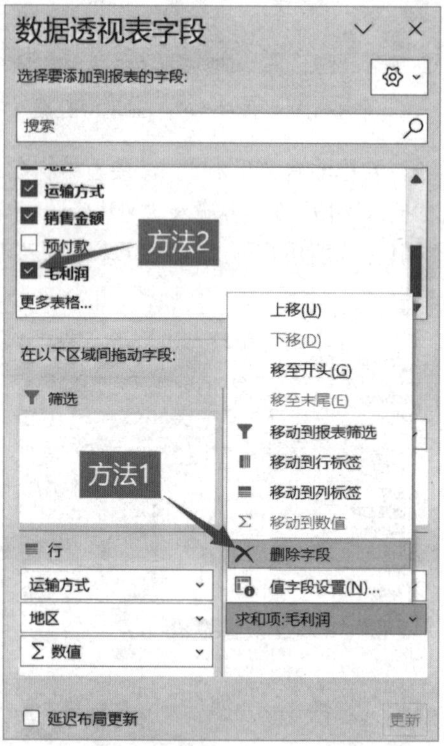

图 4-65　删除计算项“毛利润”

数据的管理与分析：
排序与筛选

4.4 专家设置

4.4.1 单元格设置下拉选项

Excel 中设置下拉选项可以帮助我们在数据输入时提高效率、减少错误。例如，可以在“1 月份销售情况表”的 B 列设置下拉选项“甲药品、乙药品、丙药品”，如图 4－66 所示。其操作步骤如下。

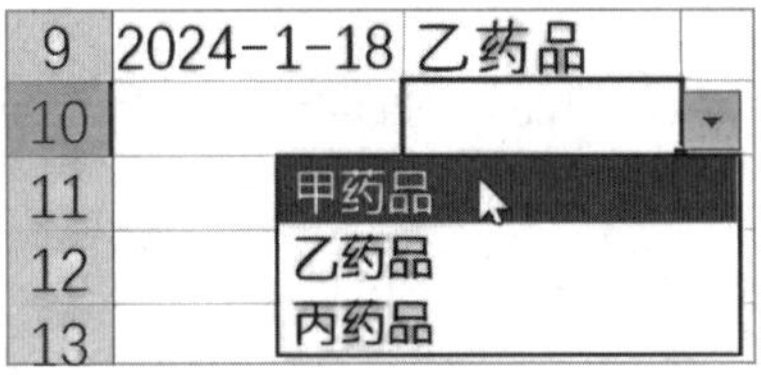

图 4－66　设置完成效果图

步骤 1：选中 B10 单元格，在“数据”功能区“数据工具”组单击“数据验证”命令，如图 4－67 所示。

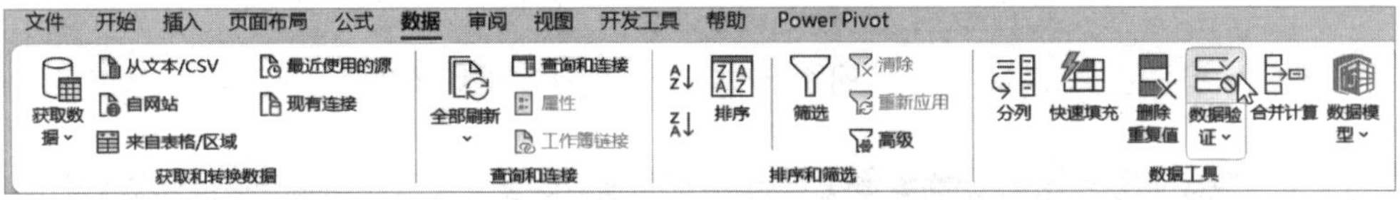

图 4－67　“数据”｜“数据工具”｜“数据验证”

步骤 2：在弹出的“数据验证”对话框中的“允许”下拉框选择“序列”，在“提供下拉箭头”复选框中打钩，然后在“来源”框中输入“甲药品，乙药品，丙药品”，逗号为英文字符，单击“确定”按钮，如图 4－68 所示。当然，在“来源”中也可以选择填好序列内容的单元格区域。

4.4.2 数据透视图

数据透视表已经把数据进行了分类汇总，如果加上数据透视图，分类数据即可实现动态可视化。其操作步骤如下。

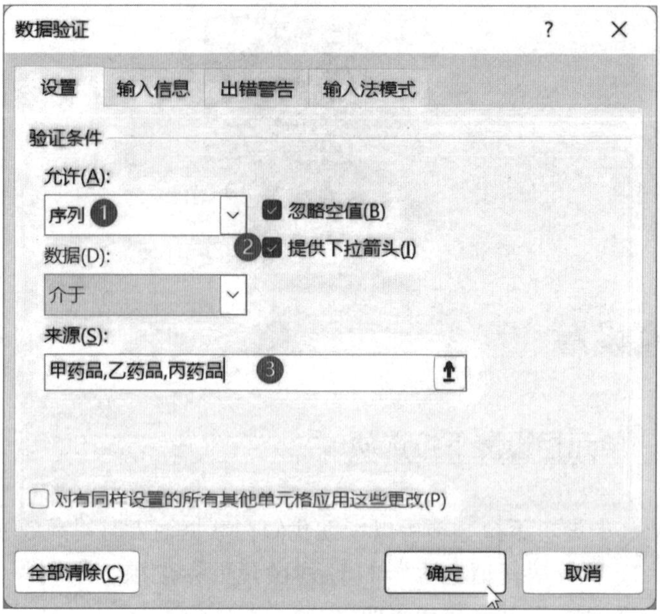

图 4－68 “数据验证”对话框

步骤 1：从“插入”功能区“图表”组中选择“数据透视图”命令，如图 4－69 所示。如果已经建立了数据透视表，可以在“数据透视表分析”功能区“工具”组中选择“数据透视图”命令，如图 4－70 所示。

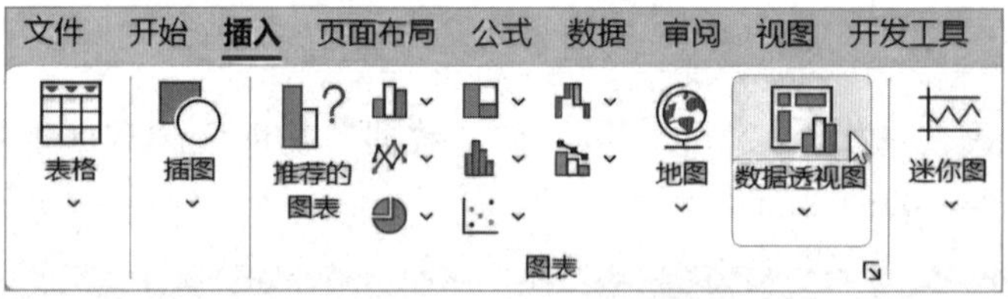

图 4－69 “插入”｜“数据透视图”

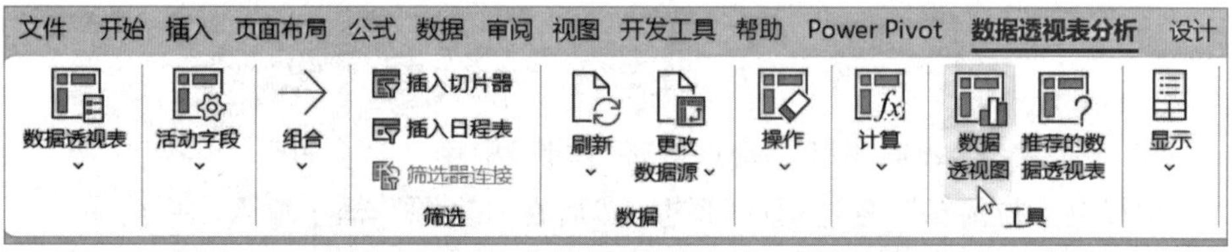

图 4－70 “数据透视表分析”｜“数据透视图”

步骤 2：在弹出的“插入图表”对话框中选择合适的图表类型，例如选择“柱形图”。与普通的柱形图不一样的地方是数据透视图具有数据筛选功能，可以根据需要选择数据透视图需要展示的数据，如图 4－71 所示。

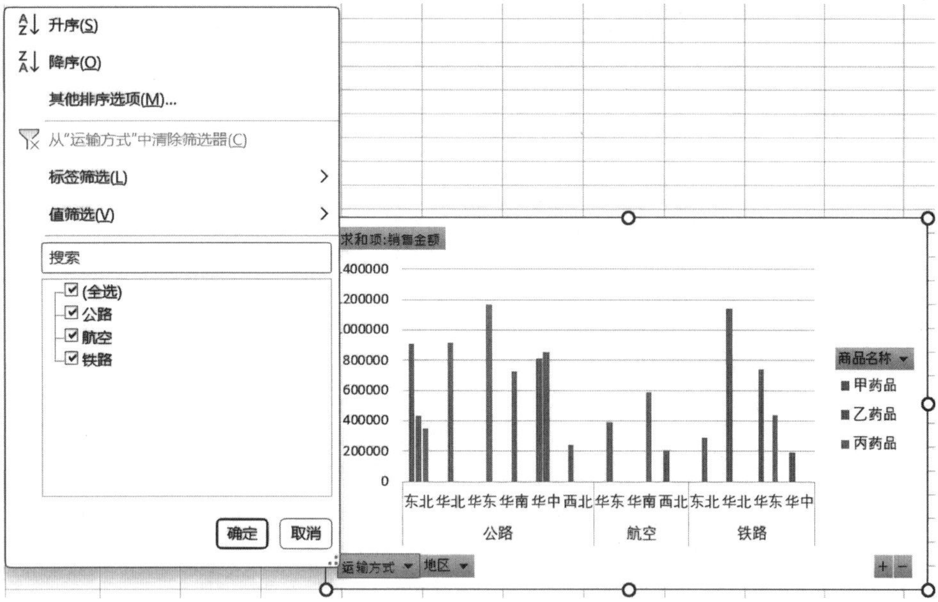

图 4-71 可以筛选数据的数据透视图

□ 拓展与训练

使用“新建”按钮创建一个 Excel 工作簿，并将其重命名为“会计学专业秋季学期成绩表”。在工作表中输入 2024 级 1 班和 2 班共 40 个同学的成绩，如表 4-1 所示。

表 4-1 会计学专业秋季学期成绩表

班级	学号	英语	高数	管理学	会计学	平均分
241 班	202412020301					
241 班	202412020302					
⋮	⋮					
241 班	202412020320					
242 班	202412020321					
242 班	202412020322					
⋮	⋮					
242 班	202412020340					

学号共 12 位，前四位 2024 表示入学年份，中间六位 120203 是专业代码，后两位是序号，其中 01～20 是 241 班，21～40 是 242 班。

(1) 四门课的成绩用 RANDBETWEEN (40, 99) 随机生成。

(2) 根据四门课成绩计算每个同学的平均分，结果保留 1 位小数。

(3) 插入数据透视表，行字段是班级，值字段是四门课程的平均值。

(4) 插入切片器，筛选条件为班级。

第三部分

Excel 在会计中的应用

第 5 章 Chapter 5 Excel 在现金管理中的应用

内容简介

本章主要讲解利用 Excel 工具进行现金管理的方法，包括通过 Excel 建立现金预算表编制模型、构建成本分析模型与存货分析模型，进而确定最佳现金持有量的优化模型。

学习目标

理解现金管理的核心内容与方法，应用 Excel 工具建立并运用现金管理模型，解决如最佳现金持有量决策模型等问题。

引 例

A 集团在近年来发展迅速，凭借其卓越的经营模式和高效的团队管理，2024 年，销售收入和净利润均实现同比增长 15%以上，年度经营业绩考核为 A 级。然而，随着业务规模的不断扩大和市场竞争的加剧，A 集团也逐渐意识到，尽管现金流充沛，但是资金管理的精细化程度会直接影响到企业的持续发展和社会责任的履行。如何高效、科学地管理现金流，保障资金的最佳使用，成为 A 集团管理层关注的焦点。

A 集团的现金管理采用了集中化管理模式，将集团下属各企业的现金预算进行汇总，通过科学的资金调配，不仅确保了集团整体的收益最大化，还达到了资金使用效率的最优化，同时有效控制了资金风险和成本。在这样一个资金需求复杂且周期长的环境中，现金预算和最佳现金持有量的合理确定成为集团保持健康财务状况、履行社会责任的关键所在。作为流动性最强的资产，现金管理不仅仅是保障企业日常运营的需要，更是企业履行社会责任的保障。A 集团运用 Excel 工具，结合历史数据和经验，通过建立现金预算表和资金优化模型，既能确保生产运营顺利进行，又能最大化资金利用率、减少闲置资金带来的成本。通过精细的现金管理，A 集团不仅提升了财务健康度，还更好地投入到社会公益和创新研发中，推动了企业的可持续发展。

5.1 现金预算表的编制模型

5.1.1 现金预算表的构成

现金预算表由四部分构成：现金收入、现金支出、净现金流量和投资或筹资。

（1）现金收入：现金收入主要来源于产品销售收入和其他现金收入。

（2）现金支出：现金支出包括营业现金支出和其他现金支出。企业在控制现金支出时，应秉持节约资源、合理配置的理念，避免浪费，这与绿色发展理念相契合。

（3）净现金流量：一定时期现金收入与现金支出的差额即为净现金流量。

（4）投资或融资：期初现金余额加上本期现金收入，减去本期现金支出，可得预计的期末现金余额；预计期末现金余额与目标现金余额的差额，即为投资或融资额。企业在进行投资或融资决策时，应充分考虑市场环境和社会效益，以实现经济与社会效益的双赢。

5.1.2 建立现金预算表编制模型

以 A 集团为例，A 集团每年要在 12 月编制下一年度的分季度现金预算，A 集团 2024 年实际以及 2025 年的预计销售收入和各项费用有关资料如图 5－1 所示。建立该集团现金预算表模型的具体步骤如下。

步骤 1：新建 Excel 工作簿，将 sheet1 重命名为“现金预算表”，在该工作表中设置表格样式如图 5－1 所示。

步骤 2：选中 B16：E16 单元格区域，输入数组公式“＝B4：E4＊B10”。

步骤 3：选中 B17：E17 单元格区域，输入数组公式“＝B4：E4＊B11”。

步骤 4：选中 B18：E18 单元格区域，输入数组公式“B16：E16＋B17：E17”。

步骤 5：选中 B20：E24 单元格区域，输入数组公式“＝C5：F9”。

步骤 6：选中 B25 单元格，输入公式“＝SUM（B20：B24）”，并将其复制填充到 C25：E25 单元格区域。

步骤 7：选中 B26：E26 单元格区域，输入数组公式“＝B18：E18－B25：E25”。

步骤 8：选中 B27 单元格，输入“＝B12”，选中 C27 单元格，输入“＝＄E＄12”，并将其复制到 D27：E27 单元格区域。

步骤 9：选中 B28：E28 单元格区域，输入数组公式“＝B26：E26＋B27：E27”。

步骤 10：选中 B30 单元格并输入“＝＄E＄12”，将其复制到 C30：E30 单元格区域。

	A	B	C	D	E	F
1	已知条件					
2	年度	2024年实际	2025年预计			
3	季度	4	1	2	3	4
4	销售收入（万元）	700	680	700	710	720
5	直接材料费（万元）	230	228	230	235	230
6	直接人工费（万元）	220	220	220	220	220
7	制造费用（万元）	150	150	150	150	150
8	销售与管理费用（万元）	100	100	100	100	100
9	所得税费用（万元）	0	0	35	0	45
10	销售收入当月收现比率	60%	各季度直接材料付款时间		本季度	
11	销售收入次月收现比率	40%	各季度直接人工付款时间		本季度	
12	2025年年初现金余额（万元）	13	目标现金余额（万元）		10	
13	2025年各季度现金预算（万元）					
14	季度	1	2	3	4	
15	现金收入：					
16	本期销售本期收款					
17	上期销售本期收款					
18	现金收入合计					
19	现金支出：					
20	直接材料					
21	直接人工					
22	制造费用					
23	销售与管理费用					
24	所得税费用					
25	现金支出合计					
26	现金收支净额					
27	期初现金余额					
28	预计期末现金余额					
29	投资（+）或融资（-）					
30	目标现金余额					

图 5-1　A 集团现金预算表表格样式

步骤 11：选中 B29：E29 单元格区域，输入数组公式“=B28：E28－B30：E30”。

至此，该模型构建完成，其运行结果如图 5-2 所示。

13	2025年各季度现金预算（万元）				
14	季度	1	2	3	4
15	现金收入：				
16	本期销售本期收款	408	420	426	432
17	上期销售本期收款	280	272	280	284
18	现金收入合计	688	692	706	716
19	现金支出：				
20	直接材料	228	230	235	230
21	直接人工	220	220	220	220
22	制造费用	150	150	150	150
23	销售与管理费用	100	100	100	100
24	所得税费用	0	35	0	45
25	现金支出合计	698	735	705	745
26	现金收支净额	-10	-43	1	-29
27	期初现金余额	13	10	10	10
28	预计期末现金余额	3	-33	11	-19
29	投资（+）或融资（-）	-7	-43	1	-29
30	目标现金余额	10	10	10	10

图 5-2　完成的现金预算表模型

注意：在输入数组公式时，输入结束要同时按住“Ctrl＋Shift＋Enter”键，而不能只按 Enter 键。在实际操作中，可以利用 AI 工具对公式进行智能检查和优化，避免因人为错误导致数据偏差。

现金预算表的编制

5.2 最佳现金持有量的确定模型

5.2.1 现金的成本

1. 机会成本

机会成本是指企业因持有一定数量的现金而丧失的再投资收益，它与现金持有量成正比。

机会成本＝现金持有量×有价证券投资收益率

2. 转换成本

企业用现金购买有价证券以及转让有价证券获取现金需要支付的交易费用，即现金同有价证券之间相互转换的成本。

转换成本＝有价证券转换成本×转换次数

3. 短缺成本

短缺成本是指由于企业的现金持有量不足而又无法通过有价证券变现加以补充给企业造成的损失，包括直接损失和间接损失，它与现金持有量成反比。

4. 管理成本

企业拥有现金就会发生管理费用，如管理人员工资、安全措施支出等。这些费用是现金的管理成本。

5.2.2 成本分析模型

成本分析模型只考虑持有一定数量的现金而发生的机会成本和短缺成本，而不考虑转换成本。管理成本是固定成本，因此管理成本是进行现金持有量决策的无关成本。在成本分析模型下，先根据不同现金持有量计算出各相关成本的数值，再计算相关总成本，相关总成本最小的现金持有量即为最佳现金持有量。

在成本分析模型中，短缺成本与现金持有量是负相关成本，而机会成本与现金持有量是正相关成本。因此，机会成本和短缺成本所组成的总成本曲线的最低点所对应的现金持有量，即为最佳现金持有量。

下面仍以 A 集团为例，简述成本分析模型的建立步骤。A 集团有四种现金持有量方案，根据表 5－1 中的资料，用成本分析模型测算该集团最佳现金持有量。

表 5－1　现金持有量方案

方案	一	二	三	四
现金持有量（万元）	100	200	300	400
机会成本率	10%	10%	10%	10%
短缺成本（万元）	50	30	5	0

步骤 1：将表 5－1 中的信息填入 Excel 表格，如图 5－3 所示。

	A	B	C	D	E
1	方案	一	二	三	四
2	现金持有量（万元）	100	200	300	400
3	机会成本率	10%	10%	10%	10%
4	短缺成本（万元）	50	30	5	0
5	机会成本（万元）				
6	相关总成本（万元）				

图 5－3　成本分析模型表格样式

步骤 2：选中 B5 单元格，输入公式"＝B2＊B3"（机会成本＝现金持有量×机会成本率），并将该公式复制到 C5：E5 单元格区域。

步骤 3：选中 B6 单元格，输入公式"＝SUM（B4：B5）"，并将该公式复制到 C6：E6 单元格区域。结果如图 5－4 所示。

	A	B	C	D	E
1	方案	一	二	三	四
2	现金持有量（万元）	100	200	300	400
3	机会成本率	10%	10%	10%	10%
4	短缺成本（万元）	50	30	5	0
5	机会成本（万元）	10	20	30	40
6	相关总成本（万元）	60	50	35	40

图 5－4　通过 SUM 函数计算总成本

通过计算可知，方案三的相关总成本为 35 万元，是四个方案中最低的，所以 A 集团应选择方案三的现金持有量。

5.2.3　存货分析模型

存货分析模型是指将存货经济订货批量模型的原理用于确定目标现金持有量的分析模型。存货分析模型中的现金总成本包括持有现金的机会成本与现金转换成本。其中，现金转换成本是指短期有价证券转换成现金的变现费用，可根据有价证券转换成现金的次数乘以每次证券变现的费用计算。

存货分析模型相关计算公式如下：

$$C=T/Q\times F+Q/2\times K$$

$$Q_0=\frac{\sqrt{2TF}}{K}$$

$$C_0=\sqrt{2TFK}$$

$$N_0=T/Q$$

式中，C 为持有现金的全年相关总成本；Q 为现金持有量；T 为一个周期内的现金总需求量；F 为每次转换有价证券的成本；K 为有价证券的机会成本率；Q_0 为最佳现金持有量；N_0 为全年最佳的有价证券交易次数。

在 Excel 中，利用存货分析模型确定最佳现金持有量时，既可以用上述公式直接计算，也可以利用规划求解工具计算。

规划求解是 Excel 中一个非常有用的工具，不仅可以解决运筹学、线性规划等问题，还可以用来求解线性方程组及非线性方程组。通常，当涉及依赖于单个或多个未知变量的目标变量的最大化或者最小化的优化问题时，应当使用规划求解。规划求解允许用户指定一个或者多个约束条件。

Excel 2021 功能区的选项卡中，并没有“规划求解”这个命令。因此，在使用规划求解工具的时候，要在自定义功能区调出此工具，具体操作步骤如下。

步骤 1：单击“文件”｜“选项”｜“加载项”｜“规划求解加载项”命令，如图 5－5 所示。

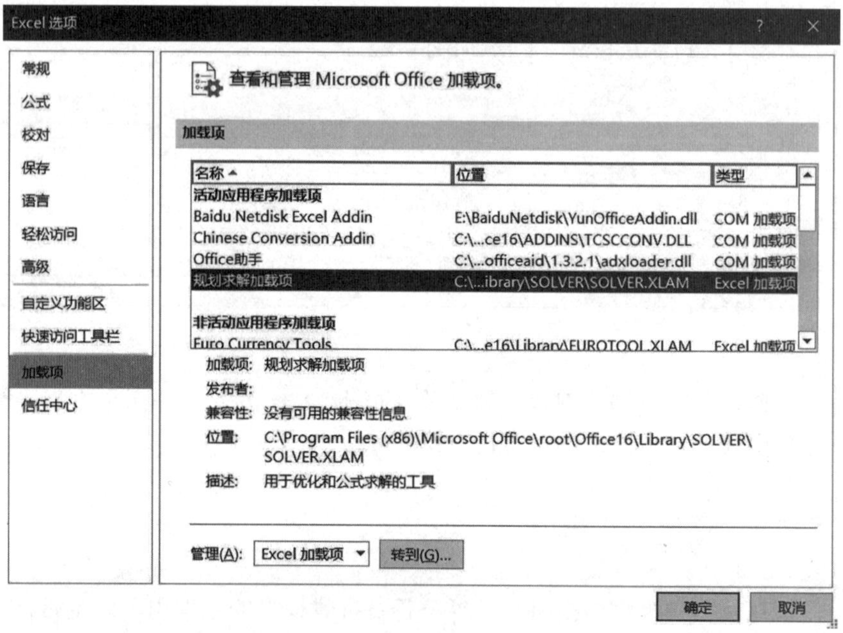

图 5－5　“文件”｜“选项”｜“加载项”｜“规划求解加载项”命令

步骤 2：单击“Excel 选项”页面下方的“转到（G）”按钮，勾选“规划求解加载项”，如图 5-6 所示。单击“确定”按钮，“数据”选项卡下就会新增“规划求解”命令。

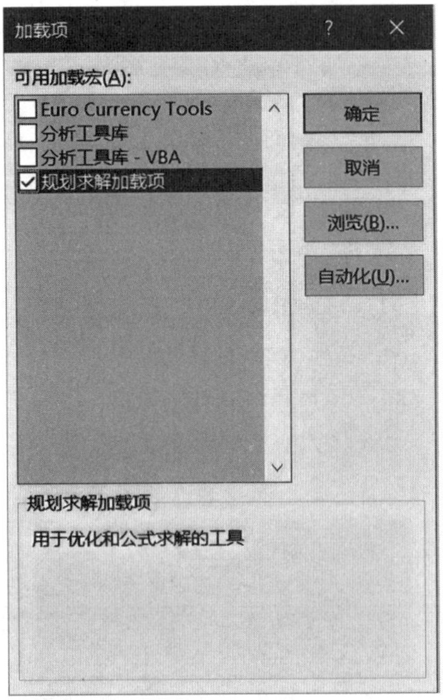

图 5-6 勾选“规划求解加载项”

下面以 A 集团为例，简述利用 Excel 计算企业最佳现金持有量的方法。A 集团全年现金持有量为 500 万元，有价证券转换成本为 5 000 元/次，有价证券年利率为 10%。

方法一：利用规划求解加载项求解。

步骤 1：新建 Excel 工作簿，将 sheet1 重命名为“现金管理”，设计现金管理模型并输入基本信息，如图 5-7 所示。

步骤 2：计算机会成本。在 B9 单元格中输入公式“=B7 * B5/2”，并按 Enter 键。

步骤 3：计算转换成本。在 B10 单元格中输入公式“= B6 * B4”，并按 Enter 键。

步骤 4：计算相关总成本。在 B11 单元格中输入公式“=B9+B10”，并按 Enter 键。计算结果如图 5-8 所示。

步骤 5：单击“数据” | “规划求解”命令，在“规划求解参数”选项卡中，将“设置目标”编辑框设置为“$B$11”；在“到”选择项中选择“最小值”，将“通过更改可变单元格”编辑框设置为“$B$7”；若要增加约束条件，单击“添加”按钮，增加约束条件“$B$7>=0”，如图 5-9 所示，单击“确定”按钮后，用同样的方式增加约束条件“$B$7<=5000000”；勾选“使无约束变量为非负

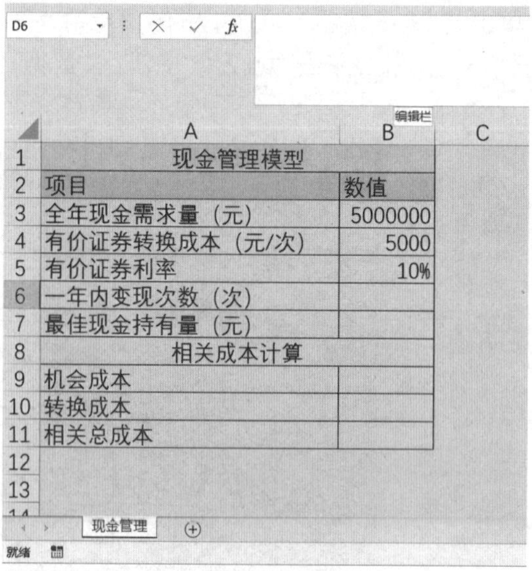

	A	B
1	现金管理模型	
2	项目	数值
3	全年现金需求量（元）	5000000
4	有价证券转换成本（元/次）	5000
5	有价证券利率	10%
6	一年内变现次数（次）	
7	最佳现金持有量（元）	
8	相关成本计算	
9	机会成本	
10	转换成本	
11	相关总成本	

图 5-7　现金管理模型

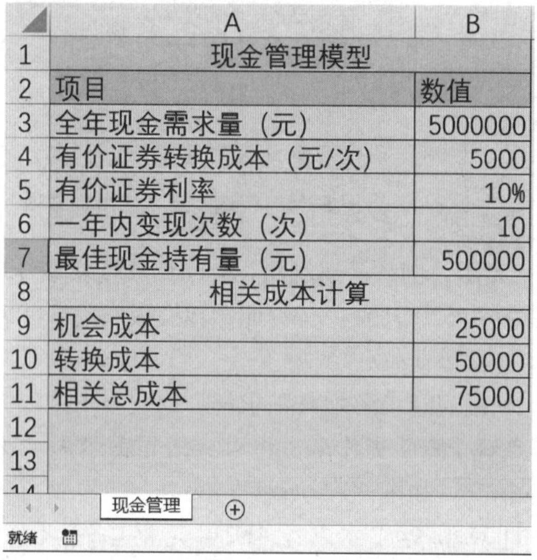

	A	B
1	现金管理模型	
2	项目	数值
3	全年现金需求量（元）	5000000
4	有价证券转换成本（元/次）	5000
5	有价证券利率	10%
6	一年内变现次数（次）	10
7	最佳现金持有量（元）	500000
8	相关成本计算	
9	机会成本	25000
10	转换成本	50000
11	相关总成本	75000

图 5-8　机会成本、转换成本、相关总成本的计算结果

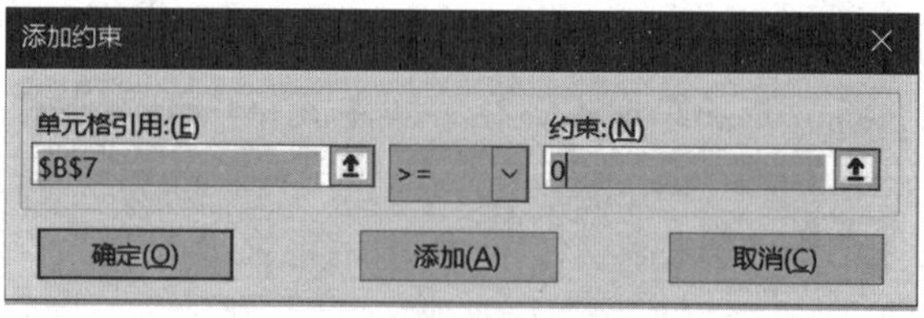

图 5-9　添加约束条件

数”，“选择求解方法”设置为“非线性 GRG”，如图 5-10 所示。

步骤 6：单击“求解”，弹出“规划求解结果”对话框，如 5-11 所示。

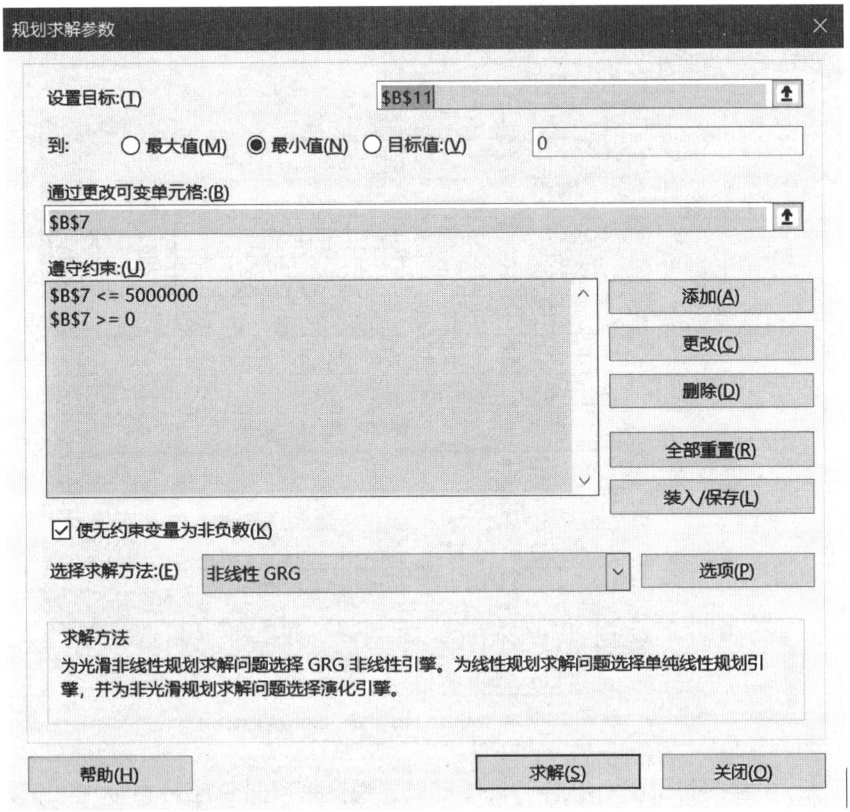

图 5-10　“规划求解参数”选项卡

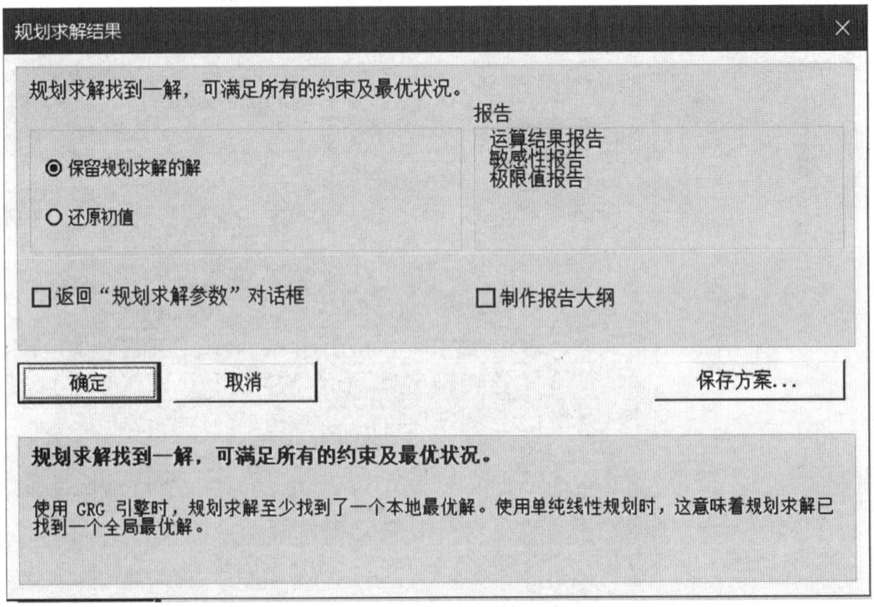

图 5-11　“规划求解结果”对话框

步骤 7：选择“保留规划求解的解”，单击“确定”按钮，得到的现金管理模型如图 5－12 所示。

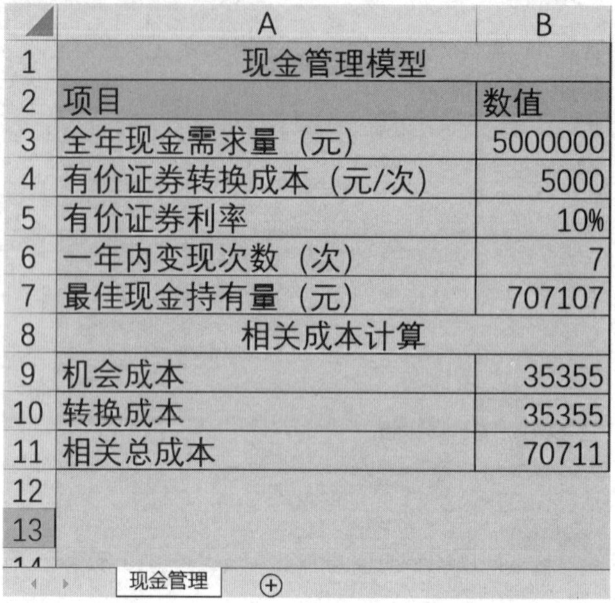

	A	B
1	现金管理模型	
2	项目	数值
3	全年现金需求量（元）	5000000
4	有价证券转换成本（元/次）	5000
5	有价证券利率	10%
6	一年内变现次数（次）	7
7	最佳现金持有量（元）	707107
8	相关成本计算	
9	机会成本	35355
10	转换成本	35355
11	相关总成本	70711
12		
13		

图 5－12　现金管理模型

注意：利用规划求解工具确定最佳现金持有量，应将目标单元格设置为相应的公式，可变单元格应设置大于 0 的数作为初始值。

方法二：利用公式直接计算。鼠标点击 B7 单元格，输入公式“＝SQRT（2 * B3 * B4/B5）”，计算出最佳现金持有量，结果如图 5－13 所示。

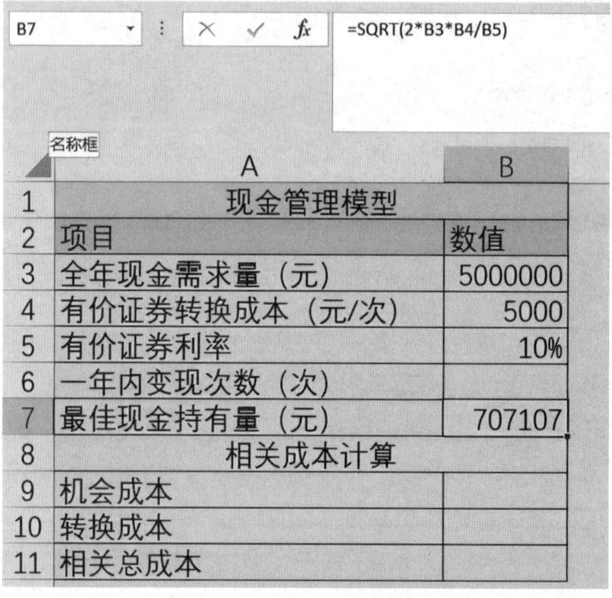

	A	B
1	现金管理模型	
2	项目	数值
3	全年现金需求量（元）	5000000
4	有价证券转换成本（元/次）	5000
5	有价证券利率	10%
6	一年内变现次数（次）	
7	最佳现金持有量（元）	707107
8	相关成本计算	
9	机会成本	
10	转换成本	
11	相关总成本	

图 5－13　利用公式计算最佳现金持有量

在财务管理中，合理确定最佳现金持有量不仅有助于企业资源的优化配置，还能提升企业的社会责任感。借助 AI 技术，如数据分析和预测模型，企业可以更精准地预测现金需求，减少资金浪费，同时也能更好地应对市场变化。例如，AI 可以基于历史数据和市场趋势，优化现金持有量的决策过程，提升财务管理的效率和科学性。

存货分析模型

拓展与训练

1. 利用成本分析模型确定最佳现金持有量时，管理成本对方案选择的结果是否有影响?

2. A 集团全年现金持有量为 320 万元，有价证券转换成本为 3 000 元/次，有价证券年利率为 12%。

要求：设计现金管理模型，用规划求解工具和公式两种方法计算最佳现金持有量。

第6章 Chapter 6 Excel 在应收账款管理中的应用

内容简介

本章主要讲解利用 Excel 工具进行应收账款管理的方法，包括运用 Excel 建立应收账款统计表格以及分析应收账款账龄，并重点关注逾期应收账款的坏账计提。同时结合实际，针对企业为加速回收应收账款而设置的不同信用政策，通过 Excel 辅助进行信用决策选择。

学习目标

掌握运用 Excel 统计和分析应收账款的方法，提高应收账款管理效率，制定合理的信用政策。

引例

A 集团是一家快速发展的制造业企业，近年来随着业务的拓展，应收账款的规模不断扩大。虽然企业的销售额持续增长，但应收账款的回收周期却逐渐延长，影响了集团的现金流和财务健康。财务部门发现，部分客户的账期超出预期，导致资金周转不灵，并且对欠款客户的分布也缺乏系统地分析与管理，这进一步提高了财务风险。

在这种情况下，A 集团决定通过精细化的应收账款管理来优化资金流动性，并选择 Excel 作为工具来帮助解决这些问题。通过建立应收账款管理模型，A 集团可以更加清晰地掌握每一笔应收账款的回收状况，进行账龄分析，预测未来的现金流，并及时采取措施减少坏账风险。

6.1　应收账款统计

6.1.1　建立应收账款明细登记表

在 Excel 中进行应收账款管理，首先要将企业现有的应收账款信息登记到工作表中，具体操作步骤如下。

步骤 1：新建 Excel 工作簿，命名为“应收账款管理 . xlsx”，将鼠标光标移至左下方 sheet1 处双击，将 sheet1 工作表重命名为“应收账款明细登记表”。

步骤 2：设置应收账款明细登记表表头格式。选择 A1：E1 单元格区域，鼠标点击“开始”功能区的“对齐方式”组中的“合并后居中”，并输入“A 集团应收账款管理”。选择 A2：B2 单元格区域，使用相同方法合并单元格并输入“当前日期”；合并 C2：E2 单元格，并输入函数“=today（）”即可返回当前日期。针对各项应收账款在 A3：E3 单元格区域中分别登记其相关信息如下：赊销日期，债务人姓名，应收金额，付款期限（天），到期日，如图 6－1 所示。

注意：以上所列相关信息仅作为参考，可以根据企业管理的实际需要，对上述信息进行添加或删除。

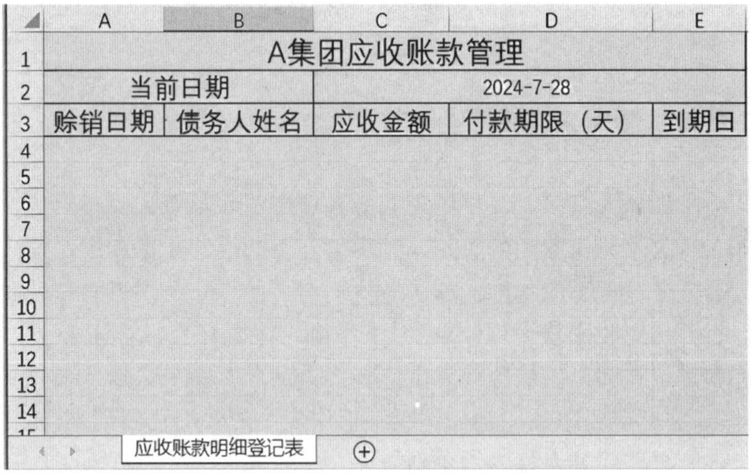

图 6－1　应收账款明细登记表表头

步骤 3：设置应收账款明细登记表内容格式。选中 A 列，设置单元格格式为“日期”；将 C 列单元格格式设置为“会计专用”，选择企业常用的会计核算形式。选中 E4 单元格，输入公式“=A4+D4”，单击 Enter 键确认，即可直接计算出该项应收账款的到期日，然后将该公式复制到 E 列其他单元格。

步骤 4：输入企业现有应收账款详细信息，如图 6－2 所示。

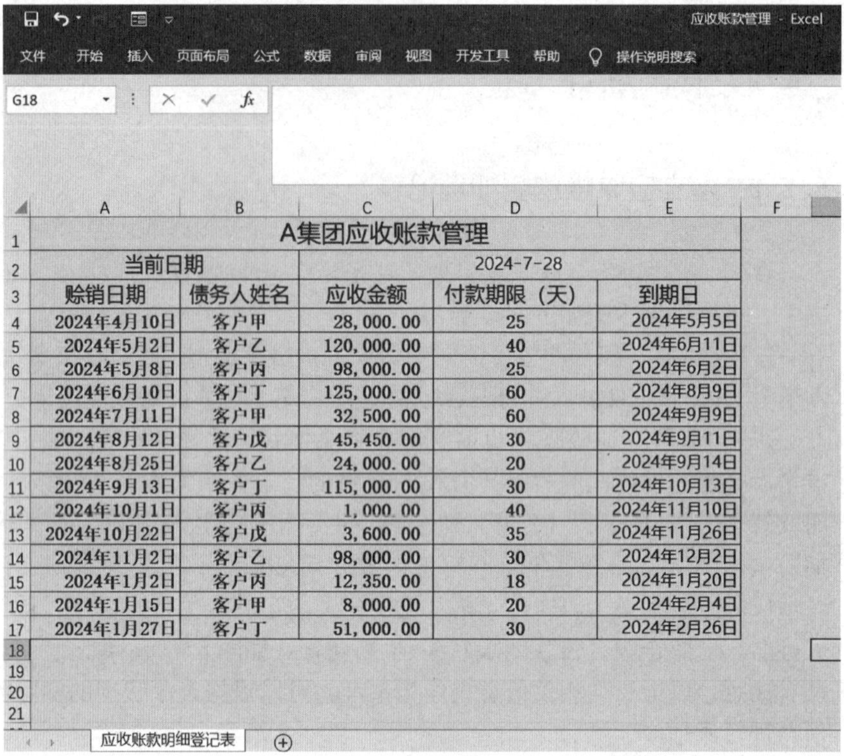

A集团应收账款管理				
当前日期		2024-7-28		
赊销日期	债务人姓名	应收金额	付款期限（天）	到期日
2024年4月10日	客户甲	28,000.00	25	2024年5月5日
2024年5月2日	客户乙	120,000.00	40	2024年6月11日
2024年5月8日	客户丙	98,000.00	25	2024年6月2日
2024年6月10日	客户丁	125,000.00	60	2024年8月9日
2024年7月11日	客户甲	32,500.00	60	2024年9月9日
2024年8月12日	客户戊	45,450.00	30	2024年9月11日
2024年8月25日	客户乙	24,000.00	20	2024年9月14日
2024年9月13日	客户丁	115,000.00	30	2024年10月13日
2024年10月1日	客户丙	1,000.00	40	2024年11月10日
2024年10月22日	客户戊	3,600.00	35	2024年11月26日
2024年11月2日	客户乙	98,000.00	30	2024年12月2日
2024年1月2日	客户丙	12,350.00	18	2024年1月20日
2024年1月15日	客户甲	8,000.00	20	2024年2月4日
2024年1月27日	客户丁	51,000.00	30	2024年2月26日

图6-2 应收账款详细信息

6.1.2 各债务人的应收账款统计

由于债务人众多，A集团现有的各项应收账款登记完毕后，为了方便了解某一债务人所欠本公司款项的总额，利用Excel提供的数据命令，实现针对不同债务人所欠金额进行汇总的功能。

打开“应收账款管理.xlsx”工作簿，将鼠标光标移至左下方sheet2处，单击鼠标右键，在弹出的快捷菜单中选择“重命名”命令，输入“债务人应收账款金额统计”。将“应收账款明细登记表”工作表中的数据复制到当前工作表。

（1）以“债务人姓名”重新排序。

步骤1：为了方便数据筛选，可以先删除该表的表头，即删除“A公司应收账款管理”和“当前日期”两行。

步骤2：选择“开始”选项卡中的“排序和筛选”｜“自定义排序”命令，如图6-3所示。在“主要关键字”列表框中选择“债务人姓名”，然后单击“添加条件”按钮，在出现的“次要关键字”列表框中选择“赊销日期”，其中“排列依据”默认为“单元格值”，“次序”默认为“升序”，单击“确定”按钮。

步骤3：执行“自定义排序”命令后，原来按照应收账款发生先后顺序登记的数据，会重新按照债务人姓名进行排序，如图6-4所示。

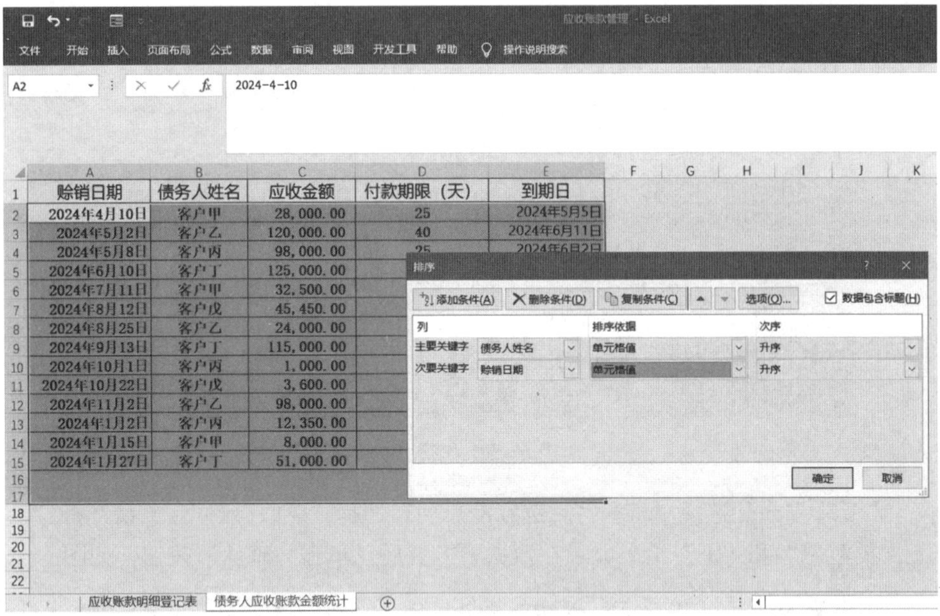

图 6-3　执行“自定义排序”命令

	A	B	C	D	E
1	赊销日期	债务人姓名	应收金额	付款期限（天）	到期日
2	2024年1月2日	客户丙	12,350.00	18	2024年1月20日
3	2024年5月8日	客户丙	98,000.00	25	2024年6月2日
4	2024年10月1日	客户丙	1,000.00	40	2024年11月10日
5	2024年1月27日	客户丁	51,000.00	30	2024年2月26日
6	2024年6月10日	客户丁	125,000.00	60	2024年8月9日
7	2024年9月13日	客户丁	115,000.00	30	2024年10月13日
8	2024年1月15日	客户甲	8,000.00	20	2024年2月4日
9	2024年4月10日	客户甲	28,000.00	25	2024年5月5日
10	2024年7月11日	客户甲	32,500.00	60	2024年9月9日
11	2024年8月12日	客户戊	45,450.00	30	2024年9月11日
12	2024年10月22日	客户戊	3,600.00	35	2024年11月26日
13	2024年5月2日	客户乙	120,000.00	40	2024年6月11日
14	2024年8月25日	客户乙	24,000.00	20	2024年9月14日
15	2024年11月2日	客户乙	98,000.00	30	2024年12月2日

图 6-4　按债务人姓名重新排序的结果

（2）对各债务人的应收账款金额进行汇总。

步骤 1：选中 B1 单元格，即选中“债务人姓名”单元格，选择“数据”｜“分级显示”｜“分类汇总”命令，如图 6-5 所示。

步骤 2：在弹出的“分类汇总”对话框中，“分类字段”选择“债务人姓名”，

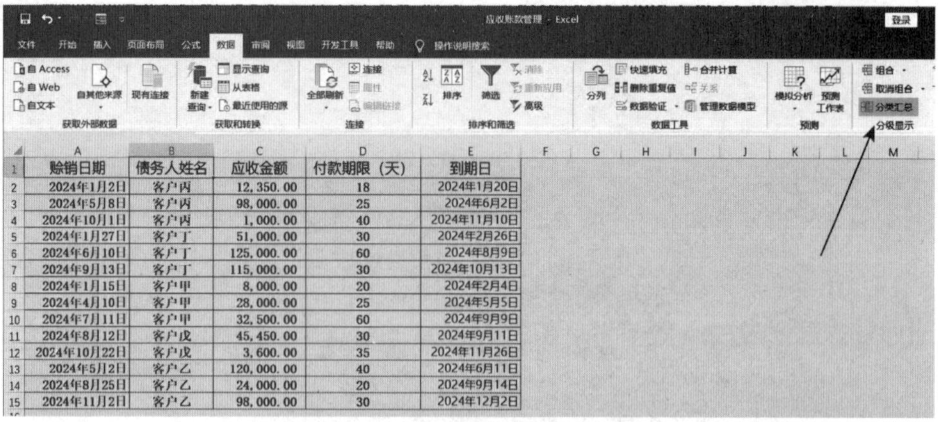

	赊销日期	债务人姓名	应收金额	付款期限（天）	到期日
2	2024年1月2日	客户丙	12,350.00	18	2024年1月20日
3	2024年5月8日	客户丙	98,000.00	25	2024年6月2日
4	2024年10月1日	客户丙	1,000.00	40	2024年11月10日
5	2024年1月27日	客户丁	51,000.00	30	2024年2月26日
6	2024年6月10日	客户丁	125,000.00	60	2024年8月9日
7	2024年9月13日	客户丁	115,000.00	30	2024年10月13日
8	2024年1月15日	客户甲	8,000.00	20	2024年2月4日
9	2024年4月10日	客户甲	28,000.00	25	2024年5月5日
10	2024年7月11日	客户甲	32,500.00	60	2024年9月9日
11	2024年8月12日	客户戊	45,450.00	30	2024年9月11日
12	2024年10月22日	客户戊	3,600.00	35	2024年11月26日
13	2024年5月2日	客户乙	120,000.00	40	2024年6月11日
14	2024年8月25日	客户乙	24,000.00	20	2024年9月14日
15	2024年11月2日	客户乙	98,000.00	30	2024年12月2日

图 6－5 执行“分类汇总”命令

“汇总方式”选择“求和”，“选定汇总项”选择“应收金额”，默认选择“替换当前分类汇总”和“汇总结果显示在数据下方”后，单击“确认”按钮，如图 6－6 所示。

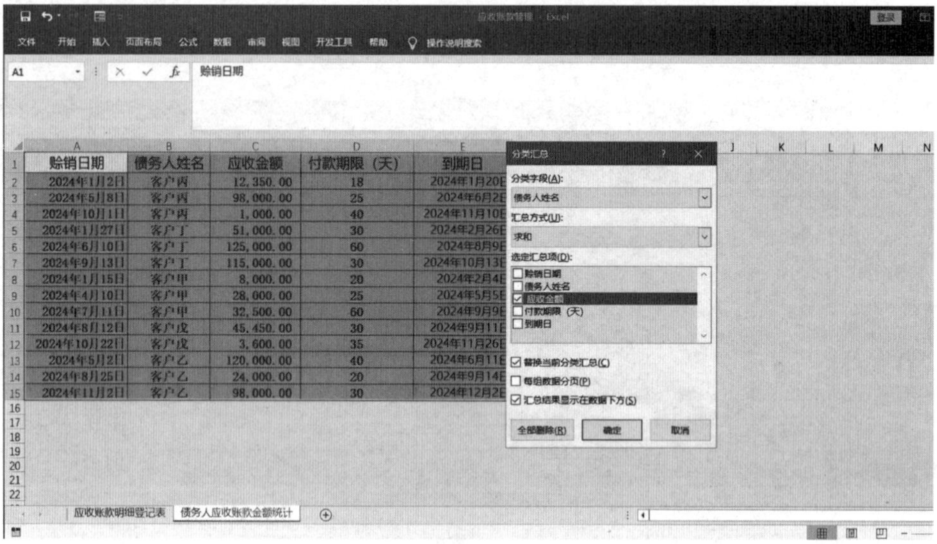

图 6－6 “分类汇总”对话框

步骤 3：执行命令后，即可显示按照债务人姓名针对应收账款金额进行的汇总数据，如图 6－7 所示。

通过汇总数据（见图 6－7）可以看出，客户丁和客户乙欠本公司款项金额较大，应对其进行重点管理。

（3）利用函数、图表统计各债务人应收账款。除了利用工具栏中的命令对各债务人进行排序和金额的汇总以外，还可以利用 SUMIF 函数和图表实现该统计结果。

步骤 1：打开“应收账款管理 .xlsx”工作簿，将鼠标光标移至左下方 sheet3 处，单击鼠标右键，在弹出的快捷菜单中选择“重命名”命令，输入“应收账款分类明细”，并对工作表完成设置，如图 6－8 所示。

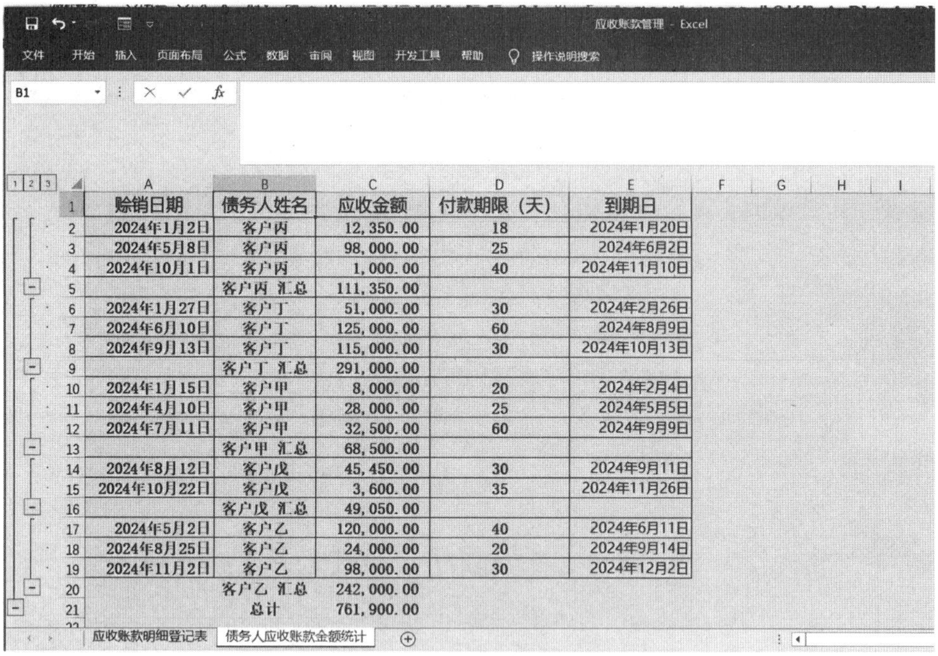

赊销日期	债务人姓名	应收金额	付款期限（天）	到期日
2024年1月2日	客户丙	12,350.00	18	2024年1月20日
2024年5月8日	客户丙	98,000.00	25	2024年6月2日
2024年10月1日	客户丙	1,000.00	40	2024年11月10日
	客户丙 汇总	111,350.00		
2024年1月27日	客户丁	51,000.00	30	2024年2月26日
2024年6月10日	客户丁	125,000.00	60	2024年8月9日
2024年9月13日	客户丁	115,000.00	30	2024年10月13日
	客户丁 汇总	291,000.00		
2024年1月15日	客户甲	8,000.00	20	2024年2月4日
2024年4月10日	客户甲	28,000.00	25	2024年5月5日
2024年7月11日	客户甲	32,500.00	60	2024年9月9日
	客户甲 汇总	68,500.00		
2024年8月12日	客户戊	45,450.00	30	2024年9月11日
2024年10月22日	客户戊	3,600.00	35	2024年11月26日
	客户戊 汇总	49,050.00		
2024年5月2日	客户乙	120,000.00	40	2024年6月11日
2024年8月25日	客户乙	24,000.00	20	2024年9月14日
2024年11月2日	客户乙	98,000.00	30	2024年12月2日
	客户乙 汇总	242,000.00		
	总计	761,900.00		

图 6-7　按照债务人姓名汇总应收账款总额

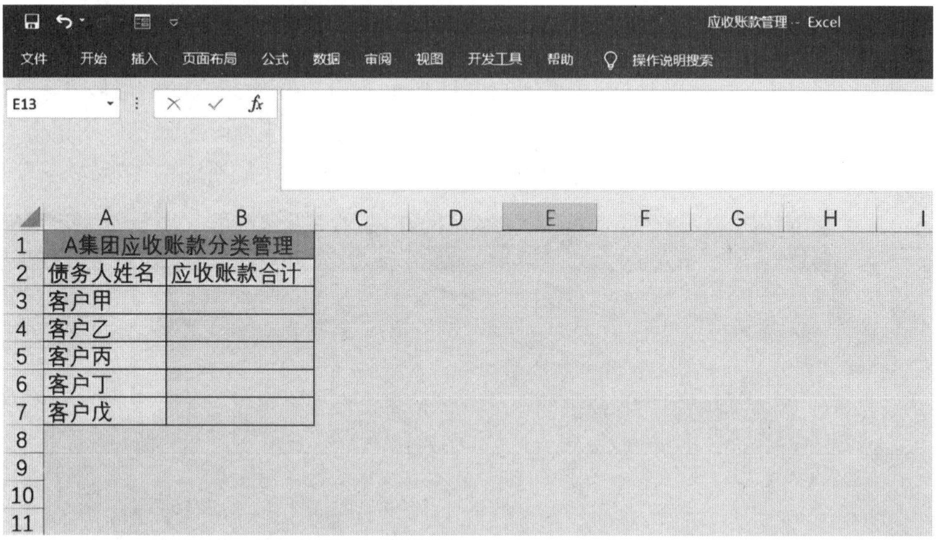

A集团应收账款分类管理	
债务人姓名	应收账款合计
客户甲	
客户乙	
客户丙	
客户丁	
客户戊	

图 6-8　应收账款分类明细

步骤 2：鼠标单击 B3 单元格，并输入函数“=SUMIF（应收账款明细登记表！$B$4：$B$17，应收账款分类明细！A3，应收账款明细登记表！$C$4：$C$17）”，将该公式复制到 B4：B7 单元格区域，结果如图 6-9 所示。

注意：公式中参数的绝对引用和相对引用以及公式中的符号为英文模式下的符号。

通过对比可发现，利用 SUMIF 函数公式汇总的各个债务人应收账款合计金额与利用“分类汇总”命令计算的合计金额完全相同，根据应收账款管理人员的需要

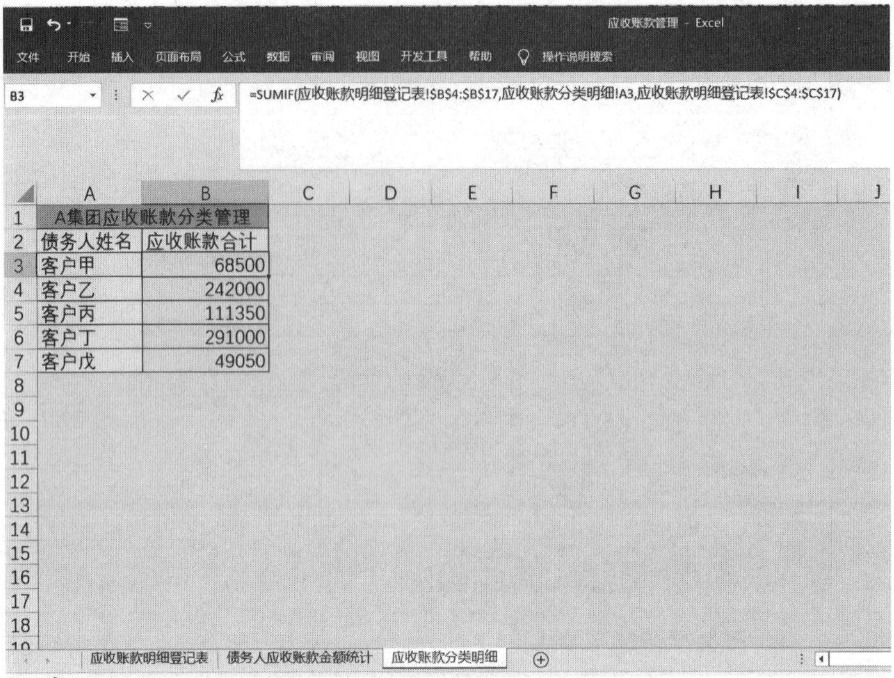

图 6-9 SUMIF 函数汇总各债务人应收账款

可自行选择汇总方式。

步骤 3：通过建立图表可以直观地显示集团与各债务人间的应收账款状况。在编制完成的“应收账款分类明细”工作表中，将表格进行全选，在“插入”功能区的“图表”组中单击“饼图或圆环图”按钮，选择“二维饼图”，结果如图 6-10 所示。

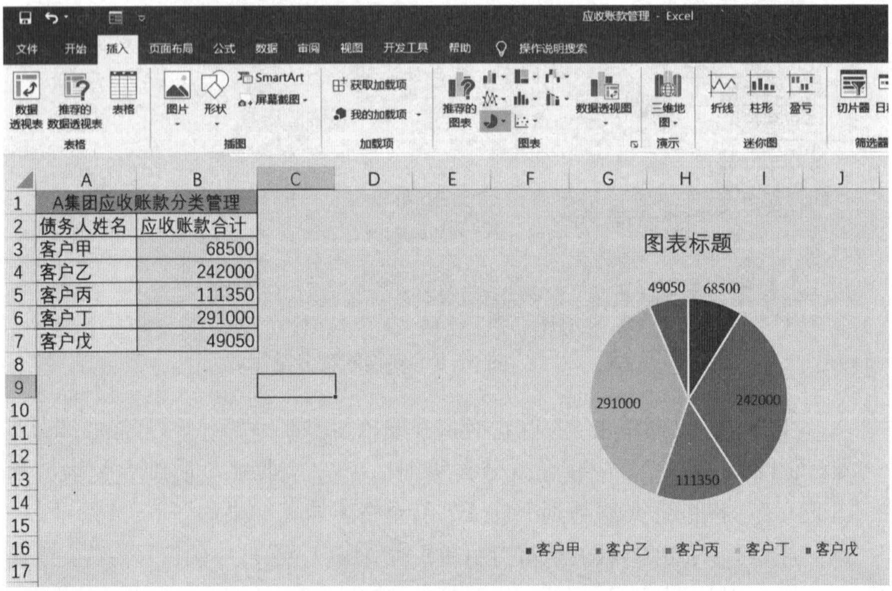

图 6-10 各债务人应收账款分析饼图

注意：除了自动生成饼图以外，还可以根据需要调整为柱形图、折线图、条形图、面积图、散点图以及其他图表。例如，单击“柱形图”按钮，选择“三维柱形图”中的“三维簇状柱形图”，即可自动生成三维簇状柱形图。

在应收账款的管理中，借助图表分析工具，可以帮助企业更加清晰地了解每个债务人的情况，从而制定更加合理的信贷政策和回款计划。这种管理方式不仅提高了企业的财务透明度，也体现了诚信经营的核心价值。

应收账款管理

6.2　逾期应收账款分析

6.2.1　判断企业应收账款是否到期

以 A 集团为例，判断企业应收账款是否到期的具体操作如下。

步骤 1：在“应收账款管理 . xlsx”工作簿中插入新建工作表，并重命名为“逾期应收账款分析”。

步骤 2：将“应收账款明细登记表”工作表中的数据复制到当前工作表中。选中 E 列与 F 列两列，单击鼠标右键，选择“插入”命令，即可一次性插入两列。选中 E3 单元格，输入“已收金额”，选中 F3 单元格，输入“未收金额”，并在对应单元格输入实际已收金额和未收金额，将 E 列与 F 列的单元格格式调整为“会计专用”格式。

步骤 3：选中 H3 单元格，输入“是否到期”，选中 I3 单元格，输入“未到期金额”，建立 A 集团逾期应收账款分析表，如图 6－11 所示。

步骤 4：设置未收金额函数。单击 F4 单元格，输入公式“＝C4－E4”，并将该公式复制到 F5：F17 单元格区域。

步骤 5：编辑函数判定应收账款是否到期。鼠标单击 H4 单元格，输入公式“＝IF（G4＜＄C＄2,"是","否"）”，按 Enter 键确认。

注意：公式中的符号为英文模式下的符号；C2 单元格绝对引用。该公式表示对 A 集团逾期应收账款分析表中某债务人的应收账款是否到期进行判断，如果该表中 G4 单元格（即到期日）小于 C2 单元格（即当前日期），即该项应收账款已经到期。满足上述条件，显示为“是”；如果不满足条件，则显示为“否”。利用 IF 函数判断应收账款是否到期时，使用绝对引用（＄C＄2）来确保公式复制时不会改变日期参照，提高公式的准确性和灵活性。

A集团应收账款管理								
当前日期		2024-7-29						
赊销日期	债务人姓名	应收金额	付款期限（天）	已收金额	未收金额	到期日	是否到期	未到期金额
2024年4月10日	客户甲	28,000.00	25	20,000.00		2024年5月5日		
2024年5月2日	客户乙	120,000.00	40	120,000.00		2024年6月11日		
2024年5月8日	客户丙	98,000.00	25	98,000.00		2024年6月2日		
2024年6月10日	客户丁	125,000.00	60	50,000.00		2024年8月9日		
2024年7月11日	客户甲	32,500.00	60	8,000.00		2024年9月9日		
2024年8月12日	客户戊	45,450.00	30	20,000.00		2024年9月11日		
2020年8月25日	客户乙	24,000.00	20	10,000.00		2024年9月14日		
2024年9月13日	客户丁	115,000.00	30			2024年10月13日		
2024年10月1日	客户丙	1,000.00	40			2024年11月10日		
2024年10月22日	客户戊	3,600.00	35	2,000.00		2024年11月26日		
2024年11月2日	客户乙	98,000.00	30			2024年12月2日		
2024年1月2日	客户丙	12,350.00	18	5,000.00		2024年1月20日		
2024年1月15日	客户甲	8,000.00	20	8,000.00		2024年2月4日		
2024年1月27日	客户丁	51,000.00	30	51,000.00		2024年2月26日		

图 6-11　逾期应收账款分析表

步骤 6：编辑函数自动生成未到期金额。鼠标单击 I4 单元格，输入公式“＝IF（$C$2－G4＜0，C4－E4，0）”，并将该公式复制到 I5：I17 单元格区域。该公式表示对 A 集团逾期应收账款分析表中某债务人的未到期应收账款的金额进行判断计算，如果该表中 C2 单元格（即当前日期）小于 G4 单元格（即到期日），即该项应收账款尚未到期。满足上述条件，返回“C4－E4”计算公式，计算该项尚未到期应收账款的剩余未收金额；如果不满足未到期条件，则返回“0”，表示未到期金额为 0，即该项应收账款已经到期。

完成所有步骤即可得出逾期应收账款分析结果，如图 6-12 所示。

A集团应收账款管理								
当前日期		2024-7-29						
赊销日期	债务人姓名	应收金额	付款期限（天）	已收金额	未收金额	到期日	是否到期	未到期金额
2024年4月10日	客户甲	28,000.00	25	20,000.00	8,000.00	2024年5月5日	是	-
2024年5月2日	客户乙	120,000.00	40	120,000.00	-	2024年6月11日	是	-
2024年5月8日	客户丙	98,000.00	25	98,000.00	-	2024年6月2日	是	-
2024年6月10日	客户丁	125,000.00	60	50,000.00	75,000.00	2024年8月9日	否	75,000.00
2024年7月11日	客户甲	32,500.00	60	8,000.00	24,500.00	2024年9月9日	否	24,500.00
2024年8月12日	客户戊	45,450.00	30	20,000.00	25,450.00	2024年9月11日	否	25,450.00
2024年8月25日	客户乙	24,000.00	20	10,000.00	14,000.00	2024年9月14日	否	14,000.00
2024年9月13日	客户丁	115,000.00	30		115,000.00	2024年10月13日	否	115,000.00
2024年10月1日	客户丙	1,000.00	40		1,000.00	2024年11月10日	否	1,000.00
2024年10月22日	客户戊	3,600.00	35	2,000.00	1,600.00	2024年11月26日	否	1,600.00
2024年11月2日	客户乙	98,000.00	30		98,000.00	2024年12月2日	否	98,000.00
2024年1月2日	客户丙	12,350.00	18	5,000.00	7,350.00	2024年1月20日	是	-
2024年1月15日	客户甲	8,000.00	20	8,000.00	-	2024年2月4日	是	-
2024年1月27日	客户丁	51,000.00	30	51,000.00	-	2024年2月26日	是	-

图 6-12　逾期应收账款分析结果

6.2.2　计算分析应收账款逾期天数

上面为应收账款管理提供了应收账款是否到期的判断结果，但是为了分析应收账款账龄，还需要利用 Excel 进一步计算各项应收账款的逾期天数，以便提供更加详细的管理数据。具体操作过程如下。

步骤 1：设计逾期天数分析表。在“逾期应收账款分析”工作表的数据右侧建立“逾期天数分析表”，对逾期天数进行分类筛选，如图 6－13 所示。实际工作中，通常对逾期天数划分不同等级，如“0～30”“30～60”“60～90”“90 天以上”等。

J	K	L	M
逾期天数分析			
当前日期		2024-7-29	
0~30	30~60	60~90	90天以上

图 6－13　逾期天数分析表

步骤 2：用 IF 函数分析逾期 0～30 天的应收账款。选中 J4 单元格，输入公式“＝IF（AND（$L$2－G4＞0，$L$2－G4＜＝30），C4－E4，0）”，按 Enter 键确认，并将该公式复制到 J5：J17 单元格区域。

该公式是在对某债务人逾期应收账款的具体金额进行判断计算，如果该表中 L2 单元格（即当前日期为 2024 年 7 月 29 日）大于 G4 单元格（即到期日），即该项应收账款已经逾期，但逾期天数在 30 天以内（包括 30 天）。满足上述条件，返回“C4－E4”计算公式，计算该项已经逾期应收账款的剩余未收金额；如果不满足未到期条件，则返回“0”，表示未到期金额为 0，即逾期应收账款不在 0～30 天期限内。

步骤 3：用 IF 函数分析逾期 30～60 天的应收账款。选中 K4 单元格，输入公式“＝IF（AND（$L$2－G4＞30，$L$2－G4＜＝60），C4－E4，0）”，按 Enter 键确认，并将该公式复制到 K5：K17 单元格区域。

步骤 4：使用 IF 函数分析逾期 60～90 天和 90 天以上的应收账款。选中 L4 单元格，输入公式“＝IF（AND（$L$2－G5＞60，$L$2－G5＜＝90），C5－E5，0）”，按 Enter 键确认，并将公式复制到 L5：L17 单元格区域。选中 M4 单元格，输入公式“＝IF（$L$2－G5＞90，C5－E5，0）”，按 Enter 键确认，并将该公式复制到 M5：M17 单元格区域。分析结果如图 6－14 所示。

J	K	L	M
逾期天数分析			
当前日期		2024-7-29	
0~30	30~60	60~90	90天以上
0	0	8000	0
0	0	0	0
0	0	0	0
0	0	0	0
0	0	0	0
0	0	0	0
0	0	0	0
0	0	0	0
0	0	0	0
0	0	0	0
0	0	0	0
0	0	0	7350
0	0	0	0
0	0	0	0

图 6－14　逾期天数分析结果

由以上统计数据可以明显看出，A 集团应收账款逾期情况并不严重，但是有两笔应收账款逾期 60 天以上，必须重视这两笔逾期应收账款的催收，从而盘活流动资产，减少坏账损失的发生。

根据应收账款逾期天数分析表所提供的信息，企业可以了解各债务人收款、欠款情况，判断欠款的可收回程度和可能发生的损失。同时，企业还可根据表中信息酌情采取放宽或紧缩的商业信用政策，并将该分析表作为衡量负责收款的部门和资信部门工作效率的依据。此外，企业还可以利用 AI 工具进行应收账款的预测分析，基于历史数据和客户行为模式预测哪些债务人可能存在较大风险，从而采取相应的催收策略。这不仅可以提升应收账款管理效率，还能更好地应对市场变化，降低坏账风险。

逾期应收款分析

6.3　应收账款账龄分析

账龄是指债务人欠本企业应收账款的时间。一般账龄越长，发生坏账损失的可能性就越大。账龄分析法是指根据应收账款的时间长短来估计坏账损失的一种方法，又称应收账款账龄分析法。

在估计坏账损失之前，可将应收账款按其账龄编制一张应收账款账龄分析表，以了解应收账款在各个债务人之间的金额分布情况及其拖欠时间的长短。这张应收账款账龄分析表实际上就是前面编制完成的逾期天数分析表，利用逾期天数分析表，不仅可以对各个债务人产生的应收账款进行分析，还可以为计算坏账准备提供可靠的依据。

6.3.1　建立应收账款账龄分析表

(1) 利用应收账款逾期天数分析表建立应收账款账龄分析表。

步骤1：新建工作表并重命名。在“应收账款管理.xlsx”工作簿中插入新建工作表，并重命名为“应收账款账龄分析”。

步骤2：输入当前日期。选中A1单元格，输入“应收账款账龄分析表”。选中A2单元格，输入“当前日期”。选中B2单元格，输入“2024年7月29日”。

注意：本例假设“当前日期”为“2024年7月29日”，实际工作中可以使用函数“=today()”来确定当前日期。

步骤3：输入五类账龄。选中A3单元格，输入“账龄”，并设置账龄的种类。本例将账龄分为五类，分别为“未到期”“0～30天”“30～60天”“60～90天”“90天以上”。

步骤4：输入应收账款。选中B3单元格，输入“应收账款”，此列显示的是不同账龄的应收账款金额，设置此列单元格格式为“会计专用”，选择企业常用的会计核算形式即可。

步骤5：输入占应收账款百分比。选中C3单元格，输入“占应收账款总额的百分比”，此列显示的是不同账龄的应收账款金额占应收账款总额的比例，设置此列单元格格式为“百分比”，并默认小数位数为2。

步骤6：调整美化表格。对表格进行调整、美化，从而完成应收账款账龄分析表的表头以及各项标识的建立，如图6-15所示。

(2) 计算各账龄所涉及的应收账款金额。

步骤1：编辑SUM公式引用未到期金额。选中B4单元格，输入公式“=SUM(逾期应收账款分析! I4:I17)”，按Enter键确认。可以引用“逾期应收账款分析”工作表中的未到期金额，汇总计算出截至2024年7月29日，应收账款总额中尚未到期的应收账款金额为354 550元，如图6-16所示。

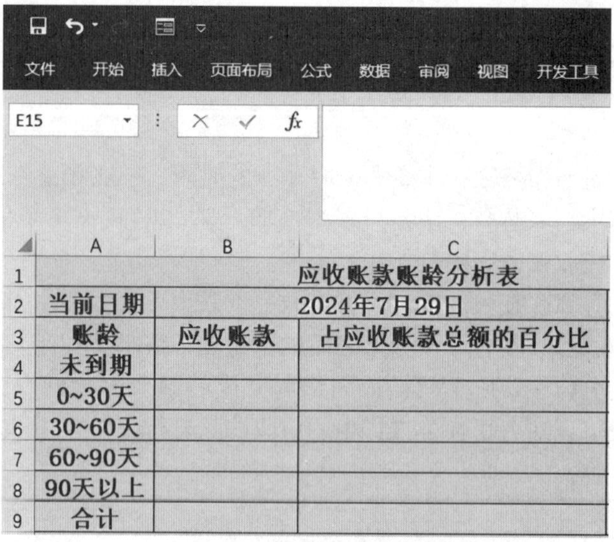

图 6－15　应收账款账龄分析表

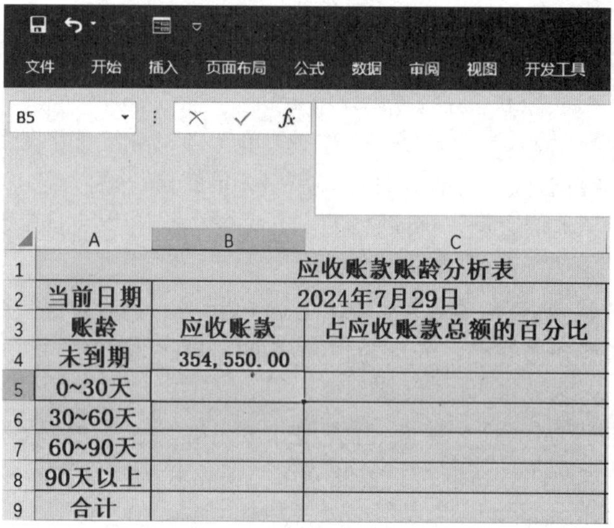

图 6－16　统计应收账款总额中尚未到期应收账款金额

步骤 2：编辑 SUM 公式汇总不同账龄的应收账款。通过步骤 1 类推，依次选中 B4 至 B8 单元格，分别输入 SUM 公式，对其余账龄的应收账款金额进行统计、汇总，各具体求和公式如图 6－17 所示。公式输入完成后按 Enter 键确认，生成各账龄所对应的应收账款金额。选中 B9 单元格，输入公式“＝SUM（B4：B8）”，按 Enter 键确认，即可计算各账龄所涉及的应收账款总额，如图 6－18 所示。

步骤 3：计算各账龄应收账款占应收账款总额的百分比。选中 C4 单元格，输入公式“＝B4/＄B＄9”，按 Enter 键确认，即可计算出未到期应收账款占应收账款总额的百分比。复制公式到该列其他单元格中，可计算出其他账龄应收账款占应收账款总额的百分比，如图 6－19 所示。

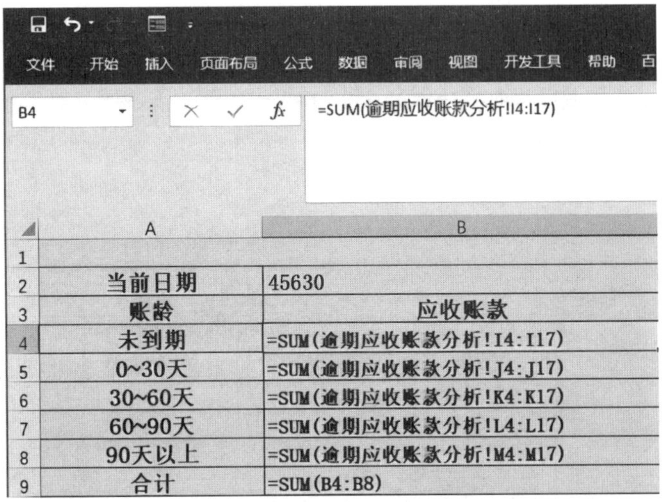

	A	B
1		
2	当前日期	45630
3	账龄	应收账款
4	未到期	=SUM(逾期应收账款分析!I4:I17)
5	0~30天	=SUM(逾期应收账款分析!J4:J17)
6	30~60天	=SUM(逾期应收账款分析!K4:K17)
7	60~90天	=SUM(逾期应收账款分析!L4:L17)
8	90天以上	=SUM(逾期应收账款分析!M4:M17)
9	合计	=SUM(B4:B8)

图 6－17　统计其他应收账款金额的 SUM 公式

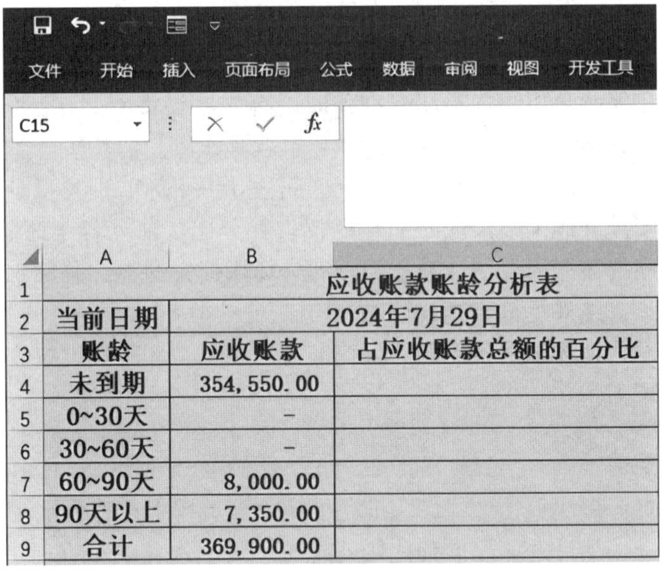

	A	B	C
1	应收账款账龄分析表		
2	当前日期	2024年7月29日	
3	账龄	应收账款	占应收账款总额的百分比
4	未到期	354, 550. 00	
5	0~30天	－	
6	30~60天	－	
7	60~90天	8, 000. 00	
8	90天以上	7, 350. 00	
9	合计	369, 900. 00	

图 6－18　各账龄应收账款总额结果

6.3.2　计算应收账款坏账准备的金额

企业赊销虽然可以扩大销售，消化库存，但也会发生各种成本，如应收账款机会成本、管理成本和坏账成本等，其中坏账成本是应收账款带来的最大损失，必须予以重视。

我国现行会计制度要求企业应当于每年年度终了对应收账款进行全面检查，对预计不能收回的应收款项计提坏账准备。企业计提坏账准备的方法由企业自行确定，计提坏账准备的常用方法是账龄分析法。

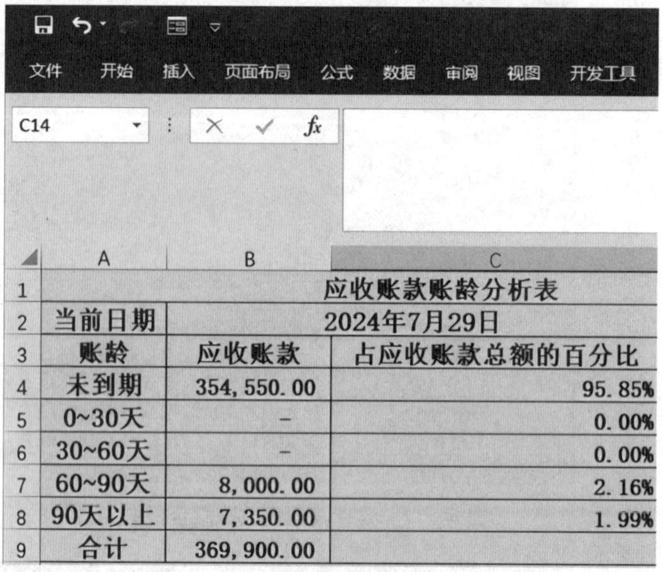

	A	B	C
1	应收账款账龄分析表		
2	当前日期	2024年7月29日	
3	账龄	应收账款	占应收账款总额的百分比
4	未到期	354,550.00	95.85%
5	0~30天	-	0.00%
6	30~60天	-	0.00%
7	60~90天	8,000.00	2.16%
8	90天以上	7,350.00	1.99%
9	合计	369,900.00	

图 6-19　计算各账龄的应收账款占应收账款总额的百分比

采用账龄分析法计提坏账准备时，首先，要将不同账龄的应收账款进行分组，按应收账款拖欠时间（即逾期天数，也就是账龄）的长短分为若干区间，计算各个区间应收账款的金额，并为每一个区间估计一个坏账损失百分比；然后，用各区间的应收账款金额乘以该区间的坏账损失百分比，估计各个区间的坏账损失；最后，将各区间的坏账损失估计数求和，即为坏账损失的估计总额。采用这种方法，坏账损失的计算结果更符合客观情况。

（1）估计坏账准备比例。坏账准备比例就是坏账额占应收账款总额的比例，其计算公式为：

坏账准备比例＝年坏账额÷年应收账款总额

账龄分析法下，计提坏账准备的比例简单得多。通常账龄越长，发生坏账的可能性越大，估计的坏账准备比例就越高。假设 A 集团根据历史经验估计，未到期的应收账款发生坏账的可能性是 0，逾期 0～30 天的应收账款发生坏账的可能性约为 1%，逾期 30～60 天的应收账款发生坏账的可能性约为 3%，逾期 60～90 天的应收账款发生坏账的可能性约为 6%，逾期 90 天以上的应收账款发生坏账的可能性约为 10%，将估计的坏账准备比例分别输入 D4：D9 单元格区域，如图 6-20 所示。实际工作中，企业可以根据历史经验进行估计。

（2）计算坏账准备金额。

步骤 1：选中 E3 单元格，输入“坏账准备金额”。选中 E4 单元格，输入公式“＝B4＊D4”，按 Enter 键确认。

步骤 2：将 E4 单元格公式复制到该列其他单元格中（即 E5：E8 单元格区域），则可计算各账龄应收账款产生的坏账准备金额。选中 E9 单元格，输入公式“＝SUM（E4：E8）”，按 Enter 键确认，计算坏账准备总额，如图 6-21 所示。

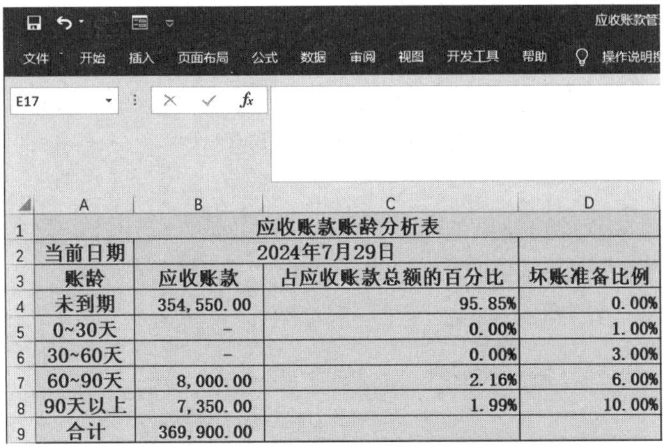

应收账款账龄分析表			
当前日期	2024年7月29日		
账龄	应收账款	占应收账款总额的百分比	坏账准备比例
未到期	354,550.00	95.85%	0.00%
0~30天	-	0.00%	1.00%
30~60天	-	0.00%	3.00%
60~90天	8,000.00	2.16%	6.00%
90天以上	7,350.00	1.99%	10.00%
合计	369,900.00		

图 6－20　A 集团估计的坏账准备比例

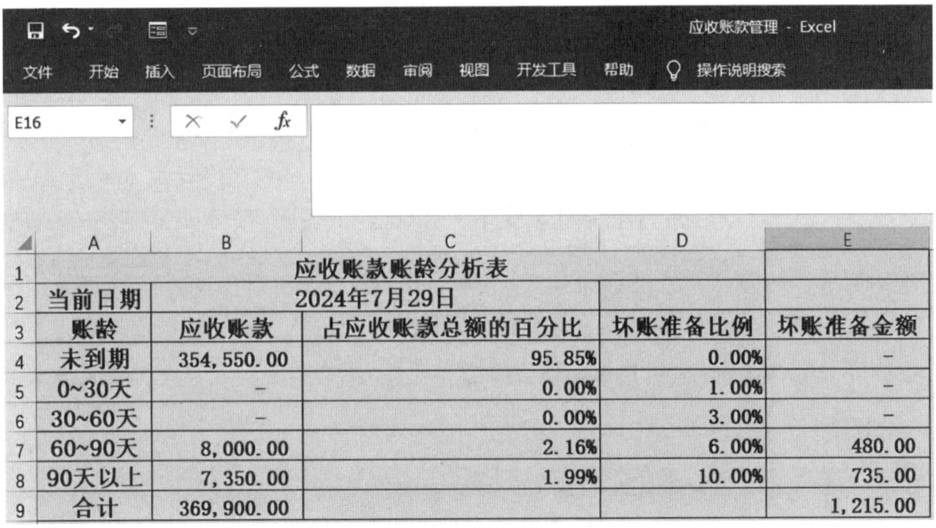

应收账款账龄分析表				
当前日期	2024年7月29日			
账龄	应收账款	占应收账款总额的百分比	坏账准备比例	坏账准备金额
未到期	354,550.00	95.85%	0.00%	-
0~30天	-	0.00%	1.00%	-
30~60天	-	0.00%	3.00%	-
60~90天	8,000.00	2.16%	6.00%	480.00
90天以上	7,350.00	1.99%	10.00%	735.00
合计	369,900.00			1,215.00

图 6－21　计算各账龄应收账款产生的坏账准备金额

由以上计算的坏账准备可以明显看出，A 集团应收账款产生的坏账准备总额较少，应收账款管理水平较好。即便如此企业也不能放弃催收逾期时间较长的应收账款，尤其是逾期 60～90 天以及逾期 90 天以上的应收账款，防止债务人继续拖欠款项，造成企业发生更多坏账损失。

注意：使用 Excel 进行应收账款管理的方法，同样可以应用于企业对应收票据以及应付账款的管理，本书不再重复介绍。对于应收票据和应付账款的账龄分析，可以参照前面进行操作，但需要注意，应收票据和应付账款不需要研究坏账准备的问题。

6.4　信用政策下的应收账款管理

应收账款的实质是企业通过赊销向用户提供的信用。应收账款管理的目标是制定合理的应收账款信用政策，对因该信用政策增加的盈利和预计负担的成本进行权衡，以确定合理的应收账款水平，扩大销售、减少存货、增强企业竞争力。

6.4.1 应收账款信用决策的基本原理

应收账款赊销效果依赖于企业的信用政策。信用政策包括信用期间、信用标准和现金折扣政策。在具体决策时，会涉及以下计算。

（1）计算方案的收益。

边际贡献＝销售收入－变动成本

＝销售量×单位边际贡献

（2）计算应收账款的机会成本。

应收账款占用资金的机会成本＝应收账款占用资金×资本成本

其中

应收账款占用资金＝应收账款平均余额×变动成本率

＝日赊销额×平均收账期×变动成本率

存货占用资金的机会成本＝存货占用资金×资本成本

其中

存货占用资金＝存货平均余额

应付账款占用资金抵减的机会成本＝应付账款占用资金×资本成本

其中

应付账款占用资金＝应付账款平均余额

（3）计算收账费用和坏账损失。

坏账损失＝预计销售额×坏账损失率

（4）计算折扣成本。

折扣成本＝赊销额×折扣率×享受折扣的客户比率

（5）各方案税前收益。

税前收益＝收益－成本费用

在不同信用条件下，企业选择税前收益最大的方案作为最优方案。

6.4.2 建立应收账款决策模型

A 集团面对竞争，为了稳定销售渠道，扩大商品销路，降低商品的管理费用，需要实行信用政策，然而激进的信用政策，例如赊销政策，会给企业带来各种风险。A 集团目前有两种信用政策方案，资料如图 6－22 所示。企业在制定信用政策时，除了考虑盈利与成本，还应当兼顾社会责任和商业伦理，确保信用政策既能促进企业发展，又能保护消费者的利益。

	A	B	C	D	E
1	已知条件				
2	基本数据		备选方案	方案一	方案二
3	销售单价（元/件）	5.00	信用期限（天）	60	30
4	单位变动成本	4.00	预计销售量（件）	86000	78000
5	资本成本	10%	预计坏账损失率	4%	2%
6	一年天数	360	平均存货水平（件）	15000	11000
7			预计收账费用（元）	5000	2800

图 6－22　A 集团基本数据及信用政策方案信息

A 集团决定通过建立应收账款决策模型来选择合理的信用政策。具体操作步骤如下。

步骤 1：打开“应收账款管理 . xlsx”工作簿，插入新建工作表，并重命名为“应收账款决策模型”，并按照图 6－22 资料所示，在 Excel 对应单元格区域中输入已知条件。

步骤 2：在 A9：E16 单元格区域设计决策模型，如图 6－23 所示。

	A	B	C	D	E
1	已知条件				
2	基本数据		备选方案	方案一	方案二
3	销售单价（元/件）	5.00	信用期限（天）	60	30
4	单位变动成本	4.00	预计销售量（件）	86000	78000
5	资本成本	10%	预计坏账损失率	4%	2%
6	一年天数	360	平均存货水平（件）	15000	11000
7			预计收账费用（元）	5000	2800
8	决策结果				
9	备选方案	方案一	方案二		
10	边际贡献				
11	应收账款机会成本				
12	存货机会成本				
13	坏账损失				
14	收账费用				
15	税前收益				
16	决策结果				

图 6－23　应收账款决策模型

步骤 3：设置模型中单元格公式。在 B10 单元格中输入公式“＝D4＊（＄B＄3－＄B＄4）”；在 B11 单元格中输入公式“＝（D4＊＄B＄3/＄B＄6）＊D3＊（＄B＄4/＄B＄3）＊＄B＄5”；在 B12 单元格中输入公式“＝D6＊＄B＄4＊＄B＄5”；在 B13 单元格中输入公式“＝D4＊D5＊＄B＄3”；在 B14 单元格中输入公式“＝D7”；在 B15 单元格中输入公式“＝B10－SUM（B11：B14）”；在 B16 单元格中输入公式

“=IF（MAX（B15：C15）<=0,"两方案均不可行"，IF（B15=C15,"两方案都可行"，IF（B15>C15,"采用方案一","采用方案二"）））”。利用 IF 函数结合 MAX 函数可以帮助快速判断并推荐最优方案，SUM 函数则能自动计算出各项方案的综合效果。

步骤 4：用鼠标选中 B10：B15 单元格区域，通过填充柄将公式复制到 C10：C15 单元格区域。

设置完成后，该决策模型的运行结果如图 6-24 所示。

	A	B	C	D	E
1	已知条件				
2	基本数据		备选方案	方案一	方案二
3	销售单价（元/件）	5.00	信用期限（天）	60	30
4	单位变动成本	4.00	预计销售量（件）	86000	78000
5	资本成本	10%	预计坏账损失率	4%	2%
6	一年天数	360	平均存货水平（件）	15000	11000
7			预计收账费用（元）	5000	2800
8	决策结果				
9	备选方案	方案一	方案二		
10	边际贡献	86000	78000		
11	应收账款机会成本	5733.33	2600		
12	存货机会成本	6000	4400		
13	坏账损失	17200	7800		
14	收账费用	5000	2800		
15	税前收益	52066.7	60400		
16	决策结果		采用方案二		

图 6-24 应收账款决策模型的运行结果

注意：应收账款决策模型并非唯一的，本例只提供一种可操作的思路。在实际工作中，财务人员可以自己设计出适合本企业和员工使用习惯的模型格式。

□ 拓展与训练

1. 应收账款管理模型主要有哪些？有现金折扣时，如何建立应收账款决策模型？

2. A 集团现在采用 30 天按发票金额（即无现金折扣）付款的信用政策，若考虑将信用期延长至 60 天，仍按发票金额付款。假定资本成本为 15%，其他相关数据如表 6-1 所示。

表 6-1 A 集团财务数据

信用期（天）	30	60
全年销售量（件）	100 000	120 000
单价（元）	5	5
单位变动成本（元）	4	4
固定成本（元）	50 000	50 000
毛利润（元）	50 000	70 000
收账费用（元）	3 000	4 000
坏账损失（元）	5 000	9 000

要求： 建立应收账款信用决策模型，分析该集团是否应将信用期延长为 60 天。

第7章 Excel在存货管理中的应用

Chapter 7

内容简介

本章主要讲解如何利用 Excel 工具进行存货管理，包括通过 Excel 建立基本经济订货模型以及在考虑保险储备和数量折扣时的存货管理方法。为了便于存货的分类控制，可利用 Excel 构建 ABC 存货管理模型。

学习目标

理解存货管理的基本理论与方法，应用 Excel 工具建立和运用经济订货模型，分析在考虑保险储备和数量折扣时的存货管理策略。熟练运用 Excel 构建 ABC 存货管理模型，掌握如何对存货进行分类控制和优化订货管理。

引 例

A 集团是一家致力于绿色制造的企业，近年来在追求高效生产和市场拓展的同时，A 集团逐渐意识到一个重要问题：存货管理不仅关系到企业的财务状况，更会影响社会资源的利用和环境的可持续发展。尤其是在全球环保意识日益增强的今天，企业不仅要追求经济效益，还应当承担起社会责任，推动绿色发展。

A 集团发现，随着市场需求的不断变化，存货积压严重，不仅增加了库存成本，还导致了资源浪费。为此，公司决策层决定优化存货管理，减少不必要的库存，推动更为高效且环保的生产模式。在这个过程中，A 集团选择 Excel 作为管理工具，利用其强大的数据分析能力，对存货进行精确管理。通过建立经济订货模型，A 集团能够科学地计算最优订货量，避免过度订货带来的库存积压和资源浪费；同时，考虑到保险储备和数量折扣，进一步优化了库存策略。在此基础上，为了加强对存货的分类管理，A 集团还运用 Excel 构建了 ABC 存货管理模型，使得库存管理更加精准，资源得到最大化利用。

存货管理的好坏直接影响到企业资产的运转效率以及企业的盈利能力。存货管理模型与Excel结合运用，是“促进数字经济和实体经济深度融合”的实践，可以为库存分析提供决策依据，提高存货管理效率和效果。

7.1 存货的概念与持有成本

在“双循环”新发展格局下，科学管理存货是落实“六稳”“六保”政策的重要举措，既保障产业链供应链安全，又体现企业践行“碳达峰、碳中和”的绿色运营理念。存货占用资金是有成本的，资金占用会使利息支出增加并导致利润减少。在进行存货决策时，存货管理所涉及的都是与存货成本有关的问题，存货管理的目标是在各种存货成本与存货效益之间做出权衡，充分发挥存货功能，降低存货成本。

与存货相关的成本有如下四种。

（1）采购成本：指为取得某种存货而支出的成本，包括买价、运杂费等。

（2）订货成本：指订购材料、商品而发生的成本。订货成本一般与订货的数量无关，而与订货的次数有关。

（3）储存成本：指储存过程中发生的仓储费、搬运费、保险费、占用资金支付的利息等。一定时期内的储存成本总额等于该时期平均存货量与单位储存成本的乘积。

（4）缺货成本：指由于存货储备不足而给企业造成的经济损失。例如，由于原材料储备不足造成的停工损失、由于商品储备不足造成销售中断的损失、由于成品供应中断导致延误发货的信誉损失等。企业存货的最优化就是使企业存货的总成本最低。

知识链接 **数字孪生仓储**

数字孪生仓储是工业4.0时代的重要技术应用，它通过将物理仓储的实体、流程和数据映射到虚拟空间，实现仓储管理的智能化和高效化。在工业4.0背景下，数字孪生技术与5G、大数据、云计算、AI等前沿技术深度融合，构建出多维立体可视化的仓储管理系统。

数字孪生仓储系统具备实时监控、预测性维护和流程优化等功能。它能够通过虚拟仿真技术优化仓储布局和物流路径，减少拣选时间和能源消耗。同时，结合物联网和传感器技术，系统可实时采集仓库内的设备状态、货物位置等数据，实现精准的库存管理和异常预警。

此外，数字孪生仓储还支持全生命周期管理，从设计、建设到运营和报废阶段，都能通过虚拟模型进行监控和优化。这种技术不仅提升了仓储管理的效率和灵活性，还为企业的数字化转型提供了有力支持。

7.2 基本经济订货批量模型

7.2.1 基本经济订货批量模型的原理

经济订货批量是指企业的生产和供应条件一定时，有关存货相关总成本最低时的采购批量。基本经济订货批量模型是建立在一系列假设基础上的：（1）企业一定时间内的存货需求量确定；（2）存货集中到货，而不是陆续入库；（3）不会出现缺货现象，企业可以瞬间补齐存货；（4）存货的单价保持不变，不考虑现金折扣。此时存货的相关成本只要考虑存货的订货成本和储存成本，存货的年订货成本总额与订购次数成反比，与每次订购批量无关，而年储存总成本则与一定时期的平均存货水平（每次订购批量的 1/2）成反比，与订购次数无关。设某种存货相关总成本为 TC，其计算公式为：

$$TC = \text{年订货总成本} + \text{年储存总成本}$$

$$Q^* = \frac{\sqrt{2KD}}{C}$$

$$C^* = \sqrt{2KDC}$$

$$= (Q^*/2)K + (D/Q^*)C$$

$$N^* = D/Q^*$$

式中，Q^* 为经济订货批量；K 为每次订购的订货成本；D 为存货年需要总量；C 为每单位存货的年储存成本；N^* 为最佳订货次数。

7.2.2 设计经济订货批量模型

已知 A 集团每年需要耗用甲材料 14 400 吨，该材料的单位采购成本为 1 000 元，单位储存成本为 200 元，平均每次进货费用为 400 元。假设甲材料不允许缺货，耗用比较均衡，价格稳定。以 A 集团为例计算企业经济订货批量的具体操作步骤如下。

步骤 1：新建 Excel 工作簿，双击工作表标签“sheet1”，输入新工作表名称“经济订货批量模型”；设置该模型，对其格式进行优化，并输入有关数据，如图 7-1 所示。

步骤 2：已知“全年订货次数＝全年材料需求量/每次订货批量”。将企业每次订货批量假设为一个数字，在 B7 单元格中输入假设数字 240，在 B6 单元格中输入公式“＝B3/B7”，并按 Enter 键。

步骤 3：计算订货费用。在 B9 单元格中输入公式“＝B6 * B4”，并按 Enter 键。

	A	B
1	经济订货批量模型	
2	项目	数值
3	全年材料需求量（吨）	14400
4	每次订货费用（元/次）	400
5	单位存货储存成本（元/吨）	200
6	全年订货次数	
7	每次订货批量（吨）	
8	相关成本计算	
9	订货费用	
10	储存成本	
11	相关总成本	

图 7－1　经济订货批量模型

步骤 4：计算储存成本。在 B10 单元格中输入公式“＝B7＊B5/2”，并按 Enter 键。

步骤 5：计算相关总成本。在 B11 单元格中输入公式“＝B9＋B10”，并按 Enter 键。计算结果如图 7－2 所示。

	A	B
1	经济订货批量模型	
2	项目	数值
3	全年材料需求量（吨）	14400
4	每次订货费用（元/次）	400
5	单位存货储存成本（元/吨）	200
6	全年订货次数	60
7	每次订货批量（吨）	240
8	相关成本计算	
9	订货费用	24000
10	储存成本	24000
11	相关总成本	48000

图 7－2　经济订货批量模型的计算结果

设计存货经济
订货批量模型

7.2.3 运用模拟运算表计算存货相关成本

模拟运算表是一个单元格区域，它可显示一个或多个公式中替换不同值时的结果。模拟运算表有两种类型：单输入模拟运算表和双输入模拟运算表。在单输入模拟运算表中，用户可以对一个变量输入不同的值，从而查看它对一个或多个公式的影响。在双输入模拟运算表中，用户可以对两个变量输入不同的值，从而查看它对一个或多个公式的影响。运用单输入模拟运算表即可计算存货相关成本，具体操作步骤如下。

步骤 1：设置模拟运算表中的内容及格式。在 E3 单元格中输入"＝B11"，在 F3 单元格中输入"＝B9"，在 G3 单元格中输入"＝B10"，如图 7－3 所示。

	A	B	C	D	E	F	G
1	经济订货批量模型			成本计算模拟运算表			
2	项目	数值		每次订货量	相关总成本	订货费用	储存成本
3	全年材料需求量（吨）	14400			48000	24000	24000
4	每次订货费用（元/次）	400		100			
5	单位存货储存成本（元/吨）	200		150			
6	全年订货次数	60		200			
7	每次订货批量（吨）	240		250			
8	相关成本计算			300			
9	订货费用	24000		350			
10	储存成本	24000		400			
11	相关总成本	48000		450			

图 7－3　设置存货成本模拟运算表

步骤 2：选中 D3：G11 单元格区域，选择"数据"｜"预测"｜"模拟分析"｜"模拟运算表"命令，在"模拟运算表"对话框中的"输入引用列的单元格"文本框中输入"＄B＄7"，如图 7－4 所示。

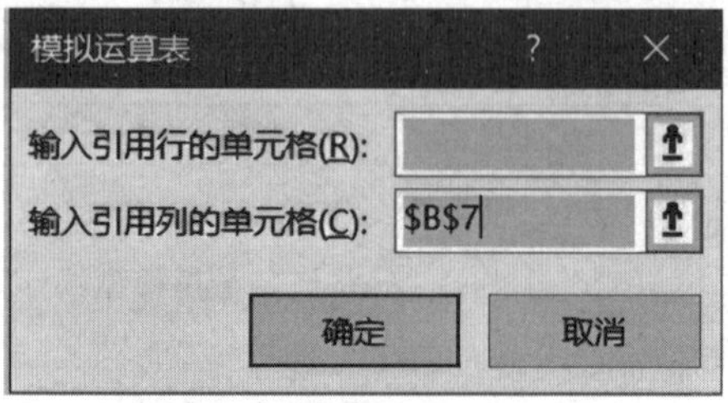

图 7－4　"模拟运算表"对话框

步骤 3：单击"确定"按钮，计算结果如图 7－5 所示。

注意：不要改变模拟运算表中的数据，否则可能会出现 Excel 工作簿无法操作的情况，此时按 Esc 键可以退出。

步骤 4：制作成本与订货批量关系的散点图。选中 D2：G2 和 D4：G11 单元格区域，选择"插入"｜"图表"｜"XY（散点图）"｜"带平滑线的散点图"命令，如图 7－6 所示。单击"确定"按钮，插入图表。

D	E	F	G
成本计算模拟运算表			
每次订货量	相关总成本	订货费用	储存成本
	48000	24000	24000
100	67600	57600	10000
150	53400	38400	15000
200	48800	28800	20000
250	48040	23040	25000
300	49200	19200	30000
350	51457.1429	16457.14	35000
400	54400	14400	40000
450	57800	12800	45000

图 7－5　成本计算模拟运算表

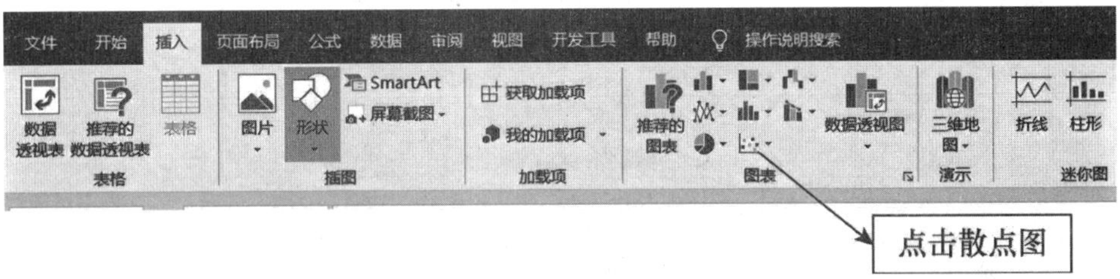

图 7－6　制作成本与订货批量关系的散点图

步骤 5：选中图表区，单击图表区右边的按钮 + ，选择“添加图表元素”｜“图表标题”｜“图表上方”命令，更改图表标题为“相关总成本与订货批量的关系”，字体为“黑体”，字号为“18”。

步骤 6：采用上述方法，选择“添加图表元素”｜“坐标轴标题”｜“主要横坐标轴”命令，更改水平轴标题为“订货批量”，字体为“黑体”，字号为“14”；选择“添加图表元素”｜“坐标轴标题”｜“主要纵坐标轴”命令，更改垂直轴标题为“成本”，字体为“黑体”，字号为“14”，文字方向为“竖排”。设置横（纵）坐标标题时，在图表工具中，点击“格式”｜“当前所选内容”｜“垂直（值）轴标题”（如图 7－7 所示），工作表右侧会弹出“设置坐标轴标题格式”对话框，坐标轴文字方向设置方式如图 7－8 所示。图表设置结果如图 7－9 所示。

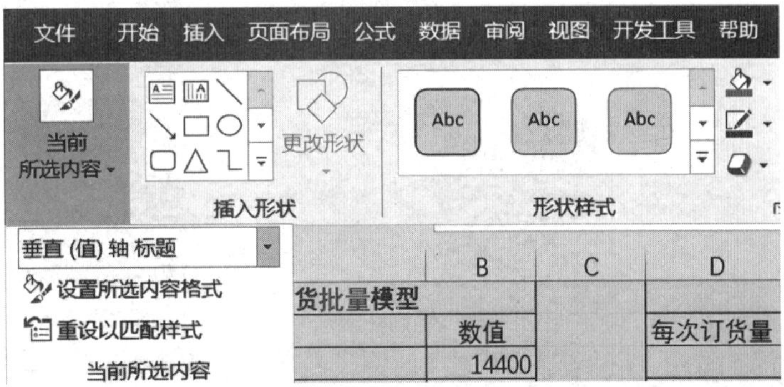

图 7－7　设置坐标轴标题格式

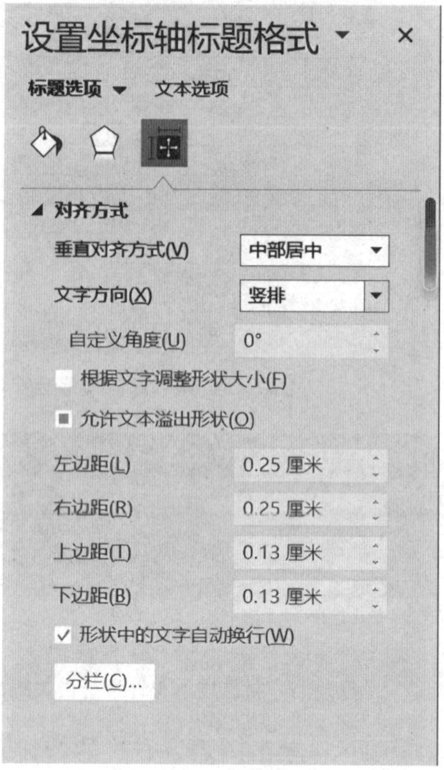

图 7－8　设置标题方向

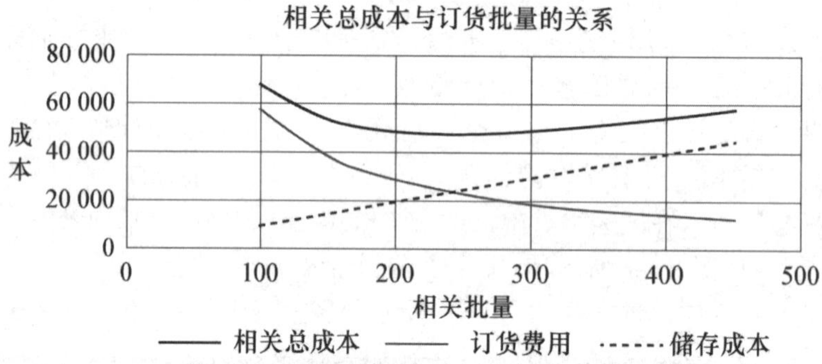

图 7－9　相关总成本与订货批量的关系图

运用“模拟运算表”计算相关成本

绘制相关总成本的散点图

7.2.4　求解经济订货批量

(1) 利用规划求解计算。从存货成本模拟运算表以及图 7－9 可以看出，存货相关总成本最低时的订货批量介于 200～250。接下来，可以利用规划求解工具计算出具体的数值。具体操作步骤如下。

步骤 1：加载“规划求解”命令。按照 5.2.3 节中所讲的方法，在工具栏中加载“规划求解”命令。

步骤 2：单击“数据”｜“规划求解”命令，在“规划求解参数”对话框中的“设置目标”文本框中输入“$B$11”；在“到”选择项中选择“最小值”；在“通过更改可变单元格”中输入“$B$7”；单击“添加”按钮，增加约束条件“$B$7=整数”，单击“确定”按钮后，用同样的方式增加约束条件“$B$7<=14400”；勾选“使无约束变量为非负数”；在“选择求解方法”中选择“非线性 GRG”，如图 7－10 所示。

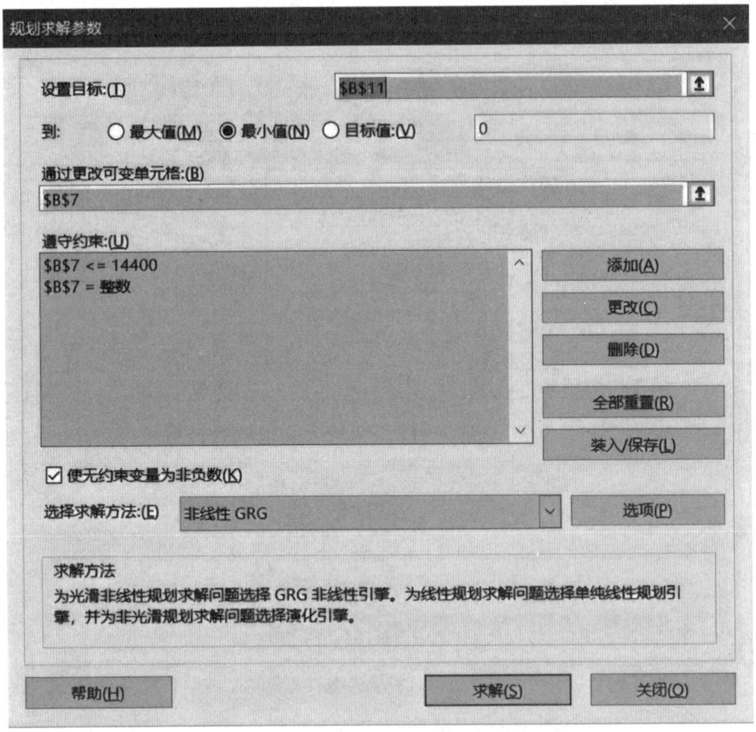

图 7－10　“规划求解参数”对话框

步骤 3：单击“求解”按钮，弹出“规划求解结果”对话框，选择“保存规划求解的解”，单击“确定”按钮，结果如图 7－11 所示。

(2) 利用公式求解。点击 B7 单元格，输入函数“=SQRT (2 * B3 * B4/B5) ”即可返回与规划求解算出的结果一样的最优订货量，如图 7－12 所示。

经济订货批量模型	
项目	数值
全年材料需求量（吨）	14400
每次订货费用（元/次）	400
单位存货储存成本（元/吨）	200
全年订货次数	60
每次订货批量（吨）	240
相关成本计算	
订货费用	24000
储存成本	24000
相关总成本	48000

成本计算模拟运算表			
每次订货量	相关总成本	订货费用	储存成本
	48000	24000	24000
100	67600	57600	10000
150	53400	38400	15000
200	48800	28800	20000
250	48040	23040	25000
300	49200	19200	30000
350	51457.14286	16457.14286	35000
400	54400	14400	40000
450	57800	12800	45000

图 7-11 规划求解的计算结果

SUM =SQRT(2*B3*B4/B5)

经济订货批量模型	
项目	数值
全年材料需求量（吨）	14400
每次订货费用（元/次）	400
单位存货储存成本（元/吨）	200
全年订货次数	60
每次订货批量（吨）	B4/B5)
相关成本计算	
订货费用	24000
储存成本	24000
相关总成本	48000

图 7-12 利用公式求解的计算结果

求解经济订货批量

7.3 保险储备模型

在存货管理基本模型中，需要假定存货供需稳定且确知，交货时间也固定不变。在实际生产过程中，企业对原材料的需求量每天都可能发生变化，交货时间也可能发生变化。在交货期内，如果需求量增大或交货时间延误，就会发生缺货。为防止由此造成的损失，企业应有一定的保险储备。保险储备的多少可以通过保险储备模型计算。

7.3.1　设计保险储备模型

沿用 7.2.2 节 A 集团的例子，假设甲材料从订货到交货的时间为 10 天，单位缺货成本为 300 元，交货期内存货消耗量及其概率分布见表 7－1。

表 7－1　交货期内甲材料需求量及其概率分布

需求量	340	360	380	400	420	440	460
概率	0.01	0.04	0.2	0.5	0.2	0.04	0.01

计算企业最佳保险储备量的具体操作步骤如下。

步骤 1：设置考虑保险储备的经济订货批量模型，并对其格式进行优化，假设保险储备量为 20 吨，输入其他有关数据，如图 7－13 所示。

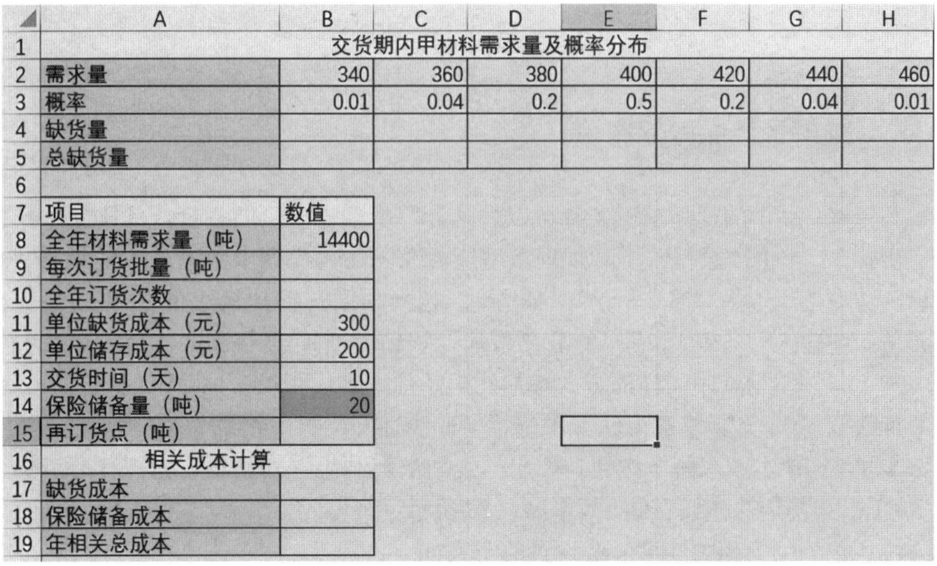

	A	B	C	D	E	F	G	H
1	交货期内甲材料需求量及概率分布							
2	需求量	340	360	380	400	420	440	460
3	概率	0.01	0.04	0.2	0.5	0.2	0.04	0.01
4	缺货量							
5	总缺货量							
6								
7	项目	数值						
8	全年材料需求量（吨）	14400						
9	每次订货批量（吨）							
10	全年订货次数							
11	单位缺货成本（元）	300						
12	单位储存成本（元）	200						
13	交货时间（天）	10						
14	保险储备量（吨）	20						
15	再订货点（吨）							
16	相关成本计算							
17	缺货成本							
18	保险储备成本							
19	年相关总成本							

图 7－13　保险储备模型

步骤 2：由 7.2.4 节例子中的计算可知，企业每次的经济订货批量为 240 吨，在 B9 单元格中输入“240”，在 B10 单元格中输入公式“＝B8/B9”。

步骤 3：计算缺货量。在 B4 单元格中输入公式“＝IF（B2＜＝$B$15，0，（B2－$B$15）＊B3）”，然后横向复制该公式计算各种情况下的缺货量；在 B5 单元格中输入公式“＝SUM（B4：H4）”，计算总缺货量。

步骤 4：计算再订货点。在 B15 单元格中输入公式“＝B8/360＊B13＋B14”。

步骤 5：计算相关成本。在 B17 单元格中输入公式“＝B5＊B10＊B11”；在 B18 单元格中输入公式“＝B12＊B14”；在 B19 单元格中输入公式“＝B17＋B18”。结果如图 7－14 所示。

	A	B	C	D	E	F	G	H
1	交货期内甲材料需求量及概率分布							
2	需求量	340	360	380	400	420	440	460
3	概率	0.01	0.04	0.2	0.5	0.2	0.04	0.01
4	缺货量	0	0	0	0	0	0.8	0.4
5	总缺货量	1.2						
6								
7	项目	数值						
8	全年材料需求量（吨）	14400						
9	每次订货批量（吨）	240						
10	全年订货次数	60						
11	单位缺货成本（元）	300						
12	单位储存成本（元）	200						
13	交货时间（天）	10						
14	保险储备量（吨）	20						
15	再订货点（吨）	420						
16	相关成本计算							
17	缺货成本	21600						
18	保险储备成本	4000						
19	年相关总成本	25600						

图 7－14　假设计算结果

7.3.2　求解最佳保险储备量

利用 Excel 中的规划求解工具可以快速计算出最佳保险储备量，具体操作步骤如下。

步骤 1：单击“数据”｜“规划求解”命令，在“规划求解参数”对话框中的“设置目标”文本框中输入“＄B＄19”；在“到”选择项中选择“最小值”；在“通过更改可变单元格”中输入“＄B＄14”；单击“添加”按钮，增加约束条件“＄B＄14＝整数”，单击“确定”按钮后，用同样的方式增加约束条件“＄B＄14＜＝60”；勾选“使无约束变量为非负数”；在“选择求解方法”中选择“非线性 GRG”，如图 7－15 所示。

步骤 2：单击“求解”按钮，弹出“规划求解结果”对话框，选择“保存规划求解的解”，单击“确定”按钮，结果如图 7－16 所示。

注意：该例中相关计算公式设置的意义如下：

（1）再订货点＝交货时间×日均需求量＋保险储备量；

（2）缺货量的计算需要考虑交货期内需求量及其概率和再订货点的大小，总缺货量（平均缺货量）等于各种情况下缺货量之和；

（3）年相关总成本＝缺货成本＋保险储备成本，缺货成本＝单位缺货成本×平均缺货量×年订货次数，保险储存成本＝保险储备量×单位储存成本。

保险储备模型

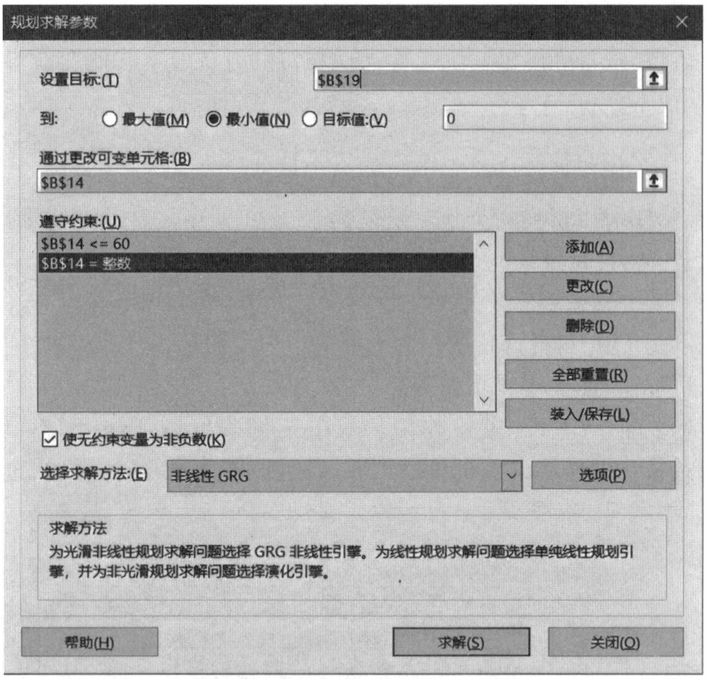

图 7－15 “规划求解参数”对话框

	A	B	C	D	E	F	G	H
1	交货期内甲材料需求量及概率分布							
2	需求量	340	360	380	400	420	440	460
3	概率	0.01	0.04	0.2	0.5	0.2	0.04	0.01
4	缺货量	0	0	0	0	0	0	0.2
5	总缺货量	0.2						
6								
7	项目	数值						
8	全年材料需求量（吨）	14400						
9	每次订货批量（吨）	240						
10	全年订货次数	60						
11	单位缺货成本（元）	300						
12	单位储存成本（元）	200						
13	交货时间（天）	10						
14	保险储备量（吨）	40						
15	再订货点（吨）	440						
16	相关成本计算							
17	缺货成本	3600						
18	保险储备成本	8000						
19	年相关总成本	11600						

图 7－16 最佳保险储备量计算结果

7.4 实行数量折扣的经济订货批量模型

基本经济订货批量模型假设价格恒定，而在实际中往往会发生数量折扣。此时，存货的采购成本就与订货批量的大小有直接联系，属于决策的相关成本。企业对经济订货批量的确定，除了要考虑相关的订货成本与储存成本外，还应考虑存货的采购成本。

存货相关总成本＝采购成本＋订货成本＋储存成本

A 集团对甲材料的全年需要量为 16 000 千克，每千克标准价格为 20 元。销货方 约定：客户每批采购量少于 1 000 千克的，按照标准价格计算；每批采购量大于 1 000 千克小于 2 000 千克的，价格优惠 2%；每批采购量 2 000 千克以上的，价格优惠 3%。已知每批订货费用为 600 元，单位材料的年储存成本为 30 元。计算经济订货批量的具体操作步骤如下。

步骤 1：新建 Excel 工作簿，双击工作表标签“sheet1”，输入新工作表名称“有数量折扣的经济订货批量模型”；设置该模型，并对其格式进行优化，输入有关数据，如图 7－17 所示。

	A	B
1	甲材料全年需要量（千克）	16000
2	每千克标准价（元）	20
3	1000千克<=采购量<2000千克时折扣	2%
4	采购量>=2000千克时折扣	3%
5	每批订货费用（元）	600
6	单位储存成本（元）	30
7	不考虑折扣时，经济订货批量（千克）	
8	不考虑折扣时，经济订货批量下存货总成本（元）	
9	采购量为1000千克时存货相关总成本（元）	
10	采购量为2000千克时存货相关总成本（元）	

有数量折扣的经济订货批量模型

图 7－17　有数量折扣的经济订货批量模型

步骤 2：计算不考虑数量折扣时的经济订货批量。在 B7 单元格中输入公式“＝SQRT（2 * B1 * B5/B6）”，可得到此时的经济订货批量为 800 千克。

步骤 3：计算不考虑数量折扣的经济订货批量为 800 千克时，存货的相关总成本。在 B8 单元格中输入公式“＝B7/2 * B6＋B2 * B1＋B1/B7 * B5”，可得到相关总成本为 344 000 元，结果如图 7－18 所示。

步骤 4：分别计算采购量为 1 000 千克、2 000 千克时存货的相关总成本。在 B9 单元格中输入公式“＝1000/2 * B6＋B2 * B1 *（1－B3）＋B1/1000 * B5”，可

	A	B
1	甲材料全年需要量（千克）	16000
2	每千克标准价（元）	20
3	1000千克<=采购量<2000千克时折扣	2%
4	采购量>=2000千克时折扣	3%
5	每批订货费用（元）	600
6	单位储存成本（元）	30
7	不考虑折扣时，经济订货批量（千克）	800
8	不考虑折扣时，经济订货批量下存货总成本（元）	344000
9	采购量为1000千克时存货相关总成本（元）	
10	采购量为2000千克时存货相关总成本（元）	

图 7-18　不考虑数量折扣时的计算结果

得到每次采购量为 1 000 千克时，相关总成本为 338 200 元。在 B10 单元格输入公式“＝2000/2＊B6＋B2＊B1＊（1－B4）＋B1/2000＊B5”，可得到每次采购量为 2 000 千克时，相关总成本为 345 200 元。结果如图 7-19 所示。

	A	B
1	甲材料全年需要量（千克）	16000
2	每千克标准价（元）	20
3	1000千克<=采购量<2000千克时折扣	2%
4	采购量>=2000千克时折扣	3%
5	每批订货费用（元）	600
6	单位储存成本（元）	30
7	不考虑折扣时，经济订货批量（千克）	800
8	不考虑折扣时，经济订货批量下存货总成本（元）	344000
9	采购量为1000千克时存货相关总成本（元）	338200
10	采购量为2000千克时存货相关总成本（元）	345200

图 7-19　采购量为 1 000 千克和 2 000 千克时的经济订货批量及存货相关总成本

从以上结果可知，每次订货量为 1 000 千克时，存货相关总成本最低，所以考虑数量折扣时，该公司的经济订货批量为 1 000 千克。

7.5　ABC 存货管理模型

7.5.1　ABC 存货管理的概念

ABC 存货管理是根据存货项目金额的大小将存货划分成 A、B、C 三类管理，以达到重点管理、次重点管理和一般管理的目的。ABC 存货管理的分类标准有两个：一是金额标准；二是品种数量标准。金额标准是主要考察标准，品种数量标准则为参考标准。常见分类标准如下：

A 类存货：存货金额约占 80%，品种数量约占 10%～15%。

B 类存货：存货金额约占 15%，品种数量约占 20%～30%。

C 类存货：存货金额约占 5%，品种数量约占 55%～80%。

实施 ABC 存货管理的具体方法为：

（1）根据存货的需求量及存货的价格计算出资金占用额，然后对存货按金额从大到小排序。

（2）按照上一步排定的顺序，计算每一种存货资金占用金额占全部资金的百分比和累计金额百分比。

（3）按照既定的顺序，依次计算累计存货品种数量占全部品种数量的百分比。

（4）按照既定的标准将存货划分 A、B、C 三类。

（5）A 类存货金额巨大，而品种数量少，应重点管理；B 类存货价值金额一般，品种数量比较多，应次重点管理；C 类存货品种数量多，价值最低，一般管理即可。

7.5.2 建立 ABC 存货管理模型

A 集团有 30 种存货，其金额以及 ABC 存货分类标准的有关数据都列示在“存货明细”工作表中，如图 7－20 所示。按照既定存货分类标准，建立 ABC 存货管理模型的操作步骤如下。

	A	B	C	D
2	存货名称	存货金额	分类标准	
3	F001	44100	类别	金额百分比
4	F002	46310	A类	80%
5	F003	45600	B类	15%
6	F004	12000	C类	5%
7	F005	5000		
8	K101	28000		
9	H012	22000		
10	H013	89420		
11	H014	22190		
12	H015	4500		
13	H016	9600		
14	H017	3750		
15	H018	2290		
16	H019	9700		
17	H020	6500		
18	H021	5900		
19	H022	31000		
20	H023	26000		
21	H024	5730		
22	H025	14000		
23	H026	5450		
24	T010	52000		
25	T011	8500		
26	T012	9600		
27	T013	8580		
28	T014	7500		
29	T015	22150		
30	T016	18650		
31	T017	9800		
32	T018	3800		

图 7－20 “存货明细”工作表

步骤 1：新增工作表，命名为“ABC 存货管理模型”，设置工作表中的模型结构如图 7－21 所示，并将“存货明细”工作表中的已知信息，如存货名称、存货金额等，复制粘贴到相应单元格区域。

	A	B	C	D	E	F	G	H	I	J	K	L
1	结果分析							存货名称	存货金额	金额百分比	累计百分比	类别标志
2	类别	金额百分比		类别	金额百分比	品种百分比		F001	44100			
3	A类	80%		A				F002	46310			
4	B类	15%		B				F003	45600			
5	C类	5%		C				F004	12000			
6				合计				F005	5000			
7								K101	28000			
8								H012	22000			
9								H013	89420			
10								H014	22190			
11								H015	4500			
12								H016	9600			
13								H017	3750			
14								H018	2290			
15								H019	9700			
16								H020	6500			
17								H021	5900			
18								H022	31000			
19								H023	26000			
20								H024	5730			
21								H025	14000			
22								H026	5450			
23								T010	52000			
24								T011	8500			
25								T012	9600			
26								T013	8580			
27								T014	7500			
28								T015	22150			
29								T016	18650			
30								T017	9800			
31								T018	3800			

图 7－21　ABC 存货管理模型

步骤 2：在“ABC 存货管理模型”工作表中，选取 I2：I31 区域中任意单元格，单击“开始”选项卡，在“编辑”功能区选择“排序和筛选”中的“降序”，则各种存货按金额由大到小降序排列，然后在 H32 单元格输入“合计”，在 I32 单元格中输入公式“＝SUM（I2：I31）”。

步骤 3：选择 J2：J31 单元格区域，输入数组公式“＝I2：I31/I32”。

步骤 4：选择 K2 单元格，输入公式“＝SUM（＄J＄2：J2）”，并将其复制到 K3：K31 单元格区域。

步骤 5：选择 L2 单元格，输入公式“＝IF（K2＜＄B＄3,"A"，IF（K2＜（＄B＄3＋＄B＄4),"B","C"））”，并将其复制到 L3：L31 单元格区域。

步骤 6：选择 E3 单元格，输入公式“＝SUMIF（＄L＄2：＄L＄31，D3，＄J＄2：＄J＄31）”，并将其复制到 E4：E5 单元格区域。

步骤 7：选择 F3 单元格，输入公式“＝COUNTIF（＄L＄2：＄L＄31，D3）/COUNTA（＄L＄2：＄L＄31）”，并将其复制到 F4：F5 单元格区域。

步骤 8：选择 E6 单元格，输入公式“＝SUM（E3：E5）”，并将其复制到 F6 单元格。

模型设置完毕后，运行结果如图 7－22 所示。

类别	金额百分比
A类	80%
B类	15%
C类	5%

结果分析

类别	金额百分比	品种百分比
A	79.61%	43.33%
B	15.13%	33.33%
C	5.27%	23.33%
合计	100.00%	100.00%

存货名称	存货金额	金额百分比	累计百分比	类别标志
H013	89420	15.43%	15.43%	A
T010	52000	8.97%	24.40%	A
F002	46310	7.99%	32.39%	A
F003	45600	7.87%	40.26%	A
F001	44100	7.61%	47.86%	A
H022	31000	5.35%	53.21%	A
K101	28000	4.83%	58.04%	A
H023	26000	4.49%	62.53%	A
H014	22190	3.83%	66.36%	A
T015	22150	3.82%	70.18%	A
H012	22000	3.80%	73.97%	A
T016	18650	3.22%	77.19%	A
H025	14000	2.42%	79.61%	A
F004	12000	2.07%	81.68%	B
T017	9800	1.69%	83.37%	B
H019	9700	1.67%	85.04%	B
H016	9600	1.66%	86.70%	B
T012	9600	1.66%	88.35%	B
T013	8580	1.48%	89.83%	B
T011	8500	1.47%	91.30%	B
T014	7500	1.29%	92.60%	B
H020	6500	1.12%	93.72%	B
H021	5900	1.02%	94.73%	B
H024	5730	0.99%	95.72%	C
H026	5450	0.94%	96.66%	C
F005	5000	0.86%	97.53%	C
H015	4500	0.78%	98.30%	C
T018	3800	0.66%	98.96%	C
H017	3750	0.65%	99.60%	C
H018	2290	0.40%	100.00%	C
合计	579620	1		

图 7-22　ABC 存货管理模型的运行结果

□ 拓展与训练

1. 存货管理模型主要有哪些？

2. A 集团每年需要耗用甲、乙两种材料：甲材料每年耗用 1 690 吨，该材料的单位采购成本为 300 元，单位储存成本为 100 元，平均每次进货费用为 200 元；乙材料每年耗用 4 000 吨，该材料的单位采购成本为 400 元，单位储存成本为 200 元，平均每次进货费用为 400 元。假设甲、乙两种材料不允许缺货，耗用比较均衡，价格稳定。

要求：利用模拟运算表以及规划求解工具计算甲、乙两种材料的经济订货批量，并利用图表直观描述相关成本与订货批量的关系。

第 8 章

Chapter 8 Excel 在固定资产管理中的应用

内容简介

本章主要讲解了如何利用 Excel 建立固定资产管理表，通过科学的表格设计和函数运算来精确管理固定资产，并运用相关函数对固定资产折旧进行准确计提。此外，本章还介绍了如何通过 Excel 的强大数据处理功能，对固定资产数据进行高效的查询、筛选和汇总，从而实现资产管理的透明化、规范化和精细化。

学习目标

理解固定资产的基本概念与相关理论，掌握固定资产管理表的内容与设置方法，灵活运用 Excel 工具进行固定资产管理；熟练应用固定资产折旧函数来解决相关财务问题，以及处理固定资产折旧的计算与记录。掌握如何利用 Excel 进行固定资产信息的查询、汇总与分析，以提高资产管理的效率和精确度。

引例

A 集团是一家集科研、生产、销售于一体的制药企业，拥有先进的制药车间和药物研究所。随着业务的拓展和生产规模的扩大，A 集团的固定资产种类变多、数量变大，包括厂房车间、机器设备、运输工具等关键资产。这些固定资产往往面临着使用期限长、使用频繁且价值较高等特点，因此在管理上面临较大的挑战。设备的损坏、遗失、折旧计提等问题，直接关系到企业的财务透明度和资金流动性。

在这种背景下，A 集团认识到，科学、规范的固定资产管理对于提升企业运营效率、保障财务数据准确性至关重要。特别是在固定资产折旧方面，如何准确、及时地计提折旧，成为影响财务报表和税务合规的重要因素。如果折旧方法不当或者金额计算不准确，可能会导致企业财务数据失真，进而影响决策的质量和企业的可持续发展。为此，A 集团决定借助 Excel 这一高效、灵活的工具来管理固定资产。通过建立固定资产管理表、运用折旧计算函数，A 集团能够实时掌握每项资产的使用状况和折旧进度，确保折旧数据的准确性和及时性。此外，Excel 强大的查询与汇总功能也使得资产数据的跟踪与分析变得更加高效，极大地提升了财务团队的工作效率。

8.1 固定资产概述

8.1.1 固定资产的概念

固定资产是指同时具有以下特征的有形资产：（1）企业为生产产品、提供劳务、出租或经营管理而持有的；（2）使用寿命超过一个会计年度。使用寿命指企业使用固定资产的预计期间。需要说明的是，同时满足上述两个条件但单位价值偏低的有形资产应确认为低值易耗品，而非固定资产。

企业固定资产的种类很多，根据不同的分类标准，可以分成不同的类别。企业应当选择适当的分类标准对固定资产进行分类，以满足经营管理的需要。企业的固定资产可按以下几种方式分类。

1. 按经济用途分类

按经济用途不同，固定资产可分为生产经营用固定资产和非生产经营用固定资产。生产经营用固定资产指直接服务于企业生产经营过程的固定资产，如厂房、仓库等。非生产经营用固定资产指不直接服务于生产经营过程的固定资产，一般指用于满足职工物质文化、生活福利需要的固定资产，如医务室、图书馆或科研等方面使用的房屋设备等。

固定资产按经济用途分类可以归类反映企业生产经营用固定资产和非生产经营用固定资产间的构成变化，便于考核和分析企业固定资产管理和利用情况，从而促进固定资产的合理配置，充分发挥其效用。

2. 按使用情况分类

按使用情况不同，固定资产可以分为使用中的固定资产、未使用的固定资产和不需用的固定资产。使用中的固定资产是指企业正在使用的各种固定资产，包括由于季节性和大修理等暂时停用以及存放在使用部门以备替换使用的机器设备。未使用的固定资产是指尚未投入使用的新增固定资产和经批准停止使用的固定资产。不需用的固定资产是指企业不需用、准备处理的固定资产。

按使用情况进行分类，有利于企业掌握固定资产的使用情况，比较分析固定资产的利用效率，挖掘固定资产的使用潜力，促进固定资产的合理使用，同时也便于企业准确计提固定资产折旧。

3. 按所有权分类

按所有权不同，固定资产可分为自有固定资产和租入固定资产。自有固定资产是指企业拥有的可供企业自由支配使用的固定资产；租入固定资产指企业采用租赁方式从其他单位租入的固定资产。

4. 按最短使用期限分类

固定资产最短使用期限分为 3 年、4 年、5 年、10 年、20 年。最短使用期限为 3 年的如电子设备；最短使用期限为 4 年的如火车、轮船以外的运输工具；最短使用期限为 5 年的如与生产经营有关的器具、工具、家具等固定资产；最短使用期限为 10 年的如火车、轮船、机械和其他生产设备；最短使用期限为 20 年的如房屋、建筑物等固定资产。在对企业固定资产最短使用期限分类时，不能将不同使用年限的固定资产划为一类，以免影响固定资产折旧计提的准确性。

5. 按实物形态分类

按实物形态不同，固定资产可以分为房屋及建筑物、机器设备、电子设备、运输设备及其他五大类。

各个企业经营性质、规模大小不同，对于固定资产的分类可以有不同的方法，企业应根据自身实际情况和会计核算的需要进行分类。

8.1.2　对固定资产进行单独管理的必要性

固定资产在企业资产管理中处于举足轻重的地位，其重要性体现在以下几点：(1) 固定资产是生产资料，是物质生产的基础。(2) 固定资产单位价值高，占用资金比重大，任何固定资产记录的错误都会对企业财务状况的反映有很大的影响。(3) 固定资产在使用过程中，其价值以折旧形式转移到产品成本中，所以折旧计提方法是否合适，折旧额的计算是否正确，将很大程度上影响当期成本费用水平和固定资产净值。

通过 Excel 对固定资产进行管理，便于对固定资产的各种信息进行记录、查询，并准确计提折旧，准确反映固定资产的账面价值。

8.2　固定资产数据管理

固定资产管理记录表由企业财会部门根据固定资产交接凭证的有关内容填制，需要详细填写固定资产的名称、开始使用日期、原价、折旧等信息。通过 Excel 对固定资产取得的信息进行记录、查询、修改和删除，比纸质的固定资产信息更加准确、快捷、易保存。

8.2.1 建立固定资产管理记录表

（1）新建“固定资产管理表”工作簿，并将 sheet1 工作表重命名为“固定资产管理记录表”，在工作表中输入表头、标识项，以及相关固定资产信息（部门名称、类别、固定资产名称、购置日期、原值、使用年限等），然后对表头以及表格进行美化设置，调整后效果如图 8－1 所示。

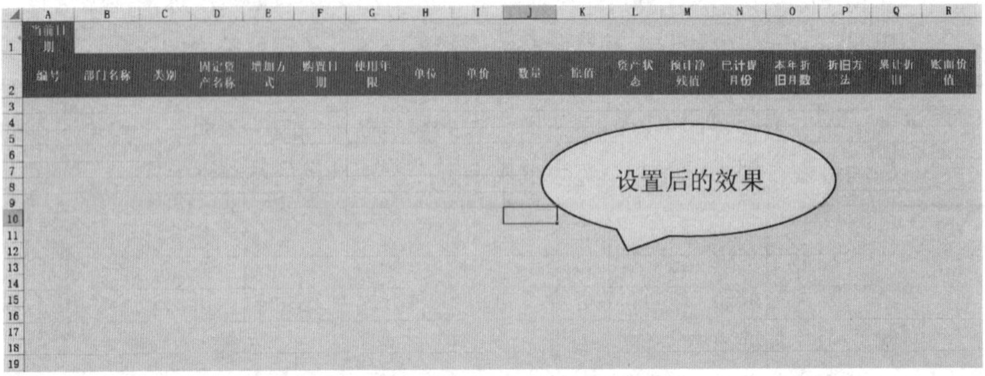

图 8－1 固定资产管理记录表

（2）设置数据有效性填充序列。固定资产管理记录表中有些列输入的数据是固定或重复的，如部门名称、类别、增加方式等。为了提高输入效率，可以利用“数据有效性”设置填充序列。

步骤 1：鼠标选中“部门名称”列，在“数据”选项卡中单击“数据验证”下拉按钮，在其下拉列表中选择“数据验证”选项，如图 8－2 所示。

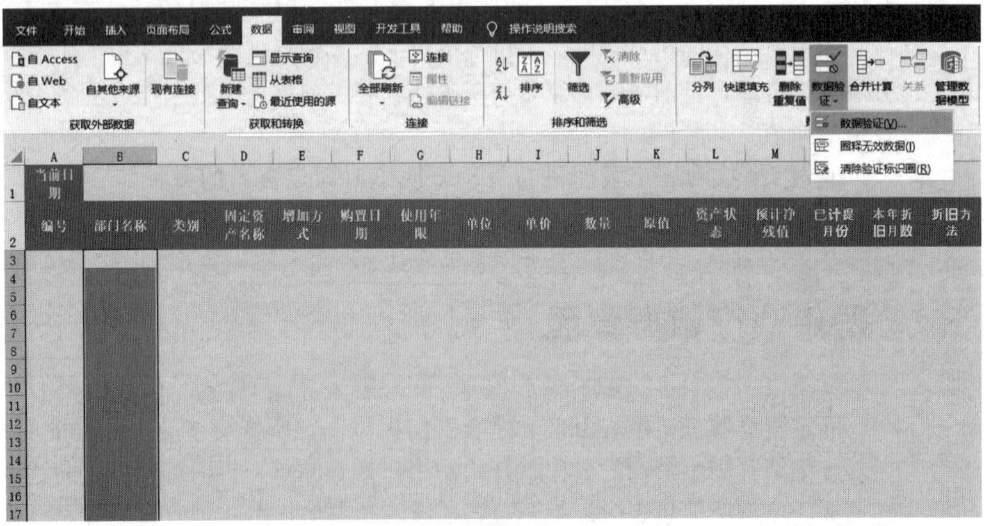

图 8－2 “数据验证”命令

步骤2：打开“数据验证”对话框，在“允许”下拉列表框中选择“序列”选项，在“来源”编辑框中编辑来源为“管理部门，一车间，二车间，辅助车间，化验中心”，如图8-3所示。

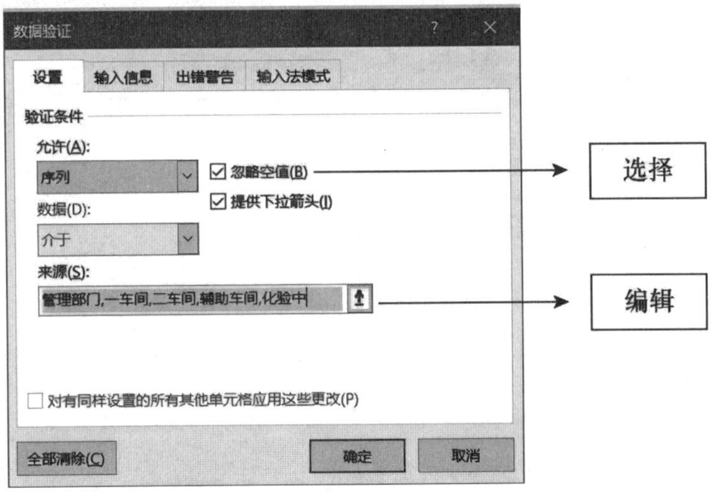

图8-3　“数据验证”对话框

步骤3：设置完成后，单击“确定”按钮回到工作表中，选中“部门名称”列中任意单元格，其右侧下方都会显示下拉按钮，单击即可从下拉列表中选择部门名称，如图8-4所示。

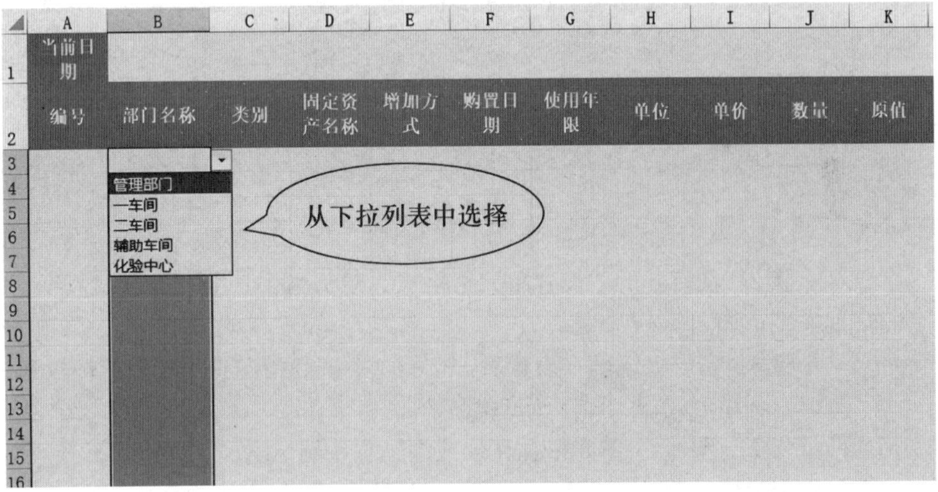

图8-4　在下拉列表中选择“部门名称”

步骤4：按相同的方法设置“类别”列的选择填充序列为“机器设备，房屋及建筑物，运输设备，其他”，如图8-5所示。设置“增加方式”列的选择填充序列为“在建工程转入，直接购入，部门划拨，捐赠”，如图8-6所示。

(3) 设置日期格式。

步骤1：选中“购置日期”列，单击鼠标右键，在选项中选择“设置单元格格式”。

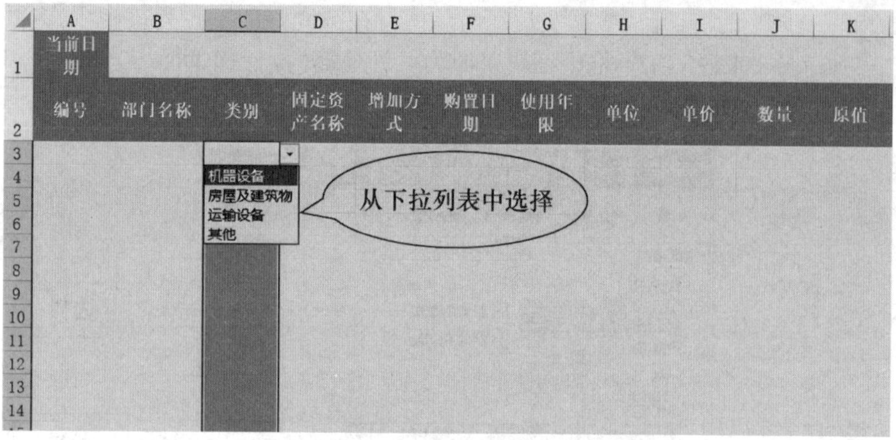

图 8-5 在下拉列表中选择“类别名称”

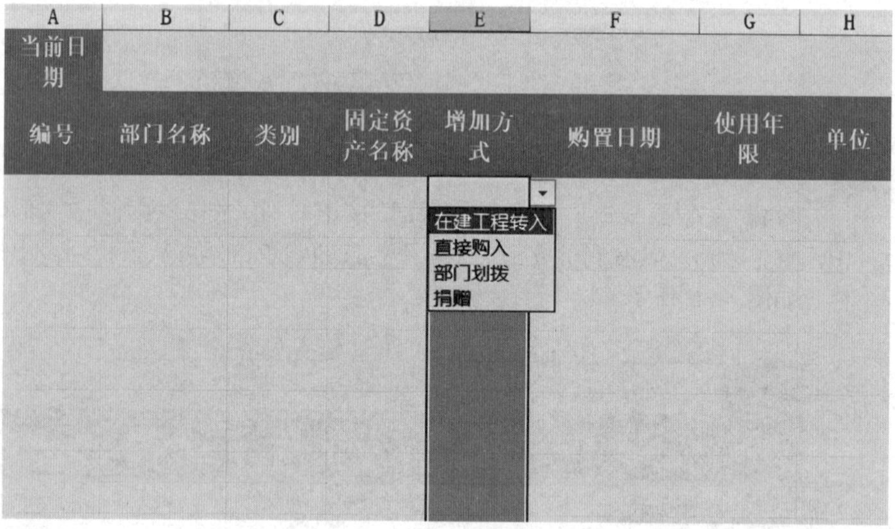

图 8-6 设置增加方式

步骤 2：在打开的“设置单元格格式”对话框中选择“自定义”分类，并选择日期类型，如图 8-7 所示。

步骤 3：完成上述基本设置后，按照企业实际情况将固定资产记录到工作表中。

（4）利用公式输入固定资产信息。

步骤 1：选中 B1 单元格，在公式编辑栏中输入公式“＝today（）”，按 Enter 键，得到当前日期，如图 8-8 所示。

步骤 2：选中 L3 单元格，输入公式使返回值为资产的使用状态：“正常使用”“当月新增”“报废”，在公式编辑栏中输入公式“＝IF（AND（YEAR（$B$1）＝YEAR（F3），MONTH（$B$1）＝MONTH（F3）），"当月新增"，IF（DAYS360（F3，$B$1）/360<＝G3，"正常使用"，"报废"））”，按 Enter 键向下复制填充公式，即可得到固定资产目前状态，如图 8-9 所示。通过 IF 和 DAYS360 等函数，能够自动识别资产状态，减少人为错误，提高工作效率。

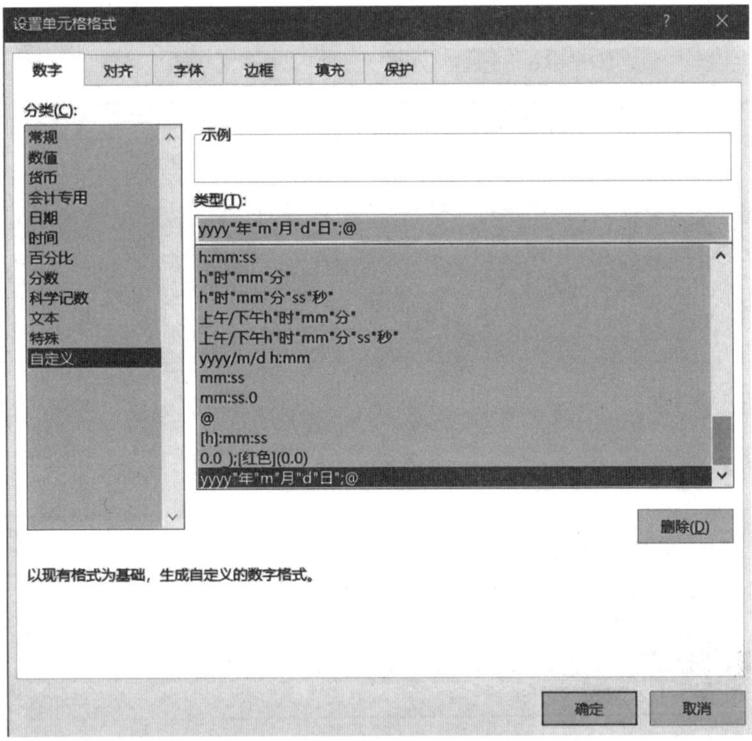

图 8－7　自定义日期类型

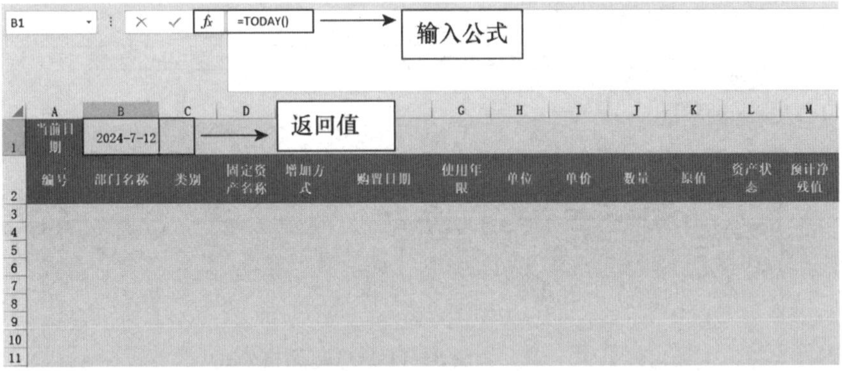

图 8－8　B1 单元格公式

步骤 3：选中 K3 单元格，在公式编辑栏中输入公式“=I3＊J3”，按 Enter 键后向下复制公式，即可计算出各项资产原值。

步骤 4：选中 N3 单元格，在公式编辑栏中输入公式“=IF（A3="",""，IF（L3="当月新增"，0，IF（L3="报废"，G3＊12，（YEAR（$B$1）－YEAR（F3））＊12+MONTH（$B$1）－MONTH（F3）－1）））”，按 Enter 键后向下复制公式，即可计算出已经计提折旧的月份数，如图 8－10 所示。

步骤 5：选中 O3 单元格，在公式编辑栏中输入公式“=IF（L3="报废"，0，IF（AND（YEAR（F3）＜YEAR（$B$1），YEAR（$B$1）＜（YEAR（F3）+

G3））, 12, 12－MONTH（F3）））”，按 Enter 键后向下复制公式，即可计算出本年度应该提取的折旧月数，如图 8－11 所示。

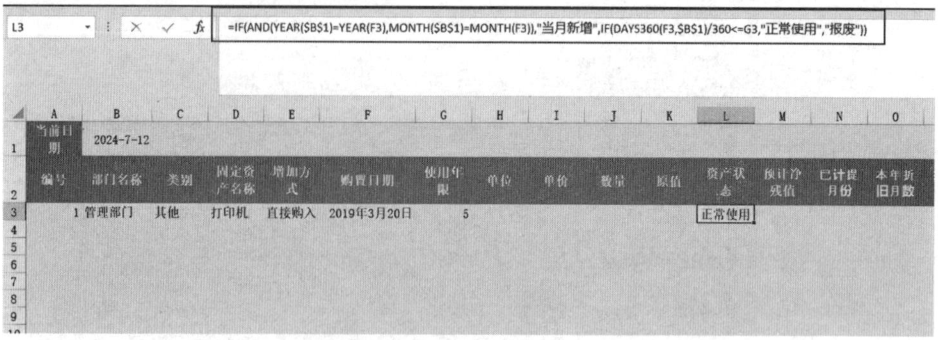

图 8－9　L3 单元格公式

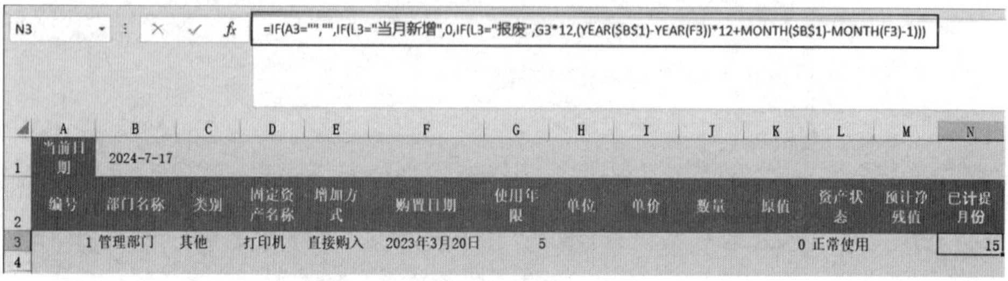

图 8－10　N3 单元格公式

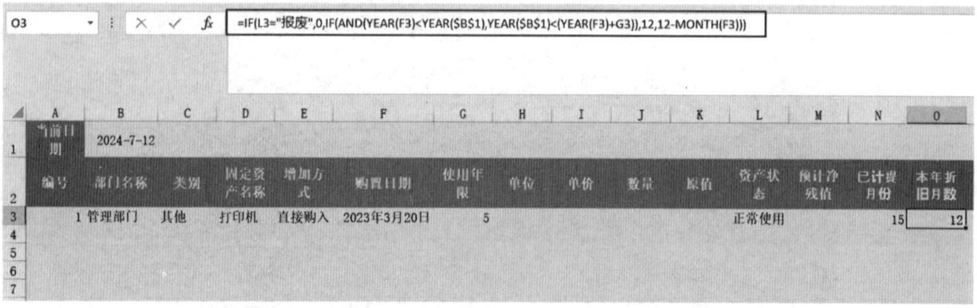

图 8－11　O3 单元格公式

8.2.2　固定资产查询

当企业固定资产较多时，为了方便查找某一项固定资产，可以利用 Excel 提供的自动筛选命令，建立固定资产查询功能。自动筛选命令为用户提供了在大量记录的数据清单中快速查找符合某种条件的记录的功能。

（1）筛选出所有报废的固定资产。

步骤 1：将固定资产信息录入固定资产管理记录表后，若想筛选出所有报废的固定资产，选中 A2：E2 单元格区域，在“数据”选项卡的“排序和筛选”组中单击“筛选”按钮，即可为标识添加筛选按钮，如图 8－12 所示。

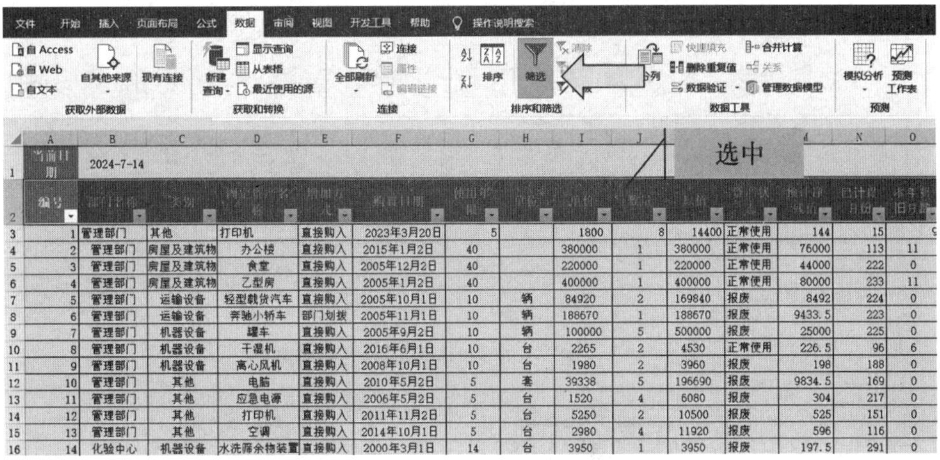

	A	B	C	D	E	F	G	H	I	J	K	L	M	N	O
1	当前日期	2024-7-14													
2	编号														
3	1	管理部门	其他	打印机	直接购入	2023年3月20日	5		1800	8	14400	正常使用	144	15	9
4	2	管理部门	房屋及建筑物	办公楼	直接购入	2015年1月2日	40		380000	1	380000	正常使用	76000	113	11
5	3	管理部门	房屋及建筑物	食堂	直接购入	2005年12月2日	40		220000	1	220000	正常使用	44000	222	0
6	4	管理部门	房屋及建筑物	乙型房	直接购入	2005年1月2日	40		400000	1	400000	正常使用	80000	233	11
7	5	管理部门	运输设备	轻型载货汽车	直接购入	2005年10月1日	10	辆	84920	2	169840	报废	8492	224	0
8	6	管理部门	运输设备	奔驰小轿车	部门划拨	2005年11月1日	10	辆	188670	1	188670	报废	9433.5	223	0
9	7	管理部门	机器设备	罐车	直接购入	2005年9月2日	10	辆	100000	5	500000	报废	25000	225	0
10	8	管理部门	机器设备	干湿机	直接购入	2016年6月1日	10	台	2265	2	4530	正常使用	226.5	96	6
11	9	管理部门	机器设备	离心风机	直接购入	2008年10月1日	10	台	1980	2	3960	报废	198	188	0
12	10	管理部门	其他	电脑	直接购入	2010年5月2日	5	套	39338	5	196690	报废	9834.5	169	0
13	11	管理部门	其他	应急电源	直接购入	2006年5月2日	5	台	1520	4	6080	报废	304	217	0
14	12	管理部门	其他	打印机	直接购入	2011年11月2日	5	台	5250	2	10500	报废	525	151	0
15	13	管理部门	其他	空调	直接购入	2014年10月1日	5	台	2980	4	11920	报废	596	116	0
16	14	化验中心	机器设备	水洗筛余物装置	直接购入	2000年3月1日	14	台	3950	1	3950	报废	197.5	291	0

图 8－12　在“排序和筛选”组中单击“筛选”按钮

步骤 2：单击“资产状态”列标识右侧的下拉按钮，选中“报废”复选框。

步骤 3：单击“确定”按钮即可查询出所有报废的固定资产，如图 8－13 所示。

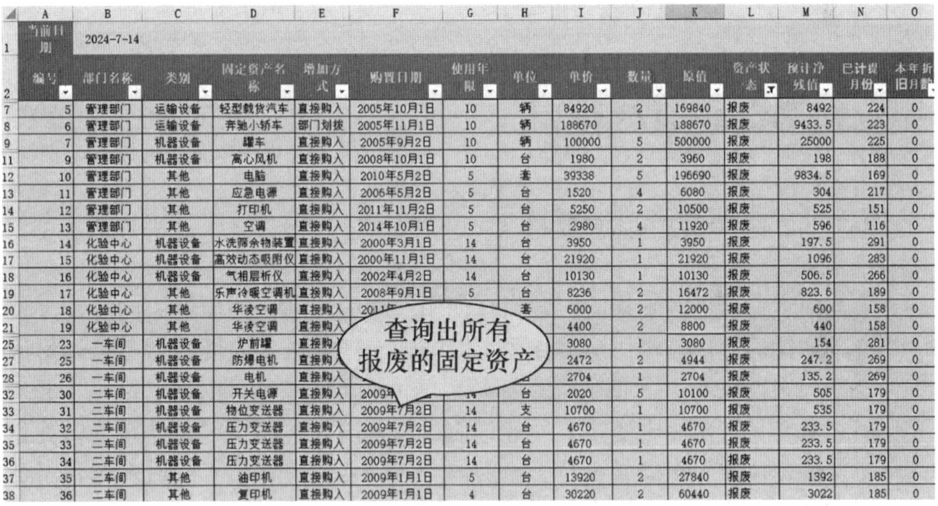

	A	B	C	D	E	F	G	H	I	J	K	L	M	N	O
1	当前日期	2024-7-14													
2	编号	部门名称	类别	固定资产名称	增加方式	购置日期	使用年限	单位	单价	数量	原值	资产状态	预计净残值	已计提月份	本年折旧月数
7	5	管理部门	运输设备	轻型载货汽车	直接购入	2005年10月1日	10	辆	84920	2	169840	报废	8492	224	0
8	6	管理部门	运输设备	奔驰小轿车	部门划拨	2005年11月1日	10	辆	188670	1	188670	报废	9433.5	223	0
9	7	管理部门	机器设备	罐车	直接购入	2005年9月2日	10	辆	100000	5	500000	报废	25000	225	0
11	9	管理部门	机器设备	离心风机	直接购入	2008年10月1日	10	台	1980	2	3960	报废	198	188	0
12	10	管理部门	其他	电脑	直接购入	2010年5月2日	5	套	39338	5	196690	报废	9834.5	169	0
13	11	管理部门	其他	应急电源	直接购入	2006年5月2日	5	台	1520	4	6080	报废	304	217	0
14	12	管理部门	其他	打印机	直接购入	2011年11月2日	5	台	5250	2	10500	报废	525	151	0
15	13	管理部门	其他	空调	直接购入	2014年10月1日	5	台	2980	4	11920	报废	596	116	0
16	14	化验中心	机器设备	水洗筛余物装置	直接购入	2000年3月1日	14	台	3950	1	3950	报废	197.5	291	0
17	15	化验中心	机器设备	高效动态吸附仪	直接购入	2000年11月1日	14	台	21920	1	21920	报废	1096	283	0
18	16	化验中心	机器设备	气相层析仪	直接购入	2002年4月2日	14	台	10130	1	10130	报废	506.5	266	0
19	17	化验中心	其他	乐声冷暖空调机	直接购入	2008年9月1日	5	台	8236	2	16472	报废	823.6	189	0
20	18	化验中心	其他	华凌空调	直接购入	2011年		套	6000	2	12000	报废	600	158	0
21	19	化验中心	其他	华凌空调	直接购入				4400	2	8800	报废	440	158	0
25	23	一车间	机器设备	炉前罐	直接购入				3080	1	3080	报废	154	281	0
27	25	一车间	机器设备	防爆电机	直接购入				2472	2	4944	报废	247.2	269	0
28	26	一车间	机器设备	电机	直接购入				2704	1	2704	报废	135.2	269	0
32	30	二车间	机器设备	开关电源	直接购入	2009年	14	台	2020	5	10100	报废	505	179	0
33	31	二车间	机器设备	物位变送器	直接购入	2009年7月2日	14	支	10700	1	10700	报废	535	179	0
34	32	二车间	机器设备	压力变送器	直接购入	2009年7月2日	14	台	4670	1	4670	报废	233.5	179	0
35	33	二车间	机器设备	压力变送器	直接购入	2009年7月2日	14	台	4670	1	4670	报废	233.5	179	0
36	34	二车间	机器设备	压力变送器	直接购入	2009年7月2日	14	台	4670	1	4670	报废	233.5	179	0
37	35	二车间	其他	油印机	直接购入	2009年1月1日	5	台	13920	2	27840	报废	1392	185	0
38	36	二车间	其他	复印机	直接购入	2009年1月1日	4	台	30220	2	60440	报废	3022	185	0

图 8－13　查询出所有报废的固定资产

（2）筛选出特定使用年限的固定资产。若要查询特定使用年限或某一年限范围内的固定资产信息，也可以使用筛选功能实现。

步骤 1：用上述方法添加自动筛选后，单击“使用年限”右侧的下拉按钮，在下拉列表中选择“数字筛选”“大于或等于”选项。

步骤 2：打开“自定义自动筛选方式”对话框，将使用年限设置为大于或等于 15，如图 8－14 所示。

步骤 3：单击“确定”按钮，即可查询出所有使用年限大于或等于 15 年的固定资产。

图 8-14　设置使用年限

建立固定资产管理记录表

固定资产查询

8.3　计提固定资产折旧

8.3.1　固定资产折旧概述

固定资产折旧是指固定资产在使用过程中逐渐损耗而消失的那部分价值。固定资产损耗的这部分价值应当在固定资产的有效使用年限内进行分摊，形成折旧费用并计入当期成本。企业在用的固定资产（包括生产经营用固定资产、非生产经营用固定资产、租出固定资产）一般均应计提折旧，包括房屋和建筑物，在用的机器设备、仪器仪表、运输工具，大修理停用的设备，融资租入和以经营租赁方式租出的固定资产。

企业一般按月计提折旧。当月增加的固定资产，当月不计提折旧；当月减少的固定资产，当月计提折旧。

计提折旧的方法主要有直线折旧法、双倍余额递减法和年数总和法等。

8.3.2　固定资产折旧函数

手工计算固定资产的折旧金额非常烦琐，利用 Excel 中的内置函数可以自动生成固定资产折旧金额。Excel 中处理折旧的函数有七种，本书具体说明常用的五种折旧函数。

1. SLN 函数

功能：SLN 函数返回特定固定资产使用直线折旧法计算出的每期折旧金额。

语法：SLN（cost，salvage，life）

参数：cost 指固定资产的初始购置成本；salvage 指固定资产的残值（预计残值）；life 指固定资产的使用年限。

注意：(1) 以上各参数必须为正数。(2) SLN 可对应年限平均法，也可对应工作量法。(3) 在年限平均法中，life 单位可以为年、月。当单位为年时，表示计提年折旧额；当单位为月时，表示计提月折旧额。在工作量法中，life 为总的工作量。

2. SYD 函数

功能：SYD 函数返回指定固定资产在某个期间内按年数总和法计算出的每期折旧金额。

语法：SYD（cost，salvage，life，period）

参数：cost 指固定资产的初始购置成本；salvage 指固定资产的残值（预计残值）；life 指固定资产的使用年限；period 指需要计算的某个期间，period 必须与 life 采用相同的衡量单位。

注意：(1) 以上各参数必须为正数。(2) life 必须大于或等于 period。

3. DB 函数

功能：DB 函数返回利用固定余额递减法计算在一定期间内资产的折旧金额。

语法：DB（cost，salvage，life，period，month）

参数：cost 指固定资产的初始取得（常为外购）成本；salvage 指固定资产的残值（预计残值）；life 指固定资产的预计可使用年限；period 指需要计算折旧的期间，使用时 period 必须与 life 使用相同的衡量单位；month 指第一年的月份数，如果 month 被省略，则假定其值为 12。

注意：固定余额递减法为在固定比率下计算折旧的方法。DB 函数运用下列公式来计算折旧：(cost－上一期总折旧值) * 比率。其中，比率=1－（(salvage/cost) ^ (1/life)），计算时四舍五入至小数点后第三位。对于第一期的折旧和最后一期的折旧，必须使用特别的计算方式。对第一期而言，DB 函数使用公式：cost * 比率 * month/12。对最后一期而言，DB 函数使用公式：（(cost－前几期折旧值总和) * 比率 * (12－month)）/12。

4. DDB 函数

功能：DDB 函数返回固定资产在指定日期内按双倍余额递减法或其他指定方法计算的折旧金额。

语法：DDB（cost，salvage，life，period，factor）

参数：cost、salvage、life、period 参数说明同 DB 函数；factor 参数用来指定余

额递减的速率，如果该参数被省略，其默认值是2（即采用双倍余额递减法）。

5. VDB函数

功能：VDB函数计算固定资产在某一期间的折旧总额，折旧方式是倍率递减法。VDB函数是指变量余额递减（variable declining balance）折旧法。

语法：VDB（cost，salvage，life，start-period，end-period，factor，no-switch）

参数：cost、salvage、life参数说明同DB函数；start-period参数用来指定折旧数额的计算从第几期开始，该参数必须与life采用相同的衡量单位；end-period参数用来指定折旧数额的计算要算到第几期为止，该参数必须与life采用相同的单位；factor参数指定余额递减的速率，如果省略factor，则使用默认值2（即采用双倍余额递减法）；no-switch参数是个逻辑值参数，用于判断是否要在折旧数额大于余额递减法算出的数额时将折旧数额切换成直线法的折旧数额。

DDB函数与VDB函数的比较如下：

相同点：两个函数均可以用来计算指定期间内按双倍余额递减法计提的折旧额。

不同点：（1）VDB函数既可以计算年折旧额，也可以计算累计折旧额；而DDB函数只能计算年折旧额。（2）VDB函数可指定当折旧值大于余额递减法计算值时，是否转用直线折旧法；而DDB函数均采用指定的倍数递减。

固定资产折旧函数

8.3.3 折旧函数的应用

A集团有一项原值为100万元的资产，预计残值为5万元，使用寿命为10年，运用五种折旧方法进行折旧运算的操作如下。

步骤1：新建Excel工作簿，将工作表重命名为“折旧方法比较表”，设计工作表内容如图8-15所示。

步骤2：在B4、D4、F4、H4、J4单元格均输入0。根据公式“剩余价值=购买成本－累计折旧”，在C4单元格中输入公式“=$B$1－SUM（$B$4：B4）”，在E4单元格中输入公式“=$B$1－SUM（$D$4：D4）”，在G4单元格中输入公式“=$B$1－SUM（$F$4：F4）”，在I4单元格中输入公式“=$B$1－SUM（$H$4：H4）”，在K4单元格中输入公式“=$B$1－SUM（$J$4：J4）”，设置完成后如图8-16所示。

	A	B	C	D	E	F	G	H	I	J	K
1	购买成本	¥1,000,000		使用年限	10			预计净残值		¥50,000	
2	折旧法	直线折旧法SLN		年数总和法SYD		固定余额递减法DB		双倍余额递减法DDB		变数余额递减法VDB	
3		折旧金额	剩余价值	折旧金额	剩余价值	折旧金额	剩余价值	折旧金额	剩余价值	折旧金额	剩余价值
4	0										
5	1										
6	2										
7	3										
8	4										
9	5										
10	6										
11	7										
12	8										
13	9										
14	10										

图 8－15　折旧方法比较表

	A	B	C	D	E	F	G	H	I	J	K
1	购买成本	¥1,000,000		使用年限	10			预计净残值		¥50,000	
2	折旧法	直线折旧法SLN		年数总和法SYD		固定余额递减法DB		双倍余额递减法DDB		变数余额递减法VDB	
3		折旧金额	剩余价值	折旧金额	剩余价值	折旧金额	剩余价值	折旧金额	剩余价值	折旧金额	剩余价值
4	0	0	¥1,000,000	0	¥1,000,000	0	¥1,000,000	0	¥1,000,000	0	¥1,000,000
5	1										
6	2										
7	3										
8	4										
9	5										
10	6										
11	7										
12	8										
13	9										
14	10										

图 8－16　五种折旧方法的剩余价值计算结果

步骤 3：运用直线折旧法计提折旧。选定 B5 单元格，输入 SLN 函数以及公式“=SLN（$B$1，$J$1，$E$1）”，利用填充功能将公式复制到 B6：B14 单元格区域，同时将 C4 单元格公式复制到 C5：C14 单元格区域，结果如图 8－17 所示。

	A	B	C
1	购买成本	¥1,000,000	
2	折旧法	直线折旧法SLN	
3		折旧金额	剩余价值
4	0	0	¥1,000,000
5	1	¥95,000.00	¥905,000
6	2	¥95,000.00	¥810,000
7	3	¥95,000.00	¥715,000
8	4	¥95,000.00	¥620,000
9	5	¥95,000.00	¥525,000
10	6	¥95,000.00	¥430,000
11	7	¥95,000.00	¥335,000
12	8	¥95,000.00	¥240,000
13	9	¥95,000.00	¥145,000
14	10	¥95,000.00	¥50,000

图 8－17　直线折旧法计提折旧

步骤 4：运用年数总和法计提折旧。选定 D5 单元格，输入 SYD 函数以及公式“=SYD（$B$1，$J$1，$E$1，A5）”，利用填充功能将公式复制到 D6：D14 单元格区域，同时将 E4 单元格公式复制到 E5：E14 单元格区域，结果如图 8-18 所示。

	A	D	E
1	购买成本	使用年限	10
2	折旧法	年数总和法SYD	
3		折旧金额	剩余价值
4	0	0	¥1,000,000
5	1	¥172,727.27	¥827,273
6	2	¥155,454.55	¥671,818
7	3	¥138,181.82	¥533,636
8	4	¥120,909.09	¥412,727
9	5	¥103,636.36	¥309,091
10	6	¥86,363.64	¥222,727
11	7	¥69,090.91	¥153,636
12	8	¥51,818.18	¥101,818
13	9	¥34,545.45	¥67,273
14	10	¥17,272.73	¥50,000

图 8-18 年数总和法计提折旧

步骤 5：运用固定余额递减法计提折旧。选定 F5 单元格，输入 DB 函数以及公式“=DB（$B$1，$J$1，$E$1，A5）”，利用填充功能将公式复制到 F6：F14 单元格区域，同时将 G4 单元格公式复制到 G5：G14 单元格区域，结果如图 8-19 所示。

	A	F	G
1	购买成本	10	
2	折旧法	固定余额递减法DB	
3		折旧金额	剩余价值
4	0	0	¥1,000,000
5	1	¥259,000.00	¥741,000
6	2	¥191,919.00	¥549,081
7	3	¥142,211.98	¥406,869
8	4	¥105,379.08	¥301,490
9	5	¥78,085.90	¥223,404
10	6	¥57,861.65	¥165,542
11	7	¥42,875.48	¥122,667
12	8	¥31,770.73	¥90,896
13	9	¥23,542.11	¥67,354
14	10	¥17,444.71	¥49,909

图 8-19 固定余额递减法计提折旧

步骤 6：运用双倍余额递减法计提折旧。选定 H5 单元格，输入 DDB 函数以及公式“=DDB（$B$1，$J$1，$E$1，A5）”，利用填充功能将公式复制到

H6：H14 单元格区域，同时将 I4 单元格公式复制到 I5：I14 单元格区域，结果如图 8-20 所示。

	A	H	I
1	购买成本	预计净残值	
2	折旧法	双倍余额递减法DDB	
3		折旧金额	剩余价值
4	0	0	¥1,000,000
5	1	¥200,000.00	¥800,000
6	2	¥160,000.00	¥640,000
7	3	¥128,000.00	¥512,000
8	4	¥102,400.00	¥409,600
9	5	¥81,920.00	¥327,680
10	6	¥65,536.00	¥262,144
11	7	¥52,428.80	¥209,715
12	8	¥41,943.04	¥167,772
13	9	¥33,554.43	¥134,218
14	10	¥26,843.55	¥107,374

图 8-20 双倍余额递减法计提折旧

注意：使用 DDB 函数进行折旧，最后两年需要重新设置函数，转为直线折旧法计提折旧。

步骤 7：运用变数余额递减法计提折旧。选定 J5 单元格，输入 VDB 函数以及公式"=VDB（$B$1，$J$1，$E$1，A4，A5）"，利用填充功能将公式复制到 J6：J14 单元格区域，同时将 K4 单元格公式复制到 K5：K14 单元格区域，结果如图 8-21 所示。

	A	J	K
1	购买成本	¥50,000	
2	折旧法	变数余额递减法VDB	
3		折旧金额	剩余价值
4	0	0	¥1,000,000
5	1	¥200,000.00	¥800,000
6	2	¥160,000.00	¥640,000
7	3	¥128,000.00	¥512,000
8	4	¥102,400.00	¥409,600
9	5	¥81,920.00	¥327,680
10	6	¥65,536.00	¥262,144
11	7	¥53,036.00	¥209,108
12	8	¥53,036.00	¥156,072
13	9	¥53,036.00	¥103,036
14	10	¥53,036.00	¥50,000

图 8-21 变数余额递减法计提折旧

五种折旧方法计提折旧的结果如图 8-22 所示。

	A	B	C	D	E	F	G	H	I	J	K
1	购买成本	¥1,000,000		使用年限	10			预计净残值		¥50,000	
2	折旧法	直线折旧法SLN		年数总和法SYD		固定余额递减法DB		双倍余额递减法DDB		变数余额递减法VDB	
3		折旧金额	剩余价值	折旧金额	剩余价值	折旧金额	剩余价值	折旧金额	剩余价值	折旧金额	剩余价值
4	0	0	¥1,000,000	0	¥1,000,000	0	¥1,000,000	0	¥1,000,000	0	¥1,000,000
5	1	¥95,000.00	¥905,000	¥172,727.27	¥827,273	¥259,000.00	¥741,000	¥200,000.00	¥800,000	¥200,000.00	¥800,000
6	2	¥95,000.00	¥810,000	¥155,454.55	¥671,818	¥191,919.00	¥549,081	¥160,000.00	¥640,000	¥160,000.00	¥640,000
7	3	¥95,000.00	¥715,000	¥138,181.82	¥533,636	¥142,211.98	¥406,869	¥128,000.00	¥512,000	¥128,000.00	¥512,000
8	4	¥95,000.00	¥620,000	¥120,909.09	¥412,727	¥105,379.08	¥301,490	¥102,400.00	¥409,600	¥102,400.00	¥409,600
9	5	¥95,000.00	¥525,000	¥103,636.36	¥309,091	¥78,085.90	¥223,404	¥81,920.00	¥327,680	¥81,920.00	¥327,680
10	6	¥95,000.00	¥430,000	¥86,363.64	¥222,727	¥57,861.65	¥165,542	¥65,536.00	¥262,144	¥65,536.00	¥262,144
11	7	¥95,000.00	¥335,000	¥69,090.91	¥153,636	¥42,875.48	¥122,667	¥52,428.80	¥209,715	¥53,036.00	¥209,108
12	8	¥95,000.00	¥240,000	¥51,818.18	¥101,818	¥31,770.73	¥90,896	¥41,943.04	¥167,772	¥53,036.00	¥156,072
13	9	¥95,000.00	¥145,000	¥34,545.45	¥67,273	¥23,542.11	¥67,354	¥33,554.43	¥134,218	¥53,036.00	¥103,036
14	10	¥95,000.00	¥50,000	¥17,272.73	¥50,000	¥17,444.71	¥49,909	¥26,843.55	¥107,374	¥53,036.00	¥50,000

图 8-22 五种折旧方法计提折旧的结果

注意：(1) 设置折旧函数时，由于固定资产的原值、残值以及使用寿命不变，这些参数在使用时应改为绝对引用（加＄符号），才能进行公式的复制填充。(2) 剩余价值为购买成本与累计折旧的差额，累计折旧为第一年到当年的年折旧额之和。例如，C4 单元格公式为“＝＄B＄1－SUM（＄B＄4：B4）”，第一年折旧额为固定的，需绝对引用，而 SUM（＄B＄4：B4）中开始单元格固定，结束单元格为当年折旧额，是可变的，所以相对引用。

8.4 固定资产数据的查询与汇总

将固定资产管理记录表完善后，可以看到企业每项固定资产的相关信息，除了可以通过筛选功能迅速找到符合条件的固定资产，还可以通过分类统计图和数据透视图来更直观地了解汇总信息。

8.4.1 制作分类统计图

按照使用部门对固定资产进行分类汇总，并将汇总结果以柱形图形式显示。

步骤 1：打开“固定资产管理记录表”，选中 A2：R45 单元格区域，选择“数据”选项卡下“分级显示”组中的“分类汇总”命令，打开“分类汇总”对话框，设置分类字段为“部门名称”，汇总方式为“求和”，选定汇总项为“账面价值”，如图 8-23 所示。

步骤 2：单击“确定”按钮后，在工作表中出现 1 2 3 标志，这个标志用于区分分类汇总的层次，单击 2，则只显示按照分类字段分类汇总的结果，如图 8-24 所示。

步骤 3：选中 B16：B50 单元格区域，按住 Ctrl 键再选中 R16：R50 单元格区域，鼠标点击“插入”选项卡，在“图表”组点击“柱形图”，然后选择“二维柱形图”，如图 8-25 所示。得到分类汇总图，并将图表标题改为“固定资产使用部门汇总”，如图 8-26 所示。

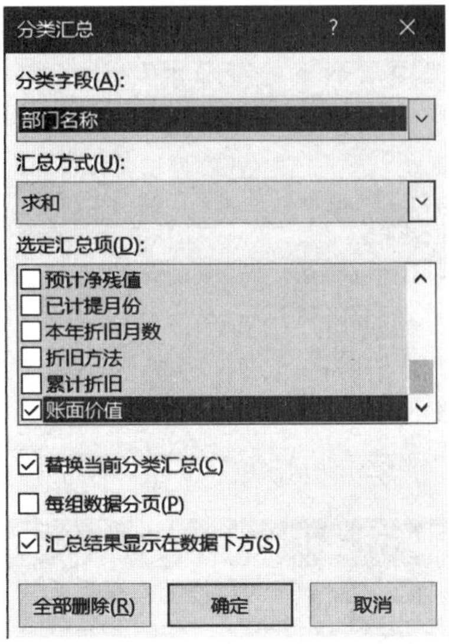

图 8－23　“分类汇总”对话框

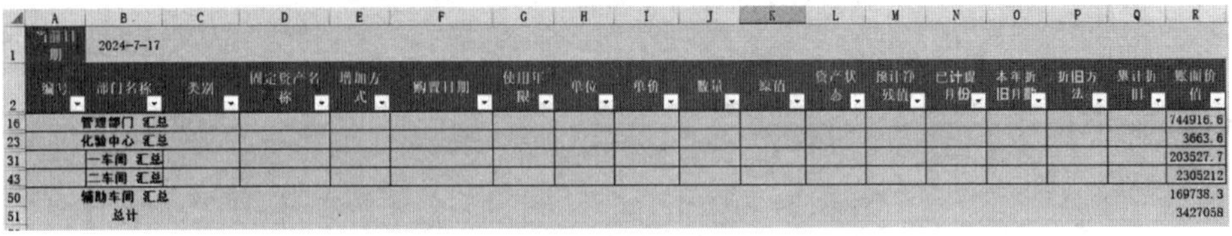

图 8－24　按照分类字段分类汇总的结果

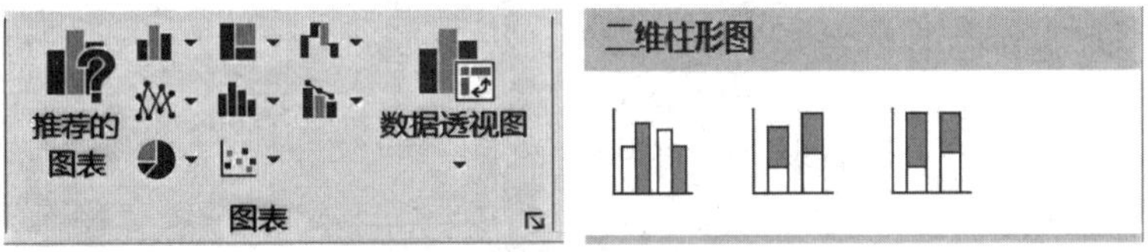

图 8－25　插入二维柱形图

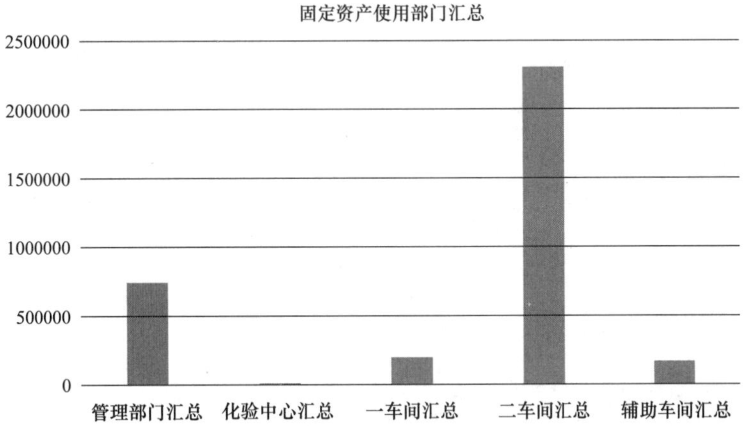

图 8－26　分类汇总图

注意：若要取消分类汇总的显示结果，可以选中分类汇总数据中的任意单元格，单击“数据”选项卡下“分级显示”组中的“分类汇总”，在弹出的“分类汇总”对话框中点击“全部删除”按钮。

8.4.2 制作数据透视图

按照购置日期、类别和部门名称，对固定资产以账面价值进行汇总分析。

步骤 1：打开“固定资产管理记录表”，选中 A2：R45 单元格区域，点击“插入”选项卡下“图表”组的“数据透视图”命令。在弹出的“创建数据透视表”对话框（见图 8-27）中单击“确定”按钮，新的数据透视图框架如图 8-28 所示。

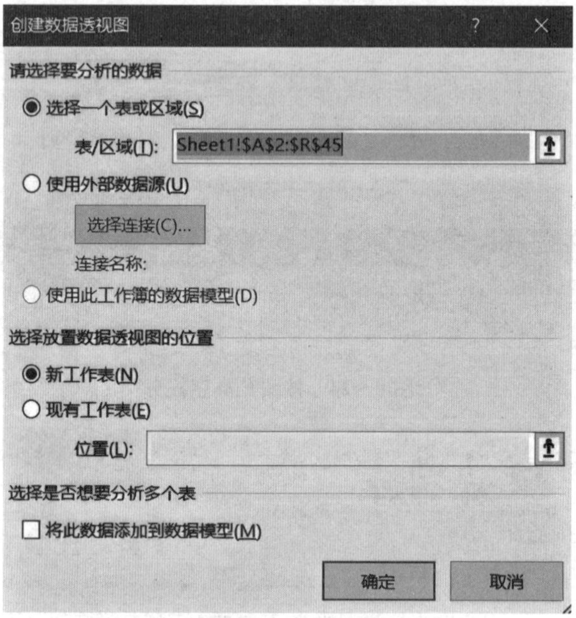

图 8-27 “创建数据透视图”对话框

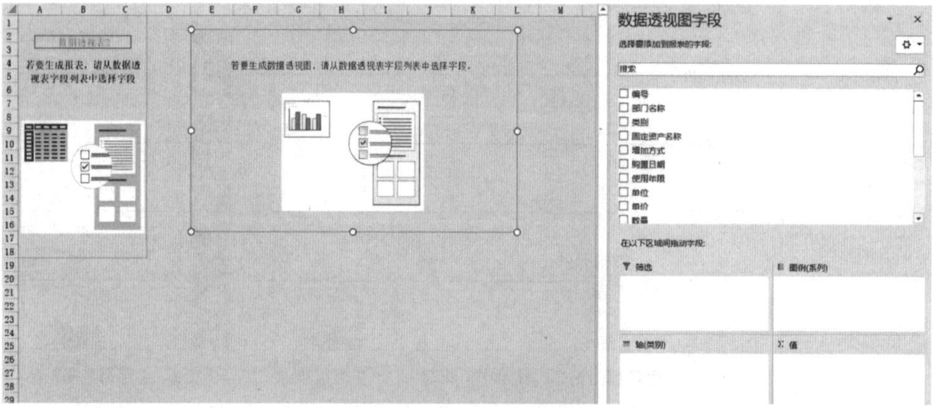

图 8-28 数据透视图

步骤 2：将“部门名称”拖至“图例”区域，将“类别”和“购置日期”拖至“轴”区域，将“账面价值”拖至“值”区域，即可建立好数据透视表和数据透视图，如图 8－29 所示。

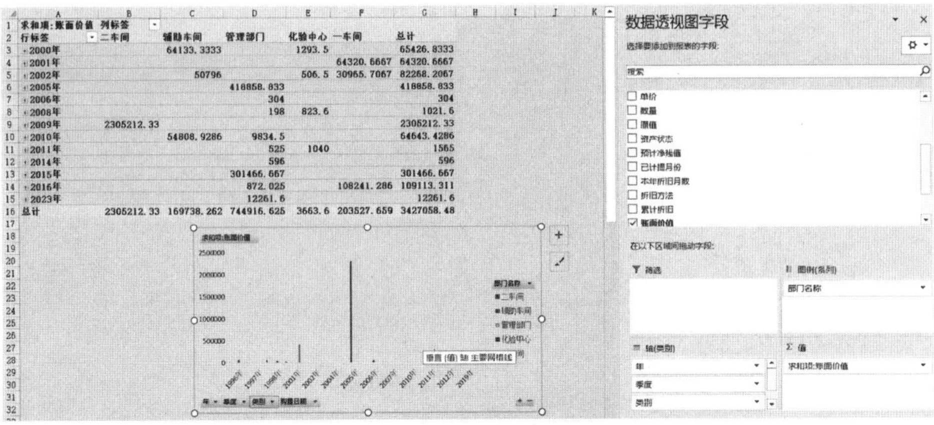

图 8－29　建立好的数据透视表和数据透视图

□ 拓展与训练

1. 如何利用 Excel 填制固定资产管理记录表？

2. B 集团是一家综合能源企业，该集团的部分固定资产信息见表 8－1。

表 8－1　B 集团固定资产

项目	取得时间	金额（元）	预计使用年限（年）	预计净残值率（%）
发电设备	2015 年 8 月 15 日	5 000 000	15	1
办公设备	2017 年 6 月 20 日	150 000	7	2
输电线路	2010 年 11 月 10 日	20 000 000	30	0.5

要求： 利用 Excel 的折旧函数，采用直线折旧法、双倍余额递减法和年数总和法，分别计算每项固定资产的年折旧额和月折旧额。计算过程中需要考虑净残值，并准确运用 Excel 的相关公式。

第四部分

Excel 在财务管理中的应用

第 9 章 Chapter 9 Excel 在筹资管理中的应用

内容简介

本章主要讲解如何利用 Excel 进行资金管理，主要包括利用 Excel 对资金需要量进行预测和对资本成本进行计算。

学习目标

掌握财务管理中资金需要量的预测方法和资本成本的计算方法。熟练使用 Excel 函数、Excel 建模和 Excel 选项卡上的功能，如预测工作表。

引 例

张同学创办的 B 传媒公司近期业务迅速扩展，为了满足日益增加的业务量，张同学决定扩大 B 传媒公司的经营规模。但是首先让张同学头疼的就是筹资问题：从哪筹资？需要筹集多少钱？怎么筹资成本最低呢？

学富五车的张同学运用所学的财务管理知识和出神入化的 Excel 技能很快解决了上述问题。你猜张同学是怎么解决的？

9.1 Excel 在资金需要量预测中的应用

筹资活动是企业资金流转运动的起点，筹资管理要解决企业为什么需要筹资、需要筹集多少资金、从什么渠道筹资，以什么方式筹资，以及如何协调财务风险和资本成本，合理安排资本结构等问题。科学预测资金需要量，合理安排筹资渠道、选择筹资方式，降低资本成本，控制财务风险，就成了筹资管理活动中的重要内容。

资金需要量预测是指根据企业未来的发展目标和现实条件，结合企业财务数据，利用专门方法对企业未来某一时期内的资金需要量所进行的推测和估算，是企业财务预测的重要组成部分。合理预测一定时期的资金需要量，对于保证资金供应、有效组织资金运用、提高资金利用效果具有重要的意义。资金需要量预测的基本目的是保证筹集的资金既能满足生产经营的需要，又不会产生闲置资金。

资金需要量的预测方法主要有因素分析法、销售百分比法、回归直线法和高低点法等，以下对这四种方法分别予以介绍。

9.1.1 因素分析法

因素分析法又称分析调整法，是以有关项目基期年度的平均资金需要量为基础，根据预测年度的生产经营任务和资金周转加速的要求，进行分析调整，来预测资金需要量的一种方法。这种方法计算简便，容易掌握，但预测结果不太精确。该方法通常用于品种繁多、规格复杂、资金用量较小的项目，例如，小型超市、卖场等。因素分析法的计算公式如下：

$$\text{资金需要量}=\left(\text{基期资金平均占用额}-\text{不合理资金占用额}\right)\times\left(1+\text{预测期销售增长率}\right)\times\left(1-\text{预测期资金周转速度增长率}\right)$$

知识链接　　AVERAGE函数

AVERAGE函数是Excel表格中计算平均值的函数，在数据库中AVERAGE使用简写AVG，用于求出所有参数的算数平均值。如果某个单元格是空的或者包含文本，将不用于计算平均数。如果单元格数值为0，将参与计算平均数。

语法：AVERAGE（number1，number2，…）

“number1，number2，…”为要计算平均值的1～30个参数。这些参数可以是数字，也可以是涉及数字的名称、数组或引用。如果数组或单元格引用参数中有文字、逻辑值或空单元格，则忽略其值。但是，如果单元格包含零值，则计算在内。

具体步骤为：

（1）单击要输入函数的单元格。

（2）单击“插入函数”按钮，选择AVERAGE函数，弹出“函数参数”对话框。

（3）指定参数，单击“确定”按钮。

（4）按住单元格右下角的填充柄向下拖动至单元格进行复制。

B 传媒公司 5 年来的年度资金占用额如图 9－1 所示，经分析，其中不合理部分为 200 万元，预计本年度销售增长 5%，资金周转加速 2%，下面利用 Excel 计算本年度的资金需要量。

	A	B	C	D
1		B传媒公司2020—2024年资金占用额		金额单位：万元
2	年份	金额	销售增长率	资金周转速度
3	2020	2000	4.50%	1%
4	2021	2100	5%	-0.50%
5	2022	2200	5.50%	2%
6	2023	2300	4.80%	2.50%
7	2024	2400	5.20%	3%
8	平均值	2200	5%	2%

图 9－1　B 传媒公司 2020—2024 年资金占用额

步骤 1：根据历史资金需要量利用 AVERAGE 函数计算出资金平均占用额。

步骤 2：根据公司的实际情况预测销售增长率，可以依据历史数据的平均值，也可以依据老员工的经验。

步骤 3：根据公司的实际情况预测资金周转速度，可以依据历史数据的平均值，也可以依据老员工的经验。

步骤 4：根据公式“资金需要量＝（基期资金平均占用额－不合理资金占用额）×（1＋预测期销售增长率）×（1－预测期资金周转速度增长率），来计算资金需要量，如图 9－2 所示。

B9　fx　=(B8-200)*(1+C8)*(1-D8)

	A	B	C	D
2	年份	金额	销售增长率	资金周转速度
3	2020	2000	4.50%	1.00%
4	2021	2100	5.00%	-0.50%
5	2022	2200	5.50%	2.00%
6	2023	2300	4.80%	3.50%
7	2024	2400	5.20%	4.00%
8	平均值	2200	5.00%	2.00%
9	**2025年资金需要量预测**	**2058**		

图 9－2　B 传媒公司 2025 年资金需要量预测

9.1.2　销售百分比法

销售百分比法是假设资产和负债与销售额之间存在稳定的比例关系，并据以预计外部资金需要量的方法。企业销售规模扩大，就会相应地增加流动资产；如果销售规模扩大很多，还必须增加长期资产。为获得扩大销售所需增加的资产，企业需要筹措资金。这些资金，一部分来自随销售收入同比例增加的流动负债，一部分来自预测期的留存收益，还有一部分通过外部筹资获得。

根据资金各个项目与销售收入之间的依存关系，并结合销售收入的增长情况来预测计划期企业需要从外部追加筹措资金的数额的方法，即为销售百分比法。运用销售百分比法预测资金需要量的具体步骤如下。

步骤 1：确定随销售额变动而变动的资产和负债项目。

将资产负债表上的全部项目划分为敏感性项目和非敏感性项目。敏感性项目是指其金额随销售收入的变动呈现同比率变动的项目，主要是指企业日常经营性资产，包括库存现金、应收账款、存货等项目。

非敏感性项目是指其金额不随销售收入自动成比例增减变动的项目，主要是指企业经营性负债，包括应付票据、应付账款、预提费用等短期负债，这些负债通常和销售额存在较为密切的关系，短期借款、短期融资券、长期负债等筹资性负债也属于非敏感性项目，因为这些项目通常与企业日常经营活动无关，主要是为了企业发展筹措的。

需要说明的是，如果非敏感性项目增加，则外部筹资需要量也相应增加。

在所有者权益项目中，留存收益属于内部融资来源，这部分资金的多少取决于净收益的多少和股利支付率的高低。

步骤 2：对于各个敏感性项目，计算其基期金额占基期销售收入的百分比，并分别计算出敏感性项目占基期销售收入百分比的合计数和非敏感性项目占基期销售收入百分比的合计数。

步骤 3：根据计划期的销售收入和销售净利润率，结合计划期支付股利的比率，确定计划期内部留存收益的增加额。

步骤 4：根据预计资产总量，减去已有的资金来源、负债的自然增长和内部提供的资金来源便可预测出外部融资的需要量。计算公式为：

$$\text{追加的外部融资}=\text{增加的资产}-\text{自然增加的负债}-\text{增加的留存收益}$$

当企业计划期需要从外部筹措资金时，计算公式为：

$$\text{追加的外部融资}=\text{增加的资产}-\text{自然增加的负债}-\text{增加的留存收益}+\text{计划资金需要量}$$

知识链接　　IF 函数

IF 函数是条件判断函数。如果指定条件的计算结果为 TRUE，IF 函数将返回某个值；如果该条件的计算结果为 FALSE，则返回另一个值。例如，IF（测试条件，结果 1，结果 2)，即如果满足“测试条件”则显示“结果 1”，如果不满足“测试条件”则显示“结果 2”。

语法：IF（logical _ test，value _ if _ true，value _ if _ false)

参数：

logical _ test 表示计算结果为 TRUE 或 FALSE 的任意值或表达式。

value _ if _ true 表示 logical _ test 为 TRUE 时返回的值。

value _ if _ false 表示 logical _ test 为 FALSE 时返回的值。

B 传媒公司 2024 年的销售收入为 20 000 万元，销售净利润率为 12%，净利润的 60%分配给投资者。B 传媒公司 2024 年 12 月 31 日的资产负债表（简表）如表 9－1 所示。该公司 2025 年的计划销售收入比 2024 年增长 30%。为实现这一目标，公司需新增设备一台，价值 148 万元。根据历年的财务数据分析，公司流动资产与流动负债随销售额呈同比率增减。假定该公司 2025 年的销售净利率和利润分配政策与 2024 年保持一致。计算 2025 年 B 传媒公司的外部资金需要量。

表 9－1　B 传媒公司资产负债表（简表）

2024 年 12 月 31 日　　单位：万元

资产	期末余额	负债及所有者权益	期末余额
货币资金	1 000	应付账款	1 000
应收账款净额	3 000	应付票据	2 000
存货	6 000	长期借款	9 000
固定资产净值	7 000	实收资本	4 000
无形资产	1 000	留存收益	2 000
资产合计	18 000	负债及所有者权益合计	18 000

步骤 1：新建工作簿并命名为“筹资管理”。

步骤 2：打开“筹资管理”工作簿，双击“sheet 1”工作表标签，将其命名为“资金需要量预测表”。

步骤 3：根据已知条件将资产负债表的相关信息输入表格中，并建立计算区域，分析资产负债表各项是否为敏感性项目。利用逻辑函数 IF 函数判断资产项目的敏感性，并计算出各个项目占基期销售收入的百分比。在 C11 单元格中输入公式“＝IF（B11＝"是"，B3/＄F＄3,"不适用"）”，利用填充柄将其填充至 C15 单元格；在 C16 单元格中输入公式“＝SUM（C11：C15）”，并设置 C11：C16 单元格区域格式为“百分比”（快捷键“CTRL＋1”）。如图 9－3、图 9－4 所示。

	A	B	C	D	E	F	G
1	2024年资产负债表						
2	资产	期末余额	负债及所有者权益	期末余额	项目	2023年	2024年
3	货币资金	1000	应付账款	1000	销售收入	20000	26000
4	应收账款净额	3000	应付票据	2000	销售净利润	12%	12%
5	存货	6000	长期借款	9000	股利支付率	60%	60%
6	固定资产净值	7000	实收资本	4000	其他资金需要		148
7	无形资产	1000	留存收益	2000			
8	资产合计	18000	负债及所有者权益合计	18000			
9	2025年外部资金需要量计算						
10	资产项目	是否敏感	占基期销售收入百分比	负债及所有者权益项目	是否敏感	占基期销售收入百分比	
11	货币资金	是	5%	应付账款	是	5%	
12	应收账款净额	是	15%	应付票据	是	10%	
13	存货	是	30%	长期借款	否	不适用	
14	固定资产净值	否	不适用	实收资本	否	不适用	
15	无形资产	否	不适用	留存收益	否	不适用	
16	合计		50%	负债及所有者权益合计		15%	
17	外部资金需要量	1000					
18							

图 9－3　用销售百分比法预测 B 传媒公司 2025 年的资金需要量

=IF(E11="是",D3/$F$3,"不适用")

图 9－4　用 IF 函数判断是否为敏感性资产项目

步骤 4：利用逻辑函数 IF 函数判断负债及权益项目的敏感性，并计算出各个项目占基期销售收入的百分比。在 F11 单元格中输入公式“＝IF（E11＝"是"，D3/＄F＄3,"不适用"））”，如图 9－5 所示。利用填充柄将其填充至 F15 单元格；在 F16 单元格中输入公式“＝SUM（F11：F15）”，并设置 F11：F16 单元格区域格式为“百分比”。

=IF(E11="是",D3/$F$3,"不适用")

图 9－5　IF 函数在 F11 单元格的使用

步骤 5：根据销售百分比法的计算公式来确定外部资金需要量。在 B17 单元格中输入公式“＝C16＊（G3－F3）－F16＊（G3－F3）－G3＊G4＊（1－G5）＋G6”，如图 9－6 所示。计算出该公司 2025 年的外部资金需要量为 1 000 万元。

=C16*(G3-F3)-F16*(G3-F3)-G3*G4*(1-G5)+G6

图 9－6　利用销售百分比法计算外部资金需要量

9.1.3　回归直线法

回归直线法是资金习性预测法中的一种。资金习性预测法是根据资金同业务量之间的依存关系来预测未来资金需要量的一种方法，资金习性是指资金的变动同产销量（或销售额）变动之间的依存关系。资金按照习性可以分为不变资金、变动资金和半变动资金。

不变资金是指在一定的产销量范围内，不受产销量变动的影响而保持固定不变的那部分资金，包括为维持营业而占用的最低数额的现金，存货的保险储备，厂房、机器设备等固定资产占用的资金。变动资金是指随产销量的变动而同比例变动的那部分资金，一般包括直接构成产品实体的原材料等占用的资金。半变动资金是指虽然受产销量变化的影响，但不成同比例变动的资金，如一些辅助材料占用的资金，半变动资金可采用一定的方法划分为不变资金和变动资金两部分。

回归直线法就是根据过去一定时期的销售量和资金总额，运用反映资金量和销售量之间关系的回归直线方程，确定资金总额中的变动资金和不变资金的一种定量分析方法。用公式表示为 $y=a+bx$ ，其中因变量 y 代表预测的资金需要量，a 代表不变资金的部分，b 代表变动资金的部分，自变量 x 代表销售量（或销售额）。

知识链接　　**Office 加载项**

有些功能在 Office 的工具栏中找不到，并不是不存在，而是隐藏在 Office 的加载项中。Office 加载项是 Office 程序为了完成某种功能而需要在启动程序时自动加载的模块，例如书法字帖功能、稿纸功能、制作信封功能等。用户可以根据工作需要启用或禁用 Office 加载项，以提高 Office 程序的运行效率。

B 传媒公司 2020—2024 年的销售收入与资金需要量之间的关系如表 9－2 所示。2025 年的预计销售收入为 700 万元。用回归直线法预测该公司 2025 年的资金需要量。

表 9－2　销售收入与资金需要量关系表

年度	2020	2021	2022	2023	2024
销售收入 x（万元）	500	520	480	540	690
资金需要量 y（万元）	100	110	120	125	130

步骤 1：通过 Office 加载项添加分析工具。选择“文件”｜“选项”｜“加载项”｜“分析工具库”命令，如图 9－7 所示。

步骤 2：调用分析数据库。打开 Excel 的“加载项”对话框，单击“转到”按钮，勾选“分析工具库”选项，单击“确定”按钮，如图 9－8 所示。

步骤 3：选择回归分析方法。单击“数据”选项卡，选择“数据分析”，在弹出的“数据分析”对话框中选择“回归”，单击“确定”按钮，如图 9－9 和图 9－10 所示。

步骤 4：设置因变量和自变量计算区域。在“回归”对话框的“Y 值输入区域”中，输入因变量指标资金需要量“$B$4：$F$4”；在“X 值输入区域”中，输入自变量指标销售额“$B$3：$F$3”；在“输出区域”中，输入“$A$8”，如图 9－11 所示，回归分析输出结果如图 9－12 所示。

图 9－7　加载“分析工具库”

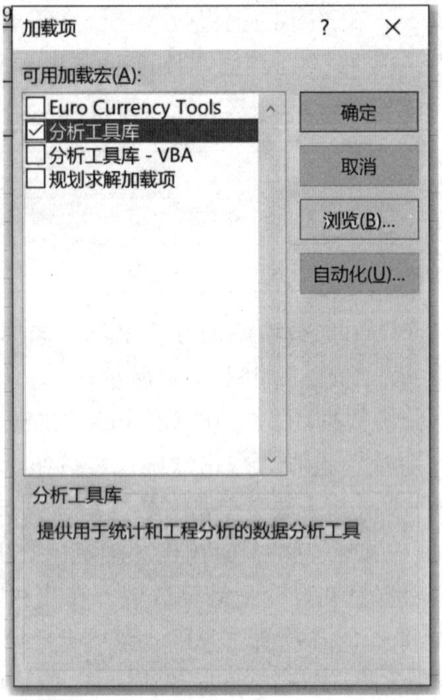

图 9－8　加载项

图 9－9　数据分析

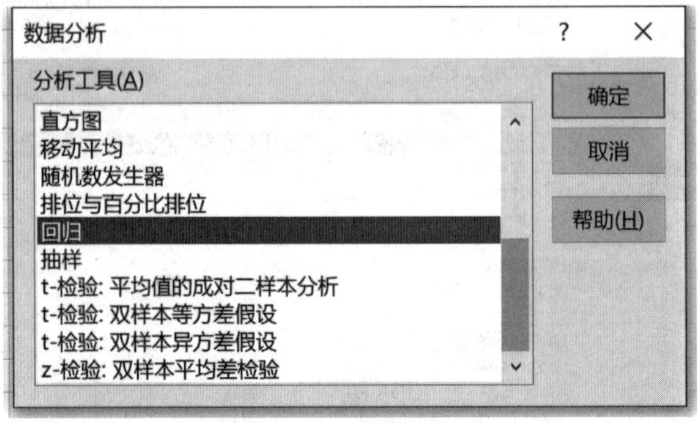

图 9－10　选择“回归”

步骤 5：编辑资金预测的线性回归公式 $y = a + bx$。在系统计算的结果中，B28 单元格输出的值为不变资金 a，B29 单元格输出的值为变动资金 b。2025 年的预计销售收入为 700 万元，根据以上数据可以写出资金预测的线性公式为 $y=66.350\ 3+0.092\ 8\times700$，得出该公司 2025 年的资金需要量为 131.31 万元。

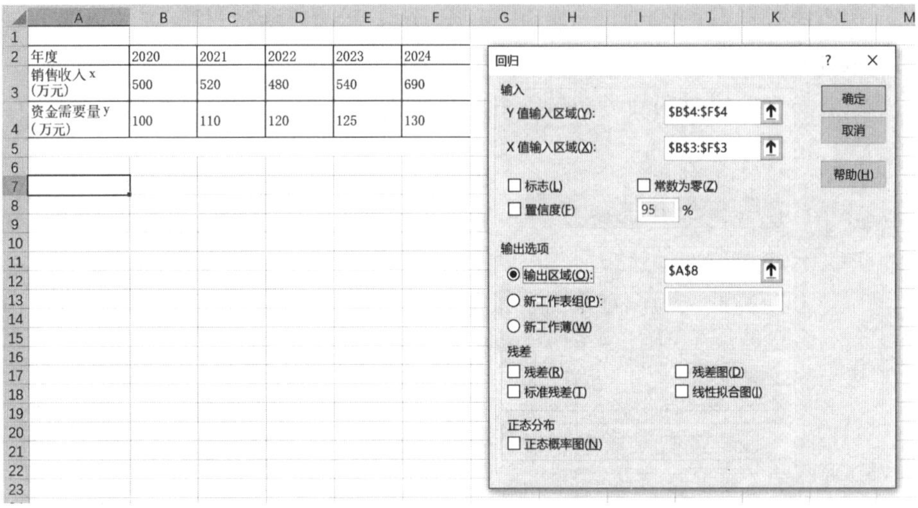

图 9－11　回归公式中自变量和因变量区域的输入

B传媒公司2020-2024年销售额与资金占用表

年度	2020	2021	2022	2023	2024
销售收入 x（万元）	500	520	480	540	690
资金需要量 y（万元）	100	110	120	125	130

SUMMARY OUTPUT

回归统计	
Multiple R	0.643618
R Square	0.414244
Adjusted R Square	-1.66667
标准误差	10.64172
观测值	1

方差分析

	df	SS	MS	F	Significance F
回归分析	5	240.2615	48.05229	2.121586	#NUM!
残差	3	339.7385	113.2462		
总计	8	580			

	Coefficients	标准误差	t Stat	P-value	Lower 95%	Upper 95%	下限 95.0%	上限 95.0%
Intercept		0	33.81987	5.68E-05	0	0	0	0
X Variable 1							2E-307	2E-307
X Variable 2							2.3E-307	2.3E-307
X Variable 3							-3E-306	5.2E-306
X Variable 4	66.35029	35.09752	1.890455	0.155085	-45.34569626	178.0463	-45.3457	178.0463
X Variable 5	0.092765	0.063687	1.456566	0.241272	-0.109916946	0.295447	-0.10992	0.295447

图 9－12　回归分析输出结果

9.1.4　高低点法

高低点法也是资金习性预测法中的一种，资金习性预测法在回归直线法中已经进行了介绍。高低点法的原理是在业务量与资金变动的历史数据中，找出业务量最高和最低的两点及其所对应的资金占用量，根据这两组数据求出直线方程，作为预测资金需要量的模型。可使用 MAX 函数、MIN 函数、INDEX 函数、MATCH 函数计算。

资金需要量与业务量的一元线性关系公式为：

$$y = a + bx$$

式中，因变量 y 代表资金需要量，a 为直线截距，也就是不变资金，b 为直线斜率，代表单位变动资金。

利用高低法预测资金需要量与解一元一次方程类似，其中：

$$b = \left(\begin{matrix}最高资金\\占用量\end{matrix} - \begin{matrix}最低资金\\占用量\end{matrix}\right) / \left(\begin{matrix}最高\\业务量\end{matrix} - \begin{matrix}最低\\业务量\end{matrix}\right)$$

$$a = 最高点资金占用量 - b \times 最高业务量$$

或者 $a = 最低点资金占用量 - b \times 最低业务量$

知识链接　MAX 函数、MIN 函数、INDEX 函数与 MATCH 函数

（1）MAX 函数：返回一组值中的最大值。

（2）MIN 函数：返回一组值中的最小值。

（3）INDEX 函数：查找与引用函数。返回表格或数组中的元素值，由行号和列号的索引值给定。当函数的第一个参数为数组常量时，使用数组形式。

语法：INDEX（array，row _ num，[column _ num]）

参数：

array 为必需参数。单元格区域或数组常量。

row _ num 为必需参数。选择数组中的某行，函数从该行返回数值。如果省略 row _ num，则必须有 column _ num。

column _ num 为可选参数。选择数组中的某列，函数从该列返回数值。如果省略 column _ num，则必须有 row _ num。

注意：如果数组只包含一行或一列，则相对应的参数 row _ num 或 column _ num 为可选参数；如果数组有多行和多列，但只使用 row _ num 或 column _ num，函数返回数组中的整行或整列，且返回值也为数组。

（4）MATCH 函数：查找与引用函数。返回在指定方式下与指定数值匹配数组中元素的相应位置。

语法：MATCH（lookup _ value，lookup _ array，[match _ type]）

参数：

lookup _ value 为必需参数，表示需要在 lookup _ array 中查找的值。例如，如果要在电话簿中查找某人的电话号码，则应将姓名作为查找值，但实际上需要的是电话号码。lookup _ value 参数可以为值（数字、文本或逻辑值）或对数字、文本或逻辑值的单元格引用。

lookup _ array 为必需参数，表示要搜索的单元格区域。

match _ type 为可选参数，数字 −1、0 或 1。match _ type 参数指定 Excel 如何在 lookup _ array 中查找 lookup _ value 的值。此参数的默认值为 1。

B 传媒公司 2020—2024 年的产量与资金需要量数据如表 9 - 3 所示，该集团 2025 年的计划产量为 120 件。利用高低点法预测 2025 年的资金需要量。

表 9 - 3　B 传媒公司 2020—2024 年的产量与资金需要量表

年度	产量 x（件）	资金需要量 y（万元）
2020	60	121
2021	70	132
2022	80	140
2023	90	147
2024	100	151

步骤 1：根据已知条件输入相关信息，并建立计算结果区域，如图 9 - 13 所示。

	A	B	C
1	B传媒公司2020—2024年产量与资金需要量表		
2	年度	产量x（件）	资金需要量y（万元）
3	2020	60	121
4	2021	70	132
5	2022	80	140
6	2023	90	147
7	2024	100	151
8	单位变动资金b		
9	不变资金a		
10	计划产量x		
11	预测资金需要量y		

图 9 - 13　利用高低点法预测资金需要量

步骤 2：使用 MAX 函数和 MIN 函数找出高低点。选择 F3 单元格，输入公式 "＝MAX（B3：B7）"，选择 F4 单元格输入公式＝ "MIN（C3：C7）"，如图 9 - 14 所示。

```
=MAX(B3:B7)
```

```
=MIN(C3:C7)
```

图 9 - 14　MAX 与 MIN 函数

步骤 3：使用 INDEX 函数分别找出高低点对应的占用资金。在 F3 单元格中输入公式“＝INDEX（C3：C7，MATCH（F3，B3：B7））”，在 F4 单元格中输入“＝INDEX（C3：C7，MATCH（F4，B3：B7））”如图 9－15 所示。

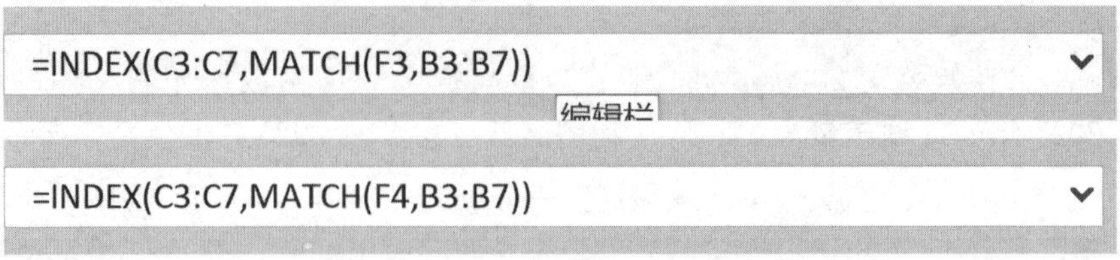

图 9－15　INDEX 函数

步骤 4：计算 Δx 和 Δy 的值，在 F5 单元格中设置公式“＝G3－G4”，在 F6 单元格中设置公式“＝F3－F4”。

步骤 5：分别计算出参数 b 和参数 a 的值，“F7＝G5/G6”“F8＝G3－F7 × F3”。

步骤 6：计算预测资金需要量，选择 G11 单元格，设置公式“＝F8＋F7 * B11”，可以得出 B 传媒公司 2025 年在计划产量为 120 件的情况下，资金需要量为 166 万元。

9.2 Excel 在资本成本计算中的应用

资本成本是指企业为筹集和使用资金而付出的代价，是企业制定筹资决策和投资决策的基础。资本成本包括资金筹集费和资金占用费两部分。资金筹集费是指在资金筹集过程中支付的各项费用，如发行股票或债券支付的印刷费、发行手续费、律师费、资信评估费、公证费、担保费、广告费等；资金占用费是指占用资金支付的费用，如股票的股息、借款和债券的利息等。其计算的基本公式为：

资本成本＝资金使用费÷筹资净额

筹资净额＝筹资总额－筹资费用

企业进行筹资决策时，力求选择资本成本最低的筹资方式，资本成本是衡量筹资方案的重要依据。资本成本是比较筹资方式、选择筹资方案的依据，在其他条件相同时，企业筹资应该选择资本成本最低的方式。平均资本成本是衡量资本结构是否合理的重要依据，当平均资本成本最小时，企业价值最大，此时的资本结构是企业理想的资本结构。资本成本是企业用以确定项目要求达到的筹资报酬的最低标准；资本成本是评价企业整体业绩的重要依据，只有企业的总资产税后报酬率高于其平均资本成本，才能给企业带来剩余收益。

企业的资本成本通常分为债务资本成本和权益资本成本，还可以分为个别资本成本和综合资本成本。个别资本成本是指单一方式的资本成本，包括银行借款资本成本、公司债券资本成本、融资租赁资本成本、优先股资本成本、普通股资本成本和留存收益资本成本等，其中前三类是债务资本成本，后三类是权益资本成本。

借助 Excel 提供的函数和规划求解工具，可以轻松解决资本成本和最优资本成本组合的问题，还可以在借款到期前对公司进行预警和提示。

9.2.1　债务资本成本

债务资本成本是指借款和发行债券的成本，包括借款或债券的利息和筹资费用。根据我国税法的相关规定，债务的利息在缴纳所得税之前支付，因此，企业实际负担的利息为：利息×（1－所得税税率）。

（1）一般模式：为了便于分析比较，资本成本通常使用不考虑货币时间价值的一般模式计算。计算时，将初期的筹资费用作为筹资额的一项扣除，扣除筹资费用后的筹资额称为筹资净额，一般模式通用的计算公式为：

$$资本成本率=\frac{年资金占用费}{筹资总额-筹资费用}=\frac{年资金占用费用}{筹资总额\times(1-筹资费用率)}$$

（2）贴现模式：对于金额大、时间超过一年的长期资本，更为准确的资本成本的计算方式是采用贴现模式，即由

$$筹资净额限制-未来资本清偿额现金流量现值=0$$

得

$$资本成本率=所采用的贴现率$$

1. 长期借款资本成本

不考虑货币时间价值，长期借款资本成本的计算公式为：

$$\begin{aligned}长期借款资本成本&=\frac{借款年利息\times(1-所得税税率)}{借款本金\times(1-筹资费用率)}\\&=\frac{借款利率\times(1-所得税税率)}{1-筹资费用率}\end{aligned}$$

$$K_b=\frac{年利率\times(1-所得税税率)}{1-手续费率}=\frac{i(1-T)}{1-f}$$

考虑资本时间价值时，还可以采用贴现模式计算资本成本率。

假设 A 集团取得 5 年长期借款 200 万元，年利率为 10%，每年付息一次，到期一次还本，筹资费用率为 0.2%，企业所得税税率为 20%，计算该项借款的资本成本率。

根据该集团的实际情况，将其信息填写到 Excel 表格中，如图 9－16 所示。

	A	B
1	A集团长期借款资本成本的计算	
2	长期借款	2000000
3	年利率	10%
4	借款期限	5
5	筹资费用率	0.20%
6	所得税税率	25%
7	资本成本	

图 9－16　A 集团长期借款资本成本基本情况

步骤 1：打开“筹资管理．xlsx”工作簿，插入一张新的工作表，将其重命名为“个别资本成本”。

步骤 2：根据公司的实际情况输入相关信息，并建立计算结果区域。

步骤 3：在 B7 单元格中输入公式“＝B3＊（1－B6）/（1－B5）”，最终结果为 7.52%，如图 9－17 所示。

B7　=B3*(1-B6)/(1-B5)

	A	B
1	A集团长期借款资本成本的计算 － 一般模式（不考虑货币时间价值）	
2	长期借款	2000000
3	年利率	10%
4	借款期限	5
5	筹资费用率	0.20%
6	所得税税率	25%
7	**资本成本**	**7.52%**

图 9－17　一般模式下长期借款资本成本

假如每年 12 月 31 日需要向银行缴纳利息，怎么让 Excel 像闹钟一样提醒你，不要忘记支付利息呢？这就用到了 Excel 的到期日提醒功能，如图 9－18 所示。

D2　="距离利息还款日还有"&(C2-TODAY())& "天"

	A	B	C	D
1	A集团长期借款资本成本的计算 － 一般模式（不考虑货币时间价值）		日期	到期日提醒
2	长期借款	2000000	12月31日	距离利息还款日还有153天
3	年利率	10%		
4	借款期限	5		
5	筹资费用率	0.20%		
6	所得税税率	25%		
7	资本成本	7.52%		

图 9－18　到期还款日设定

2. 债券资本成本

当债券按平价（票面价格）发行时，债券资本成本的计算与长期借款资本成本的计算方法是相同的。当债券溢价或折价发行时，债券筹资额为债券的实际发行价格，利息则按票面利率和票面价格计算，以此为依据计算资本成本，其资本成本的一般模式计算公式为：

$$K_b=\frac{\text{借款年利息}(1-\text{所得税税率})}{\text{债券筹资总额}\times(1-\text{手续费率})}=\frac{I(1-T)}{L(1-f)}$$

知识链接　　IRR 函数与 YIELD 函数

1. IRR 函数

功能：计算投资项目或者债券等的内含报酬率或成本率，使得投资项目或者债券的资本成本等于 0。

语法：IRR（values，[guess]）

参数：

values 为必需参数。表示数组或单元格的引用，这些单元格包含用来计算内含报酬率的数字。values 必须包含至少一个正值和一个负值，以计算返回的内含报酬率。IRR 使用值的顺序来说明现金流的顺序。一定要按需要的顺序输入支出值和收益值。如果数组或引用包含文本、逻辑值或空白单元格，这些数值将被忽略。

guess 为可选参数。对 IRR 函数计算结果的估计值。

Excel 使用一种迭代技术来计算 IRR。从 guess 开始，IRR 循环遍历计算，直到结果在 0.000 01% 范围内精确。如果 IRR 在尝试 20 次后找不到结果，则返回“#NUM!”错误值。多数情况下，不必为 IRR 计算提供 guess 值。如果省略 guess，则假定它为 0.1（10%）。如果 IRR 给出“#NUM!”错误值，或者如果结果与预期不符，请使用不同的推测值重试。

2. YIELD 函数

功能：返回定期支付利息的债券的收益。用于计算债券收益率。

语法：YIELD（settlement，maturity，rate，pr，redemption，frequency，[basis]）

参数：

settlement 为必需参数。表示有价证券的结算日。有价证券结算日是在发行日之后，有价证券卖给购买者的日期。

maturity 为必需参数。表示有价证券的到期日。到期日是有价证券有效期截止时的日期。

rate 为必需参数。表示有价证券的年息票利率。

pr 为必需参数。表示有价证券的价格（按面值为 100 元计算）。

redemption 为必需参数。表示面值 100 元的有价证券的清偿价值。

frequency 为必需参数。表示年付息次数。如果按年支付，frequency = 1；按半年期支付，frequency = 2；按季支付，frequency = 4。

basis 为可选参数。表示要使用的日计数基准类型。

假设A集团取得5年期长期借款2 000万元，年利率为10%，每年付息一次，到期一次还本，筹资费用率为0.5%，所得税税率为25%。如果不考虑货币时间价值，计算该公司长期借款的资本成本；如果考虑货币时间价值，计算该公司长期借款的资本成本。

（1）不考虑货币时间价值。

步骤1：设计如图9-19所示的Excel计算模型，并定义B7单元格格式为百分比（用快捷键“Ctrl＋1”）。

B7 　fx =B3*(1-B6)/(1-B5)

	A	B
1	长期借款资本成本的计算（不考虑货币时间价值）	
2	长期借款额	2000
3	年利率	10%
4	借款期限	5
5	筹资费用率	0.50%
6	所得税税率	25%
7	资本成本	7.54%

图9-19　长期借款资本成本计算模型

步骤2：在B7单元格中输入公式“＝B3＊（1－B6）/（1－B5）”，最终结果为7.54%。

（2）考虑货币时间价值。

方法一：利用Excel的单变量求解。

步骤1：设计如图9-20所示的Excel计算模型，并定义F3单元格格式为百分比。

	A	B	C	D	E	F
1	**长期借款资本成本的计算（考虑货币时间价值）**					
2	长期借款额	年利率	借款期限	筹资费用率	所得税税率	资本成本
3	2000	10%	5	0.50%	25%	

图9-20　用单变量求解法计算长期借款的资本成本

步骤2：在G3单元格中输入公式“＝A3＊（1－D3）－PV（F3，C3，－A3＊B3＊（1－E3），－A3）”。其中，A3＊（1－D3）计算的是资本的流入量，PV（F3，C3，－A3＊B3＊（1－E3），－A3）计算的是资本的流出量，如图9-21所示。

G3 　fx =A3*(1-D3)-PV(F3,C3,-A3*B3*(1-E3),-A3)

	A	B	C	D	E	F	G
1	**长期借款资本成本的计算（考虑货币时间价值）**						
2	长期借款额	年利率	借款期限	筹资费用率	所得税税率	资本成本	
3	2000	10%	5	0.50%	25%		-760

图9-21　现金流入与利用资本成本进行折现的现金流出的差额

步骤 3：添加规划求解项，单击“文件”｜“选项”｜“加载项”｜“规划求解”｜“规划求解加载项”，勾选之后点击确定，找到 Excel 中的“数据”选项卡下的“分析”，执行规划求解，如图 9－22 所示。

图 9－22 规划求解

步骤 4：选择“规划求解”，现金流入值等于未来现金流出利用资本成本进行折现的现值，即当 G3 单元格等于 0 时的资本成本，就是长期借款资本成本。所以“设置目标”为“$G$3”，期望现金流入现值与流出现值的目标值为“0”，通过改变资本成本“$F$3”来实现。点击“保留规划求解的解”，再单击“确定”按钮，如图 9－23 所示，则求解得到长期借款的资本成本，如图 9－24 所示。

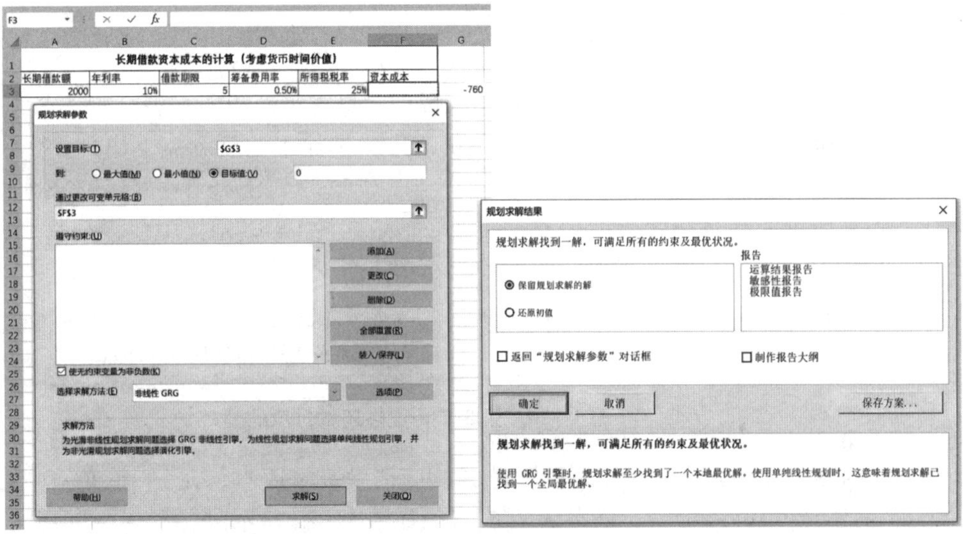

图 9－23 规划求解对话框

	A	B	C	D	E	F	G
1	长期借款资本成本的计算（考虑货币时间价值）						
2	长期借款额	年利率	借款期限	筹资费用率	所得税税率	资本成本	
3	2000	10%	5	0.50%	25%	7.62%	0.000311

图 9－24 用规划求解计算的长期借款的资本成本计算结果

注意：考虑货币时间价值的资本成本一般要高于不考虑货币时间价值的资本成本。现金流入现值与流出现值之间的差额往往是接近 0，而不是完全等于 0。

方法二：利用 Excel 的 IRR 函数。

使用 IRR 函数法有两种方法：一是直接利用公式；二是利用滚动调节条。这两种方法的本质都是调节利率使得现金流入等于现金流出。

直接利用公式的操作步骤如下：

步骤 1：设计如图 9-25 所示的 Excel 计算模型，并定义 G2 单元格格式为百分比。

	A	B	C	D	E	F
1	长期借款资本成本（IRR函数法）					
2	长期借款额	年利率	借款期限	筹资费用率	所得税税率	资本成本
3	2000	10%	5	0.50%	25%	
4	筹资净额（资本流入）	税后利息支出及还本				
5		第1年	第2年	第3年	第4年	第5年
6						

图 9-25 用 IRR 函数计算的长期借款资本成本

步骤 2：在 A6：F6 单元格区域分别输入计算公式。

A6 单元格为筹资净额（资本流入），输入公式“A6＝A3＊（1－D3）”。

B6：F6 单元格区域分别是各年的税后利息支出额和还本额，即资本的流出量。

第 1～4 年为各年支出的税后利息，第 5 年除了税后利息支出外，还包括一次性还本额。在 B6 单元格中输入公式“＝－＄A＄3＊＄B＄3＊（1－＄E＄3）”，接着利用填充柄将公式横向填充至 E6 单元格。在 F6 单元格中输入公式“＝－＄A＄3＊＄B＄3＊（1－＄E＄3）－A3”，如图 9-26 所示。

F6 ✕ ✓ fx =-$A$3*$B$3*(1-$E$3)-A3

图 9-26 第 5 年一次性还本付息的公式

步骤 3：最后利用 IRR 函数计算长期借款资本成本。在 F2 单元格中输入公式“＝IRR（A6：F6）”，结果为 7.62%，如图 9-27 所示。

F3 ✕ ✓ fx =IRR(A6:F6)

	A	B	C	D	E	F
1	长期借款资本成本（IRR函数法）					
2	长期借款额	年利率	借款期限	筹资费用率	所得税税率	资本成本
3	2000	10%	5	0.50%	25%	7.62%
4	筹资净额（资本流入）	税后利息支出及还本				
5		第1年	第2年	第3年	第4年	第5年
6	1990	-150	-150	-150	-150	-2150
7						

图 9-27 利用 IRR 函数计算资本成本的公式及结果

利用滚动调节条的操作步骤如下：

步骤 1：显示“开发工具”，单击“文件”按钮，在下拉菜单中单击“选项”按钮，在对话框中单击“自定义功能区”按钮，在最右边一栏可以看到“开发工具”，单击“确定”按钮，如图 9－28 所示。

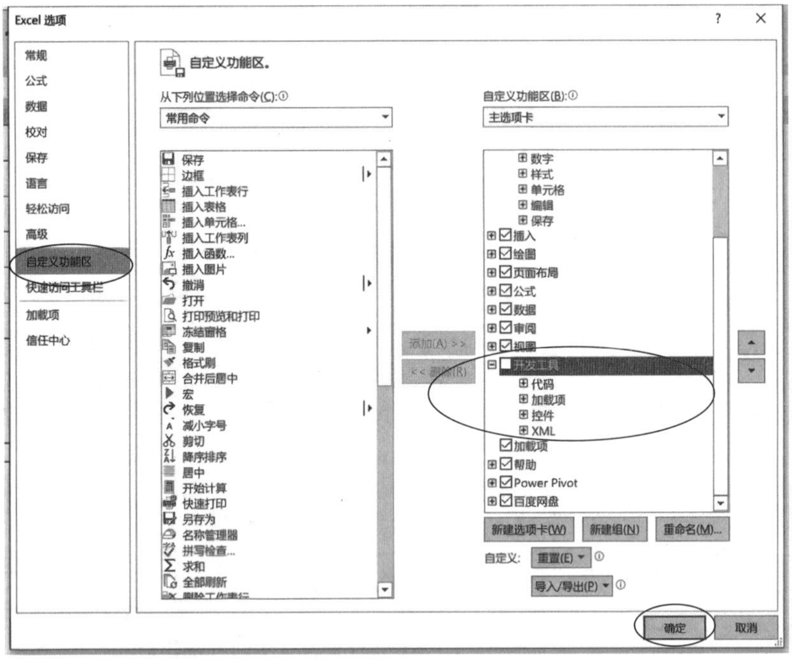

图 9－28 Excel 选项

步骤 2：在图 9－29 中点击“开发工具”下的“插入”按钮，插入“滚动条窗体控件”。

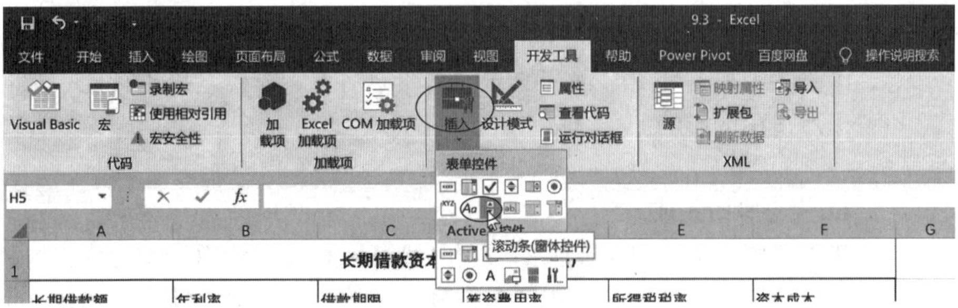

图 9－29 开发工具

步骤 3：将“滚动条窗体控件”移到年利率 B2 单元格附近，单击鼠标右键，选择“设置控件格式”，在“控制”标签页进行设置，如图 9－30 所示。

步骤 4：在 B3 单元格中，输入公式“＝B4/100”，格式设置为“百分比”，保留两位小数。这样就可以通过滚动条调节利率来查看资本成本的变化，如图 9－31 所示。

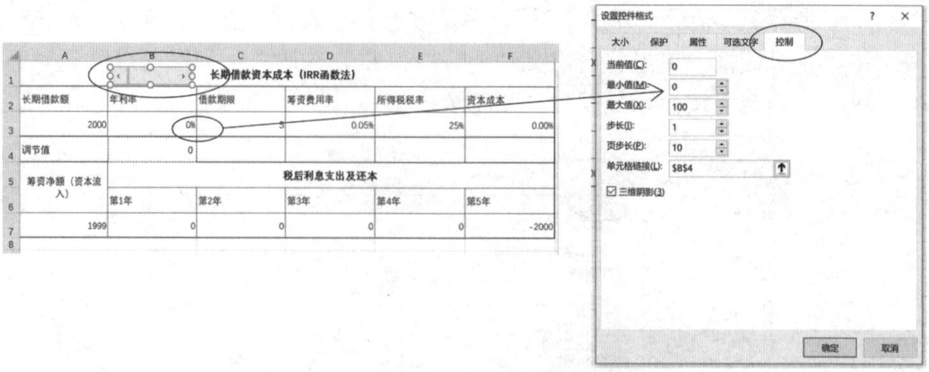

图 9-30　设置控件格式

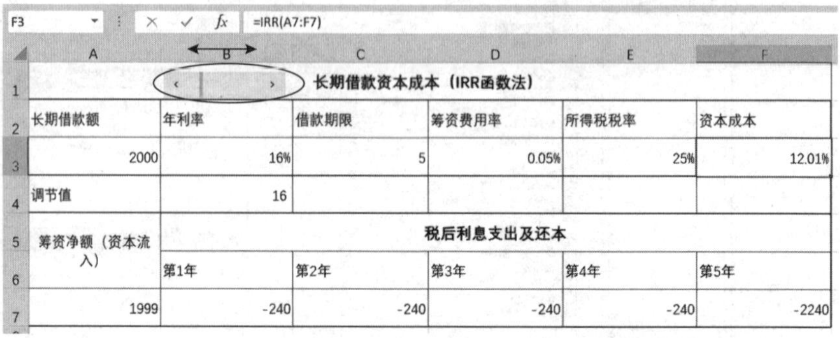

图 9-31　通过滚动调节条调节贷款利率

步骤5：同理设置其他单元格格式。

9.2.2 权益资本成本

权益资本成本主要包括优先股资本成本、普通股资本成本、留存收益资本成本等。由于各种权益性资金红利的支付是在缴纳完所得税之后进行的，权益资本成本不考虑所得税的影响。

1. 优先股资本成本

优先股资本成本包括支付的股利（股息）和筹资费用。发行优先股筹集资金需支付发行费用，而且优先股股利通常是固定的，这类似于债券，但优先股的股利只能从税后利润中支付，不像债券利息那样具有抵税作用。

$$\text{优先股资本成本}=\frac{\text{优先股年股利}}{\text{按发行价格确定的优先股筹资额}\times(1-\text{优先股筹资费用率})}$$

2. 普通股资本成本

普通股资本成本包括筹资费用和支付给股东的股利两部分。普通股资本成本可以看作是投资者购买某一风险水平的普通股所要求得到的最低收益率。

$$\text{普通股资本成本}=\frac{\text{第一年股利}}{\text{普通股筹资额}\times(1-\text{普通股筹资费用率})}+\text{普通股股利年增长率}$$

3. 留存收益资本成本

留存收益在资本成本分析中被视为机会成本，至少要求与普通股有同等的报酬。与普通股相比，留存收益没有筹资费用。

$$\text{留存收益资本成本}=\frac{\text{第一年股利}}{\text{普通股筹资额}}+\text{普通股股利年增长率}$$

知识链接　**SUMPRODUCT函数**

功能：在给定的几组数组中，将数组间对应的元素相乘，并返回乘积之和。

语法：SUMPRODUCT（array1，[array2]，[array3]，…）

参数：

array1为必需参数。表示其相应元素需要相乘并求和的第一个数组参数。

array2，array3，…为可选参数。array 1，array 2，array 3，…为2到255个数组，其相应元素需要进行相乘并求和。

数组参数必须具有相同的维数，否则，SUMPRODUCT函数将返回错误值“#VALUE!”。

SUMPRODUCT函数将非数值型的数组元素作为0处理。在下面的例子中，SUMPRODUCT（B4：F4，B5：F5）的效果等同于“B4＊B5＋C4＊C5＋D4＊D5＋E4＊E5＋F4＊F5”，对于多组单元格相乘，使用SUMPRODUCT函数，计算更为简单。

假设A集团拟筹资5 000万元，公司留存收益为1 200万元；发行优先股800万元，股利率为12%，筹资费用率为2%；发行普通股3 000万元，预计第一年股利率为13%，以后每年增长1%，筹资费用率为3%。计算各项资本的个别资本成本。

步骤1：设计如图9-32所示的Excel计算模型，并定义B7：D7单元格区域格式为百分比。

	A	B	C	D
1	权益资本成本的计算			
2	筹资方式	留存收益	优先股	普通股
3	筹资金额	1200	800	3000
4	筹资费用率	0	2%	3%
5	年股利率	13%	12%	13%
6	股利年增长率	1%	0	1%
7	个别资本成本			

图9-32　权益资本成本的计算

步骤 2：在 B7：D7 单元格区域分别输入下列计算公式：在 B7 单元格输入公式“＝B5＋B6”，在 C7 单元格输入公式“＝C5/（1－C4）”，在 D7 单元格输入公式“＝D5/（1－D4）＋D6”。计算结果如图 9－33 所示。

	A	B	C	D
1	权益资本成本的计算			
2	筹资方式	留存收益	优先股	普通股
3	筹资金额	1200	800	3000
4	筹资费用率	0	2%	3%
5	年股利率	13%	12%	13%
6	股利年增长率	1%	0	1%
7	个别资本成本	14.00%	12.24%	14.40%

图 9－33　权益资本成本的计算结果

9.2.3　综合资本成本

企业总资本往往是由多种筹资方式形成的，不同筹资方式的资本成本存在差异。企业为了更好地进行筹资和投资决策，需计算综合资本成本（也称加权平均资本成本）。综合资本成本是对各种个别资本成本按所占资本比重进行加权平均所得到的，故称为加权平均资本成本。

假设 A 集团拟筹资 2 000 万元，其中银行借款 300 万元，筹资费用率为 2%；债券 200 万元，筹资费用率为 3%；优先股 300 万元，筹资费用率为 5%；普通股 700 万元，筹资费用率为 6%，普通股发行价格为 10 万元；留存收益 500 万元，所得税税率为 25%，企业通过调节利率来控制其资本成本。探究改变银行存款、债券、优先股、普通股、留存收益利率对综合资本成本的影响。

步骤 1：建立“综合资本成本”工作表，如图 9－34 所示。

	A	B	C	D	E	F
1	筹资渠道资料					
2	筹资方式	金额（万元）	利率指标	利率（股利）	调节值	筹资费用率
3	银行借款	300	利率			2%
4	债券	200	利率			3%
5	优先股	300	股利率			5%
6	普通股	700	第一年股利			6%
7	留存收益	500	股利年增长率			
8			普通股发行价格	10		
9	现有资本合计	2000		所得税税率		25%

图 9－34　筹资渠道资料

步骤 2：显示“开发工具”，单击“文件”按钮，在下拉菜单中单击“选项”按钮，在对话框中单击“自定义功能区”按钮，在最右栏可以看到“开发工具”，单击“确定”按钮。

步骤3：点击“开发工具”下的“插入”按钮，插入“滚动条窗体控件”。

步骤4：将“滚动条窗体控件”移到E3单元格中，单击鼠标右键，选择“设置控件格式”，在“控制”标签页进行设置，或单击“开发工具”选项卡中的“属性”，也会弹出“设置控件格式”，如图9－35所示。

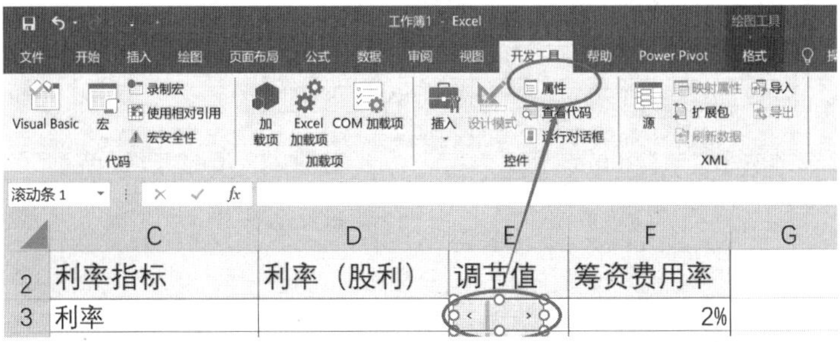

图9－35 设置控件格式

步骤5：在“控制”标签页中完成相关设置，如图9－36所示。

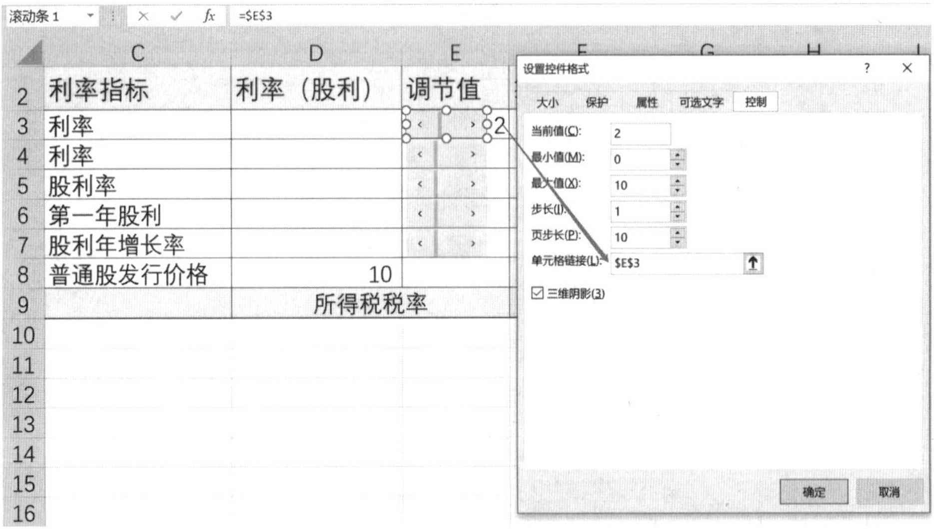

图9－36 控件格式设置

步骤6：使用同样的方法，完成“调节值”列其他单元格的输入。

步骤7：在D3单元格中，输入公式“＝E3/100”，格式设置为“百分比”。

步骤8：同理，设置其他单元数值，如图9－37所示。

步骤9：在筹资渠道资料下建立综合资本成本计算表，如图9－38所示。

步骤10：计算各筹资方式的权重，并求和；计算个别资本成本；计算加权资本成本，如图9－39所示。最后计算综合加权资本成本，如图9－40所示。

注意：计算综合资本成本的两种方法如下：

(1) SUMPRODUCT函数法。array1选择B12到B16，array2选择C12到

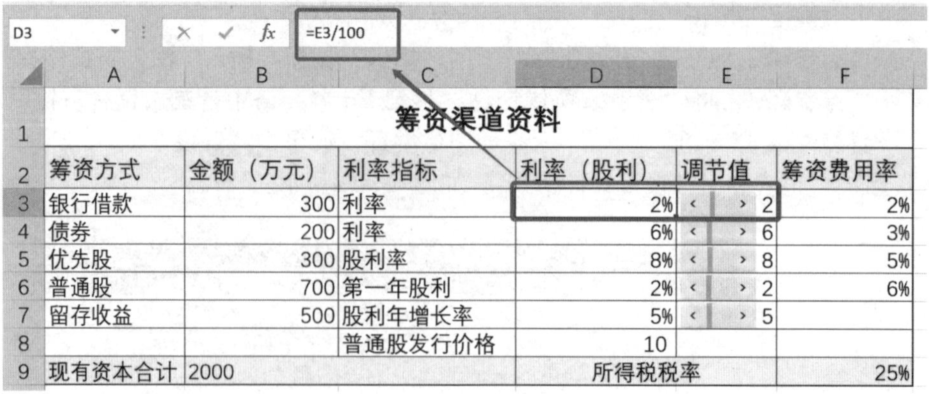

D3 =E3/100

	A	B	C	D	E	F
1	筹资渠道资料					
2	筹资方式	金额（万元）	利率指标	利率（股利）	调节值	筹资费用率
3	银行借款	300	利率	2%	2	2%
4	债券	200	利率	6%	6	3%
5	优先股	300	股利率	8%	8	5%
6	普通股	700	第一年股利	2%	2	6%
7	留存收益	500	股利年增长率	5%	5	
8			普通股发行价格	10		
9	现有资本合计	2000		所得税税率		25%

图 9－37　控件

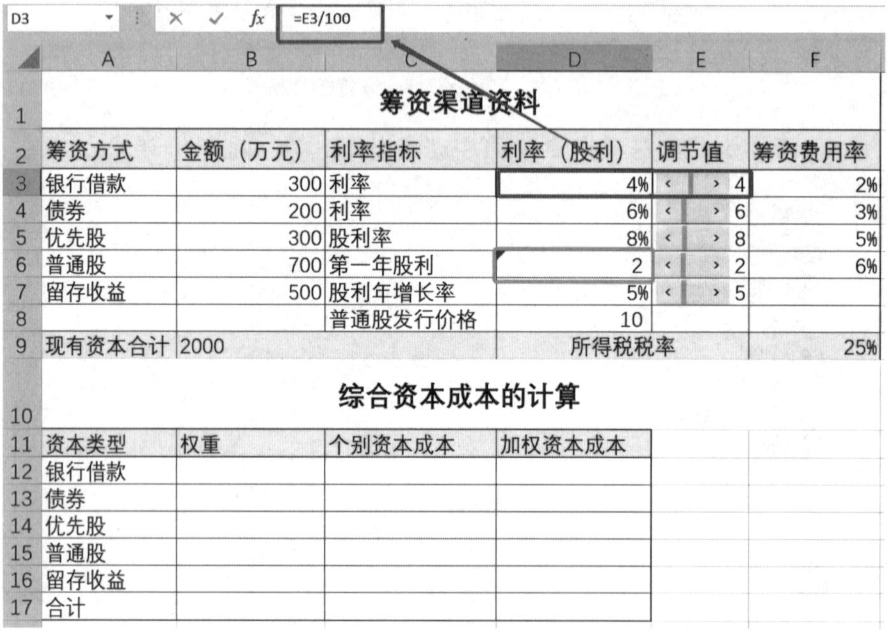

D3 =E3/100

	A	B	C	D	E	F
1	筹资渠道资料					
2	筹资方式	金额（万元）	利率指标	利率（股利）	调节值	筹资费用率
3	银行借款	300	利率	4%	4	2%
4	债券	200	利率	6%	6	3%
5	优先股	300	股利率	8%	8	5%
6	普通股	700	第一年股利	2	2	6%
7	留存收益	500	股利年增长率	5%	5	
8			普通股发行价格	10		
9	现有资本合计	2000		所得税税率		25%
10	综合资本成本的计算					
11	资本类型	权重	个别资本成本	加权资本成本		
12	银行借款					
13	债券					
14	优先股					
15	普通股					
16	留存收益					
17	合计					

图 9－38　综合资本成本计算表

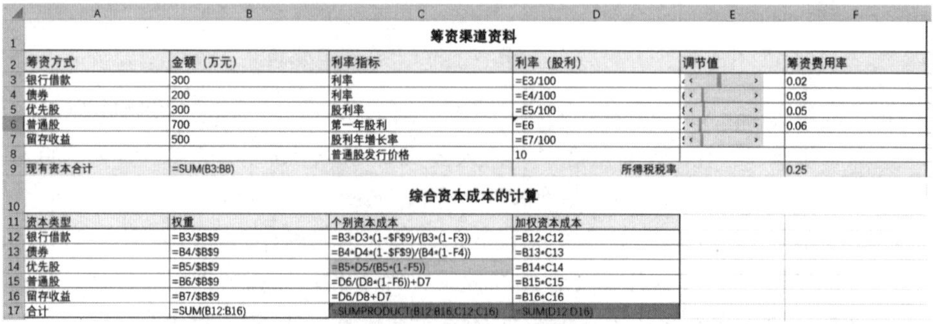

	A	B	C	D	E	F
1	筹资渠道资料					
2	筹资方式	金额（万元）	利率指标	利率（股利）	调节值	筹资费用率
3	银行借款	300	利率	=E3/100		0.02
4	债券	200	利率	=E4/100		0.03
5	优先股	300	股利率	=E5/100		0.05
6	普通股	700	第一年股利	=E6		0.06
7	留存收益	500	股利年增长率	=E7/100		
8			普通股发行价格	10		
9	现有资本合计	=SUM(B3:B8)		所得税税率		0.25
10	综合资本成本的计算					
11	资本类型	权重	个别资本成本	加权资本成本		
12	银行借款	=B3/$B$9	=B3*D3*(1-$F$9)/(B3*(1-F3))	=B12*C12		
13	债券	=B4/$B$9	=B4*D4*(1-$F$9)/(B4*(1-F4))	=B13*C13		
14	优先股	=B5/$B$9	=B5*D5/(B5*(1-F5))	=B14*C14		
15	普通股	=B6/$B$9	=D6/(D8*(1-F6))+D7	=B15*C15		
16	留存收益	=B7/$B$9	=D6/D8+D7	=B16*C16		
17	合计	=SUM(B12:B16)	=SUMPRODUCT(B12:B16,C12:C16)	=SUM(D12:D16)		

图 9－39　权重、个别资本成本、加权资本成本的计算公式

	A	B	C	D	E	F
1	筹资渠道资料					
2	筹资方式	金额（万元）	利率指标	利率（股利）	调节值	筹资费用率
3	银行借款	300	利率	4%	4	2%
4	债券	200	利率	6%	6	3%
5	优先股	300	股利率	8%	8	5%
6	普通股	700	第一年股利	2	2	6%
7	留存收益	500	股利年增长率	5%	5	
8			普通股发行价格	10		
9	现有资本合计	2000		所得税税率		25%
10	综合资本成本的计算					
11	资本类型	权重	个别资本成本	加权资本成本		
12	银行借款	15%	3.06%	0.46%		
13	债券	10%	4.64%	0.46%		
14	优先股	15%	8.42%	1.26%		
15	普通股	35%	26.28%	9.20%		
16	留存收益	25%	25.00%	6.25%		
17	合计	100%	17.63%	17.63%		

图 9－40　综合资本成本的计算结果

C16。表示 array1 这一列的第一项与 array2 这一列的第一项相乘的乘积，与 array1 这一列的第二项与 array2 这一列的第二项相乘的乘积，与 array1 这一列的第 N 项与 array2 这一列的第 N 项相乘的乘积相加的和，如图 9－41 所示。

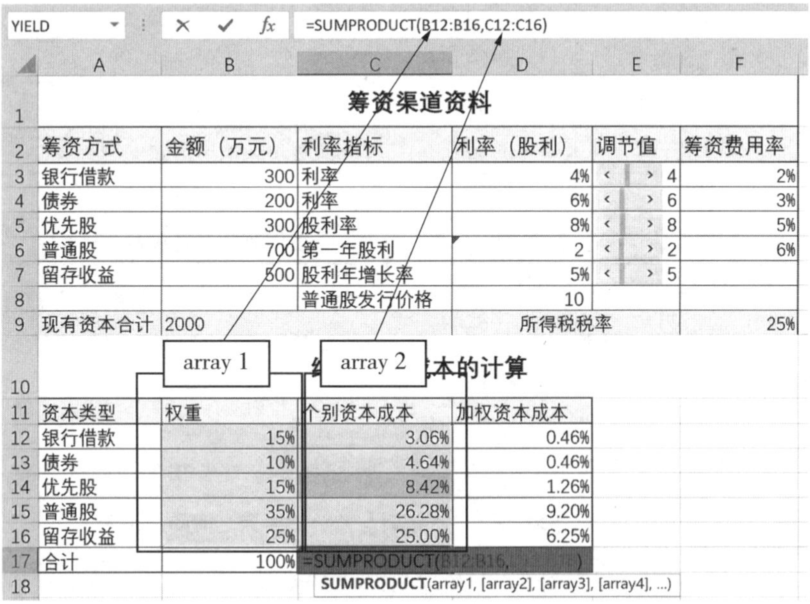

	A	B	C	D	E	F
1	筹资渠道资料					
2	筹资方式	金额（万元）	利率指标	利率（股利）	调节值	筹资费用率
3	银行借款	300	利率	4%	4	2%
4	债券	200	利率	6%	6	3%
5	优先股	300	股利率	8%	8	5%
6	普通股	700	第一年股利	2	2	6%
7	留存收益	500	股利年增长率	5%	5	
8			普通股发行价格	10		
9	现有资本合计	2000		所得税税率		25%
10	综合资本成本的计算					
11	资本类型	权重	个别资本成本	加权资本成本		
12	银行借款	15%	3.06%	0.46%		
13	债券	10%	4.64%	0.46%		
14	优先股	15%	8.42%	1.26%		
15	普通股	35%	26.28%	9.20%		
16	留存收益	25%	25.00%	6.25%		
17	合计	100%	=SUMPRODUCT(B12:B16,	)		
18						

图 9－41　SUMPRODUCT 函数计算资本成本

（2）权重法（$\sum$ 权重 × 个别资本成本）。权重与个别资本成本对应相乘再相加的和与 SUMPRODUCT 函数法的实质是一样的，如图 9－42 所示。如果遇见多项 array 相乘再相加，方法二就明显不如方法一简便。

	A	B	C	D	E	F
1	筹资渠道资料					
2	筹资方式	金额（万元）	利率指标	利率（股利）	调节值	筹资费用率
3	银行借款	300	利率	=E3/100		0.02
4	债券	200	利率	=E4/100		0.03
5	优先股	300	股利率	=E5/100		0.05
6	普通股	700	第一年股利	=E6		0.06
7	留存收益	500	股利年增长率	=E7/100		
8			普通股发行价格	10		
9	现有资本合计	=SUM(B3:B8)			所得税税率	0.25
10	综合资本成本的计算					
11	资本类型	权重	个别资本成本	加权资本成本		
12	银行借款	=B3/$B$9	=B3*D3*(1-$F$9)/(B3*(1-F3))	=B12*C12		
13	债券	=B4/$B$9	=B4*D4*(1-$F$9)/(B4*(1-F4))	=B13*C13		
14	优先股	=B5/$B$9	=B5*D5/(B5*(1-F5))	=B14*C14		
15	普通股	=B6/$B$9	=D6/(D8*(1-F6))+D7	=B15*C15		
16	留存收益	=B7/$B$9	=D6/D8+D7	=B16*C16		
17	合计	=SUM(B12:B16)	=SUMPRODUCT(B12:B16,C12:C16)	=SUM(D12:D16)		
18						

图 9-42　使用权重法计算资本成本

□ 拓展与训练

1. A 责任公司 2024 年 12 月 31 日资产负债表（简表）如表 9-4 所示。

表 9-4　A 责任公司 2024 年资产负债表（简表）　单位：元

资产	期末余额	负债及所有者权益	期末余额
货币资金	80 000	短期借款	150 000
应收账款	120 000	应付账款	50 000
存货	550 000	应付票据	50 000
固定资产	150 000	长期借款	100 000
		所有者权益	550 000
资产合计	900 000	负债及所有者权益合计	900 000

该公司 2024 年销售收入为 1 000 000 元，还有剩余生产能力，即增加收入不需要进行固定资产投资。公司销售净利率保持 10%不变，2025 年计划销售收入提高到 1 200 000 元，利润分配率为 70%。

要求：预测该公司 2025 年的资金需要量。

2. A 责任公司 2018—2024 年的产销量与资金需要量之间的关系如表 9-5 所示。

表 9-5　产销量与资金需要量之间的关系表

年度	产销量 x（万件）	资金需要量 y（万元）
2018	12	100
2019	11	95
2020	12	99
2021	13	105
2022	14	110

续表

年度	产销量 x（万件）	资金需要量 y（万元）
2023	15	112
2024	16	115

要求：采用回归分析法预测该公司 2025 年的产销量和资金需要量。

3. A 责任公司 2020—2024 年销售收入与资金需要量之间的关系如表 9-6 所示。

表 9-6　销售收入与资金需要量表　　单位：万元

年度	销售收入	资金需要量
2020	2 000	110
2021	2 400	130
2022	2 600	140
2023	2 800	150
2024	3 000	160

要求：根据资料，采用高低点法，预测该公司 2025 年的资金需要量。

4. A 责任公司向银行借入一笔长期借款，借款年利率为 6%，手续费率为 0.1%，所得税税率为 25%。

要求：计算该公司银行借款的资本成本。

5. A 责任公司拟平价发行 6 年期公司债券，债券面值为 800 万元，票面利率为 10%，每年年末付息一次，所得税税率为 25%。

要求：计算该公司的债券资本成本。

6. A 责任公司发行普通股股票 1 000 万元，筹资费用率为 5%，第 1 年年末股利率为 9%，预计股利的年增长率为 3%，所得税税率为 25%。

要求：计算该公司的普通股资本成本。

7. A 责任公司平价发行优先股股票 1 000 万元，筹资费用率为 4%，年股利率为 10%，所得税税率为 25%。

要求：计算该公司的优先股资本成本。

8. A 责任公司留存收益 200 万元，上年年末普通股股利率为 11%，预计股利年增长率为 3%，所得税税率为 25%。

要求：计算该公司的留存收益资本成本。

9. A 责任公司目前拥有资金 5 000 万元，其中，普通股 250 万股，每股价格为 10 元，每股股利 2 元；债券 1 500 万元，年利率为 8%；优先股 1 000 万元，年股利率为 15%，目前的税后净利润为 600 万元，企业所得税税率为 25%。该公司计划开发一个新项目，新项目需要资金 800 万元，预计项目投产后可使公司的年息税前利润增加 700 万元。投资所需资金有两种方案可供选择：A 方案，发行债券 800 万元，年利率为 10%；B 方案，发行普通股股票 800 万元，每股发行价格为 20 元。

要求：不考虑风险因素，确定该公司的最佳筹资方案。

第 10 章

Chapter 10 Excel 在投资决策中的应用

内容简介

本章主要讲解如何利用 Excel 在投资中选择最优投资方案从而进行投资决策，主要包括投资决策指标及其相关函数的简单应用。

学习目标

熟练使用 Excel 中的财务函数、图表功能和其自带的“开发工具”选项卡，如滚动条。

引 例

张同学兴高采烈地用最低的资本成本筹集到了所需资金，但是又有一个新的问题困扰了他。筹集到的资金该如何投资才能获得最大的收益？有哪些投资决策指标？Excel 提供了丰富的投资决策分析函数，利用这些工具进行投资决策分析有很大的优势，但是怎么利用 Excel 计算这些投资决策指标呢？

10.1 投资决策指标

投资决策指标是指用于衡量和比较投资项目可行性，据以进行方案决策的量化标准与尺度，是由一系列综合反映投资效益、投入产出关系的量化指标构成的。在做项目投资决策评价之前，首先需要确定的是项目给企业带来的现金流量。

利用 Excel 对项目进行评价的指标主要包括：会计收益率、静态投资回收期、净现值、获利指数、内含报酬率、净现值率。这些指标按照是否考虑货币时间价值可分为静态评价指标和动态评价指标。静态评价指标主要包括会计收益率和静态投资回收期等，动态评价指标主要包括净现值、获利指数、内含报酬率、净现值率等。

10.2　投资决策指标相关函数

运用投资决策指标涉及的 Excel 中的相关函数有 NPV 函数、XNPV 函数和 IRR 函数等。

评价指标和函数的简单运用

1. NPV 函数（净现值函数）

功能：基于一系列将来的收（正值）、支（负值）现金流和贴现率，计算返回一项投资的净现值。

语法：NPV（rate，value1，value2，…）

参数：

（1）rate 为某一期间的贴现率，是一个固定值。

（2）value 1，value 2，…为 1 到 29 个参数，代表支出及收入。value 1，value 2，…在时间上必须具有相等间隔，并且都发生在期末。

因为 NPV 函数使用 value 1，value 2，…的顺序来解释现金流的顺序，所以务必保证支出和收入的数额按正确的顺序输入。NPV 函数假定投资开始于 value 1 现金流所在日期的前一期，结束于最后一笔现金流的当期。如果第一笔现金流发生在第一个周期的期初，则第一笔现金必须添加到 NPV 函数的结果中，而不应包含在 value 参数中。

2. XNPV 函数

功能：计算返回一组现金流的净现值，这些现金流不一定定期发生。

语法：XNPV（rate，values，dates）。

参数：

（1）rate 为应用于现金流的贴现率。

（2）values 为与 dates 中的支付时间相对应的一系列现金流。

（3）dates 为与现金支付相对应的支付日期表。第一个支付日期代表支付的开始，其他日期应迟于该日期，但可按任何顺序排列。

3. IRR函数

功能：返回一系列现金流的内含报酬率。

语法：IRR（values，[guess]）。

参数：

（1）values为数组或单元格的引用，包含用来计算返回的内含报酬率的数字。values必须包含至少一个正值和一个负值，以计算返回的内含报酬率。IRR函数根据数值的顺序来解释现金流的顺序，故应按需要的顺序输入支付和收入的数值。

（2）guess为对函数IRR计算结果的估计值。

投资决策指标与相关函数

10.3 投资决策指标和函数的简单应用

假设B传媒公司为了获取网红经济的时代红利，投资了一个网红培训中心项目，期望投资回报率为10%，这个项目需4年建成，每年年初投入资金30万元，共投入120万元。建成投产后，产销A产品，需投入营运资金40万元，以满足日常经营活动需要。A产品销售后，估计每年可获利润20万元。固定资产使用年限为6年，使用第3年需大修理，估计大修理费用为36万元，分3年摊销。该固定资产使用期满后，估计有残值收入6万元，采用直线法计提折旧。项目期满时，垫支营运资金收回。本案例不考虑所得税的影响。

知识链接　投资项目现金流量

投资项目现金流量的计算主要包括以下三项内容：

（1）在建设期发生的建设投资，在建设期期末或运营期之前垫支的流动资金投资；

（2）在运营期发生的营业收入、补贴收入、经营成本（付现成本），以及在运营期发生的各种税费；

（3）通常在投资项目计算期末回收的固定资产余值、流动资金。

步骤1：基于案例资料，设计现金流量表项目并进行优化，根据案例资料填制表格如图10-1所示。在现金流量表中，年份“0”表示第1年年初、“1”表示第2年年初，依此类推；H8：M8单元格区域为折旧额计算区域，输入公式“=（120－

6）/6”，K9：M9 单元格区域为大修理费用摊销计算区域，输入公式“＝36/3”。

H8 =(120-6)/6

投资项目现金流量表

单位：万元

项目＼年份	0	1	2	3	4	5	6	7	8	9	10
固定资产投资	-30	-30	-30	-30							
垫支营运资金					-40						
大修理费用								-36			
利润						20	20	20	20	20	20
固定资产折旧						19	19	19	19	19	19
大修理费用摊销									12	12	12
固定资产残值											6
收回营运资金											40
现金流量合计	-30	-30	-30	-30	-40	39	39	3	51	51	97

备注：表中数据，正值表示现金流入，负值表示现金流出

图 10－1 投资项目现金流量表

注意：固定资产折旧和大修理费用摊销中，因为其折旧费用和摊销费用未实际发生，所以看作现金流入量。

步骤 2：根据案例中涉及的现金流量，设计投资项目评价指标计算表，如图 10－2 所示。

投资项目评价指标的计算

贴现率：10%　　单位：万元

年份	0	1	2	3	4	5	6	7	8	9	10
利润						20	20	20	20	20	20
现金流量	-30	-30	-30	-30	-40	39	39	3	51	51	97

会计收益率		投资回收期		净现值	
获利指数		内含报酬率		净现值率	

图 10－2 投资项目评价指标计算表

步骤 3：完成评价指标的计算。不考虑建设期时，前 4 年的现金流入总计为 132 万元，所以在投资回收期 H6 单元格中输入公式“＝4＋（160－132）/51”；在会计收益率 D6 单元格中输入公式“＝20/－SUM（C5：G5）”；在净现值 L6 单元格中输入公式“＝NPV（C2，D5：M5）＋C5”，净现值的计算公式及结果如图 10－3 所示。

在获利指数 D7 单元格中输入公式“＝NPV（C2，0，0，0，0，H5：M5）/（－NPV（C2，D5：G5）－C5）”，如图 10－4 所示；在内含报酬率 H7 单元格中输入公式“＝IRR（C5：M5）”，如图 10－5 所示；在净现值率 L7 单元格中输入公式“＝L6/（－NPV（C2，D5：G5）－C5）”，如图 10－6 所示。

L6 =NPV(C2,D5:M5)+C5

投资项目评价指标的计算

贴现率：	10%										单位：万元
年份	0	1	2	3	4	5	6	7	8	9	10
利润						20	20	20	20	20	20
现金流量	-30	-30	-30	-30	-40	39	39	3	51	51	97
会计收益率		12.50%		投资回收期		4.55		净现值		(1.34)	
获利指数				内含报酬率				净现值率			

图 10－3 净现值的计算

D7 =NPV(C2,0,0,0,0,H5:M5)/(-NPV(C2,D5:G5)-C5)

投资项目评价指标的计算

贴现率：	10%										单位：万元
年份	0	1	2	3	4	5	6	7	8	9	10
利润						20	20	20	20	20	20
现金流量	-30	-30	-30	-30	-40	39	39	3	51	51	97
会计收益率		12.50%		投资回收期		4.55		净现值		(1.34)	
获利指数		0.99		内含报酬率				净现值率			

图 10－4 获利指数的计算

H7 =IRR(C5:M5)

投资项目评价指标的计算

贴现率：	10%										单位：万元
年份	0	1	2	3	4	5	6	7	8	9	10
利润						20	20	20	20	20	20
现金流量	-30	-30	-30	-30	-40	39	39	3	51	51	97
会计收益率		12.50%		投资回收期		4.55		净现值		(1.34)	
获利指数		0.99		内含报酬率		10%		净现值率			

图 10－5 内含报酬率的计算

10.4 投资决策实际应用

10.4.1 资本限额决策

企业可以用于投资的资金总量是有限的，不能投资于所有可接受的项目，为了使企业获得最大利益，应该选择那些使净现值最大的投资组合。运用 Excel 2021 可以迅速找出在不同贴现率下的可行方案，为决策提供方便。

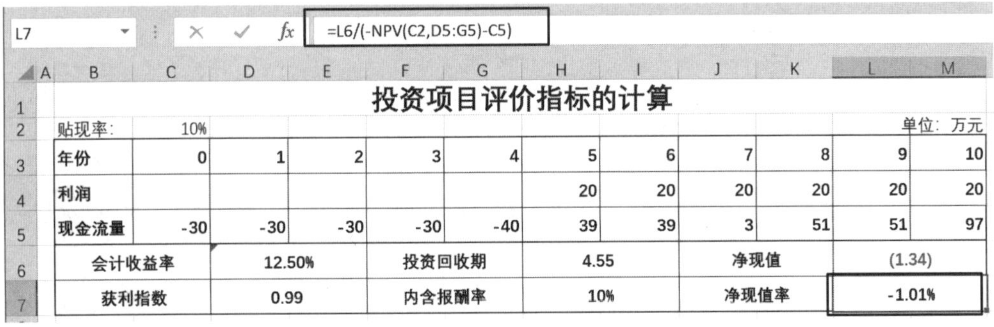
L7　=L6/(-NPV(C2,D5:G5)-C5)

投资项目评价指标的计算

贴现率:	10%										单位: 万元
年份	0	1	2	3	4	5	6	7	8	9	10
利润						20	20	20	20	20	20
现金流量	-30	-30	-30	-30	-40	39	39	3	51	51	97
会计收益率	12.50%		投资回收期		4.55		净现值		(1.34)		
获利指数	0.99		内含报酬率		10%		净现值率		-1.01%		

图 10－6　净现值率的计算

假设 B 传媒公司发展势头良好，其中有 5 名很有潜力的主播艺人，公司决定为他们每人配备一套直播设备。公司判断这些设备为固定资产，这 5 套固定资产设备 A、B、C、D、E 的初始投资限额为 400 000 元。这 5 个项目在 5 年内每年给企业带来的利润分别为 8 000 元、15 300 元、12 000 元、17 200 元、29 800 元，各设备（均采用直线法计提折旧）的投资情况如表 10－1 所示。

表 10－1　固定资产　　单位：元

项目＼设备	A	B	C	D	E
固定资产原值	100 000.00	125 000.00	150 000.00	200 000.00	300 000.00
使用年限	5				
残值	2 000.00	3 000.00	2 500.00	2 000.00	5 000.00

步骤 1：建立投资决策分析模型，并填制投资决策分析表格，假设贴现率为 10%。首先计算年折旧额，在 C7 单元格中输入公式“＝SLN（C4，C5，＄C＄6”）；然后计算经营现金流量，在 C9 单元格中输入公式“＝C7＋C8”；再计算收益净现值，在 C11 单元格中输入公式“＝NPV（＄C＄10，C9，C9，C9，C9，C9）－C4”；最后计算决策结果，在 C12 单元格中输入公式“＝IF（C11＞＝0,"可行","不可行"）”。将以上这些公式复制到相应单元格完成计算，计算结果如图 10－7 所示。

步骤 2：运用图表进行动态化决策分析。选取 C3：G3 单元格区域和 C11：G11 单元格区域，选择“插入”｜“图表”｜“柱形图”｜“三维簇状柱形图”命令，插入三维簇状柱形图，操作如图 10－8 所示，投资决策分析图如图 10－9 所示。选中图表区，选择“图表工具”｜“布局”｜“标签”命令，进行相关设置：将图表标题置于图表上方，黑体，16 号字；横坐标轴标题置于坐标轴下方，黑体，16 号字；纵坐标轴标题为竖排标题，黑体，16 号字。鼠标右键单击柱形图，右上角会出现加号，如图 10－10 所示，通过“设置坐标轴标题格式”，可以设置边框线颜色和坐标轴的参数，如图 10－11 所示。

注意：在 Excel 2021 中，标题、X 轴、Y 轴的设置可以通过选择“图表区”，打开图表选项进行操作，也可以在建立图表的过程中进行设置；字体的设置可通过

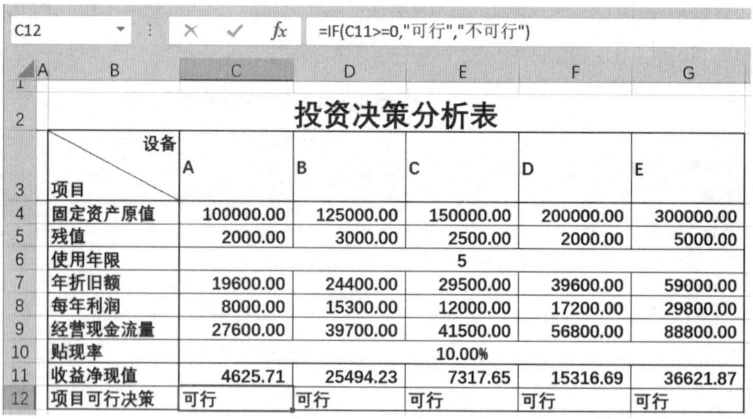

C12 =IF(C11>=0,"可行","不可行")

	设备 A	B	C	D	E
投资决策分析表					
项目	A	B	C	D	E
固定资产原值	100000.00	125000.00	150000.00	200000.00	300000.00
残值	2000.00	3000.00	2500.00	2000.00	5000.00
使用年限			5		
年折旧额	19600.00	24400.00	29500.00	39600.00	59000.00
每年利润	8000.00	15300.00	12000.00	17200.00	29800.00
经营现金流量	27600.00	39700.00	41500.00	56800.00	88800.00
贴现率			10.00%		
收益净现值	4625.71	25494.23	7317.65	15316.69	36621.87
项目可行决策	可行	可行	可行	可行	可行

图 10-7　投资决策结果

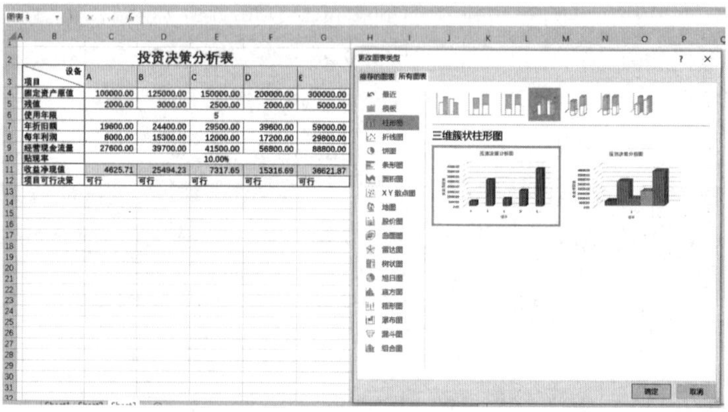

图 10-8　插入三维簇状柱形图

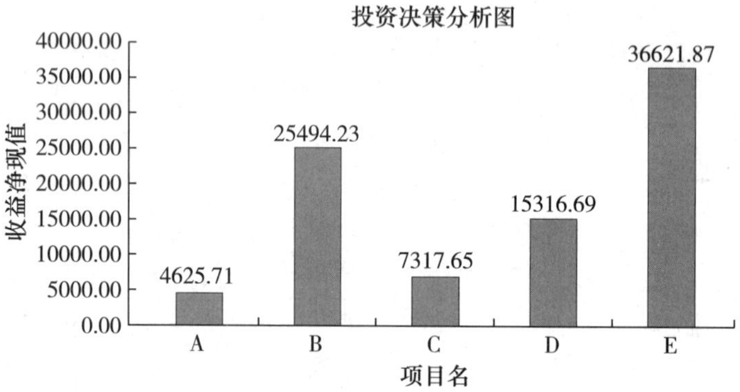

图 10-9　投资决策分析图

选择目标对象，单击鼠标右键选择相应的格式进行操作。

步骤 3：运用滚动条控制贴现率。设置调整贴现率的精确度为万分之一，可调范围在 0～30％。选择“文件”｜“选项”｜“自定义功能区”｜“开发工具”｜“控件”｜“插入”命令，在表单控件中选择滚动条按钮，将其放在图表区域的左

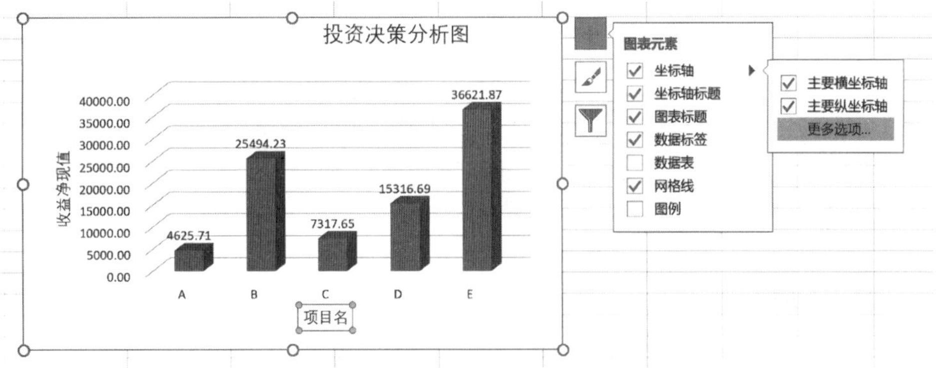

图 10－10　设置图表格式

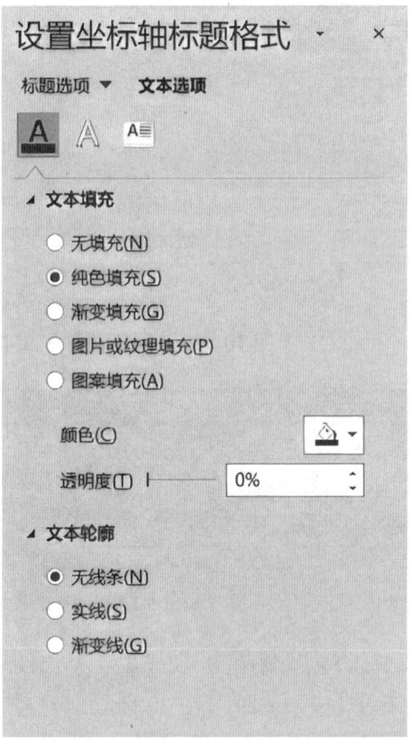

图 10－11　设置坐标轴标题格式

下角，如图 10－12 所示。

Excel 2021 中，选择“开发工具”｜“插入”｜“表单控件”｜“滚动条”命令。如图 10－13 所示。鼠标右键单击“滚动条”按钮，设置控件格式（链接单元格可以变动），如图 10－14 所示。在 C10 单元格设置贴现率计算公式“＝G13/100”，这样就可以通过调节滚动条使贴现率在 0～30％变动。若企业要求的最低报酬率为 12％，则投资决策结果如图 10－15 所示。

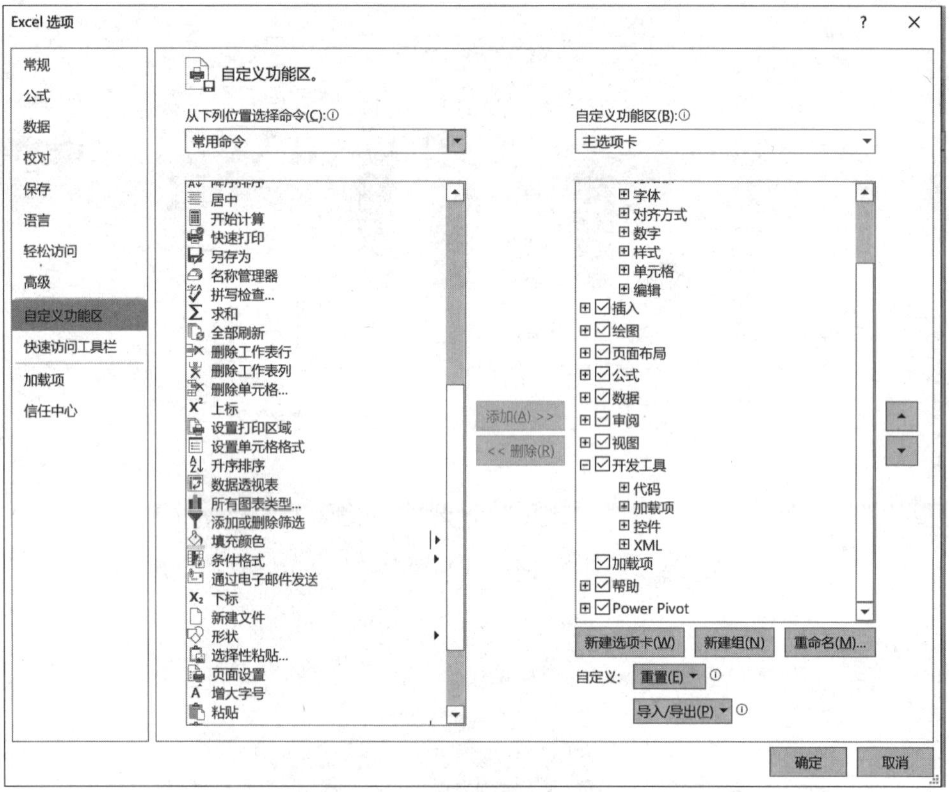

图 10 - 12　调出“开发工具”

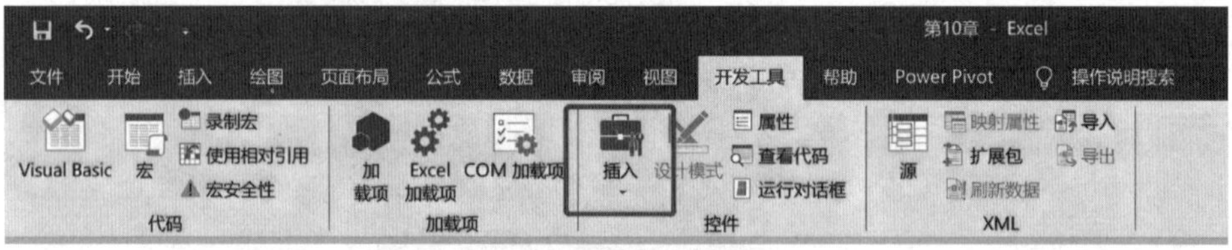

图 10 - 13　插入滚动条

注意：在企业要求的报酬率为 12%时，B、D、E 三个项目可行。由于资金限额为 400 000 元，有单选项目 B、D、E 和同时选项目 B、D 四个方案可以选择。经分析可知，企业可以同时选择 B、D 两个项目，净现值合计为 22 860.91 元，大于 E 方案的净现值 20 104.13 元。

10.4.2　投资项目财务可行性分析

财务可行性分析是指在已完成相关环境与市场分析、技术与生产分析的前提下，围绕已具备技术可行性的建设项目而开展的有关该项目在财务方面是否具有投资可行性的一种专门分析评价。

假设张同学发现东北是一个网络直播平台蓬勃发展的好地方，他决定在东北开

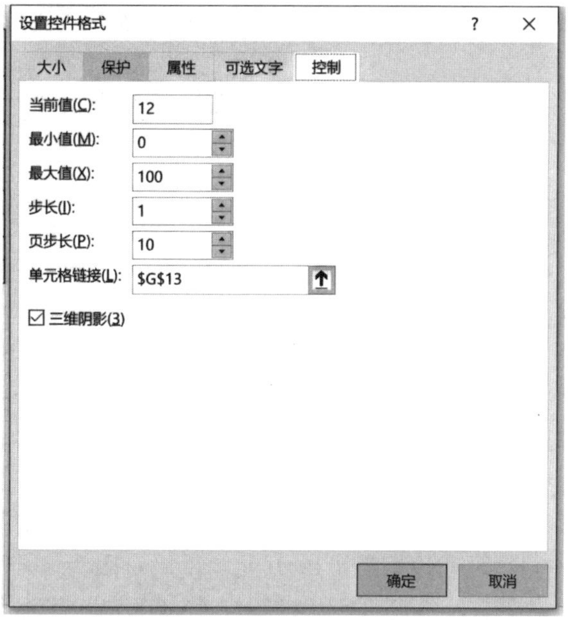

图 10-14　设置控件格式

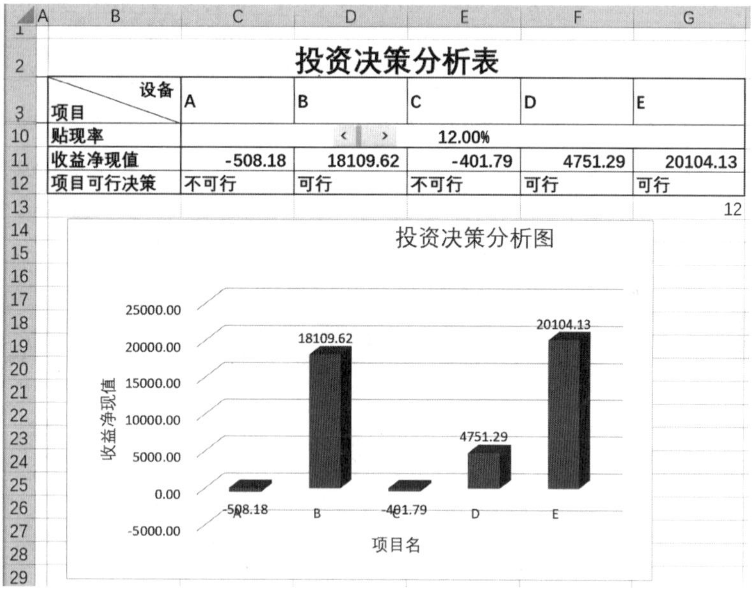

图 10-15　投资决策结果

发一个新项目甲，但不知道是否可以投资，经财务可行性分析，有关资料如下。

（1）该项目需固定资产投资 100 万元，其中第一年年初和第二年年初分别投资 55 万元和 45 万元，第一年年末该项目部分竣工并投入试生产，第二年年末该项目全部竣工并交付使用。

（2）该项目投产时需垫支营运资金 60 万元，用于购买原材料、支付工资以及存货增加占用等。其中，第一年年末垫支 35 万元，第二年年末垫支 25 万元。

（3）该项目经营期预计为 6 年，固定资产按直线法计提折旧。预计残值为 10 万元。

（4）根据市场预测，该项目投产后第一年销售收入为 70 万元，以后 5 年每年销售收入均为 95 万元。投产后第一年付现成本为 35 万元，以后 5 年每年付现成本均为 46 万元。

（5）该项目需征用土地 10 亩，支付 10 年土地使用费共计 60 万元，于项目建设第一年年初支付、投产后开始摊销。

（6）该企业适用的所得税税率为 25%。

步骤 1：根据资料中甲项目实际情况设置“甲项目财务可行性分析”工作表，并进行优化，根据案例填写已知数据。在 C8 单元格中同时按“Alt＋Enter”键显示“＝SUBTOTAL（C5：C7）”，将鼠标放在 C8 单元格右下角，光标变成一个黑色十字，右拉将公式复制到 D8：F8 单元格区域。

步骤 2：计算营业现金流量，根据案例填写已知数据。建设期形成的固定资产原值为 100 万元，预计残值为 10 万元，使用年限为 6 年，若按直线法计提折旧，在 E11 单元格中输入公式“＝SLN（－（＄C＄5＋＄C＄6），100000，6）”；土地使用年限为 10 年，在 E12 单元格输入公式“＝ABS（＄C＄6）/10”。在 E13 单元格中输入公式“＝E9－E10－E11－E12”，在 E14 单元格中输入公式“＝E13＊25%”，在 E15 单元格中输入公式“＝E13－E14”，在 E18 单元格中输入公式“＝E15＋E16＋E17”，将这些公式复制到相应单元格。在 C21 单元格中输入公式“＝C8＋C18＋C19＋C20”，将公式复制到相应单元格。

步骤 3：计算累计现金流量。在 C22 单元格中输入公式“＝C21”；在 D22 单元格中输入公式“＝C22＋D21”，将该公式复制到 E22：J22 单元格区域。

步骤 4：计算评价指标。在 D24 单元格中输入公式“＝COUNTIF（C22：J22,"＜＝0"）”；在 G24 单元格中输入公式“＝D24－1＋ABS（HLOOKUP（D24－1，C4：J22，19））/HLOOKUP（D24，C4：J22，18）”；在 J24 单元格中输入公式“＝AVERAGE（E15：J15）/ABS（SUM（C8：E8））”。在 D25 单元格中输入公式“＝IRR（C21：J21）”；在 G25 单元格中输入公式“＝NPV（C3，D21：J21）＋C21”；在 J25 单元格中输入公式“＝G25/ABS（NPV（C3，D8：E8）＋C8）”；在 D26 单元格中输入公式“＝NPV（C3,，E21：J21）/（PV（C3，1,，D21）－C8）”；在 G26 单元格中输入公式＝IF（D25＞＝C3，IF（G24＜＝MAX（C4：J4）/2,"项目完全具备财务可行性","项目基本具备财务可行性"）,"项目不具备财务可行性"）”，如图 10－16 所示。

最终的财务可行性分析表如图 10－17 所示。

注意：ABS 是求绝对值的公式。

因为该项目各项主要评价指标均达到或超过相应标准，所以基本上具有财务可行性，只是项目的投资回收期较长，有一定的风险。如果条件允许，可实施投资。

在对同一个投资项目进行财务可行性分析时，净现值、获利指数、内含报酬率指标的评价结论是一致的。在项目评价过程中，主要指标处于可行区间即内含报酬率大

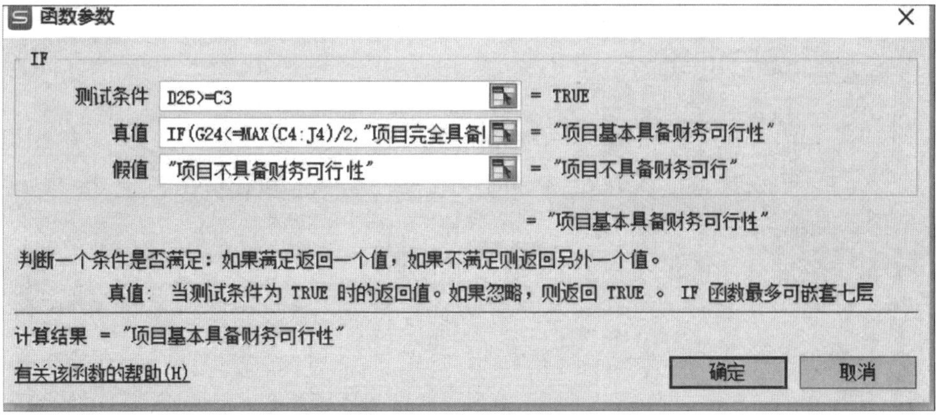

图 10－16　IF 函数的使用

甲项目财务可行性分析								
基准收益率：	8%						单位：	元
年份 / 项目	0	1	2	3	4	5	6	7
固定资产投入	-550,000	-450,000						
土地使用权投入	-600,000							
营运资金投入		-350,000	-250,000					
原始投资额合计	-1,150,000	-800,000	-250,000					
销售收入			700,000	950,000	950,000	950,000	950,000	950,000
减：付现成本			350,000	460,000	460,000	460,000	460,000	460,000
折旧			150,000	150,000	150,000	150,000	150,000	150,000
摊销土地使用费			60,000	60,000	60,000	60,000	60,000	60,000
税前利润			140,000	280,000	280,000	280,000	280,000	280,000
减：所得税			35,000	70,000	70,000	70,000	70,000	70,000
税后净利			105,000	210,000	210,000	210,000	210,000	210,000
加：折旧			150,000	150,000	150,000	150,000	150,000	150,000
摊销土地使用费			60,000	60,000	60,000	60,000	60,000	60,000
营业现金流量			315,000	420,000	420,000	420,000	420,000	420,000
固定资产净残值								100,000
营运资金回收								600,000
现金流量合计	-1,150,000	-800,000	65,000	420,000	420,000	420,000	420,000	1,120,000
累计现金流量	-1150000	-1950000	-1885000	-1465000	-1045000	-625000	-205000	915000
累计现金流量为正的年份		7	项目的投资回收期		6.183035714	项目的会计收益率		8.75%
内含报酬率		8.13%	净现值		11,133.79	净现值率		0.53%
获利指数		1.01	评价结论		项目基本具备财务可行性			

图 10－17　甲项目财务可行性分析

于等于基准收益率、净现值大于等于零、净现值率大于等于零、获利指数大于等于 1，完全可以判定该项目基本具备财务可行性。若要判断项目是否完全具备财务可行性，辅助指标也要处于可行区间即投资回收期、会计收益率等也要符合要求。

资本限额决策

□ 拓展与训练

1. B 传媒公司 A 投资方案的经济寿命为 5 年，每年现金流量数据分别为：$NCF_0=-75\ 000$，$NCF_1=30\ 000$，$NCF_2=25\ 000$，$NCF_3=28\ 000$，$NCF_4=25\ 000$，$NCF_5=20\ 000$。

要求：计算 A 投资方案的投资回收期。

2. 接上题，若 B 传媒公司计划进行投资，预定投资报酬率为 10%，现有甲、乙两个方案可供选择，资料如表 10 - 2 所示。

表 10 - 2　净现金流量表　　单位：元

期间	甲方案净现金流量	乙方案净现金流量
0	−180 000	−200 000
1	20 000	80 000
2	23 000	64 000
3	45 000	55 000
4	60 000	50 000
5	80 000	40 000

要求：

(1) 计算甲、乙两个方案的净现值，并判断应采用哪个方案。

(2) 计算甲、乙两个方案的内含报酬率。

(3) 计算甲、乙两个方案的现值指数。

第 11 章 Chapter 11 Excel 在财务预测与预算中的应用

内容简介

本章主要讲解如何利用 Excel 在企业经营过程中进行财务预测与预算，主要包括对销售、成本费用、利润的预测与预算。

学习目标

熟练使用 Excel 中的趋势图、数组运算和强大的数理统计功能中的回归方程，如规划求解。

引 例

张同学准备对网红基地项目进行投资，他知道财务预测与预算是根据企业财务活动的历史资料并结合现实需求，来测算各项生产经营活动的经济效益，为决策提供可靠的依据。该项目未来能有多少销售额，可以用 Excel 进行预测吗？销售这么多产品，对应的成本是多少？能给企业带来多少收入？企业的财务该如何优化呢？财务预测与预算是财务管理的重要环节之一，在企业日常经营决策和未来发展中处于核心地位，财务预测与预算这么重要，如何借助 Excel 来进行财务预测与预算呢？

11.1 Excel 在销售预测中的应用

销售预测是指根据以往的销售情况以及使用系统内置或用户自定义的销售预测模型，对未来销售情况进行预测。销售预测方法分为定性预测方法和定量预测方法。通过 Excel 进行的销售预测主要是定量预测。以下主要通过趋势分析图法及回归直线法来介绍 Excel 在销售预测中的应用。

11.1.1 趋势分析图法

通过在图表中添加趋势线来预测销售的方法，称为趋势分析图法。

假设 B 传媒公司 2025 年的销售情况如表 11－1 所示，对其进行销售预测模型设计。

表 11－1 B 传媒公司 2025 年的销售情况 单位：元

月份	1	2	3	4	5	6	7	8	9	10	11	12
实际销售额	160 000	190 000	200 000	220 000	210 000	190 000	230 000	240 000	235 000	260 000	265 000	270 000

步骤 1：在 Excel 中建立如图 11－1 所示的表格。

	A	B	C	D	E	F	G	H	I	J	K	L	M
1	B传媒公司												
2	月份	1	2	3	4	5	6	7	8	9	10	11	12
3	实际销售额	160000	190000	200000	220000	210000	190000	230000	240000	235000	260000	265000	270000

图 11－1 B 传媒公司 2025 年的销售情况

步骤 2：选中 A3:M3 单元格区域，在“插入”选项卡下找到“图表”，选择“折线图”，系统自动生成折线图，如图 11－2 所示。

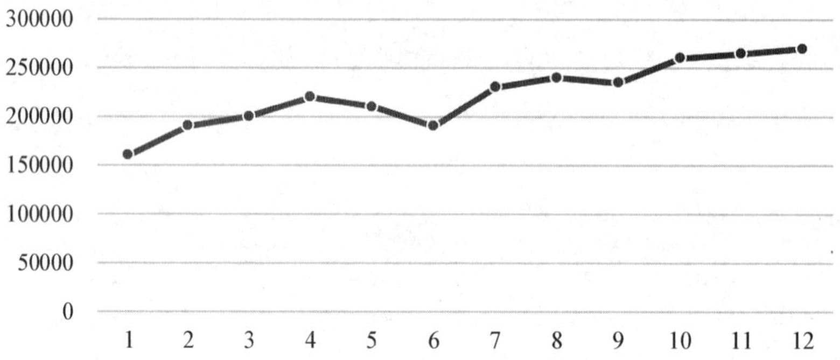

图 11－2 B 传媒公司实际销售额曲线

步骤 3：设置图表格式。在“图表工具”的“设计”选项下，选择“添加图表元素”|“坐标轴标题”命令，将主要横坐标轴标题设为“月份”，主要纵坐标轴标题设为“实际销售额”，图表标题设为“B 传媒公司实际销售额”，在底部添加图例“实际销售额”，如图 11－3 所示。

步骤 4：鼠标右键单击绘制的实际销售额曲线，在弹出的快捷菜单中选择“添加趋势线”命令。在 Excel 右侧的“设置趋势线格式”对话框中，将“趋势线选项”设置为“线性”；“趋势线名称”选中“自定义”，在其文本框内输入趋势线的名称“预测销售额”；在“趋势预测”中设置前推“1.0 周期”，后推“0.5 周期”，它们分别表示前后预测的月份，如图 11－4 所示。输出的预测销售额折线图如图 11－5 所示。

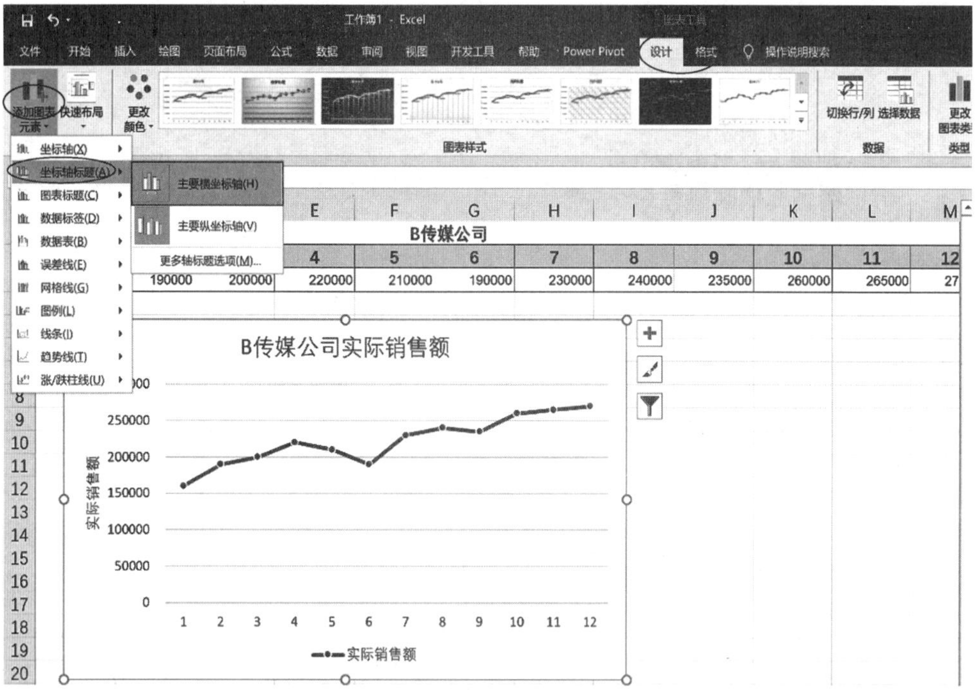

图 11-3 设置图表格式

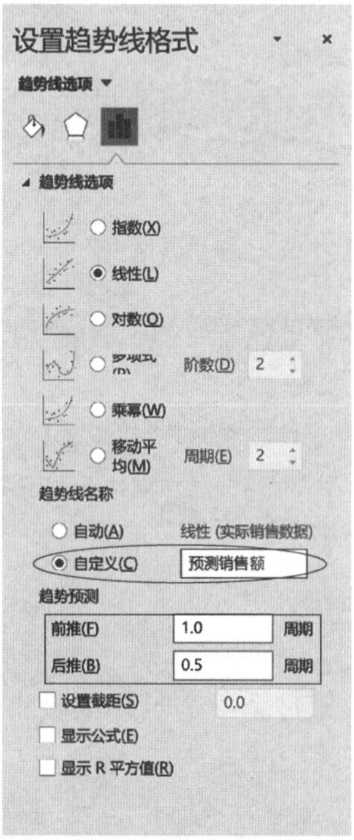

图 11-4 设置趋势线格式

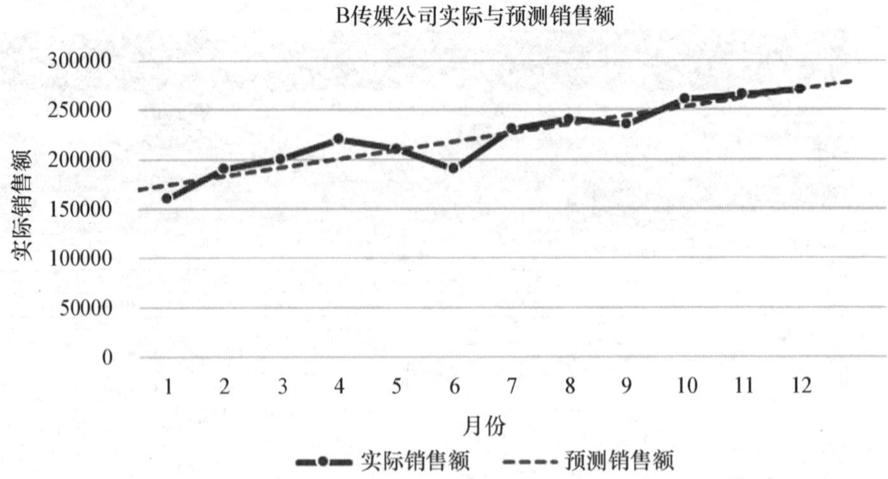

图 11－5　预测销售额折线图

步骤 5：在“添加图表元素”中找到“网格线”，分别单击“主轴主要水平网格线”“主轴主要垂直网格线”“主轴次要水平网格线”“主轴次要垂直网格线”。然后在“设计”选项卡下，选择“添加图表元素”|“数据标签”|“上方”命令。得到的预测销售额折线图如图 11－6 所示，从图中可以读出第 12 个月的预测销售额为 27 万元。

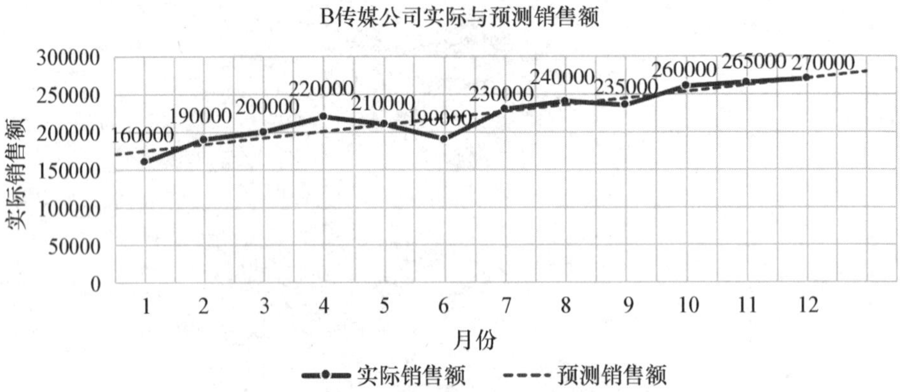

图 11－6　添加网格线的预测销售额折线图

11.1.2　回归直线法

回归直线法就是根据过去一定时期的销售量和资金量，运用反映资金量和销售量之间关系的回归直线方程，来确定资金总额中的变动资金和不变资金的一种定量分析方法。用公式表示为 $y=a+bx$，其中因变量 y 代表预测的资金需要量，a 代表不变资金的部分，b 代表变动资金的部分，自变量 x 则代表销售量。

假设 B 传媒公司 2017—2024 年的销售额与广告费的关系如表 11－2 所示。假定产品销售额只受广告费支出大小的影响，2025 年预计广告费支出为 155 万元。下面利用回归直线法预测 2025 年的销售额。

表 11－2　B 传媒公司销售额与广告费关系表　　单位：万元

年度	销售额	广告费
2017	3 250	100
2018	3 300	105
2019	3 150	90
2020	3 350	125
2021	3 450	135
2022	3 500	140
2023	3 400	140
2024	3 600	150

步骤 1：在 Excel 中建立销售额与广告费的数据表，如图 11－7 所示。

	A	B	C
1	销售额与广告费数据表		
2	年度	销售额	广告费
3	2017	3250	100
4	2018	3300	105
5	2019	3150	90
6	2020	3350	125
7	2021	3450	135
8	2022	3500	140
9	2023	3400	140
10	2024	3600	150
11	回归直线截距a		
12	回归直线斜率b		
13	2025年预计广告费		
14	2025年预计销售额		

图 11－7　销售额与广告费数据表

步骤 2：在“数据”选项卡中单击“数据分析”，弹出“数据分析”对话框，单击选中“回归”选项，然后单击“确定”按钮，弹出“回归”对话框，在该对话框的“Y 值输入区域”和“X 值输入区域”文本框中分别输入“$B$3:$B$10”和“$C$3:$C$10”，然后在“输出选项”选项组内选中“输出区域”并在其文本框中输入“$B$17”，为使计算结果可以显示出线性拟合图，选中“线性拟合图”复选框，如图 11－8 所示。可以根据自己的需要选择是否需要输出残差、正态概率图等。(可能存在“数据”选项卡中没有“数据分析”选项的情况，此时选择“文件”|“选项”|“加载项”|“分析工具”命令再点击“确定”按钮。)

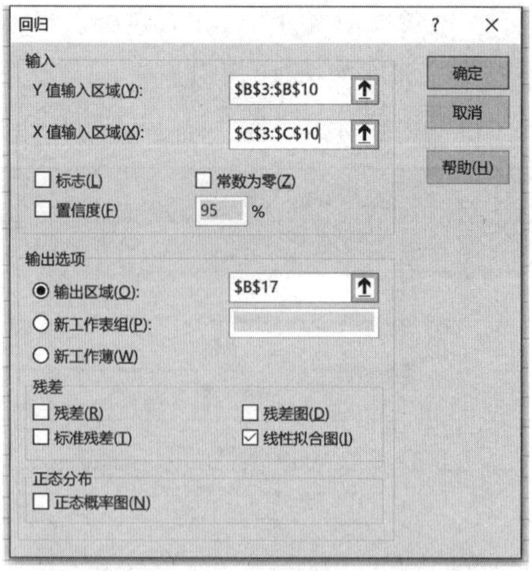

图 11 - 8　设置“回归”对话框选项

步骤 3：设置完成之后，单击“确定”按钮，Excel 将自动显示出计算结果和拟合图，如图 11 - 9 和图 11 - 10 所示。

SUMMARY OUTPUT

回归统计	
Multiple R	0.951859686
R Square	0.906036862
Adjusted R Squar	0.890376339
标准误差	47.65265822
观测值	8

方差分析

	df	SS	MS	F	Significance F
回归分析	1	131375.3	131375.3	57.85483	0.000268939
残差	6	13624.66	2270.776		
总计	7	145000			

	Coefficients	标准误差	t Stat	P-value	Lower 95%	Upper 95%	下限 95.0%	上限 95.0%
Intercept	2609.291628	102.0686	25.5641	2.36E-07	2359.538827	2859.044	2359.539	2859.044
X Variable 1	6.218951242	0.817612	7.606236	0.000269	4.218326325	8.219576	4.218326	8.219576

RESIDUAL OUTPUT

观测值	预测 Y	残差
1	3231.186753	18.81325
2	3262.281509	37.71849
3	3168.99724	-18.9972
4	3386.660534	-36.6605
5	3448.850046	1.149954
6	3479.944802	20.0552
7	3479.944802	-79.9448
8	3542.134315	57.86569

图 11 - 9　输出计算结果

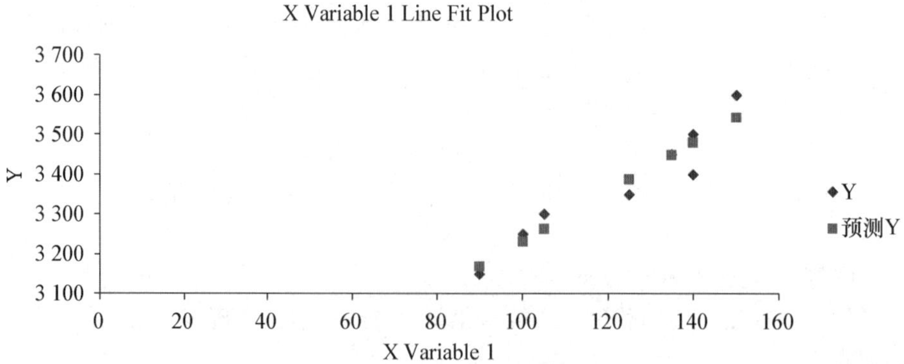

图 11 - 10　输出拟合图

步骤 4：计算 2025 年预计销售额。在“回归直线截距 a”的 C11 单元格中输入公式“=C33”，“回归直线斜率 b”的 C12 单元格中输入公式“=C34”，在“2025 年预计销售额”的 C14 单元格中输入公式“=C11+C12* C13”，结果如图 11-11 所示。

C14 =C11+C12*C13

	A	B	C
1	销售额与广告费数据表		
2	年度	销售额	广告费
3	2017	3250	100
4	2018	3300	105
5	2019	3150	90
6	2020	3350	125
7	2021	3450	135
8	2022	3500	140
9	2023	3400	140
10	2024	3600	150
11	回归直线截距a		2609.291628
12	回归直线斜率b		6.218951242
13	2025年预计广告费		155
14	2025年预计销售额		3573.229071

图 11-11 回归直线法预测销售额计算结果

11.2 Excel 在成本费用预测中的应用

成本费用是企业生产经营过程中资金消耗的反映，可以理解为企业为取得预期收益而发生的各项支出，主要包括制造成本和期间费用等。成本费用是衡量企业内部运营效率的重要指标，在收入一定的情况下，它直接决定了企业的盈利水平。成本费用指标在促进企业提高经营管理水平、降低生产经营中的劳动耗费方面起着十分重要的作用。成本费用预测指企业通过分析前期经营活动的相关数据，采用特定的方法来预测企业在未来一定时期内的成本费用情况。通过预测，可以促进企业做好前期采购和费用计划，从而保证生产经营活动的顺利进行。我们分别采用高低点法、函数法和预测工作表法进行成本费用预测。

11.2.1 高低点法

根据成本习性，固定成本和变动成本只是两种极端的类型，企业大量的费用项目属于混合成本，为了满足经营管理的需要，必须把混合成本分为固定成本与变动成本两个部分，高低点法就是其分解方法之一。高低点法是以过去某一会计期间的总成本费用和业务量资料为依据，从中选取业务量最高点和业务量最低点，将总成本费用进行分解，得出成本性态的模型，进而根据预计的业务量预测未来的成本费用。

假设 B 传媒公司 2024 年的成本费用与产销量数据资料如表 11－3 所示，预计 2025 年 1 月产销量为 125 件。下面利用高低点法预测 2025 年 1 月的成本费用。

表 11－3　2024 年成本费用与产销量数据

月份	产销量（件）	成本费用（元）
1	45	15 846
2	54	16 130
3	52	26 412
4	56	17 321
5	54	16 872
6	53	17 316
7	62	19 543
8	69	23 143
9	98	33 465
10	102	34 519
11	114	35 078
12	119	38 419

步骤 1：设计高低点法成本费用预测模型，如图 11－12 所示。

	A	B	C
1	2024年成本费用与产销量数据资料		
2	月份	产销量（件）	成本费用（元）
3	1	45	15846
4	2	54	16130
5	3	52	26412
6	4	56	17321
7	5	54	16872
8	6	53	17316
9	7	62	19543
10	8	69	23143
11	9	98	33465
12	10	102	34519
13	11	114	35078
14	12	119	38419
15			
16	高低点法成本费用预测模型		
17	高点产销量		
18	低点产销量		
19	高点成本费用		
20	低点成本费用		
21	单位变动成本		
22	固定成本		
23	预计2025年1月产销量		
24	预计2025年1月成本费用		

图 11－12　高低点法成本费用预测模型

步骤 2：设置高低点产销量、成本费用计算公式。在 C17 单元格中输入公式“=MAX(B3:B14)”，在 C18 单元格中输入公式“=MIN(B3:B14)”，在 C19 单元格中输入公式“=VLOOKUP(C17,$B$3:$C$14,2,FALSE)”，在 C20 单元格中输入公式“=VLOOKUP(C18,$B$3:$C$14,2,FALSE)”。需要注意的是，产销量最高点对应的成本费用不一定是最大的，最低点同理。

步骤 3：计算单位变动成本、固定成本。在 C21 单元格中输入公式“=(C19−C20)/(C17−C18)”，在 C22 单元格中输入公式“=C19−C21*C17”。

步骤 4：设置预测成本费用计算公式。在 C24 单元格中输入公式“=C22+C21*C23”。设置完成的成本费用预测模型及其计算结果如图 11-13 所示。

	A	B	C
1	2024年成本费用与产销量数据资料		
2	月份	产销量（件）	成本费用（元）
3	1	45	15846
4	2	54	16130
5	3	52	26412
6	4	56	17321
7	5	54	16872
8	6	53	17316
9	7	62	19543
10	8	69	13143
11	9	98	33456
12	10	102	34519
13	11	114	35078
14	12	119	38419
15			
16	高低点法成本费用预测模型		
17	高点产销量		119
18	低点产销量		45
19	高点成本费用		38419
20	低点成本费用		15846
21	单位变动成本		305.04
22	固定成本		2119.18
23	预计2025年1月产销量		125
24	预计2025年1月成本费用		40249.24

图 11-13　高低点法成本费用预测计算结果

11.2.2　函数法

运用 Excel 提供的函数也可以进行成本费用的预测，比如 GROWTH、FORECAST、LINEST、TREND、SLOPE 和 INTERCEPT 函数，在此只介绍

GROWTH 和 TREND 函数，其他函数的用法请参阅有关函数的帮助。

GROWTH 函数的主要功能是根据现有的 x 值和 y 值，返回一组新的 x 值对应的 y 值（指数曲线）。它的公式为“=GROWTH(known_y's, known_x's, new_x's, const)”。参数 known_y's 为满足指数回归拟合曲线 $y=b*m^{\wedge}x$ 的一组已知的 y 值。参数 known_x's 为满足指数回归拟合曲线 $y=b*m^{\wedge}x$ 的一组已知的 x 值，为可选参数，如果省略 known_x's，则假设该数组为 {1，2，3，…}，其大小与 known_y's 相同。参数 new_x's 为需要通过 GROWTH 函数返回的对应 y 值的一组新 x 值，如果省略 new_x's，则假设它和 known_x's 相同。参数 const 为逻辑值，用于指定是否将常数 b 强制设为 1，如果 const 为 TRUE，b 将正常计算；如果 const 为 FALSE 或忽略，b 将设为 1，关系表达式调整为 $y=m^{\wedge}x$。

TREND 函数的主要功能是找到适合已知数组 known_y's 和 known_x's 的最小二乘法直线，并返回指定数组 new_x's 在直线上对应的 y 值。它的公式为“=TREND(known_y's, known_x's, new_x's, const)”。参数 known_y's 是关系表达式 $y=mx+b$ 中已知的 y 值集合。known_x's 是关系表达式 $y=mx+b$ 中已知的 x 值集合，可以包含一组或多组变量。参数 new_x's 为需要 TREND 函数返回对应 y 值的新 x 值。参数 const 为逻辑值，用于指定是否将常量 b 强制设为 0，如果 const 为 TRUE 或省略，b 将正常计算；如果 const 为 FALSE，b 将设为 0，m 将被调整以使 $y=mx$。

假设 B 传媒公司 2024 年成本费用与产销量数据资料见表 11－3，预计 2025 年 1 月产销量为 124 件，要求利用函数法预测 1 月的成本费用。假设预测 2025 年 2—8 月的产销量分别为 118 件、120 件、122 件、124 件、126 件、128 件、130 件，利用函数法预测多期的成本费用。

步骤 1：建立函数法预测成本费用模型，如图 11－14 所示。

2024年成本费用与产销量数据资料

月份	产销量（件）	成本费用（元）
1	45	15846
2	54	16130
3	52	26412
4	56	17321
5	54	16872
6	53	17316
7	62	19543
8	69	13143
9	98	33456
10	102	34519
11	114	35078
12	119	38419

1. 预测下期成本费用

产销量	成本费用	成本费用
124		
	GROWTH函数	TREND函数

2. 预测多期成本费用

产销量	成本费用	成本费用
118		
120		
122		
124		
126		
128		
130		

图 11－14　函数法预测成本费用模型

步骤 2：使用 GROWTH 函数进行成本费用预测。预测下期成本费用，在 F4 单元格中输入公式“=GROWTH(C3:C14, B3:B14, E4)”；预测多期成本费用，选中 F8:F14 单元格区域，在编辑栏中输入公式“=GROWTH(C3:C14, B3:B14, E8:

E14)”，同时按“Ctrl＋Shift＋Enter”（表示数组运算）组合键。输入完成的成本费用预测模型及其计算结果如图 11－15 所示。

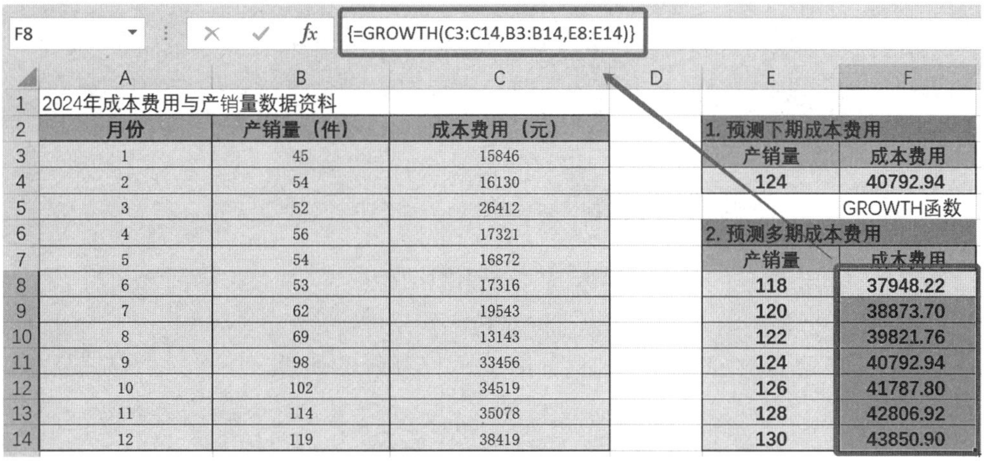

F8 {=GROWTH(C3:C14,B3:B14,E8:E14)}

	A	B	C	D	E	F
1	2024年成本费用与产销量数据资料					
2	月份	产销量（件）	成本费用（元）		1. 预测下期成本费用	
3	1	45	15846		产销量	成本费用
4	2	54	16130		124	40792.94
5	3	52	26412			GROWTH函数
6	4	56	17321		2. 预测多期成本费用	
7	5	54	16872		产销量	成本费用
8	6	53	17316		118	37948.22
9	7	62	19543		120	38873.70
10	8	69	13143		122	39821.76
11	9	98	33456		124	40792.94
12	10	102	34519		126	41787.80
13	11	114	35078		128	42806.92
14	12	119	38419		130	43850.90

图 11－15 GROWTH 函数法预测成本费用计算结果

步骤 3：使用 TREND 函数进行成本费用预测。预测下期成本费用，在 G4 单元格中输入公式“＝TREND(C3:C14,B3:B14,E4)”；预测多期成本费用，选中 G8:G14 单元格区域，在编辑栏中输入公式“＝TREND(C3:C14,B3:B14,E8:E14)”，同时按“Ctrl＋Shift＋Enter”组合键。输入完成的成本费用预测模型及其计算结果如图 11－16 所示。

G8 {=TREND(C3:C14,B3:B14,E8:E14)}

	A	B	C	D	E	F	G
1	2024年成本费用与产销量数据资料						
2	月份	产销量（件）	成本费用（元）		1. 预测下期成本费用		
3	1	45	15846		产销量	成本费用	成本费用
4	2	54	16130		124	40792.94	39245.02
5	3	52	26412			GROWTH函数	TREND函数
6	4	56	17321		2. 预测多期成本费用		
7	5	54	16872		产销量	成本费用	成本费用
8	6	53	17316		118	37948.22	37406.80
9	7	62	19543		120	38873.70	38019.54
10	8	69	13143		122	39821.76	38632.28
11	9	98	33456		124	40792.94	39245.02
12	10	102	34519		126	41787.80	39857.75
13	11	114	35078		128	42806.92	40470.49
14	12	119	38419		130	43850.90	41083.23

图 11－16 TREND 函数法预测成本费用计算结果

注意：在用 GROWTH 函数和 TREND 函数预测多期成本费用时，为什么要按“Ctrl＋Shift＋Enter”组合键来输入公式？在此，需熟悉一个概念——数组公式。数组公式是指可以在数组的一项或多项上执行多个计算的公式，数组公式可以返回多个结果，也可返回一个结果。位于多个单元格中的数组公式称为多单元格公式，位于单个单元格中的数组公式称为单个单元格公式。使用数组公式时必须按“Ctrl＋Shift＋Enter”组合键，Excel 将在公式两边自动加上大括号“{}”。不要自己输入大括号，否则，Excel 会认为输入的是一个文本标签。编辑数组公式时，先选取数组区域并激活编辑栏，公式两边的大括号将消失，然后编辑公式，最后按“Ctrl＋Shift＋Enter”组合键。删除数组公式时，先选取数组公式所在的全部区域，再按 Delete 键即可。

11.2.3 预测工作表法

运用 Excel 2021 中“数据”功能区中“预测”选项卡中的“预测工作表”功能做出一个预测图表，同样也可以对成本费用进行预测。

步骤 1：在 Excel 中建立如图 11－17 所示的表格。

	A	B	C
1	2024年成本费用与产销量数据资料		
2	月份	产销量（件）	成本费用（元）
3	1	45	15846
4	2	54	16130
5	3	52	26412
6	4	56	17321
7	5	54	16872
8	6	53	17316
9	7	62	19543
10	8	69	13143
11	9	98	33456
12	10	102	34519
13	11	114	35078
14	12	119	38419

图 11－17 预测工作表法预测产销量和成本费用

步骤 2：使用“数据”选项卡中的“预测工作表”，选中 A2:B14 单元格，单击“数据”选项卡中的“预测工作表”命令。需要预测 2025 年 1 月和 2 月的产销量，所以“预测结束”选择“14”期，根据实际情况在“选项”中对其进行设置，点击“创建”，如图 11－18 所示。

步骤 3：创建产销量预测工作表的结果，在置信区间为 95%时，2025 年 1 月和 2 月最低的产销量为 108 件、99 件，平均值为 126 件、131 件，最高为 143 件、163 件，如图 11－19 所示。产销量预测折线图可以根据需求更改为条形图，并添加图表标题和数据标签。

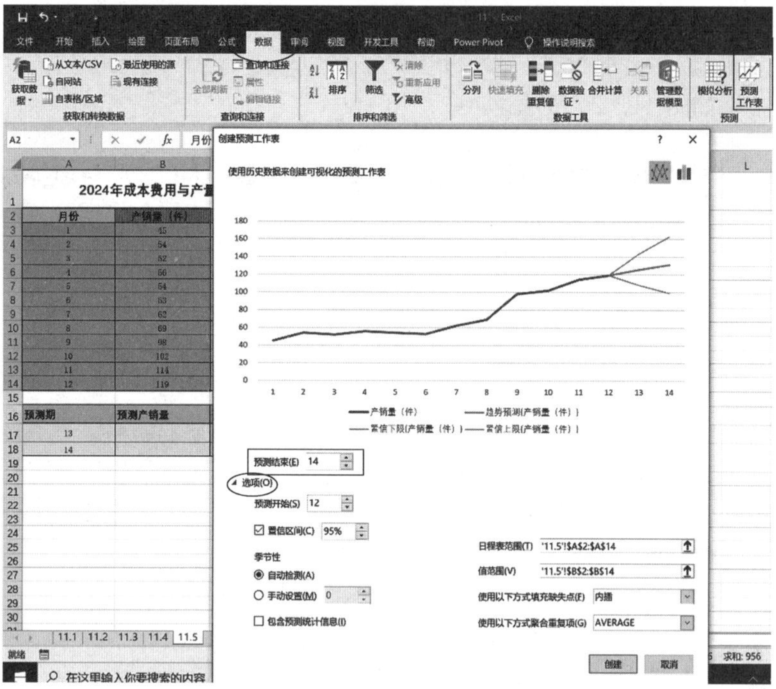

图 11－18　预测工作表法预测产销量

月份	产销量（件）	趋势预测(产销量（件）)	置信下限(产销量（件）)	置信上限(产销量（件）)
1	45			
2	54			
3	52			
4	56			
5	54			
6	53			
7	62			
8	69			
9	98			
10	102			
11	114			
12	119	119	119	119
13		126	108	143
14		131	99	163

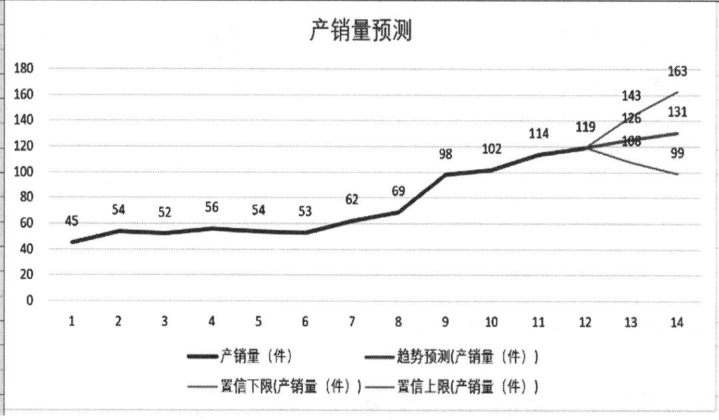

图 11－19　预测产销量结果

步骤 4：使用“数据”选项卡中的“预测工作表”，选中 A2:A14 单元格区域，按 Ctrl 键，再同时选中 C2:C14 单元格区域，重复预测产销量的步骤，成本费用预测结果如图 11－20 所示。

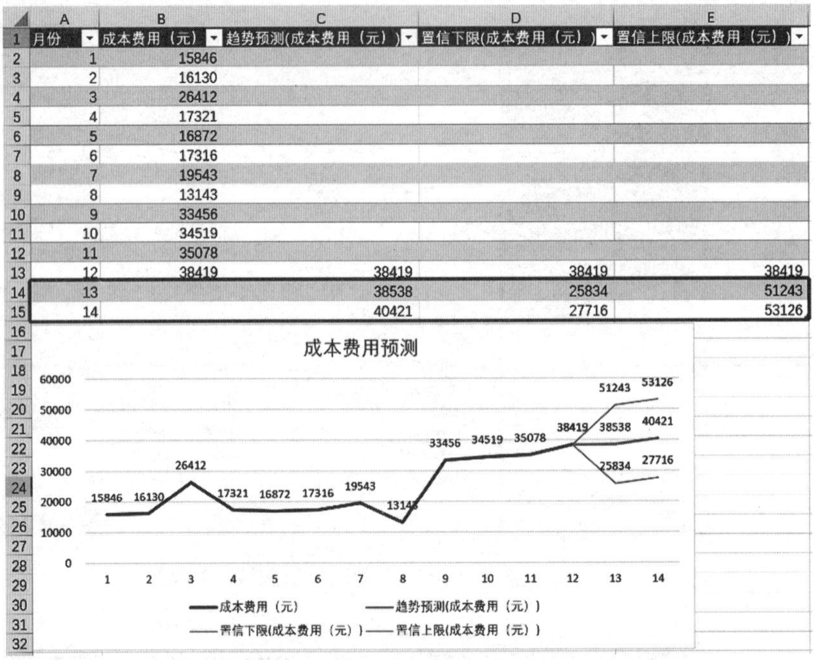

月份	成本费用（元）	趋势预测(成本费用（元）)	置信下限(成本费用（元）)	置信上限(成本费用（元）)
1	15846			
2	16130			
3	26412			
4	17321			
5	16872			
6	17316			
7	19543			
8	13143			
9	33456			
10	34519			
11	35078			
12	38419	38419	38419	38419
13		38538	25834	51243
14		40421	27716	53126

图 11－20　预测成本费用结果

11.3　Excel 在利润预测中的应用

在计算机环境中，通过 Excel 强大的数据处理及数据动态链接功能，建立具有实时和自动计算能力的利润分析模型，只需用鼠标单击微调按钮来调整各个因素的值，就可以非常灵活、方便、高效地进行多因素组合，从而分析企业利润。

目前多数企业都使用损益法来计算销售利润，即首先确定一定期间的销售收入，然后计算与这些收入相匹配的成本，两者之差为利润。假设产量和销售量相同，则有

利润＝销售收入－变动成本－固定成本

＝单价×销售量－单位变动成本×销售量－固定成本

11.3.1　目标利润分析模型

在短期规划中，通常把单价、单位变动成本和固定成本视为常量，只有销售量和利润两个变量。给定销售量时，可利用方程式直接计算出预期利润；给定目标利

润时，可直接计算出应达到的销量。Excel 提供的单变量求解工具可以很方便地完成这类问题的求解，单变量求解是一种典型的逆运算，可用作假设分析的工具。用户可以在工作表中建立所需的数据模型，通过变动某关键变量立刻得到相应的结果，根据利润与收入、成本、费用之间的因果关系，在 Excel 中建立分析模型。通过选择“数据”选项卡下的“模拟分析”，找到“单变量求解”命令，即可使用单变量求解功能。

假设 B 传媒公司为拓展业务，准备推出一种帮助企业推广的服务产品，单位售价为 200 元，单位变动成本为 50 元，固定成本为 20 000 元，该公司 2025 年的目标利润预计为 4 480 000 元。下面利用单变量求解工具分析：要想实现该目标，销售量至少为多少。

步骤 1：在工作表中建立目标利润分析模型，在 B7 单元格中输入公式“=B3*(B4—B5)—B6”，如图 11-21 所示。

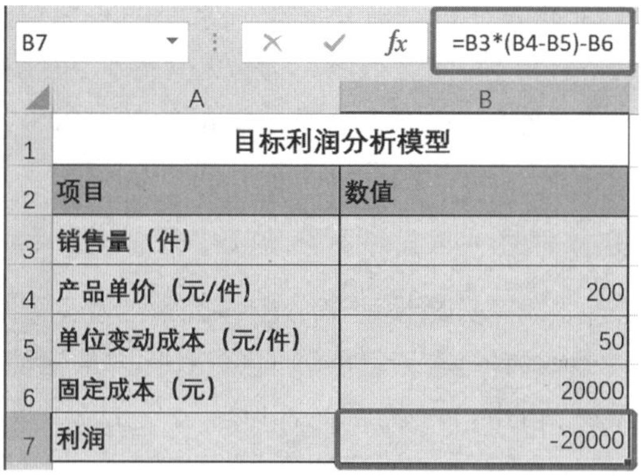

图 11-21　目标利润分析模型

步骤 2：通过选择“数据”选项卡下的“模拟分析”，找到“单变量求解”命令，在弹出的“单变量求解”对话框的目标单元格中输入“$B$7”，目标值输入“4480000”，可变单元格输入“$B$3”，如图 11-22 所示，单击“确定”，待求解完成后，再次单击“确定”。目标利润预计为 4 480 000 元时，要想实现该目标，销售量至少为 30 000 件，如图 11-23 所示。

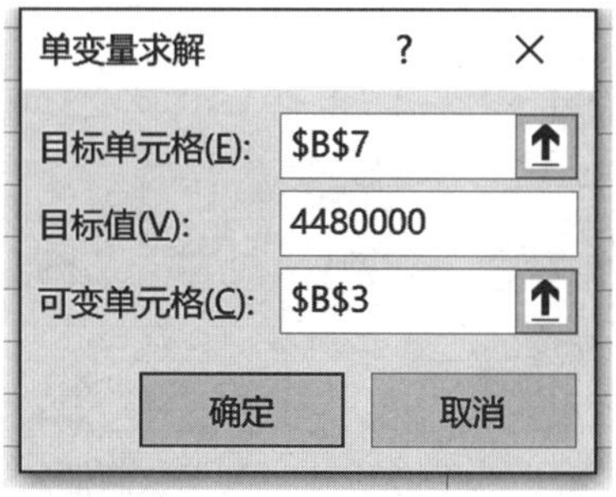

图 11-22　“单变量求解”对话框

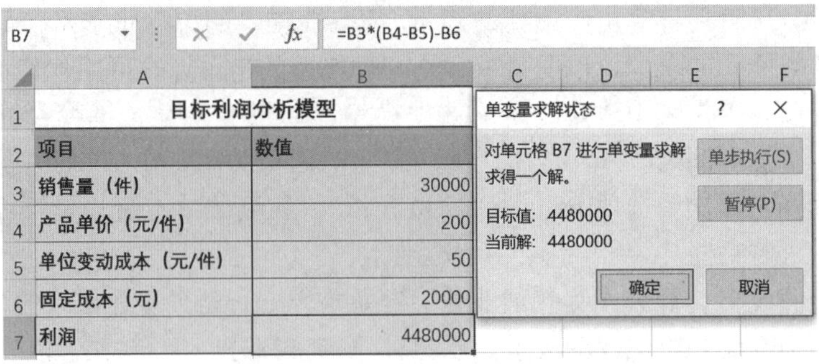

	A	B
1	目标利润分析模型	
2	项目	数值
3	销售量（件）	30000
4	产品单价（元/件）	200
5	单位变动成本（元/件）	50
6	固定成本（元）	20000
7	利润	4480000

图 11－23　单变量求解完成

11.3.2　利润敏感性分析模型

利润敏感性分析是研究与分析各个因素变动对利润的影响程度。利润对某些因素的变化十分敏感，我们称这类因素为敏感因素；与此相反，利润对某些因素的变化反应较为迟钝，这类因素称为不敏感因素。反映敏感程度的指标是敏感系数，其计算公式为：

敏感系数＝目标值变动百分比÷参数值变动百分比

Excel 可以建立动态分析模型来分析各因素变动对利润的影响情况，在模型中可以通过拖动滚动条或数值调节按钮来随意查看各因素变动时的成本、收入和利润值。

假设 B 传媒公司生产一种产品，单位售价为 200 元，该年的销售量为 30 000 件，单位变动成本为 50 元，固定成本为 20 000 元。假设这几种影响利润的因素的变化范围为－50％～50％。下面在 Excel 中进行利润敏感性分析。

步骤 1：在工作表中设置如图 11－24 所示的利润敏感性分析模型，同时按“Ctrl＋1”键，设置 D4:D7、C12:C15、E12 单元格格式为百分比。

	A	B	C	D	E
1	利润敏感性分析模型				
2	影响利润因素变动分析				
3	影响利润因素	当前数值	数值调节滚动条	变动百分比	变动后数值
4	销售量（件）				
5	产品单价（元/件）				
6	单位变动成本（元/件）				
7	固定成本（元）				
8	当前利润				
9	各因素变动对利润因素的影响				
10	影响利润因素	单因素变动对利润的影响		多因素变动对利润的综合影响	
11		变动后利润	利润变动幅度	变动后利润	利润变动幅度
12	销售量（件）				
13	产品单价（元/件）				
14	单位变动成本（元/件）				
15	固定成本（元）				

图 11－24　利润敏感性分析模型

步骤 2：点击“开发工具”功能区中的“控件”选项卡，再点击“插入”|“滚动条（窗体控件）”，然后单击“确定”按钮，如图 11－25 所示。

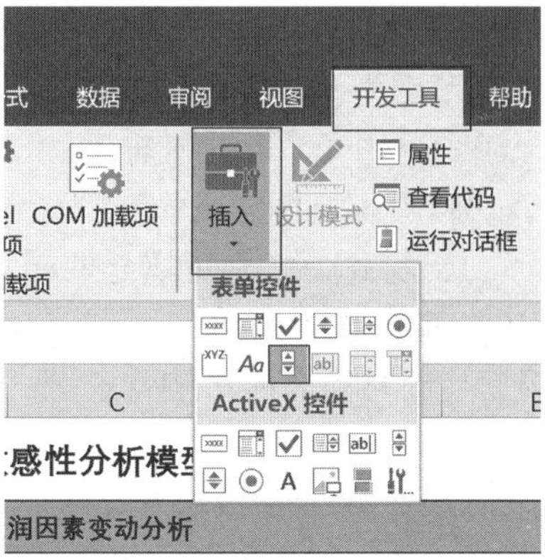

图 11-25　设置"滚动条（窗体控件）"

步骤 3：插入并设置滚动条格式。在快速访问工具栏中单击"滚动条（窗体控件）"按钮，将滚动条设置在 C4 单元格中，调节滚动条的大小，使其充满该单元格。在滚动条上单击鼠标右键，在弹出的菜单中选择"设置控件格式"。在"设置控件格式"对话框中的"当前值"文本框中，输入与滚动框在滚动条中的位置相对应的初始值。此值不得小于"最小值"（否则将使用"最小值"），不得大于"最大值"（否则将使用"最大值"）。在"最小值"文本框中，输入用户在将滚动框置于距垂直滚动条底端或水平滚动条左端最近的位置时可以指定的最小值。在"最大值"文本框中，输入用户在将滚动框置于距垂直滚动条顶端或水平滚动条右端最远的位置时可以指定的最大值。在"步长"文本框中，输入值增加或减小的幅度，以及单击滚动条任意一端的箭头时使滚动框产生的移动程度。在"页步长"文本框中，输入值增加或减小的幅度，以及在单击滚动框与任一滚动箭头之间的区域时使滚动框产生的移动程度。"单元格链接"表示该滚动条所调控的单元格，在其中输入包含滚动框当前位置的单元格引用。

在本例中，我们将"当前值"设置为"0"，"最小值"设置为"0"，"最大值"设置为"10000"，"步长"设置为"1"，"页步长"设置为"100"，"单元格链接"设置为 $C$4，如图 11-26 所示。同理，在 C5、C6、C7 单元格中设置相同的滚动条。

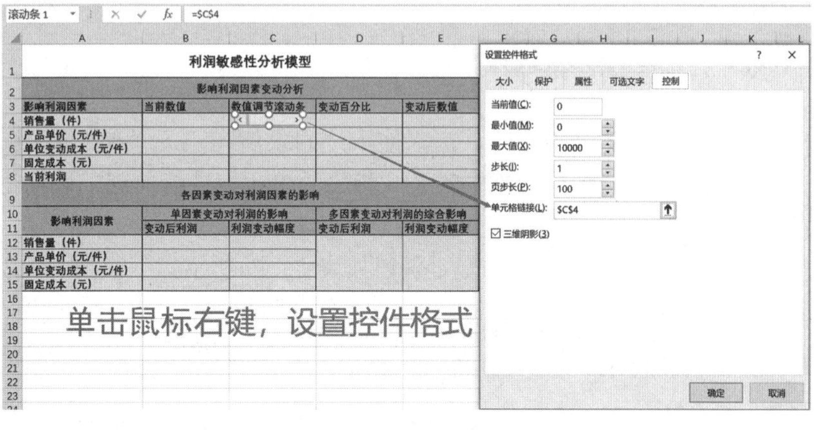

图 11-26　"设置控件格式"对话框

步骤 4：设置变动百分比单元格的公式，计算变动后数值和当前利润值。由于影响利润的因素的变化范围为－50%～50%，结合滚动条的设置，在 D4 单元格中输入公式“＝(C4－5000)/10000”，此时拖动滚动条，D4 单元格的变化范围为－50%～50%，将此公式利用填充柄向下填充至 D7 单元格。在 E4 单元格中输入公式“＝B4*(1＋D4)”，再将此公式利用填充柄向下填充至 E7 单元格。在 B8 单元格中输入公式“＝B4*(B5－B6)－B7”。

步骤 5：设置因素变动对利润的影响计算公式。在考虑某个因素变动时，其他因素都假定不变。在 B12 单元格中输入公式“＝E4*($B$5－$B$6)－$B$7”，依此类推，计算出 B13:B15 单元格区域变动后的利润值。在 C12 单元格中输入公式“＝(B12－$B$8)/$B$8”，将该公式利用填充柄向下填充至 C15 单元格。在 D12 单元格中输入公式“＝E4*(E5－E6)－E7”。在 E12 单元格中输入公式“＝(D12－B8)/B8”。

最终结果如图 11－27 所示。

	A	B	C	D	E
1	利润敏感性分析模型				
2	影响利润因素变动分析				
3	影响利润因素	当前数值	数值调节滚动条	变动百分比	变动后数值
4	销售量（件）	30000		-38.82%	18354
5	产品单价（元/件）	200		-50.00%	100
6	单位变动成本（元/件）	50		28.56%	64.28
7	固定成本（元）	20000		-50.00%	10000
8	当前利润	4480000		-50.00%	2240000
9	各因素变动对利润因素的影响				
10	影响利润因素	单因素变动对利润的影响		多因素变动对利润的综合影响	
11		变动后利润	利润变动幅度	变动后利润	利润变动幅度
12	销售量（件）	2733100	-38.99%	645604.88	-85.59%
13	产品单价（元/件）	-5000	-100.11%		
14	单位变动成本（元/件）	-10358	-100.23%		
15	固定成本（元）	1480000	-66.96%		

图 11－27　完成的利润敏感性分析模型

11.3.3 利润最大化规划求解

要实现资源的合理配置，正确使用规划求解工具是关键。通过分析生产条件，对直接或间接与目标单元格中的公式相关的单元格进行处理，可以得到实现最大利润的生产方案。

假设 A 集团生产产品的基本资料如表 11－4 所示。下面利用规划求解工具，建立利润最大化模型并进行分析。

表 11－4　产品基本资料

产品	A	B	C
单价（元/件）	14	20	45
单位变动成本（元/件）	10	16	30
最大生产能力（件）	40 000	35 000	35 000
甲车间的单位产品工时（小时）	5	4	4
乙车间的单位产品工时（小时）	3	4	5
丙车间的单位产品工时（小时）	4	3	4
甲车间最大工量限量（小时）	400 000		
乙车间最大工量限量（小时）	350 000		
丙车间最大工量限量（小时）	300 000		
产品总固定成本	300 000		

步骤 1：根据产品基本资料列出规划求解方程。

目标函数：MAX{π}＝(14－10)×Q1＋(20－16)×Q2＋(45－30)×Q3－300 000。

约束条件：5Q1＋4Q2＋4Q3＜＝400 000；3Q1＋4Q2＋5Q3＜＝350 000；4Q1＋3Q2＋4Q3＜＝300 000；0≤Q1≤40 000；0≤Q2≤35 000；0≤Q3≤35 000。

其中，Q1、Q2、Q3 分别为产品 A、B、C 的产量，且为整数。

步骤 2：根据案例资料及方程，建立利润最大化模型，如图 11－28 所示。

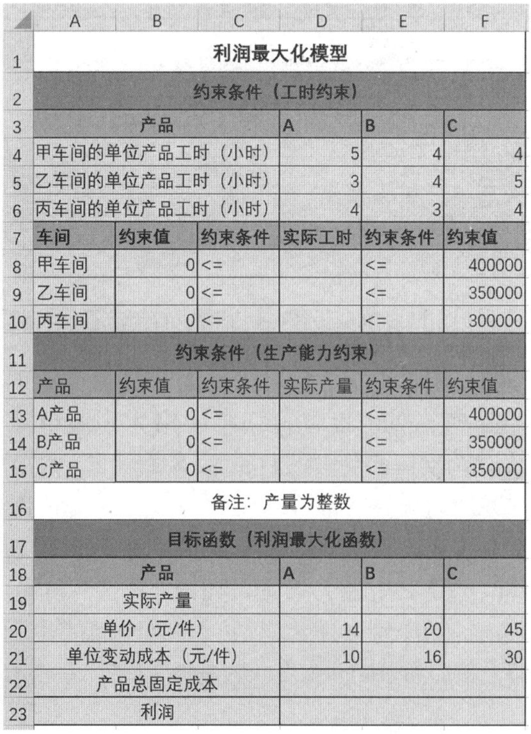

	A	B	C	D	E	F
1	利润最大化模型					
2	约束条件（工时约束）					
3	产品			A	B	C
4	甲车间的单位产品工时（小时）			5	4	4
5	乙车间的单位产品工时（小时）			3	4	5
6	丙车间的单位产品工时（小时）			4	3	4
7	车间	约束值	约束条件	实际工时	约束条件	约束值
8	甲车间	0	<=		<=	400000
9	乙车间	0	<=		<=	350000
10	丙车间	0	<=		<=	300000
11	约束条件（生产能力约束）					
12	产品	约束值	约束条件	实际产量	约束条件	约束值
13	A产品	0	<=		<=	400000
14	B产品	0	<=		<=	350000
15	C产品	0	<=		<=	350000
16	备注：产量为整数					
17	目标函数（利润最大化函数）					
18	产品			A	B	C
19	实际产量					
20	单价（元/件）			14	20	45
21	单位变动成本（元/件）			10	16	30
22	产品总固定成本					
23	利润					

图 11－28　利润最大化模型

步骤3：设置实际工时、实际产量、利润计算公式，设置后如图11－29所示。在D8单元格中输入公式“＝SUMPRODUCT（$D$19：$F$19,D4：F4）”，利用填充柄将该公式向下填充至D10单元格。在D13、D14、D15单元格中分别输入公式“＝D19”“＝E19”“＝F19”，其中D19、E19、F19单元格为可变单元格。在D23单元格中输入公式“＝SUMPRODUCT(D19:F19,D20:F20－D21:F21)－D22”。

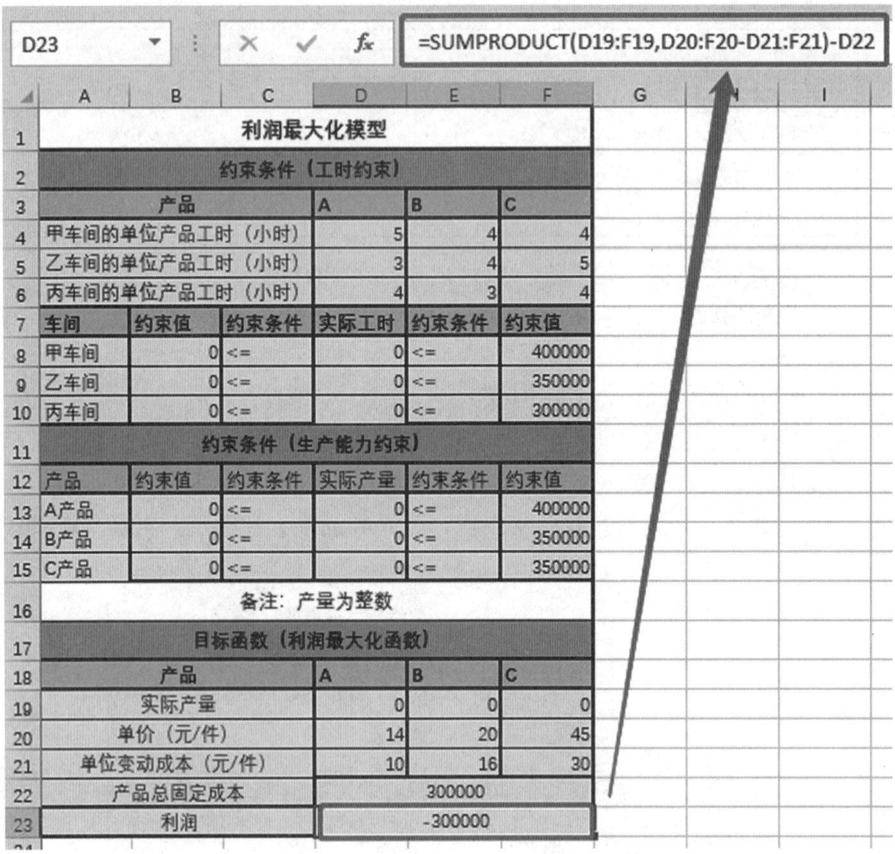
D23 =SUMPRODUCT(D19:F19,D20:F20-D21:F21)-D22

	A	B	C	D	E	F
1	利润最大化模型					
2	约束条件（工时约束）					
3	产品			A	B	C
4	甲车间的单位产品工时（小时）			5	4	4
5	乙车间的单位产品工时（小时）			3	4	5
6	丙车间的单位产品工时（小时）			4	3	4
7	车间	约束值	约束条件	实际工时	约束条件	约束值
8	甲车间	0	<=	0	<=	400000
9	乙车间	0	<=	0	<=	350000
10	丙车间	0	<=	0	<=	300000
11	约束条件（生产能力约束）					
12	产品	约束值	约束条件	实际产量	约束条件	约束值
13	A产品	0	<=	0	<=	400000
14	B产品	0	<=	0	<=	350000
15	C产品	0	<=	0	<=	350000
16	备注：产量为整数					
17	目标函数（利润最大化函数）					
18	产品			A	B	C
19	实际产量			0	0	0
20	单价（元/件）			14	20	45
21	单位变动成本（元/件）			10	16	30
22	产品总固定成本			300000		
23	利润			-300000		

图11－29 设置实际工时、实际产量、利润计算公式

步骤4：进行规划求解。找到“数据”选项卡下的“规划求解”命令，弹出“规划求解参数”对话框。设置目标单元格为利润单元格“$D$23”，求“最大值”；可变单元格为实际产量“$D$19：$F$19”单元格区域，如图11－30所示。设置完成之后添加约束条件，单击“添加”，打开“添加约束”对话框即可添加条件，根据模型约束条件进行添加。工时约束的设置如下：每个车间工时都不能小于零，同时也不能大于最大限量，如图11－31和图11－32所示。生产能力约束的设置如下：实际产量必须为整数，每种产品的实际产量都不能小于零，同时也不能大于最大值，如图11－33、图11－34和图11－35所示。

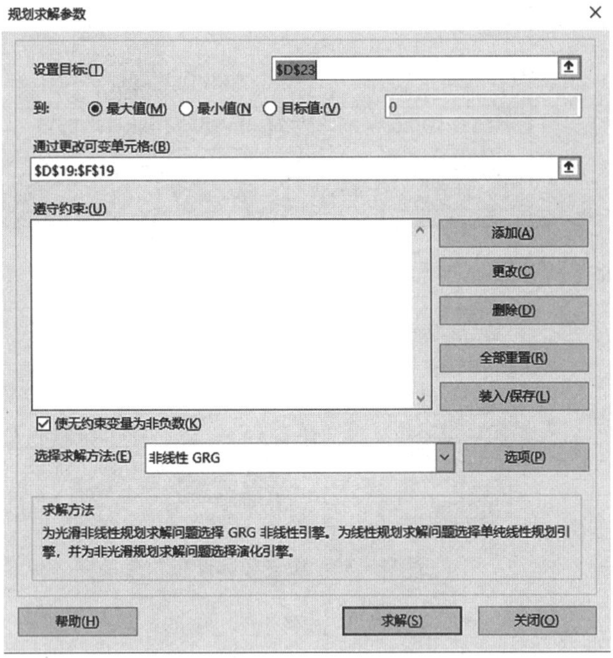

图 11 - 30　规划求解模型

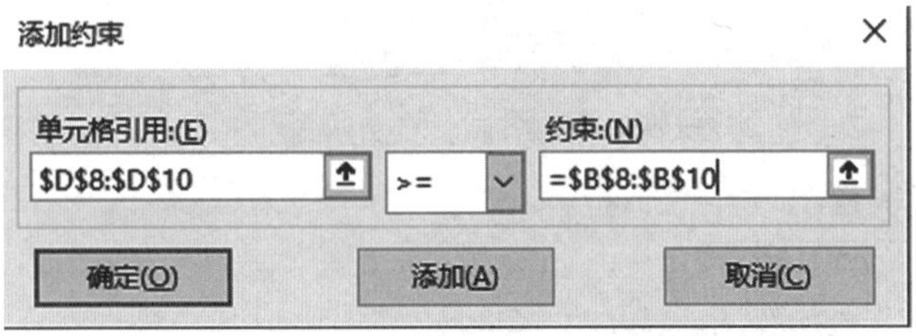

图 11 - 31　设置工时约束条件（1）

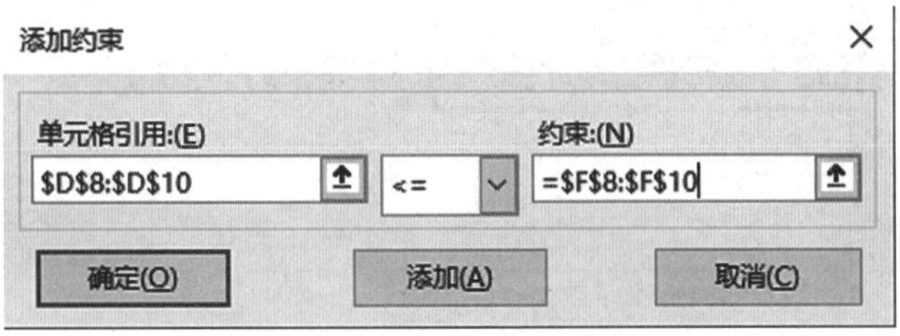

图 11 - 32　设置工时约束条件（2）

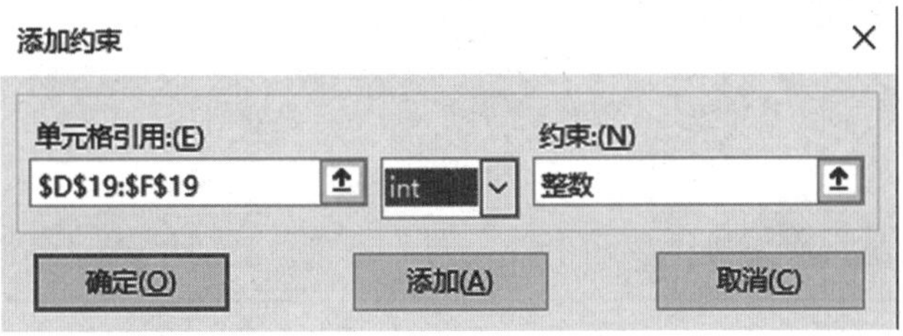

图 11 - 33　设置实际产量约束条件（1）

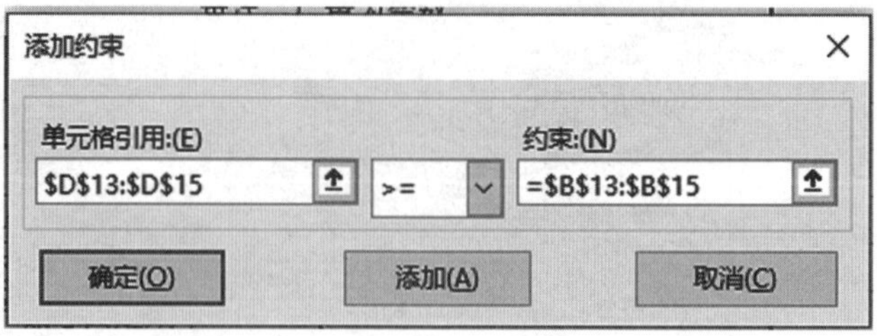

图 11－34　设置实际产量约束条件（2）

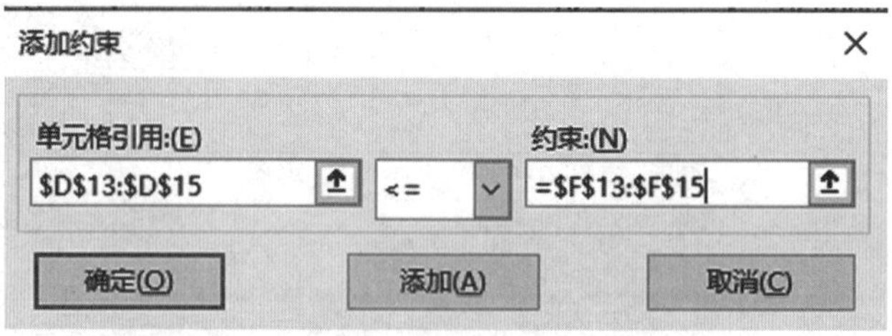

图 11－35　设置实际产量约束条件（3）

规划求解参数最终设置效果如图 11－36 所示。

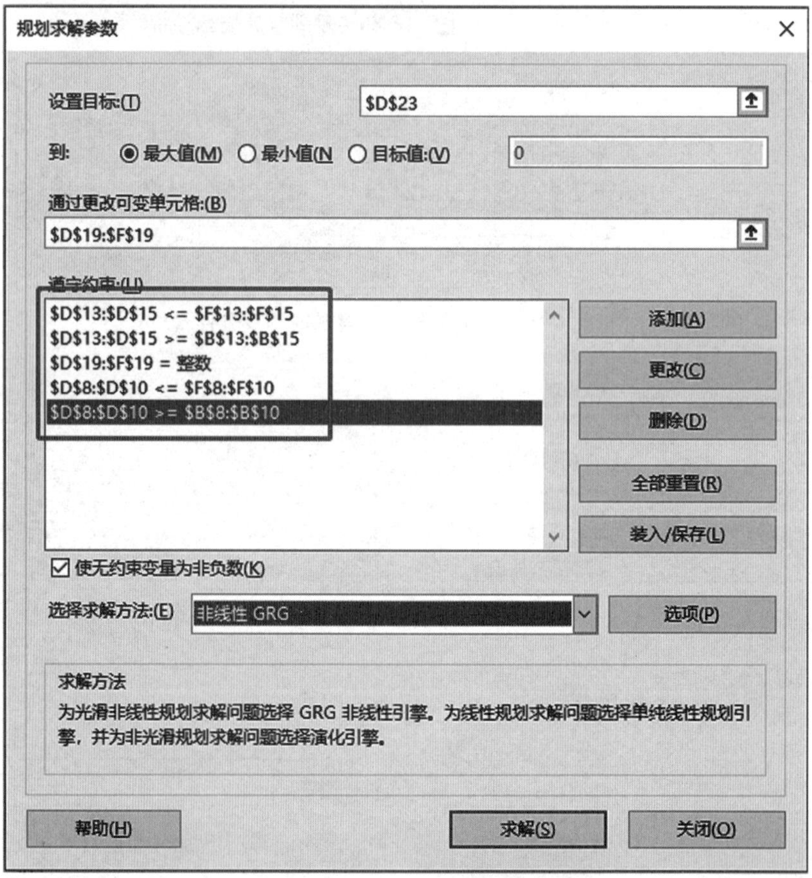

图 11－36　规划求解参数最终设置效果

步骤 5：建立分析报告。在上一步骤单击“求解”后，在“规划求解结果”对话框中，选中“报告”列表框中的“运算结果报告”选项，如图 11－37 所示，然后单击“确定”按钮，Excel 会自动插入一张“运算结果报告 1”工作表。

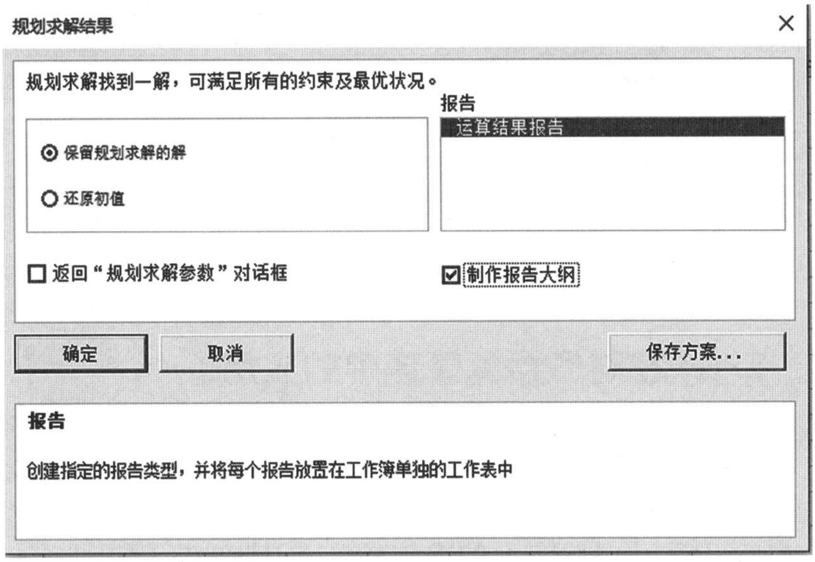

图 11－37　“规划求解结果”对话框

注意：使用规划求解功能计算后，除了可以显示出求解结果之外，还可以建立分析报告以供参考，如运算结果报告、敏感性报告和极限值报告。要建立分析报告，只需在“规划求解结果”对话框的“报告”列表框中选择需要的选项即可。但是，具有整数约束条件的问题不生成敏感性报告及极限值报告。

步骤 6：方案管理。在“规划求解结果”对话框中，点击“保存方案”，打开“保存方案”对话框，输入方案名称“利润最大化模型”，单击“确定”，如图 11－38 所示。其结果如图 11－39 所示。

图 11－38　保存方案

如果要查看方案，需选择“数据”选项卡下的“模拟分析”，打开“方案管理器”对话框，可以进行显示方案结果、添加新方案、删除和编辑方案、查看方案摘要等操作。

方案摘要	当前值:	利润最大化模型
可变单元格:		
$D$19	0	0
$E$19	0	0
$F$19	7000	7000
结果单元格:		
$I$24		

注释: "当前值"这一列表示的是在
建立方案汇总时，可变单元格的值。
每组方案的可变单元格均以灰色底纹突出显示。

图11－39 规划求解方案运算结果报告

11.4 Excel在财务预算管理中的应用

预算是在预测、决策的基础上，以数量和金额的形式反映企业未来一定时期内经营、投资、财务等活动的具体计划，是为实现企业目标而对各种资源和企业活动进行的详细安排。通过目标利润预测确定利润目标以后，即可以此为基础编制全面预算。全面预算的编制应以销售预算为起点，根据各种预算之间的勾稽关系，按顺序从前往后逐步进行，直至编制出财务报表预算。根据预算的内容不同，分为日常业务预算（即经营预算）和企业财务预算。

11.4.1 日常业务预算

日常业务预算是指与企业日常经营活动直接相关的经营业务的各种预算，主要包括销售预算、生产预算、直接材料和采购预算、直接人工预算、制造费用预算、产品成本预算、销售及管理费用预算，各预算之间相互衔接，是编制现金预算和财务报表预算的基础。

1. 销售预算

销售预算是用于规划预算期销售活动的一种业务预算，是编制全面预算的起点。在编制预算过程中，一般分两部分进行：一是企业在年度目标利润指导下，根据市场预测或销售合同并结合企业生产能力确定销量，根据价格政策确定销售单价，进而预测销售收入；二是销售预算确定后，根据预测销售收入和企业信用政策，确定销售现金流量，以便为编制现金预算提供资料。

假设B传媒公司计划2025年只生产和销售一种产品。预测销售情况如下：产品价格为每件250元，1～4季度销量分别为2 000件、2 500件、3 000件、2 500件。每季度的产品销售货款有60%于当期收到现金，有40%于下一个季度收到现金，上年末的应收账款为175 000元。下面编制2025年度的销售预算表。

步骤 1：新建一个工作簿，将其命名为“预算管理”。将“sheet1”工作表重命名为“销售预算”，并设计销售预算模型，如图 11-40 所示。

	A	B	C	D	E	F
1	销售预算表					
2	2025年				单位：元	
3	项目	第1季度	第2季度	第3季度	第4季度	全年
4	预计销量（件）	2000	2500	3000	2500	
5	预计单价（元）	250	250	250	250	250
6	预计销售收入					
7	应收账款期初余额	175000				
8	第1季度销售收现					
9	第2季度销售收现					
10	第3季度销售收现					
11	第4季度销售收现					
12	现金收入合计					

图 11-40　销售预算模型

步骤 2：计算预计销售收入。在 B6 单元格中输入公式“=B4*B5”，利用填充柄将该公式向右填充至 F6 单元格；在 F4 单元格中输入公式“=SUM(B4:E4)”。

步骤 3：计算现金收入。在 B8 单元格中输入公式“=B6*0.6”，在 C8 单元格中输入公式“=B6*0.4”，在 C9 单元格中输入公式“=C6*0.6”，依此类推，计算出 D9，D10，E10，E11 单元格的销售现金收入。

在 F7 单元格中输入公式“=SUM(B7:E7)”，利用填充柄将该公式向下填充至 F12 单元格；在 B12 单元格中输入公式“=SUM(B7:B11)”，利用填充柄将该公式向下填充至 E12 单元格。

完成的销售预算如图 11-41 所示。

	A	B	C	D	E	F
1	销售预算表					
2	2025年				单位：元	
3	项目	第1季度	第2季度	第3季度	第4季度	全年
4	预计销量（件）	2000	2500	3000	2500	10000
5	预计单价（元）	250	250	250	250	250
6	预计销售收入	500000	625000	750000	625000	2500000
7	应收账款期初余额	175000				175000
8	第1季度销售收现	300000	200000			500000
9	第2季度销售收现		375000	250000		625000
10	第3季度销售收现			450000	300000	750000
11	第4季度销售收现				375000	375000
12	现金收入合计	475000	575000	700000	675000	2425000

图 11-41　销售预算计算结果

步骤 4：定义名称。将单元格区域“销售预算！$A$3：$F$12”定义为“销售预算”。

2. 生产预算

生产预算是规划计划年度生产数量而编制的一种业务预算，在销售预算的基础上，结合计划年度期初结存量，考虑计划期期末结存量编制而成。它是编制直接材料和采购预算、产品成本预算的依据，也可以为预计资产负债表提供数据，其主要内容有预计销售量、期初存货、期末存货以及生产量。具体计算公式为：

预计生产量＝预计销售量＋预计期末结存量－预计期初结存量

假设 B 传媒公司 2025 年预计生产情况为：年初结存产成品 300 件，各季度结存产成品分别为 500 件、550 件、500 件、400 件。下面编制 2025 年度的生产预算表。

步骤 1：将“sheet2”工作表重命名为“生产预算”，并设计生产预算模型，如图 11－42 所示。

	A	B	C	D	E	F
1	生产预算表					
2	2025年					单位：元
3	项目	第1季度	第2季度	第3季度	第4季度	全年
4	预计销量					
5	加：预计期末结存	500	550	500	400	
6	预计需要量					
7	减：期初结存量	300				
8	预计生产量					

图 11－42 生产预算模型

步骤 2：计算预计需要量。这里用到了 HLOOKUP 函数，它的工作原理和 VLOOKUP 函数接近，区别在于 HLOOKUP 函数的查找表是水平排列，而不是垂直排列。其公式为“＝HLOOKUP(lookup_value，table_array，row_index_num，range_lookup)”。

参数 lookup_value 为需要查找的数值。参数 table_array 为需要在其中查找数据的单元格区域。参数 row_index_num 为在 table_array 区域中待返回的匹配值的行序号（如当 row_index_num 为 2 时，返回 table_array 第 2 行中的数值）。参数 range_lookup 为逻辑值，如果为 TRUE 或省略，则返回近似匹配值，也就是说，如果找不到精确匹配值，则返回小于 lookup_value 的最大数值；如果为 FALSE，则返回精确匹配值，如果找不到，则返回错误值“#N/A”。

选中 B4 单元格，输入公式“＝HLOOKUP(B3，销售预算，2，FALSE)”，利用填充柄将该公式向右填充至 F4 单元格；选中 F5 单元格，输入公式“＝E5”；选中 B6 单元格，输入公式“＝B4＋B5”，利用填充柄将该公式向右填充至 F6 单元格。

步骤 3：计算预计生产量。选中 C7 单元格输入公式“＝B5”，利用填充柄将该公式向右填充至 E7 单元格；选中 F7 单元格输入公式“＝B7”；选中 B8 单元格，输入公式“＝B6－B7”，利用填充柄将公式向右填充至 F8 单元格。完成的生产预算如图 11－43 所示。

B4 =HLOOKUP(B3,销售预算,2,FALSE)

生产预算表

2025年 单位：元

项目	第1季度	第2季度	第3季度	第4季度	全年
预计销量	2000	2500	3000	2500	10000
加：预计期末结存	500	550	500	400	400
预计需要量	2500	3050	3500	2900	10400
减：期初结存量	300	500	550	500	300
预计生产量	2200	2550	2950	2400	10100

图 11－43 生产预算计算结果

步骤 4：定义名称。将单元格区域“生产预算！$A$3:$F$8”定义为“生产预算”。

3. 直接材料和采购预算

直接材料和采购预算是以生产预算为基础，依据预计生产量和材料单位耗用量，确定生产需要耗用量，再根据材料的期初期末结存情况，确定材料采购量，最后根据采购材料的付款，确定现金支出情况。具体计算公式为：

某种材料耗用量＝产品预计生产量×单位产品定额耗用量

某种材料采购量＝某种材料耗用量＋该种材料期末结存量－该种材料期初结存量

假设 B 传媒公司 2025 年预计材料耗用及采购情况如下：计划年度期初材料结存量为 720 千克，1～4 季度结存材料分别为 820 千克、980 千克、784 千克、860 千克。购买材料货款于当期支付 40%，剩余 60%于下个季度支付，应付账款期初余额为 120 000 元。单位产品材料定额耗用量为 5 千克，材料计划单价为 20 元。下面编制 2025 年的直接材料和采购预算表。

步骤 1：将“sheet3”工作表重命名为“直接材料和采购预算”，并设计直接材料和采购预算模型，如图 11－44 所示。

步骤 2：计算预计材料采购量。选中 B4 单元格，输入公式“＝HLOOKUP(B3,生产预算,6,FALSE)”，利用填充柄将该公式填充至 F4 单元格；选中 B6 单元格，输入公式“＝B4＊B5”，利用填充柄将该公式填充至 F6 单元格；选中 B8 单元格，输入公式“＝B6＋B7”，利用填充柄将该公式填充至 F8 单元格；选中 C9 单元格，输入公式“＝B7”，利用填充柄将该公式填充至 E9 单元格；选中 F9 单元格，输入公式“＝B9”；选中 B9 单元格，输入“＝B8－B9”，利用填充柄将该公式填充至 F10 单元格。

	A	B	C	D	E	F
1	直接材料和采购预算表					
2		2025年			单位：元	
3	项目	第1季度	第2季度	第3季度	第4季度	全年
4	预计生产量（件）					
5	材料定额单耗（Kg）	5	5	5	5	5
6	**预计生产需要量（Kg）**					
7	加：期末结存量	820	980	784	860	860
8	预计需要量合计					
9	减：期初结存量	720				
10	**预计材料采购量**					
11	材料计划单价	20	20	20	20	20
12	预计采购金额					
13	应付账款年初余额	120000				
14	第1季度购料付现					
15	第2季度购料付现					
16	第3季度购料付现					
17	第4季度购料付现					
18	**现金支出合计**					

图 11－44　直接材料和采购预算模型

步骤 3：计算现金支出。选中 B12 单元格，输入公式“＝B10＊B11”，利用填充柄将该公式填充至 F12 单元格；选中 B14 单元格，输入公式“＝B12＊0.4”；选中 C14 单元格，输入公式“＝B12＊0.6”；选中 C15 单元格，输入公式“＝C12＊0.4”；同理，计算出 D15、D16 和 E16、E17 单元格的值；选中 F12 单元格，输入公式“＝F10＊F11”，利用填充柄将该公式填充至 F18 单元格；选中 B18 单元格，输入公式“＝SUM（B13:B17）”，利用填充柄将该公式填充至 E18 单元格。

完成的直接材料和采购预算表如图 11－45 所示。

	A	B	C	D	E	F
1	直接材料和采购预算表					
2		2025年			单位：元	
3	项目	第1季度	第2季度	第3季度	第4季度	全年
4	预计生产量（件）	2200	2550	2950	2400	10100
5	材料定额单耗（Kg）	5	5	5	5	5
6	**预计生产需要量（Kg）**	11000	12750	14750	12000	50500
7	加：期末结存量	820	980	784	860	860
8	预计需要量合计	11820	13730	15534	12860	51360
9	减：期初结存量	720	820	980	784	720
10	**预计材料采购量**	11100	12910	14554	12076	50640
11	材料计划单价	20	20	20	20	20
12	预计采购金额	222000	258200	291080	241520	1012800
13	应付账款年初余额	120000				120000
14	第1季度购料付现	88800	133200			222000
15	第2季度购料付现		103280	154920		258200
16	第3季度购料付现			116432	174648	291080
17	第4季度购料付现				96608	96608
18	**现金支出合计**	208800	236480	271352	271256	987888

图 11－45　直接材料和采购预算计算结果

步骤 4：定义名称。将单元格区域“直接材料和采购预算！$A$3：$F$18”定义为“直接材料预算”。

4. 直接人工预算

直接人工预算是反映预算期内人工工时消耗水平和人工成本开支的一种日常业务预算。它是根据生产预算中的预计生产量以及单位产品所需的直接人工小时和单位工时工资率编制的，其基本计算公式如下：

某种产品直接人工总工时＝单位产品定额工时×该产品预计生产量

某种产品直接人工总成本＝单位工时工资率×该种产品直接人工工时总数

假设 B 传媒公司 2025 年预计人工耗用情况如下：公司单位产品定额工时（单耗工时）为 6 小时，单位工时工资率为 5 元/件。下面编制 2025 年的直接人工预算表。

步骤 1：将工作表命名为“直接人工预算”，并设计直接人工预算模型，如图 11－46 所示。

	A	B	C	D	E	F
1	直接人工预算表					
2	2025年				单位：元	
3	项目	第1季度	第2季度	第3季度	第4季度	全年
4	预计生产量（件）	2200	2550	2950	2400	10100
5	单耗工时（小时）	6	6	6	6	6
6	直接人工工时					
7	单位工时工资率	5	5	5	5	5
8	预计直接人工成本					

图 11－46　直接人工预算模型

步骤 2：计算预计直接人工成本。选中 B4 单元格，输入公式“＝HLOOKUP(B3,生产预算,6,FALSE)”，利用填充柄将该公式填充至 F4 单元格；选中 B6 单元格，输入公式“＝B4＊B5”，利用填充柄将该公式填充至 F6 单元格；选中 B8 单元格，输入公式“＝B6＊B7”，利用填充柄将该公式填充至 F8 单元格。完成的直接人工预算如图 11－47 所示。

直接人工... ▾　　✕ ✓ fx　项目

选中A3:F8，在左上角直接输入"直接人工预算"

	A	B	C	D	E	F
1	直接人工预算表					
2	2025年				单位：元	
3	项目	第1季度	第2季度	第3季度	第4季度	全年
4	预计生产量（件）	2200	2550	2950	2400	10100
5	单耗工时（小时）	6	6	6	6	6
6	直接人工工时	13200	15300	17700	14400	60600
7	单位工时工资率	5	5	5	5	5
8	预计直接人工成本	66000	76500	88500	72000	303000

图 11－47　直接人工预算计算结果

步骤3：定义名称。将单元格区域“直接人工预算!＄A＄3:＄F＄8”定义为“直接人工预算”。选中A3:F8单元格区域，在左上角直接输入“直接人工预算”，按Enter键即可。

5. 制造费用预算

制造费用按成本习性分为变动制造费用和固定制造费用。随产量变动而变动的制造费用为变动制造费用，如间接材料与零配件的维修用料、水电费等；不随产量变动而变动的制造费用为固定制造费用，如房租、折旧费和管理费用等。

变动制造费用预算应区分不同费用项目，根据单位变动制造费用分配率和业务量（一般是直接人工总工时或机器工时等），确定各项目的变动制造费用预算数。

$$\frac{\text{某项目变动制造费用分配率}}{} = \frac{\text{该项目变动制造费用预算总额}}{} \div \frac{\text{业务量预算总数}}{}$$

固定制造费用预算部分也应区分不同费用项目，逐一确定预算期的固定费用预算。另外，在制造费用预算表下还要附有预计现金支出表，以方便编制现金预算。

假设B传媒公司2025年预计固定制造费用如表11-5所示，预计变动制造费用工时分配率如表11-6所示。下面编制2025年的制造费用预算表（变动制造费用根据直接人工工时分配）。

表11-5 固定制造费用表　　单位：元

项目	第1季度	第2季度	第3季度	第4季度	全年
修理费用	800	1 200	1 100	900	4 000
折旧	18 300	18 300	18 300	18 300	73 200
管理费用	8 750	8 750	8 750	8 750	35 000
保险费用	1 500	2 000	1 200	1 300	6 000
财产税	750	750	750	750	3 000

表11-6 变动制造费用工时分配率表

项目	间接人工	间接材料	维护费用	水电费用	机物料
分配率	0.2	0.1	0.15	0.25	0.05

步骤1：新建工作表，将工作表重命名为“制造费用预算”，并设计制造费用预算模型，如图11-48所示。

步骤2：计算变动制造费用。选中B5单元格输入公式“=HLOOKUP(B3,直接人工预算,4,FALSE)*＄B＄24”，利用填充柄将该公式填充至F5单元格；选中B6单元格，输入公式“=HLOOKUP(B3,直接人工预算,4,FALSE)*＄C＄24”，利用填充柄将该公式填充至F6单元格；选中B7单元格，输入公式“=HLOOKUP(B3,直接人工预算,4,FALSE)*＄D＄24”，利用填充柄将该公式填充至F7单元格；选中B8单元格，输入公式“=HLOOKUP(B3,直接人工预算,4,FALSE)*＄E＄24”，

	A	B	C	D	E	F
2		2025年			单位：元	
3	项目	第1季度	第2季度	第3季度	第4季度	全年
4	变动制造费用					
5	间接人工					
6	间接材料					
7	修理费用					
8	水电费用					
9	机物料					
10	合计					
11	固定制造费用					
12	修理费用	800.00	1200.00	1100.00	900.00	4000.00
13	折旧	18300.00	18300.00	18300.00	18300.00	73200.00
14	管理费用	8750.00	8750.00	8750.00	8750.00	35000.00
15	保险费用	1500.00	2000.00	1200.00	1300.00	6000.00
16	财产税	750.00	750.00	750.00	750.00	3000.00
17	合计					
18	制造费用合计					
19	减：折旧					
20	预计现金支出合计					
21						
22	变动制造费用分配率表					
23	项目	间接人工	间接材料	维护费用	水电费用	机物料
24	分配率	0.2	0.1	0.15	0.25	0.05

图 11-48　制造费用预算模型

利用填充柄将该公式填充至 F8 单元格；选中 B9 单元格，输入公式“＝HLOOKUP(B3,直接人工预算,4,FALSE)＊＄F＄24”，利用填充柄将该公式填充至 F9 单元格；选中 B10 单元格，输入公式“＝SUM(B5:B9)”，利用填充柄将该公式填充至 F10 单元格。

步骤 3：计算固定制造费用和制造费用合计。选中 B17 单元格，输入公式“＝SUM(B12:B16)”，利用填充柄将该公式填充至 F17 单元格；选中 B18 单元格，输入公式“＝B10＋B17”，利用填充柄将该公式填充至 F18 单元格；选中 B19 单元格，输入公式“＝B13”，利用填充柄将该公式填充至 F19 单元格。

步骤 4：计算预计现金支出合计。选中 B20 单元格，输入公式“＝B18－B19”，利用填充柄将该公式填充至 F20 单元格。

完成的制造费用预算如图 11-49 所示。

步骤 5：定义名称。将单元格区域“制造费用预算!＄A＄3:＄F＄20”定义为“制造费用预算”。

6. 产品成本预算

产品成本预算是在销售预算、生产预算、直接材料和采购预算、直接人工预算和制造费用预算的基础上编制的，通常反映各产品的单位生产成本和总成本。该预算的要点是确定单位产品预计生产成本、期末存货成本和销货成本。

项目	第1季度	第2季度	第3季度	第4季度	全年
制造费用预算表					
2025年				单位：元	
变动制造费用					
间接人工	2640	3060	3540	2880	12120
间接材料	1320	1530	1770	1440	6060
修理费用	1980	2295	2655	2160	9090
水电费用	3300	3825	4425	3600	15150
机物料	660	765	885	720	3030
合计	9900	11475	13275	10800	45450
固定制造费用					
修理费用	800	1200	1100	900	4000
折旧	18300	18300	18300	18300	73200
管理费用	8750	8750	8750	8750	35000
保险费用	1500	2000	1200	1300	6000
财产税	750	750	750	750	3000
合计	30100	31000	30100	30000	121200
制造费用合计	40000	42475	43375	40800	166650
减：折旧	18300	18300	18300	18300	73200
预计现金支出合计	21700	24175	25075	22500	93450

变动制造费用分配率表					
项目	间接人工	间接材料	维护费用	水电费用	机物料
分配率	0.20	0.10	0.15	0.25	0.05

图 11－49　制造费用预算计算结果

下面在已经编制好的销售预算、生产预算、直接材料和采购预算、直接人工预算和制造费用预算的基础上，编制 B 传媒公司 2025 年的产品成本预算表。

步骤 1：新建工作表，将工作表重命名为“产品成本预算”，并设计产品成本预算模型，如图 11－50 所示。

产品成本预算表						
2025年				单位：元		
项目	单位产品成本			生产成本	期末存货成本	销货成本
	单价	单耗	成本			
直接材料						
直接人工						
变动制造费用						
固定制造费用						
合计						

图 11－50　产品成本预算模型

步骤 2：计算单位产品成本。选中 B7 单元格，输入公式“＝制造费用预算!F10/直接人工预算!F6”；选中 B8 单元格，输入公式“＝制造费用预算!F17/直接人工预算!F6”；选中 D5 单元格，输入公式“＝B5＊C5”，利用填充柄将该公式填充至 D8 单元格；选中 D9 单元格，输入公式“＝SUM(D5:D8)”。

步骤 3：计算生产成本、期末存货成本和销货成本。选中 E5 单元格，输入公式“=HLOOKUP("全年",生产预算,6,FALSE)＊D5”，利用填充柄将该公式填充至 E8 单元格；选中 F5 单元格，输入公式“=HLOOKUP("全年",生产预算,3,FALSE)＊D5”，利用填充柄将该公式填充至 F8 单元格；选中 G5 单元格，输入公式“=HLOOKUP("全年",销售预算,2,FALSE)＊D5”，利用填充柄将该公式填充至 G8 单元格；选中 E9 单元格，输入公式“=SUM(E5:E8)”，利用填充柄将该公式填充至 G9 单元格。

完成的产品成本预算如图 11－51 所示。

	A	B	C	D	E	F	G
1	产品成本预算表						
2	2025年				单位：元		
3	项目	单位产品成本			生产成本	期末存货成本	销货成本
4		单价	单耗	成本			
5	直接材料	20	5	100	1010000	40000	1000000
6	直接人工	5	6	30	303000	12000	300000
7	变动制造费用	0.75	6	4.5	45450	1800	45000
8	固定制造费用	2	6	12	121200	4800	120000
9	合计	-	-	146.5	1479650	58600	1465000

图 11－51　产品成本预算计算结果

步骤 4：定义名称。将单元格区域“产品成本预算!$A$3:$G$9”定义为“产品成本预算”。

7. 销售及管理费用预算

销售及管理费用预算是以价值形式反映整个预算期内为销售产品和维持一般行政管理工作而发生的各项目费用支出预算。销售费用预算编制时应以销售预算为基础。管理费用预算编制时应以过去发生的实际支出为参考，结合企业的业务情况。

假设 B 传媒公司 2025 年预计管理费用情况如表 11－7 所示，预计销售费用占销售额的百分比情况如表 11－8 所示。下面编制该公司 2025 年的销售及管理费用预算表。

表 11－7　预计管理费用表

单位：元

项目	第 1 季度	第 2 季度	第 3 季度	第 4 季度
管理人员工资	12 000	12 000	12 000	12 000
办公费	4 055	4 055	4 055	4 055
工会经费	300	300	300	300
无形资产摊销	2 500	2 500	2 500	2 500
折旧费用	12 500	12 500	12 500	12 500

表 11－8　预计销售费用占销售额的百分比情况表

项目	工资	广告费	运输费	业务费	保管费
比率（%）	4.50	1.20	0.50	2.00	0.20

步骤 1：新建工作表，将工作表重命名为“销售及管理费用预算”，并设计销售及管理费用预算模型，如图 11－52 所示。

	A	B	C	D	E	F
1	销售及管理费用预算表					
2		2025年			单位：元	
3	项目	第1季度	第2季度	第3季度	第4季度	全年
4	销售费用预算					
5	销售人员工资					
6	广告费					
7	运输费					
8	业务费					
9	保管费					
10	合计					
11	管理费用预算					
12	管理人员工资	12000.00	12000.00	12000.00	12000.00	
13	办公费	4055.00	4055.00	4055.00	4055.00	
14	工会经费	300.00	300.00	300.00	300.00	
15	无形资产摊销	2500.00	2500.00	2500.00	2500.00	
16	折旧费用	12500.00	12500.00	12500.00	12500.00	
17	合计					
18	费用预算总额					
19	减：折旧摊销费					
20	预计现金支出合计					
21						
22	变动制造费用分配率表					
23	项目	工资	广告费	运输费	业务费	保管费
24	比率	4.50%	1.20%	0.50%	2.00%	0.20%

图 11－52　销售及管理费用预算模型

步骤 2：计算销售费用及合计数。选中 B5 单元格，输入公式“＝HLOOKUP(B3,销售预算,4,FALSE)＊$B$24”，利用填充柄将该公式填充至 F5 单元格；选中 B6 单元格，输入公式“＝HLOOKUP(B3,销售预算,4,FALSE)＊$C$24”，利用填充柄将该公式填充至 F6 单元格；选中 B7 单元格，输入公式“＝HLOOKUP(B3,销售预算,4,FALSE)＊$D$24”，利用填充柄将该公式填充至 F7 单元格；选中 B8 单元格，输入公式“＝HLOOKUP(B3,销售预算,4,FALSE)＊$E$24”，利用填充柄将该公式填充至 F8 单元格；选中 B9 单元格，输入公式“＝HLOOKUP(B3,销售预算,4,FALSE)＊$F$24”，利用填充柄将该公式填充至 F9 单元格；选中 B10 单元格，输入公式“＝SUM(B5:B9)”，利用填充柄将该公式填充至 F10 单元格。

步骤 3：计算管理费用合计数及费用预算总额。选中 F12 单元格，输入公式“＝SUM(B12:E12)”，利用填充柄将该公式填充至 F17 单元格；选中 B17 单元格，输入公式“＝SUM(B12:B16)”，利用填充柄将该公式填充至 E17 单元格；选中 B18 单元格，输入公式“＝B10＋B17”，利用填充柄将该公式填充至 F18 单元格。

步骤 4：计算销售及管理费用现金支出。选中 B19 单元格，输入公式“＝B15＋B16”，利用填充柄将该公式填充至 F19 单元格；选中 B20 单元格，输入公式“＝B18－B19”，利用填充柄将该公式填充至 F20 单元格。完成的销售及管理费用预算如图 11－53 所示。

	A	B	C	D	E	F
1	销售及管理费用预算表					
2	2025年				单位：元	
3	项目	第1季度	第2季度	第3季度	第4季度	全年
4	销售费用预算					
5	销售人员工资	22500.00	28125.00	33750.00	28125.00	112500.00
6	广告费	6000.00	7500.00	9000.00	7500.00	30000.00
7	运输费	2500.00	3125.00	3750.00	3125.00	12500.00
8	业务费	10000.00	12500.00	15000.00	12500.00	50000.00
9	保管费	1000.00	1250.00	1500.00	1250.00	5000.00
10	合计	42000.00	52500.00	63000.00	52500.00	210000.00
11	管理费用预算					
12	管理人员工资	12000.00	12000.00	12000.00	12000.00	48000.00
13	办公费	4055.00	4055.00	4055.00	4055.00	16220.00
14	工会经费	300.00	300.00	300.00	300.00	1200.00
15	无形资产摊销	2500.00	2500.00	2500.00	2500.00	10000.00
16	折旧费用	12500.00	12500.00	12500.00	12500.00	50000.00
17	合计	31355.00	31355.00	31355.00	31355.00	125420.00
18	费用预算总额	73355.00	83855.00	94355.00	83855.00	335420.00
19	减：折旧摊销费	15000.00	15000.00	15000.00	15000.00	60000.00
20	预计现金支出合计	58355.00	68855.00	79355.00	68855.00	275420.00
21						
22	变动制造费用分配率表					
23	项目	工资	广告费	运输费	业务费	保管费
24	比率	4.50%	1.20%	0.50%	2.00%	0.20%

图 11－53　销售及管理费用预算计算结果

步骤 5：定义名称。将单元格区域"销售及管理费用预算！$A$3：$F$20"定义为"销售及管理费用预算"。

11.4.2　企业财务预算

企业财务预算是指一系列专门反映企业未来一定期限内预计财务状况、经营成果和现金收支等价值指标的预算的总称。它具体包括专门决策预算、现金预算、预计利润表、预计资产负债表等内容。

1. 专门决策预算

专门决策预算主要是长期投资预算，又称资本支出预算，通常是指与项目投资决策相关的专门预算，它往往涉及长期建设项目的资金投放与筹集，并经常跨越多个年度。编制专门决策预算的依据是财务可行性分析资料和企业筹资决策资料。

假设 B 传媒公司 2025 年预计企业资本投资情况如下：年度内安装一条新的生产线，并于年度内安装完毕，年末投入使用，有关投资与筹资预算见表 11－9。下面编制 2025 年度的专门决策预算。

表 11－9　专门决策预算表　　单位：元

项目	第 1 季度	第 2 季度	第 3 季度	第 4 季度
投资支出预算	50 000	40 000	70 000	80 000
借入长期借款				80 000

步骤1：新建工作表，将工作表重命名为“专门决策预算”，并设计专门决策预算模型，如图11－54所示。

	A	B	C	D	E	F
1	专门决策预算表					
2	2025年度				单位：元	
3	项目	第1季度	第2季度	第3季度	第4季度	全年
4	投资支出预算	50000	40000	70000	80000	
5	借入长期借款				80000	

图11－54　专门决策预算模型

步骤2：计算全年合计数。选中F4单元格，输入公式“＝SUM(B4:E4)”，利用填充柄将该公式填充至F5单元格。完成的专门决策预算如图11－55所示。

	A	B	C	D	E	F
1	专门决策预算表					
2	2025年度				单位：元	
3	项目	第1季度	第2季度	第3季度	第4季度	全年
4	投资支出预算	50000	40000	70000	80000	240000
5	借入长期借款				80000	80000

图11－55　专门决策预算计算结果

步骤3：定义名称。将单元格区域“专门决策预算！$A$3:$F$5”定义为“专门决策预算”。

2. 现金预算

现金预算是以日常业务预算和专门决策预算为依据编制的，反映预算期内预计现金收入与现金支出，包括现金收入、现金支出、现金多余或不足的计算，以及不足部分的筹措和多余部分的利用方案。

假设B传媒公司2025年预计现金收支情况如下：公司年初现金余额为80 000元，每季度支付各种流转税35 000元，前三季度每季度预交所得税50 000元，年末汇缴89 440元，年末支付股利250 000元，最低现金持有量为50 000元。下面编制2025年度的现金预算。

步骤1：新建工作表，将工作表重命名为“现金预算”，并设计现金预算模型，如图11－56所示。

步骤2：计算可供使用现金。选中C4单元格，输入公式“＝B29”，利用填充柄将该公式填充至E4单元格；选中F4单元格，输入公式“＝B4”；选中B6单元格，输入公式“＝HLOOKUP(B3,销售预算,10,FALSE)”，利用填充柄将该公式填充至F6单元格；选中B8单元格，输入公式“＝B4＋B6＋B7”，利用填充柄将该公式填充至F8单元格。

步骤3：计算现金支出和现金余缺。选中B11单元格，输入公式“＝HLOOKUP(B3,直接材料预算,16,FALSE)”，利用填充柄将该公式填充至F11单元格；选中B12单元格，输入公式“＝HLOOKUP(B3,直接人工预算,6,FALSE)”，利用填充

	A	B	C	D	E	F
1	现金预算表					
2	2025年度				单位：元	
3	项目	第1季度	第2季度	第3季度	第4季度	全年
4	期初现金余额					
5	一、现金收入					
6	经营现金收入					
7	其他现金收入					
8	可供使用现金					
9	二、现金支出					
10	经营现金支出					
11	直接材料采购					
12	直接人工支出					
13	制造费用					
14	销售及管理费用					
15	支付流转税	35000	35000	35000	35000	
16	预交所得税	50000	50000	50000	89440	
17	分配利润				250000	
18	资本性现金支出					
19	现金支出合计					
20	现金余缺					
21	三、资金的筹集与运用					
22	长期借款					
23	短期借款					
24	出售短期投资					
25	支付利息					
26	偿还短期借款					
27	偿还长期借款					
28	进行短期投资					
29	期末余额					

图 11－56　现金预算模型

柄将该公式填充至 F12 单元格；选中 B13 单元格，输入公式“＝HLOOKUP(B3，制造费用预算，18，FALSE)”，利用填充柄将该公式填充至 F13 单元格；选中 B14 单元格，输入公式“＝HLOOKUP(B3，销售及管理费用预算，18，FALSE)”，利用填充柄将该公式填充至 F14 单元格；选中 F15 单元格，输入公式“＝SUM(B15:E15)”，利用填充柄将该公式填充至 F17 单元格；选中 B18 单元格，输入公式“＝HLOOKUP(B3，专门决策预算，2，FALSE)”，利用填充柄将该公式填充至 F18 单元格；选中 B19 单元格，输入公式“＝SUM(B11:B18)”，利用填充柄将该公式填充至 F19 单元格；选中 B20 单元格，输入公式“＝B8－B19”，利用填充柄将该公式填充至 F20 单元格。

步骤 4：计算期末现金余额。选中 B22 单元格，输入公式“＝HLOOKUP(B3，专门决策预算，3，FALSE)”，利用填充柄将该公式填充至 F22 单元格；选中 F23 单元格，输入公式“＝SUM(B23:E23)”，利用填充柄将该公式填充至 F28 单元格；选中 E25 单元格，输入公式“＝E22＊0.1＊0.25”；选中 B29 单元格，输入公式“＝B20＋B22＋B23＋B24－B25－B26－B27－B28”，利用填充柄将该公式填充至 F29 单元格。

步骤 5：设置 B20:F20 单元格区域、B29:F29 单元格区域的格式为“数值”，小数位数为“0”，同时负数用红色括号显示。此时，企业的年末现金持有量为 53 802 元，大于企业最低现金持有量 50 000 元。完成的现金预算如图 11－57 所示。

	A	B	C	D	E	F
1	**现金预算表**					
2	2025年度				单位：元	
3	项目	第1季度	第2季度	第3季度	第4季度	全年
4	期初现金余额	80000	65145	109135	189853	80000
5	一、现金收入					
6	经营现金收入	475000	575000	700000	675000	2425000
7	其他现金收入					
8	可供使用现金	555000	640145	809135	864853	2505000
9	二、现金支出					
10	经营现金支出					
11	直接材料采购	208800	236480	271352	271256	987888
12	直接人工支出	66000	76500	88500	72000	303000
13	制造费用	21700	24175	25075	22500	93450
14	销售及管理费用	58355	68855	79355	68855	275420
15	支付流转税	35000	35000	35000	35000	140000
16	预交所得税	50000	50000	50000	89440	239440
17	分配利润				250000	250000
18	资本性现金支出	50000	40000	70000	80000	240000
19	现金支出合计	489855	531010	619282	889051	2529198
20	现金余缺	**65145**	**109135**	**189853**	(24198)	(24198)
21	三、资金的筹集与运用					
22	长期借款	0	0	0	80000	80000
23	短期借款					0
24	出售短期投资					0
25	支付利息				2000	2000
26	偿还短期借款					0
27	偿还长期借款					0
28	进行短期投资					0
29	期末余额	65145	109135	189853	53802	53802

图 11－57　现金预算计算结果

步骤 6：定义名称。将单元格区域“现金预算！$A$3：$F$29”定义为“现金预算”。

步骤 7：假设公司前三个季度短期投资分别为 10 000 元、40 000 元和 80 000 元，此时，年末的现金持有量为负数，如图 11－58 所示。这种情况下，公司应该将前三个季度的短期投资出售，以缓解公司现金不足的情况，维持公司的正常生产运营。假设第四季度出售短期投资 130 000 元（时间较短，我们假设收益为零），则计算结果如图 11－59 所示。

	A	B	C	D	E	F
3	项目	第1季度	第2季度	第3季度	第4季度	全年
4	期初现金余额	80000	55145	59135	59853	80000
5	一、现金收入					
6	经营现金收入	475000	575000	700000	675000	2425000
7	其他现金收入					
8	可供使用现金	555000	630145	759135	734853	2505000
9	二、现金支出					
10	经营现金支出					
11	直接材料采购	208800	236480	271352	271256	987888
12	直接人工支出	66000	76500	88500	72000	303000
13	制造费用	21700	24175	25075	22500	93450
14	销售及管理费用	58355	68855	79355	68855	275420
15	支付流转税	35000	35000	35000	35000	140000
16	预交所得税	50000	50000	50000	89440	239440
17	分配利润				250000	250000
18	资本性现金支出	50000	40000	70000	80000	240000
19	现金支出合计	489855	531010	619282	889051	2529198
20	现金余缺	**65145**	**99135**	**139853**	(154198)	(24198)
21	三、资金的筹集与运用					
22	长期借款	0	0	0	80000	80000
23	短期借款					0
24	出售短期投资					0
25	支付利息				2000	2000
26	偿还短期借款					0
27	偿还长期借款					0
28	进行短期投资	10000	40000	80000		130000
29	期末余额	55145	59135	59853	(76198)	(76198)

图 11－58　低于最低现金持有量时的计算结果

	A	B	C	D	E	F
3	项目	第1季度	第2季度	第3季度	第4季度	全年
4	期初现金余额	80000	55145	59135	59853	80000
5	一、现金收入					
6	经营现金收入	475000	575000	700000	675000	2425000
7	其他现金收入					
8	可供使用现金	555000	630145	759135	734853	2505000
9	二、现金支出					
10	经营现金支出					
11	直接材料采购	208800	236480	271352	271256	987888
12	直接人工支出	66000	76500	88500	72000	303000
13	制造费用	21700	24175	25075	22500	93450
14	销售及管理费用	58355	68855	79355	68855	275420
15	支付流转税	35000	35000	35000	35000	140000
16	预交所得税	50000	50000	50000	89440	239440
17	分配利润				250000	250000
18	资本性现金支出	50000	40000	70000	80000	240000
19	现金支出合计	489855	531010	619282	889051	2529198
20	现金余缺	65145	99135	139853	(154198)	(24198)
21	三、资金的筹集与运用					
22	长期借款	0	0	0	80000	80000
23	短期借款					0
24	出售短期投资				130000	130000
25	支付利息				2000	2000
26	偿还短期借款					0
27	偿还长期借款					0
28	进行短期投资	10000	40000	80000		130000
29	期末余额	55145	59135	59853	53802	53802

图 11-59 出售短期投资后的计算结果

3. 预计利润表

预计利润表是以货币为计量单位，全面综合地反映企业预算期内全部经营活动成果的预算。它是在汇总销售、成本和管理费用等预算的基础上编制的。

下面根据前面编制的预算表，编制 2025 年度的预计利润表。

步骤 1：新建工作表，将工作表重命名为“预计利润表”，并设计预计利润表模型，如图 11-60 所示。

	A	B	C	D	E	F
1	预计利润表					
2	2025年度				单位：元	
3	项目	第1季度	第2季度	第3季度	第4季度	全年
4	销售收入					
5	减：销售成本					
6	销售毛利					
7	减：销售费用					
8	管理费用					
9	财务费用					
10	营业利润					
11	减：所得税					
12	净利润					

图 11-60 预计利润表模型

步骤 2：计算销售毛利。选中 B4 单元格，输入公式“=HLOOKUP(B3,销售预算,4,FALSE)”，利用填充柄将该公式填充至 F4 单元格；选中 B5 单元格，输入公式“=HLOOKUP(B3,销售预算,2,FALSE) * 产品成本预算!$D$9”，利用填充柄将该公式填充至 F5 单元格；选中 B6 单元格，输入公式“=B4-B5”，利用填充柄将该公式填充至 F6 单元格。

步骤 3：计算营业利润。选中 B7 单元格，输入公式“＝HLOOKUP(B3,销售及管理费用预算,8,FALSE)”，利用填充柄将该公式填充至 F7 单元格；选中 B8 单元格，输入公式“＝HLOOKUP(B3,销售及管理费用预算,15,FALSE)”，利用填充柄将该公式填充至 F8 单元格；选中 B9 单元格，输入公式“＝HLOOKUP(B3,现金预算,23,FALSE)”，利用填充柄将该公式填充至 F9 单元格；选中 B10 单元格，输入公式“＝B6－B7－B8－B9”，利用填充柄将该公式填充至 F10 单元格。

步骤 4：计算净利润。选中 B11 单元格，输入公式“＝HLOOKUP(B3,现金预算,14,FALSE)”，利用填充柄将该公式填充至 F11 单元格；选中 B12 单元格，输入公式“＝B10－B11”，利用填充柄将该公式填充至 F12 单元格。

完成的预计利润表如图 11－61 所示。

	A	B	C	D	E	F
1	预计利润表					
2	2025年度				单位：元	
3	项目	第1季度	第2季度	第3季度	第4季度	全年
4	销售收入	500000	625000	750000	625000	2500000
5	减：销售成本	293000	366250	439500	366250	1465000
6	销售毛利	207000	258750	310500	258750	1035000
7	减：销售费用	42000	52500	63000	52500	210000
8	管理费用	31355	31355	31355	31355	125420
9	财务费用	0	0	0	2000	2000
10	营业利润	133645	174895	216145	172895	697580
11	减：所得税	50000	50000	50000	89440	239440
12	净利润	83645	124895	166145	83455	458140

图 11－61　预计利润表计算结果

4. 预计资产负债表

预计资产负债表用来反映企业在计划期末预计的财务状况，它以计划期开始日的资产负债表为基础，结合计划期间各项业务预算、专门决策预算、现金预算和预计利润表进行编制，它是编制全面预算的终点。

假设 B 传媒公司 2025 年计划年度末应交税费为 20 000 元，预收账款为 24 198 元，计划期开始日财务状况如表 11－10 所示。下面编制 2025 年度的预计资产负债表。

表 11－10　期初财务数据表　　单位：元

资产	期初数	负债及所有者权益	期初数
流动资产：		流动负债：	
现金	80 000	短期借款	
应收账款	175 000	应付账款	120 000
存货	58 350	应交税费	160 000
短期投资		预收账款	24 198

续表

资产	期初数	负债及所有者权益	期初数
流动资产合计	313 350	流动负债合计	304 198
非流动资产：		长期负债：	
固定资产	800 000	长期借款	
减：累计折旧	76 800	长期负债合计	
固定资产净值	723 200	负债合计	304 198
在建工程		所有者权益：	
无形资产	194 200	实收资本	500 000
		盈余公积	100 000
		留存收益	326 552
非流动资产合计	917 400	所有者权益合计	926 552
资产合计	1 230 750	负债及所有者权益合计	1 230 750

步骤 1：新建工作表，将工作表重命名为“预计资产负债表”，并设计资产负债表模型，如图 11－62 所示。

	A	B	C	D	E	F
1	预计资产负债表					
2	2025年度				单位：元	
3	资产	期初数	预计金额	负债及所有者权益	期初数	预计金额
4	流动资产：			流动负债：		
5	现金	80000		短期借款		
6	应收账款	175000		应付账款	120000	
7	存货	58350		应付税费	160000	
8	短期投资			预收账款	24198	
9	流动资产合计	313350		流动负债合计	304198	
10	非流动资产：			长期负债：		
11	固定资产	800000		长期借款		
12	减：累计折旧	76800		长期负债合计		
13	固定资产净值	723200		负债合计	304198	
14	在建工程			所有者权益：		
15	无形资产	194200		实收资本	500000	
16				盈余公积	100000	
17				留存收益	326552	
18	非流动资产合计	917400		所有者权益合计	926552	
19	资产合计	1230750		负债及所有者权益合计	1230750	

图 11－62 预计资产负债表模型

步骤 2：计算流动资产。选中 C5 单元格，输入公式“＝现金预算!F29”；选中 C6 单元格，输入公式“＝销售预算!E6＊0.4”；选中 C7 单元格，输入公式“＝直接材料和采购预算!F7＊直接材料和采购预算!F11＋产品成本预算!F9”；选中 C8 单元格，输入公式“＝现金预算!F28－现金预算!F24”；选中 C9 单元格，输入公式“＝SUM(C5:C8)”。

步骤 3：计算非流动资产及资产合计数。选中 C11 单元格，输入公式“＝B11”；选中 C12 单元格，输入公式“＝B12＋制造费用预算!F13＋销售及管理费用预算!F16”；选中 C13 单元格，输入公式“＝C11－C12”；选中 C14 单元格，输入公式“＝专门决策预算!F4”；选中 C15 单元格，输入公式“＝B15－销售及管理费用预算!F15”；选中 C18 单元格，输入公式“＝SUM(C13:C17)”；选中 C19 单元格，输入公式“＝C9＋C18”。

步骤 4：计算流动负债。选中 F5 单元格，输入公式“＝现金预算!F23－现金预算!F26”；选中 F6 单元格，输入公式“＝直接材料和采购预算!E12* 0.6”；选中 F7 单元格，输入公式“＝20 000”；选中 F8 单元格，输入公式“＝24 198”；选中 F9 单元格，输入公式“＝SUM(F5:F8)”。

步骤 5：计算长期负债及负债合计数。选中 F11 单元格，输入公式“＝现金预算!F22－现金预算!F27”；选中 F12 单元格，输入公式“＝F11”；选中 F13 单元格，输入公式“＝F9＋F12”。

步骤 6：计算所有者权益及负债和权益合计数。选中 F15 单元格，输入公式“＝E15”；选中 F16 单元格，输入公式“＝E16”；选中 F17 单元格，输入公式“＝E17＋预计利润表!F12－现金预算!F17”，选中 F18 单元格，输入公式“＝SUM(F15:F17)”；选中 F19 单元格，输入公式“＝F13＋F18”。

完成的预计资产负债表如图 11－63 所示。

	A	B	C	D	E	F
1	预计资产负债表					
2	2025年度				单位：元	
3	资产	期初数	预计金额	负债及所有者权益	期初数	预计金额
4	流动资产：			流动负债：		
5	现金	80000	53802	短期借款		0
6	应收账款	175000	250000	应付账款	120000	144912
7	存货	58350	75800	应付税费	160000	20000
8	短期投资		0	预收账款	24198	24198
9	流动资产合计	313350	379602	流动负债合计	304198	189110
10	非流动资产：			长期负债：		
11	固定资产	800000	800000	长期借款		80000
12	减：累计折旧	76800	20000	长期负债合计		80000
13	固定资产净值	723200	600000	负债合计	304198	269110
14	在建工程		240000	所有者权益：		
15	无形资产	194200	184200	实收资本	500000	500000
16				盈余公积	100000	100000
17				留存收益	326552	534692
18	非流动资产合计	917400	1024200	所有者权益合计	926552	1134692
19	资产合计	1230750	1403802	负债及所有者权益合计	1230750	1403802

图 11－63　预计资产负债表计算结果

□ 拓展与训练

1. B 传媒公司 2025 年 1—11 月的销售情况如表 11－11 所示。

表 11-11 1—11 月的销售情况表 单位：件

月份	1	2	3	4	5	6	7	8	9	10	11
销售量	940	938	895	910	915	946	973	1 000	1 010	1 008	1 015

要求： 利用趋势图分析法和回归直线法预测其 12 月的销售量。

2. 如果 B 传媒公司只生产一种产品，每月销量为 2 000 件，产品单价为 60 元，单位变动成本为 36 元，固定成本为 8 000 元。

要求： 假设各因素变动百分比上下浮动数为 50%，在 Excel 中进行利润敏感性分析。

3. 接上题，如果销售单价提高 10%，将导致销量下降 15%；如果销售单价降低 5%，可以增加 25%销量。

要求： 根据以上情况，分析哪种措施对该公司更有利。

4. B 传媒公司 2025 年 1—6 月的营业额和营业费用如表 11-12 所示，7—12 月的预计营业额如表 11-13 所示。

表 11-12 2025 年 1—6 月的营业额和营业费用表 单位：元

月份	1	2	3	4	5	6
营业额	85 465	98 000	150 000	125 000	142 000	158 000
营业费用	5 800	6 700	7 200	10 250	11 000	15 000

表 11-13 2025 年 7—12 月的预计营业额 单位：元

月份	7	8	9	10	11	12
预计营业额	165 000	170 000	180 000	190 000	195 000	200 000

要求： 分别使用高低点法和函数法对 B 传媒公司 7—12 月的营业费用进行预测。

第12章 Chapter 12 Excel与AI的融合应用

内容简介

本章主要讲解如何将 Excel 与 DeepSeek 融合，主要包括 DeepSeek 简介，Excel 配置 DeekSeek，DeepSeek 与 Excel 融合使用情景以及使用展望。

学习目标

掌握 Excel 与 AI 的融合应用，提升数据处理、分析和决策效率。

引例

随着人工智能（AI）技术的飞速发展，企业的财务管理和分析方式也迎来了颠覆性的变革。传统的财务分析方法依赖于大量的数据录入、整理和手动计算，如今，借助 AI 技术，财务人员能够更高效、更精确地处理和分析数据，解放了大量的时间和精力。Excel 作为全球广泛应用的财务分析工具，凭借其强大的数据处理和可视化功能，依然在企业财务管理中占据着举足轻重的地位，广泛应用于数据处理、数据分析和报表编制等多个领域。随着信息技术的不断发展，财务人员在处理大数据、复杂计算和深度分析时，传统的 Excel 功能存在一定的局限性。DeepSeek 等智能化数据分析工具可以弥补这些不足，为 Excel 的应用提供更为强大的支持。

12.1 DeepSeek 简介

DeepSeek 是一款基于深度学习和机器学习算法的智能数据分析工具，它结合了自然语言处理、数据挖掘、模式识别和预测分析等技术，能够从海量数据中提取有价值的信息。DeepSeek 的优势在于其具有高效的数据处理能力，在复杂数据结构和非结构化数据的分析中表现尤为突出。通过集成 DeepSeek，用户能够在 Excel 中直接使用 AI 功能进行数据预测、趋势分析、异常检测等高级分析操作，减少对传统统计学模型与编程技能的依赖。

与传统 Excel 分析工具相比，DeepSeek 能够通过自学习算法持续优化分析结果，提供更精准的预测和更智能的决策建议。在财务领域，DeepSeek 不仅能够提升财务报告数据的准确性，还能在预算编制、财务预测、风险管控等环节提供强有力的支持。当 DeepSeek 与 Excel 结合使用时，财务人员可以利用 Excel 强大的数据处理能力，辅以 DeepSeek 的深度分析功能，实现更高效、更准确的财务分析与预测。

12.2 Excel 配置 DeekSeek

（1）安装 DeepSeek 插件。要将 DeepSeek 集成到 Excel 中，首先需要下载并安装 DeepSeek 插件。用户可以访问 DeepSeek 官方网站或 Excel 插件商店，下载适合当前 Excel 版本的插件进行安装。安装完成后，插件会自动添加到 Excel 功能区，并显示在 Excel 的“DeepSeek”选项卡中，用户可以通过该选项卡访问 DeepSeek 的所有功能。

（2）安装与配置硅基流动（Silicon Flow）。硅基流动是 DeepSeek 与 Excel 之间的数据流连接工具，它能够帮助将数据从 Excel 传输到 DeepSeek，并将分析结果返回到 Excel。直接通过网站访问使用 DeepSeek，但常见的一个问题是：在使用过程中频繁出现“服务器繁忙”的提示，这严重影响了用户体验。这里分享一种能够确保流畅使用 DeepSeek 的方法，只有在稳定流畅的环境下，才能更好地发挥其功能，操作步骤如下。

步骤 1：下载安装硅基流动插件。百度搜索硅基流动，网址为：https：//account. siliconflow. cn/，如图 12 - 1 所示。

步骤 2：用户注册。可以通过自行注册来访问 DeepSeek，注册过程中无须特殊要求。若需要邀请码，可以通过百度搜索相关资源，找到合适的邀请方式。经过这一简单的注册过程，即可顺利开启 DeepSeek 的使用，享受其强大的数据分析功能。登录之后的界面如图 12 - 2 所示。

步骤 3：启用 API 链接。在注册并登录后，接下来需要选择 API 密钥。可以在界面左侧找到并点击“API 密钥”按钮，如图 12 - 3 所示。创建时，可以为密钥设置一个自定义的描述名称，如图 12 - 4 所示，名称可以根据个人需求自由拟定，任何便于识别的名称都可以。这样，即可顺利生成 API 密钥，并开始使用相关功能。

图 12－1　硅基流动网址

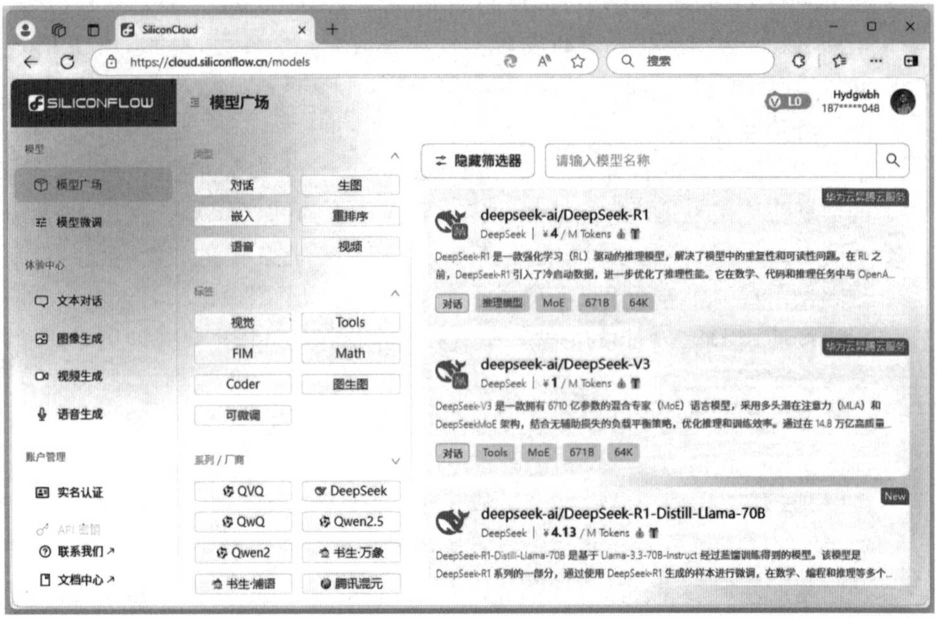

图 12－2　登录页面

图 12－3　API 密钥

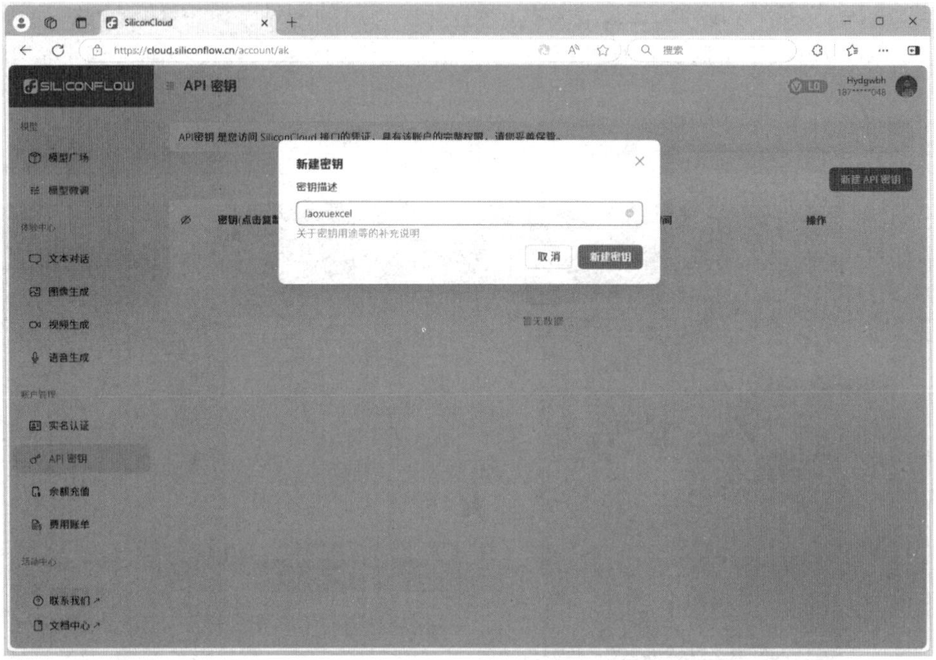

图 12－4　密钥描述

步骤 4：复制保存密钥。在新建 API 密钥后，只需将鼠标悬停在密钥上，点击一下即可轻松复制该密钥，如图 12－5 所示。注意妥善保存密钥，因为它是连接 DeepSeek 服务所必需的重要凭证。

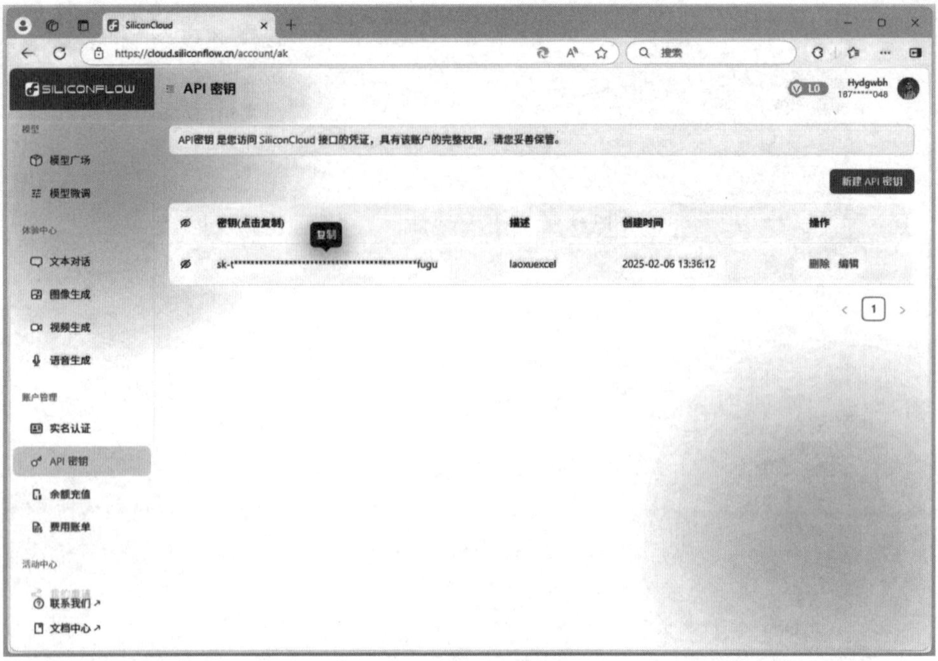

图 12-5　复制密钥

步骤 5：设置 API。在浏览器打开一个新的网站：https：//web.chatboxai.app 选择启用网页版，选择使用 API，如图 12-6 所示，并选择翻译网页成中文，然后进行其余设置。

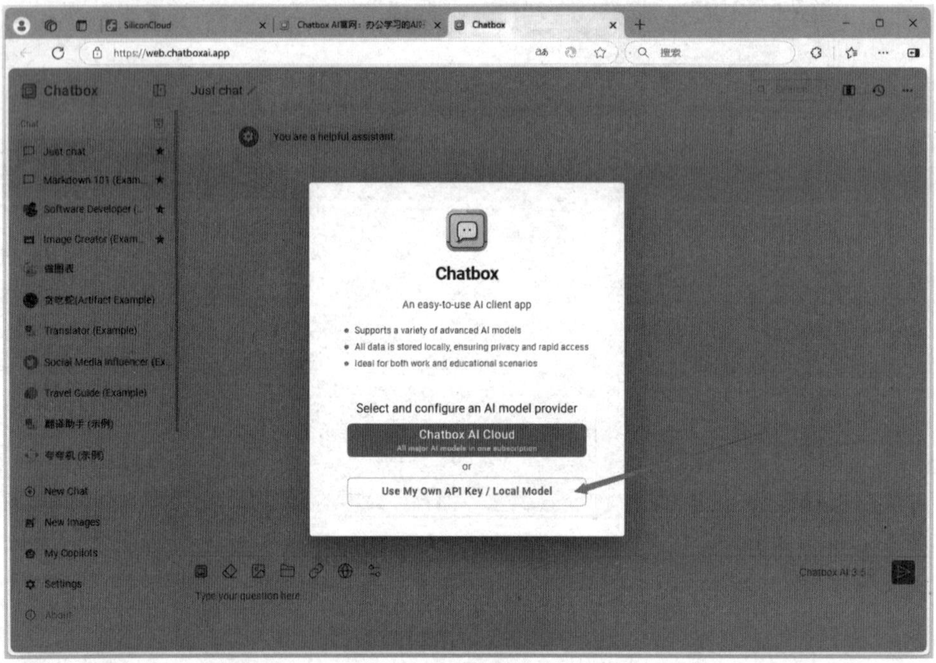

图 12-6　设置 API

步骤 6：切换到硅基流动 API。切换至基于硅基流动架构的 API，如图 12－7 所示，以提升系统性能、增强数据处理效率，并更好地满足未来的技术需求。

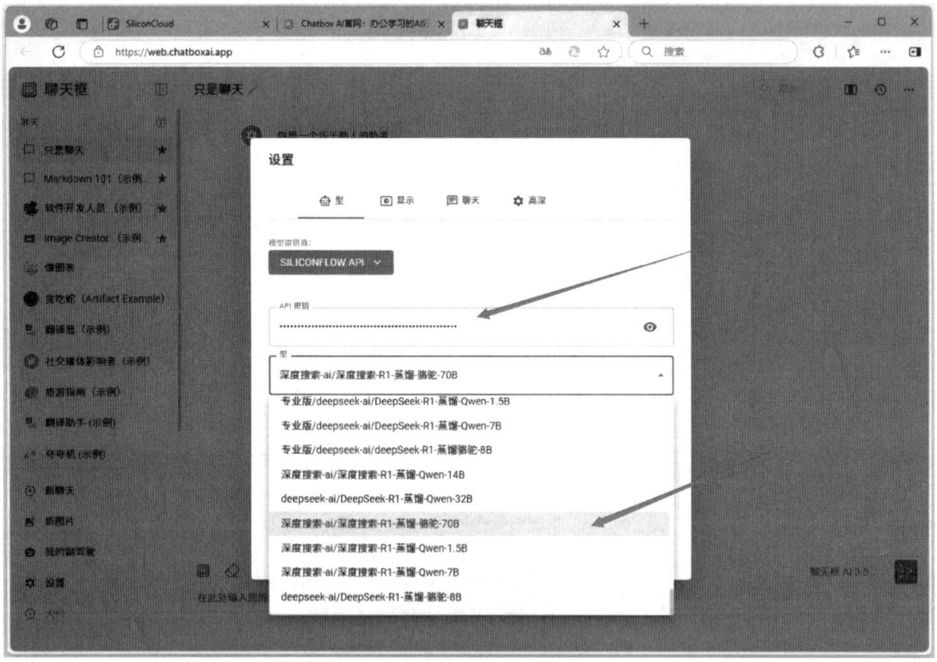

图 12－7　切换到硅基流动 API

完成之后，就可以直接开始与 DeepSeek 进行流畅的沟通了，如图 12－8 所示。

图 12－8　开始与 DeepSeek 沟通

12.3 DeepSeek 与 Excel 融合使用情景

DeepSeek 在查询方面是很有效的，比如不知道如何搭配使用 INDEX 和 MATCH 函数就可以向 DeepSeek 提问，比如不知道箱型图的用途，也可以向 DeepSeek 提问。

我们可以问两个问题：Excel 中的 INDEX 函数和 MATCH 函数应该如何搭配使用？Excel 函数如何做到不满 0.5 取 0，满 0.5 取 1，例如 2.7 就是 3，2.4 显示 2.5？如图 12-9 所示。

图 12-9 DeepSeek 聊天框

将一份整理好的数据文件上传，然后向 DeepSeek 提问：可以从哪些方面对文件中的数据进行分析？DeepSeek 会从多个维度对数据进行全面评估，如图 12-10 所示。至于具体的操作步骤，即便向 DeepSeek 请教，它也只能提供指导，具体的操作仍然需要自己掌握并逐步执行，DeepSeek 无法完全代为操作。

12.4 使用展望

下面通过一个例子来说明一些展望想法，假设我们有一份规范的数据，想要进行相关分析。如果你询问 AI 工具，它只能给出一些方向性的建议。然而，如果熟悉 Excel 中的“分析数据”功能（见图 12-11），点击后，它会自动生成关于数据的潜在

图 12－10　数据文件评估

分析方向。即便是 Excel 小白，也能迅速得到一些分析结果。因此，无论是 WPS 还是 Office 要实现 Excel 快速且智能地分析，关键在于软件开发者如何将 AI 技术与 Excel 紧密融合。正如“分析数据”功能所展示的那样，未来如果能够进一步智能化、全面化，效果将更加显著。

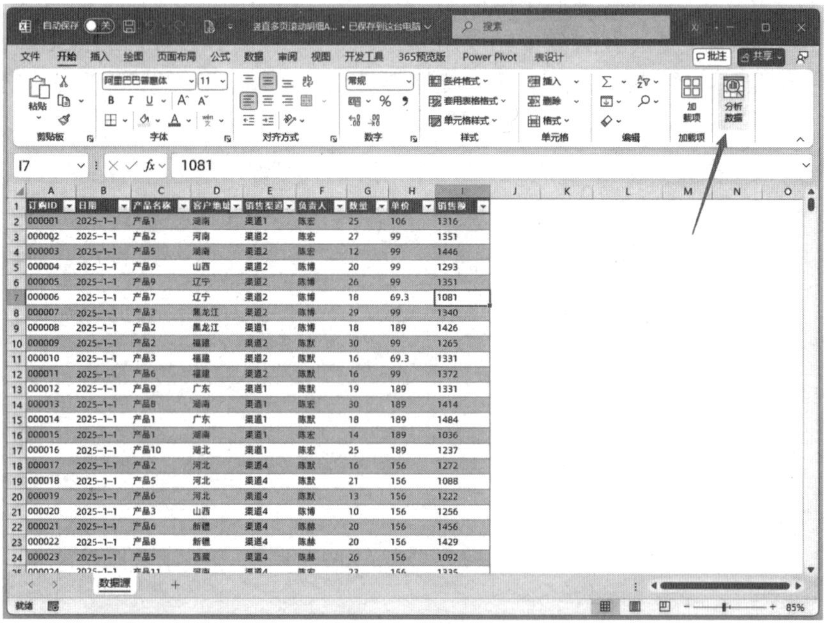

图 12－11　“分析数据”功能

目前，这项技术已经展现了巨大的潜力，但要达到理想中的完美状态，还需要继续探索。教材组全体成员会继续关注 AI 与 Excel 融合的应用案例，并与大家分享。

参考文献

[1] 陈潇怡．财务与会计数据处理：以 Excel 为工具．北京：清华大学出版社，2017.
[2] 张高胜，杨婷，刘春．Excel 在财务中的应用．长春：吉林大学出版社，2016.
[3] 蔡素兰．Excel 在会计和财务管理中的应用．3 版．上海：立信会计出版社，2022.
[4] 衣光臻．Excel 在财务会计中的应用．北京：中国人民大学出版社，2016.
[5] 闫本宗，何保国．Excel 财务管理实验教程．南京：南京大学出版社，2013.
[6] 付姝宏．Excel 在会计中的应用．2 版．北京：中国人民大学出版社，2014.
[7] 钭志斌．Excel 在财务中的应用．2 版．北京：高等教育出版社，2014.
[8] 钟爱军，李良敏，刘静．Excel 在会计中的应用．武汉：武汉大学出版社，2011.

图书在版编目（CIP）数据

Excel 在会计与财务中的应用 / 齐明霞，周游主编；周敬俊，罗芃，常彬彬副主编 . -- 2 版 . -- 北京：中国人民大学出版社，2025. 8. --（普通高等学校应用型教材）. -- ISBN 978-7-300-34272-6

Ⅰ. F232；F275-39

中国国家版本馆 CIP 数据核字第 2025BL3180 号

普通高等学校应用型教材 · 会计

Excel 在会计与财务中的应用（第 2 版）

主　编　齐明霞　周　游

副主编　周敬俊　罗　芃　常彬彬

Excel zai Kuaiji yu Caiwu Zhong de Yingyong

出版发行	中国人民大学出版社		
社　　址	北京中关村大街 31 号	**邮政编码**	100080
电　　话	010－62511242（总编室）		010－62511770（质管部）
	010－82501766（邮购部）		010－62514148（门市部）
	010－62515195（发行公司）		010－62515275（盗版举报）
网　　址	http://www.crup.com.cn		
经　　销	新华书店		
印　　刷	北京密兴印刷有限公司	**版　　次**	2021 年 6 月第 1 版
开　　本	787 mm×1092 mm　1/16		2025 年 8 月第 2 版
印　　张	20.5 插页 1	**印　　次**	2025 年 8 月第 1 次印刷
字　　数	435 000	**定　　价**	48.00 元

中国人民大学出版社　管理分社

教师教学服务说明

中国人民大学出版社管理分社以出版工商管理和公共管理类精品图书为宗旨。为更好地服务一线教师，我们着力建设了一批数字化、立体化的网络教学资源。教师可以通过以下方式获得免费下载教学资源的权限：

- 在中国人民大学出版社网站 www.crup.com.cn 进行注册，注册后进入“会员中心”，在左侧点击“我的教师认证”，填写相关信息，提交后等待审核。我们将在一个工作日内为您开通相关资源的下载权限。
- 如您急需教学资源或需要其他帮助，请加入教师 QQ 群或在工作时间与我们联络。

中国人民大学出版社　管理分社

教师 QQ 群： 648333426（工商管理）　114970332（财会）　648117133（公共管理）
教师群仅限教师加入，入群请备注（学校+姓名）

联系电话： 010-62515782，82501868，82501048，62514760

电子邮箱： glcbfs@crup.com.cn

通讯地址： 北京市海淀区中关村大街甲 59 号文化大厦 1501 室（100872）

管理书社　　人大社财会　　公共管理与政治学悦读坊